组织中的正念：基础、研究和应用

Mindfulness in Organizations: Foundations, Research, and Applications
Edited by   Jochen Reb and Paul W. B. Atkins

［德］约亨·雷布　［澳］保罗·W. B.阿特金斯　编著

宋国萍　主译

南京

图书在版编目(CIP)数据

组织中的正念：基础、研究和应用/(德)约亨·雷布(Jochen Reb)，(澳)保罗·W.B.阿特金斯(Paul W. B. Atkins)编著；宋国萍主译.—南京：东南大学出版社，2020.1

书名原文：Mindfulness in Organizations Foundations, Research, and Applications

ISBN 978-7-5641-8453-7

Ⅰ.①组… Ⅱ.①约… ②保… ③宋… Ⅲ.①企业管理 Ⅳ.①F272

中国版本图书馆 CIP 数据核字(2019)第 119120 号

江苏省版权局著作权合同登记
图字：10-2018-597 号

组织中的正念：基础、研究和应用
Mindfulness in Organizations Foundations, Research, and Applications

编　　著	[德]约亨·雷布　[澳]保罗·W.B.阿特金斯
主　　译	宋国萍
项目策划	李静婷
责任编辑	张　煦
文字编辑	郭　吉
封面设计	王　玥
责任印制	周荣虎

出版发行	东南大学出版社
出 版 人	江建中
社　　址	江苏省南京市四牌楼 2 号(210096)
经　　销	江苏省新华书店
印　　刷	江苏扬中印刷有限公司
版 印 次	2020 年 1 月第 1 版　2020 年 1 月第 1 次印刷
开　　本	700mm×1000mm　1/16
印　　张	21.25
字　　数	416 千字
书　　号	ISBN 978-7-5641-8453-7
定　　价	78.00 元

凡因印装质量问题，可直接向东南大学出版社营销部调换。电话：025-83791830

目录

开篇词

译者导语

参编者

前言

序言

译序

第一部分 基础

1 介绍 …………………………………………………………… 2
2 正念是什么？组织为什么需要关注正念？………… 14
3 正念：历史、当代背景及最新发展状况…………… 34
4 正念的方法：在工作场所如何研究正念 …………… 54
5 正念在工作环境中的应用：正念干预 ……………… 79

第二部分 研究

6 正念、身份和工作：正念训练创造更灵活的自我
  意识 …………………………………………………………… 104
7 正念帮助优化决策 ……………………………………… 128
8 工作场所中的正念与创新 ……………………………… 148
9 正念如何影响个体的工作—家庭平衡、冲突，以及
  增益：现有研究和相关机制回顾以及未来研究展望
  ……………………………………………………………………… 166
10 通过正念建立和维持更好的领导关系 …………… 187

11 正念领导：正念与领导行为、领导风格和领导力
   发展的关系 …………………………………… 200
12 人际谈判中的正念：正念的概念界定及正念关系的
   自我调节（MRSR）模型的提出 ……………… 222
13 浅谈视觉化模板在个体正念和正念组织中的作用
   …………………………………………………… 237

第三部分　应用

14 清醒地工作：将正念融入职场 ………………… 258
15 管理者的自我管理：正念和管理的内部工作 …… 275
16 正念教练技术 …………………………………… 297

开篇词

虽然在过去很长一段时间里,正念技术只是世界各地沉思传统中重要的一部分,但时至今日,正念技术已经被认为拥有改变职场的潜力。随着人们对职场中的正念作用越来越感兴趣,这本应时而生的书就通过回顾有关职场正念的最新理论和实证研究,填补了该领域在文献上的空白。权威学者们汇集在这里,探讨组织正念的基础、核心议题、方法的多样性和应用。通过给未来的研究方向提供建议,激励研究组织的学者投入与正念有关的新项目中,本书成为推动更进一步研究组织正念的催化剂。此外,本书还为在组织中推行正念计划、在职场环境下讲授正念以及想要进行正念教练的人提供了宝贵的建议。这本书一定会吸引组织行为学、组织心理学、人力资源学以及员工幸福学这些领域中的研究人员和专业人士,成为他们的必读书。

Jochen Reb 是新加坡管理大学(Singapore Management University, SMU)李光前商学院组织行为和人力资源领域的副教授,同时,他还是 SMU 正念倡议组织的负责人。他主要围绕正念对人际关系的作用和正念领导力这两个方面开展正念研究和训练。

Paul W.B. Atkins 是澳大利亚天主教大学(Australian Catholic University,ACU)心理学院的高级讲师以及 ACU 积极心理学与教育研究所的研究员。他不仅定期教授正念课程,而且研究正念、美德和冥想训练对身份认同、观点采择、共情以及人际关系的作用。

译者导语

当下,科技进步和经济发展的速度超越了以往任何时代,人工智能、虚拟现实等技术因素不断升级和持续变化,事物分崩离析速度也在加剧。作为组织健康的观察、研究和实践者,接触了各种组织及组织中的不同人,我一直在思考,什么品质或者能力可以帮助人们面对科技进步、经济发展、终身学习、当下工作等各方面的压力?如果希望工作更丰盈、生活更美好,我们应有怎样的认知和思维方式?从猿到人,人类社会、科学技术等历经变化和发展,也许变化相对最慢的是人性,因此,我们可以从古老智慧中学习,以面对今天和未来的问题。

在进行组织健康相关研究和实践中,我们一直试图找到操作简便、效果确实的技术或方法帮助组织中的人有效提高工作满意度和绩效。近年的一些实践案例给了很多启示,组织对正念越来越接纳,正念对于组织及其员工也有"奇迹"般效果。

目前为止,本书是第一本正式编辑出版的,也是唯一的一本聚焦于正念在组织中的应用(目前为止,市场上尚无此类书,多为个人正念训练),介绍了大量关于正念在组织中发挥作用的信息、知识、技能等以及如何将正念应用于组织中。

本书原作者们是在这个领域内杰出的学者和实践者,是正念组织应用研究领域内的领军学者,本书系统梳理了当今这个领域内研究和思考的精华和前沿,有大量的案例,关注于实践研究,对于我们的实践启示和帮助非常大。

参编者

HUGO J. E. M. ALBERTS 是荷兰马斯特里赫特（Maastricht）心理与神经科学学院临床心理学系的助理教授。他的专业领域是正念和自我调节，研究聚焦于不同背景下正念的效果及潜在起效机制。除了是一名助理教授之外，Hugo 还是一名正念培训师和教练。

TAMMY D. ALLEN 是美国南佛罗里达大学（University of South Florida）的心理学教授。她的研究兴趣包括工作—家庭问题、生涯发展和职业健康。她是美国工业与组织心理学会的前主席，也是《应用心理学杂志》（*Journal of Applied Psychology*）和《职业健康心理学杂志》（*Journal of Occupational Health Psychology*）这两本期刊的前副主编。

PAUL W. B. ATKINS 在澳大利亚天主教大学（Australian Catholic University）心理学系以及积极心理与教育学院进行教学和研究工作。他的研究兴趣包括正念、价值观、冥想训练对身份认同、观点采择、共情和人际关系的影响。他定期教授冥想和接纳承诺疗法（Acceptance and Commitment Training，ACT）。他是语境行为科学协会（Association for Contextual Behavioural Science，ACBS）澳大利亚和新西兰分会的主席。

DEVASHEESH P. BHAVE 是新加坡管理大学李光前商学院（Lee Kong Chian School of Business at Singapore Management University）组织行为和人力资源专业的助理教授。他的研究兴趣包括情感和绩效的动力过程、职场人际关系和客户服务。他的研究已发表在《人事心理学》（*Personnel Psychology*）、《应用心理学杂志》（*Journal of Applied Psychology*）、《美国管理学会学报》

（Academy of Management Journal）以及其他杂志上。

RICHARD E. BOYATZIS 是一位出色的教授。他是美国凯斯西储大学（Case Western Reserve University）组织行为、心理与认知科学系的教授。在 2012 年和 2014 年《人力资源杂志》（HR Magazine）评选的"最具国际影响力的思想家"中，他获得第九名。他发表了超过 150 篇关于领导力、胜任力、情商、胜任力发展、教练技术、管理学的论文。

MIRABAI BUSH 是社会冥想之心中心（Center for Contemplative Mind in Society）的高级研究员和基金会负责人。在她的指导下，中心将冥想练习引入包括高等教育、法律、商业、新闻业、社会正义运动和军队在内的多个领域。她是谷歌搜索"内在的自己"（Google's Search Inside Yourself）课程的核心创始人，她在多个组织里传授正念，包括美国股票交易所（AMEX）、赫斯特出版公司（Hearst Publications）、心灵与生命学会（Mind and Life Institute）、美国史密斯学院（Smith College）、阿默斯特学院（Amherst College）和费兹研究院（Fetzer Institute）。

MICHAEL CHASKALSON 是英国班戈大学（Bangor University）正念研究与练习中心的荣誉讲师，还是马德里 IE 商学院（IE Business School in Madrid）的副教授。他的工作主要聚焦于组织机构中的正念训练。他是《正念职场》（The Mindful Workplace）和《正念八周》（Mindfulness in Eight Weeks）的作者，同时是同行评审期刊中多篇论文的作者。

KRAIVIN CHINTAKANANDA 是新加坡管理大学（Singapore Management University）组织行为和人力资源专业的博士生。他拥有伦敦政治经济学院（The London School of Economics and Political Science）的组织行为学硕士学位和北卡罗来纳大学教堂山分校（University of North Carolina at Chapel Hill）的经济学学士学位。他的研究聚焦于正念、亲社会动机和行为、同情心和伦理道德。

ELLEN CHOI 是美国西安大略大学（University of Western Ontario）毅伟商学院（Ivey School of Business）

的组织行为学博士生。她在伦敦政治经济学院（The London School of Economics and Political Science）完成了组织心理学硕士学位。Ellen 的研究着眼于职场中的正念效果。具体而言，她研究了正念与情绪调节、心理弹性、自我调节、生产力和绩效间的关系。

CHRISTIAN GÄRTNER 是德国赫尔穆特·施密特大学（Helmut Schmidt University）组织学原理的助理教授。他的研究涵盖组织设计和变革，重点关注正念组织和知识密集型服务工作，以及用于应对这些复杂和不确定的工作环境的工具。他在国际、国家级学术期刊以及从业者刊物上发表过文章。

SHARON GRACE HADLEY 是在英国班戈大学（Bangor University）正念研究与实践中心（Centre for Mindfulness Research and Practice，CMRP）工作的商务经理和研究员。Sharon 领导着 CMRP 的职场研究，目前正在研究职场正念培训的成本—效益分析。由于对政府政策的兴趣，Sharon 为各种论坛作出贡献，其中包括在一个英国全党派议会团体中，发起将正念带入公共政策的好处的研究。

LIZ HALL 是《工作教练》（Coaching at Work）杂志的编辑和高级执业教练（由欧洲顾问和教练委员会认可）。她是《正念教练》（Mindful Coaching）（Kogan Page，2013）的作者。她为个人和企业开展正念项目。她是一位屡获殊荣的记者，拥有 27 年的经验，为《卫报》（The Guardian）、《观察家报》（The Observer）、《金融时报》（The Financial Times）和《人事管理》（People Management）等报刊撰稿。

CHRISTIAN HUBER 是德国赫尔穆特·施密特大学（Helmut Schmidt University）——汉堡联邦国防军大学（University of the Federal Armed Forces）的助理教授。他的研究成果发表在《人际关系》（Human Relation）、《管理会计研究》（Management Accounting Research）、《管理调查杂志》（Journal of Management Inquiry）、《会计批判视角》（Critical Perspectives on Accounting）和《商业伦理期

刊》(Journal of Business Ethics)等期刊上。他的研究兴趣包括管理会计学、风险管理、公共部门组织、金融监管、价值评估以及文献在组织学理论中的使用。

UTE R. HÜLSHEGER 是荷兰马斯特里赫特大学(Maastricht University)心理和神经科学学院的工作与组织心理学助理教授。她的研究主要聚焦于和职业健康有关的话题上，包括情绪劳动和员工正念，同时还有人事选拔和组织机构中的创新。她在《应用心理学杂志》(Journal of Applied Psychology)、《人事心理学杂志》(Journal of Personnel Psychology)和《商业与心理学杂志》(Journal of Business and Psychology)的编辑委员会工作。

JEREMY HUNTER 是克莱尔蒙特研究生大学(Claremont Graduate University)的彼得·F.德鲁克管理学研究生院(Peter F. Drucker Graduate School of Management)的实践型助理教授。他拥有10多年的经验，帮助领导者在面对巨大变化和挑战时不懈地发展自己，同时保持人道。他曾亮相于《华尔街日报》(Wall Street Journal)、《经济学人》(The Economist)、《洛杉矶时报》(Los Angeles Times)和国家公共广播电台的早间版。

NATALIA KARELAIA 是欧洲工商管理学院(INSEAD)决策科学的助理教授，她教授管理决策制定和谈判。她的研究集中于人们如何做出决策以及如何改善他们决策制定，已经在众多国际会议上公开，并发表在包括《组织科学》(Organization Science)，《心理学评论》(Psychological Review)，《管理科学》(Management Science)，《组织行为学和人类决策过程》(Organizational Behavior and Human Decision Processes)在内的领先学术期刊上。

DEJUN TONY KONG 博士是美国里士满大学(University of Richmond)的杰普森领导力研究学院(Jepson School of Leadership Studies)以及罗宾斯商学院(Robins School of Business)的领导力研究与管理学助理教授。他的研究主要集中在对各种情境的信任和社交关系的心理学。他的工作成果发表于《美国管理学会学报》

(Academy of Management Journal)、《跨文化心理学杂志》(Journal of Cross-Cultural Psychology)、《积极心理学杂志》(Journal of Positive Psychology)和《小型组织研究》(Small Group Research)等。

RAVI S. KUDESIA 是圣路易斯华盛顿大学奥林商学院(Olin Business School at Washington University in St. Louis)组织行为学博士候选人。他的研究侧重于注意力、意义建构和管理元认知。在加入学术界之前，Ravi 成立了一家互联网创业公司，并为同行企业家频繁地开展正念研讨会。他的想法已在美国有线电视新闻网(CNN.com)，《整体瑜伽杂志》(Integral Yoga Magazine)和《赫芬顿邮报》(The Huffington Post)上刊登。

HANNES LEROY 是康奈尔大学(Cornell University)约翰逊管理学研究生院(Johnson Graduate School of Management)的客座助理教授。他的研究兴趣包括研究真实性及其对组织的价值，特别是对领导力的影响。他拥有比利时鲁汶大学(University of Leuven in Belgium)管理学博士学位，并且是康奈尔大学的访问博士生。

E. LAYNE PADDOCK 是新加坡管理大学(Singapore Management University)组织行为与人力资源助理教授。她拥有威廉玛丽学院(College of William & Mary)的理学学士学位和文学硕士学位，美国亚利桑那大学(University of Arizona)的理学硕士和博士学位。她的研究兴趣包括组织公正和工作中的性别问题、工作—家庭冲突。她在这些领域的成果发表在高排名的同行评审期刊上。

EMILY H. PELTASON 是美国圣克拉拉大学(Santa Clara University)心理学专业的一名研究生。在入读圣克拉拉大学之前，Emily 是斯坦福大学(Stanford University)教育成果研究中心(Center for Research on Education Outcomes，CREDO)研究和写作团队的成员。她有来自斯坦福大学政治学的文学学士学位。

JOCHEN REB 是新加坡管理大学(Singapore Management University)的组织行为学和人力资源副教

授,新加坡管理大学正念倡议组织(Mindfulness Initiative @ SMU)的负责人。他的研究主要集中在正念在组织领域中的作用,例如领导力和绩效以及组织中的判断和决策。他目前担任《组织行为和人类决策过程》(Organizational Behavior and Human Decision Processes)、《管理学报》(Journal of Management)和《商业与心理学杂志》(Journal of Business and Psychology)的编委。

SHAUNA L. SHAPIRO 博士是美国圣克拉拉大学(Santa Clara University)教授、执业临床心理学家、国际公认的正念专家。Shapiro 博士在大范围的人群中开展了广泛的临床研究,研究正念训练的效果,并发表了100多篇经同行评审的期刊文章。Shapiro 博士是美国社团学会教学奖(American Council of Learned Societies Teaching Award)的获得者。这奖项是对她为研究生教育作出的突出贡献的认可。

SAMANTHA SIM 是新加坡管理大学(Singapore Management University,SMU)李光前商学院(Lee Kong Chian School of Business)组织行为与人力资源博士研究生。她的研究兴趣包括职场中的慈悲和正念,以及组织公正。她也是新加坡管理大学正念倡议组织(Mindfulness Initiative @ SMU)的成员,该组织致力于研究、教育以及向新加坡管理大学社区及其他所有领域的普罗大众推广正念。

ROBERT STYLES 是澳大利亚国立大学(Australian National University)商业部门 ANUedge 的组织领导和绩效总监。他为企业和公共部门机构提供有关人力资源开发管理的正念/福利方法的建议。他的博士期间研究重点是情境行为科学领域内的自我和身份认同。

MARGARETC. WANG 是美国圣克拉拉大学(Santa Clara University)咨询心理学专业的研究生。她过去在哈佛心理系(Harvard Psychology Department)的研究包括与道德判断、吸引力和文化相关的领域。她拥有哈佛大学(Harvard University)心理学学士学位。

前言

近几年以来,人们对正念的学术和实践兴趣激增,但这也带来了一系列有关的问题:正念是什么？正念和组织管理的有关概念之间有怎么样的区别？组织中正念干预的有效性如何？Jochen Reb 和 Paul W. B. Atkins 这两位教授召集了一批在这个领域内领先的学者和从业者共同撰写这本文集,试图回应这些问题,并展示丰富多彩的正念理论与实践。这本文集深深地扎根于学术研究之上,专注于对正念研究的历史、方法论的挑战和批判性的讨论;与此同时,它也包含数个由正念导师和从业者撰写的章节。因此,对正念感兴趣的学者可以从本书中读到对正念干预的丰富描述,而正念从业者则可以更好地理解正念研究的实证和理论基础。

尽管正念起初围绕着与减压相关的目的展开,但如今它的概念已经应用于管理学学术的新领域内,帮助我们更深入地理解谈判、决策、生活—工作平衡、创新还有领导力等诸多命题。无论是已在进行正念研究的学者,还是正考虑涉足这一令人兴奋的组织学学术新领域的新人,这本书都是宝贵的资源。同时,这本书对于正念从业者和指导者而言也是有用的——如果他们想要知道哪些做法是有效的、哪些是不太有效的。总而言之,我们期待这本文集可以使得正念在组织机构中的应用作为管理学研究和应用的重要主题而存在。

主编:
Cary Cooper
兰卡斯特大学管理学院(Lancaster University Management School);
Jone L. Pearce
加州大学欧文分校(University of California,Irvine)

序言

为了编撰一本关于正念在组织机构中应用的最尖端的文集，我们召集了有关领域的前沿学者们。我们的目标是将这一崭新的研究领域加入组织学学术领域的蓝图之中。本书各个章节的质量非常高，我们相信这使本书能够实现编撰目标。这本书的形成实在是美妙的旅途——从纯粹的理想变成现实的过程。如果没有编辑团队的支持，这趟旅途也不可能走完。我们由衷感谢 Paula Parish 由始至终对这本书的支持，她提供的关键指导贯穿了整本书。我们对 Claire Wood，Rob Wilkinson 和 Deborah Renshaw 出色的编辑工作也抱有同样的感激之情。

对于 Jochen 而言，与这样一群具有奉献精神的专业作者们合作是一次非凡的工作经历。一些经验丰富的编辑提醒我，我可能需要去催那些不太合作的作者的稿。但我发现，实际情况要比预期顺利得多。这应该是由于作者们对正念的满腔热忱。同时我感到十分幸运的是，Paul 作为编辑加入我们，我们在很多方面互补。非常感谢 Samantha Sim，Jocelyn Ho 和 Jolylynn Tan 对章节排版所做的工作。非常感谢我在新加坡国家大学（National University of Singapore）的同事 Jayanth Narayanan。还有 Jay，正是因为和你的交流，我开始浮现出编撰这本文集的想法，在正念及其有关的话题上我们有许许多多有趣的谈话。

我相信，无论是人、组织机构和社团都会从正念练习中获益良多。这本书中提及的研究可以为我们的实践提供支持。归根结底，我相信正念的"奇迹"需要亲身体验。如果这本书不仅能够激发学者和组织机构去研究正念，还能够切实地尝试正念，那么这本书就完成了它的使命。

每个在正念团体中认识的人都是值得结交的朋友——这对于 Paul 而言是在正念团体中进行研究和实践的一大乐趣。虽然 Jochen 和我在此之前互不相识，但我和他的合作以及和这本书的其他作者们的合作令我由衷快乐。

对于帮助我理解和实践正念的老师们和学者们，我怀有一份巨大的感激之情。我尤其想要感谢 Tim Goddard，Sue Hayes，Patrick Kearney，Gregory Kramer，S. N. Goenka，Jon Kabat-Zinn 和 Steve Hayes。当我教授正念的时候，我感到轻松舒适，不觉得自己是在讲大学课程。我想这份轻松舒适来自我知道，我需要做到的仅仅是——自己不要成为阻碍，只需要让正念练习的永恒智慧和真理在我身上展现。因此，我也想要感谢古往今来的智者们，他们对全人类处境的慈悲心，让我们得以见到正念在当今世界里如繁花盛开。

译序

正念起源于佛教核心教义"四圣谛"中的"道谛",是其修行方法"八正道"中的第七个。正念就是时时刻刻注意当下,即"系念面前",其方法是"身、受、心、法"的四念法,例如我们常说的打坐、呼吸、冥想等。在1970年,美国麻省理工学院卡巴金博士,将佛教中的修行方法与现代心理学结合,开发出了类似于认知行为疗法的"正念减压"(Mindfulness-Based Stress Reduction,MBSR)项目。在短短四十年中,MBSR项目不仅成了诊所和咨询机构的必备项目,也开始被诸多大公司和学校接受作为帮助学生和员工提升心理健康的重要练习方法。在快速多元发展的时代,对于烦躁的现代人来说,正念冥想变成了心灵平和的灵丹。很多人都开始从古老智慧中汲取营养,接纳正念冥想、练习正念冥想来提升自己。2004年,在给国内某知名IT公司做心理支持服务时,我们开始尝试"静身、静息、静心"的练习,也开始在减压项目中加入"站禅"等。当前,国内对正念感兴趣、研究和练习正念的人也逐年在增多,相关书籍及培训班近年也激增,很多商学院和心理学院也开展了相关课程。

作为职业健康心理学(Occupational Health Psychology,OHP)专业人士,关注和研究职场应激和安全的现状、影响因素、机制、个人及组织结果、干预等,也在组织中进行研究和实践,帮助组织和组织中的人更有活力、更健康,也更有发展和绩效。我们观察组织的发展及组织对人的需求的变化,通过工作设计、学习地图构建、咨询教练、培训等帮助组织及组织中的人提升工作品质。当下,一方面,科技进步和经济发展的速度超越了以往任何时代,人工智能、虚拟现实等技术因素不断升级和持续变化;另一方面,热力学第二定律告知我们，所有事物都在缓慢地分崩离析，而现在分崩离析速度也在加剧。作为组织健康的观察、研究和实践者，接触了各种组织及组织中的不同人，我一直在思考，什么品质或者能力可以帮助人们面对科技进步、经济发展、终身学习、当下工作等各方面的压力？如果希望工作更丰盈、生活更美好，我们应有怎样的认知和思维方式？从猿到人，人类社会、科学技术等历经变化和发展，也许变化相对最慢的是人性，因此，我们可以从古老智慧中学习，以面对今天和未来的问题。

在进行组织健康相关研究和实践中，我们一直试图找到操作简便、效果确实的技术或方法帮助组织中的人有效提高工作满意度和绩效。我们到很多组织，和人力资源、工会及负责员工健康的部门合作，帮助调查压力状况、工作满意度状况等等，帮助组织建立三级预防系统，进行工作压力管理，帮助组织基于行业发展的工作职责分析进行学习地图规划和落地，进行有关培训。近年的一些实践案例给了很多启示，组织对正念越来越接纳，正念对于组织及其员工也有"奇迹"般效果。例如，合作多年的某银行的内部审计部门，审计人员反映我们的冥想、大提琴曲欣赏等，比其他形式获益更大；某金融公司中高管总结和团队建设活动上，他们主动要求加入静思冥想的内容；某上市公司在公司重要会议前，要求大家首先"静身、静息、静心"；等等。这些实践让我开始关注正念及其实践。当时在读期间的我的研究生潘康对正念非常感兴趣，系统地搜索相关文献，参加正念学习班，到首都师范大学刘兴华老师课题组访学等。结合我们课题组的研究，我们在课题组会上一起探讨了正念在组织中应用的问题：正念能否应用于组织中？正念和组织管理的有关概念之间有怎么样的区别？组织中的正念干预的有效性如何？

我们在国内外搜索正念和组织相关的研究、文献和书籍时，找到本书。目前为止，本书是第一本正式编辑出版的，也是唯一的一本聚焦于正念在组织中的应用（目前为止，市场上尚无此类书，多为个人正念训练），介绍了大量关于正念在组织中发挥作用的信息、知识、技能等以及如何将正念应用于组织中的图书。我美国好朋友 Harry Liu 第一时间帮助购买并寄给我们,在此表示特别的感谢!阅读过程中,我们发现本书作者们是在这个领域内杰出的学者和实践者,是正念组织应用研究领域内的领军学者。本书系统梳理了当今这个领域内研究和思考的精华和前沿,有大量的案例,关注于实践研究,对于我们的实践启示和帮助非常大,因此我有了将本书翻译出版的想法。找到国内对正念感兴趣,有研究和实践经验并且有志于在组织中应用正念的同道者们组建了最强翻译组,通过网络定期沟通,反复推敲,由我通稿校正,最后有了现在的版本,感谢我们不曾谋面的团队和曾经的努力。

责任编辑张煦老师是我的好朋友,也非常感兴趣心理学在组织中的应用。多年来在她的帮助下,我在东南大学出版社系统出版了组织健康相关的系列书籍,从《职业健康心理学》到《职业健康心理学研究方法》,再到即将面市的这本《组织中的正念》,她既见证了心理学在组织健康领域的发展,也推进了职业健康心理学在国内高校研究所及组织中的研究和应用,在此特别感谢!在本书的版权引用过程中,特别感谢王思楠给予我的不可替代的帮助,使本书与国内正念研究和实践者见面成为可能。还要感谢本书的文字编辑周菊老师细致耐心的工作,让我看到了专业精神和责任心。

本书分为三部分。第一部分着眼于正念的基础问题,例如正念和正念干预(Mindfulness-based Interventions,MBIs)的历史和概念化,正念在工作场所功能的概述,以及正念研究中使用方法的介绍和批判性讨论;第二部分对正念在组织生活各个领域的运用进行探讨,其中包括身份认同、决策、谈判、工作与生活平衡及领导力等领域。这些章节描述了正念对组织学术和实践做出的广泛贡献。第三部分是关于应用,讨论了更多的应用问题和实践经验,例如如何将正念融入组织,如何向管理层传授正念,以及如何进行正念教导等。我相信所有读者都会像我一样兴奋,通过文字感受到正念在组织中的应用路上有很多同行者,而书中丰富的描述和内容让我们更好地理解正念,对正念的组织应用有了实践参考和信心。我也坚信所有的组织及其员工都会从正念中获得帮助和支持从而健康成长。我更期待这本书能够为正念在组织机构中的应用奠定基础,推动正念更多地用于组织健康实践中,为组织和组织中的人提供帮助,也期待有更多的专业人士投入相关研究和实践中。

这本书也许部分回答了我前面思考提出的问题,我们会一直探索、实践和尝试回答"现代和未来社会中组织和组织里的人如何有更好的工作生活品质,如何更好地健康成长?应有怎样的认知和思维方式?"

一切的变化始于相信和实践!因此我特意邀请所有译者在译后写下了自己对正念的认识。

1. 潘黎　西交利物浦大学国际商学院

正念是体会每时每刻的美好和锐利。

2. 汪田　英语教师

第一次接触似乎有点儿"玄学"的"正念"是在学习冥想的时候,现在发现,它能够让我们更专注于当下,更加清醒地觉察自己的内心。

3. 陈冬　自由职业者

作为一个二宝妈,我曾经深陷哺育喂养和家庭关系的泥潭,倍感受挫。直到偶遇正念,才豁然发现,现状在一定程度上是个人心态的折射,而他人的生活经验虽可引起情感共鸣,却并无实际指导意义。活在当下,努力享受当下,才是积极不后悔的生活态度。

4. 陈心旗　天津商业大学

正念不是一种训练方法,而是我们与世界及自己相处的方式。正念即生活。

5. 陈文君 School Psychologist, Anderson School, District 4, South Carolina

seize the moment, perceive the moment, and enjoy the moment(拥有、感受和欣赏当下)

6. 李佳　西北大学心理健康教育中心

正念,聚焦当下,从心出发,向内看,感知全新的世界。

7. 张文娟　西安电子科技大学

正念,正心而念。忙碌生活,身心节奏不一致而疲惫,正念帮我们回归自身,找回身心合一的状态。每天一点儿正念,唤起新的自己!

8. 吴冬昱　北京市财会学校

正念,可以让你更关注于当下,将周遭看得更真切,因为你不再停留于表象,而是愿意去觉察,去探索事物的本质。生活因此变得纯净而丰盈,而你也将获得内心的平静和自由。

9. 徐敏　陕西师范大学职业健康心理学研究生

体悟当前,打开新的生命视角。

10. 刘瑶　西安西京学院

觉察当下,重获久违的安宁与愉悦。

11. 佘炤灼　自由职业心理咨询师,首都师范大学硕士

练习正念,意味着我们准备好看清并欣赏全部的自己和世界;无论世界如何无常变化、心情起伏不定、脑中思绪万千,我们的心都能保有一点儿不灭的明亮去照见所有。

12. 黄思凡　Adelphi大学心理学院

随着越来越多、越来越深入的探索研究,正念已从开始的临床干预手段转变成一种提升专注度、提高对注意的控制能力的练习,渐渐被越来越多的人熟知,并在生活和工作的多个方面使得很多人受益。

13. 何娟花　中国国际海运集装箱(集团)股份有限公司

正念是"让注意力集中在当下,有意识地觉察、感知,不做任何批判"。通过正念练习,我个人在情绪处理方面有了明显的改善,希望更多的组织和个人都能接触、了解正念,并从中受益。

14. 李敏　心理咨询硕士,国家二级心理咨询师,心理治疗师,独立执业心理咨询师

生命在于呼吸之间,我们的生命只在当下,拥抱当下,体验爱、生命、自由和愉悦。

15. 孟红云　自由译者

正念冥想通过让人专注于当下,缓解焦虑与执念。练习越久,体验越明显。

16. 潘康　心理学硕士,中学心理教师

正念是内在的眼睛,给了人们机会变成研究自己的心理学家，看清自己来去如风的想法和情绪，知晓内心重复出现的模式和主题，把内心世界的运作规律从灯下黑的束缚中解放出来。训练和培养正念可以让人们活得更为通透，坐禅冥想确实可以培养正念，但画画写字和走路吃饭等日常生活也是培养正念的合适时机，只要提醒自己以接纳而非批判的心态，把注意力带回到当下，就有助于培养正念，培养耐心和洞察力，从而让自己从盲目应对中解脱，获得内心的自由。

宋国萍
2019年6月18日（星期二）凌晨

第一部分
基础

1 介绍

Jochen Reb and Paul W. B. Atkins

几乎每天都会有新媒体在报导正念的益处。在企业界，正念训练项目正变得越来越流行。这样的趋势与一些万众瞩目的企业的助推密不可分，例如谷歌，它就给员工提供了正念训练项目。与此同时，很多机构里的领导、人力资源及员工福利相关的专业人士仍在思索，正念到底是什么？正念训练能否在他们的机构中发挥作用？组织学的学者们注意到，正念研究主要在医学和临床心理学里进行，他们也在思索对于组织科学而言，正念究竟是一个有价值的研究领域，还是一种含糊不清的、诡秘难测的、没有严肃学术价值的宗教话题。

正是基于上述原因，这本关于正念如何在组织中应用的文集就应运而生了。在本书中，汇集了所有有价值的研究，我们确信正念在组织中有所作用，这本书提供了大量珍贵的信息、知识和洞见，可谓是一座宝库。而且可能更重要的是，对于"正念"这一概念，作者们提出了一系列引人入胜的问题，给将来的研究和探索提供了无数有价值的方向。

据我们所知，这是第一本关于正念在组织机构中应用的学术文集。这本书主要会让三类读者获益匪浅。首先，如果你是一名学者或者博士研究生，对正念感兴趣，尤其对组织机构中的正念感兴趣，你会发现这本文集很有价值。因为对于组织机构中的正念，有些章节提供了最前沿的实证和理论研究成果，同时对有研究前景的领域提供了有益的建议。我们希望这本文集可以帮助那些打算进入这个相对新兴的研究领域的学者。

同样重要的是，这个文集也会帮助那些可能试图将正念应用于他们（工作）生活中的组织机构的从业者和领导者，抑或是那些正在考虑是否应该将正念训练项目提供给他们员工的人。如果你恰巧是其中一员，你会在本书中看到设计和实施正念培训的方法和应该规避的误区，以及如何让从来没有听说过正念的员工，也能从这些培训中获益。

最后也是最重要的是，我们认为这本书会为那些在其他领域中应用正念的人提供有价值的参考。包括给组织机构提供基于正念的干预（Mindfulness-Based

Interventions，MBIs)的正念培训师、想把正念融入教学中的商学院老师,以及利用正念来服务自己或客户的教练。如果你属于这类人群,那么本书的内容——关于正念的不同视角、不同途径以及正念在组织机构中应用的有效性和局限性的相关研究——将帮助你进行更有效的正念训练指导。

本书出色地完成了一系列工作:明确理论基础,详述现有争论,指出关键问题,推动关于正念在组织机构中应用的理论进展和研究,并且给未来的研究者指明了方向。我们非常荣幸能够集结这么一批杰出的作者完成各个章节,其中不乏一些从事正念在组织机构中应用研究的领军学者。我们相信,这本文集是现今该领域内研究和思考的精华之集、前沿之作。

本书的所有章节分为三个部分。第一部分论述基本问题,包括:正念和基于正念的干预(MBIs)的历史及概念,概述了职场中正念的角色,正念研究中研究方法的介绍和批判性讨论;第二部分的章节内容着重于研究,探讨正念在组织生活中各个方面所起的作用,包括:身份、决策、谈判、工作—生活平衡和领导力,这些章节说明正念可以对组织学的学术和实践作出广泛的贡献;第三部分是应用,我们渴望在书中加入这一部分,因为研究正念由始至终都有一个非常务实的目标,那就是——改善正念练习者的生活,秉持这一愿望,这部分章节将更多地讨论应用问题。例如,将正念带入组织机构、将正念传授给管理人员,以及指导正念练习的实践经验。

在筹备这本文集时,我们心存以下目标:第一,概述组织机构语境中正念的理论和实证研究,并且在更广泛的语境中扩展这些研究。第二,整合不同的方法用于研究正念在组织机构中的应用。同时通过举例说明方法的多样性,以消除因为不同方法而产生的一些混乱。第三,促进正念在组织机构中应用的理论和实证研究。希望这本书能照亮未来的研究之路,激励组织学的研究者开始从事涉及正念的新研究项目,并且使他们确信这是一个合情合理的、正当的、有理论基础的研究领域。第四,通过介绍研究方法——正念干预、实验和调查给未来关于正念在组织机构中应用的研究提供参考信息。我们希望读者们会发现这些目标均已实现。

各章节概述

在下一章(第2章)中,Shapiro, Wang和Peltason探讨了"什么是正念,为什么组织机构应该关注它"这个基本问题。他们从意图(intention)、注意力(attention)和态度(attitude)这三个方面解析了Shapiro和Carlson's(2009)被广泛引用的、非常有指导性的正念定义。在重点阐述了工作压力所带来的可怕后果之后,Shapiro等人简要回顾了一些实验,证明正念不仅有助于缓解压力,而且有助于提升决策制定能力（decision making）、观点采择能力（perspective taking）、韧性（resilience）、积极的组织关系（positive organizational relationships）和自我关照（self-care）。本章另一个有趣的话题是对"正念型商务"（mindfulness-informed business）可能性的探讨，即在没有正式教授正念冥想的情况下，将正念的有关概念和实践，例如无常（impermanence）、无我（no-self）和接纳（acceptance）融合进组织中。对许多组织管理实践而言，正念对主流文化有深刻的冲击。这个章节探讨了一种可能性，即在一个需要以牺牲自我或他人幸福为代价来追求个人成就的世界中，正念为组织机构带来了哪些先进的、区别于以往的文化改变的希望。

在第 3 章中，Chaskalson 和 Hadley 研究了已知应用最广泛的正念训练方法——Jon Kabat-Zinn 八周正念减压课程（eight-week Mindfulness-Based Stress Reduction，MBSR）的佛教起源。在这一章节中，他们探讨了基本佛教语言和技术如何被转译入西方语境。他们认为，为了适应不同的文化背景，这些转译不可避免地导致了重点和方法的改变。其中，有三个变化值得注意。首先，在世俗语境下 MBSR 旨在缓解痛苦，而佛教则是一个旨在彻底"灭苦"（elimination of suffering）的体系；其次，MBSR 倾向于强调正念，而不是一心一意的专注状态，并且 MBSR 是在不同于佛教道德伦理体系内被传授的；最后，即使只进行了少量的正式练习①，在组织机构中基于正念的干预依旧展现出了积极的效果。Chaskalson 和 Hadley 的这一章节巧妙地结合了两个方面：对过去的承接与尊重，及对未来正念持续发展和成长的认识。

在第 4 章中，Choi 和 Leroy 讨论了如何在职场中研究正念。这一章包括了有关正念的概念化、操作化和结构效度的问题。他们还回顾了具体研究方法，例如基于正念的干预（MBIs）、自我报告式的正念量表（表 4.1 中的量表）以及未来研究的方向。Choi 和 Leroy 不仅很好地概述了正念研究的主要研究方法，而且还对这些研究方法进行了深刻的评估和批判。例如，他们讨论了不同研究设计的局限性以及内部效度和表面效度的优缺点。我们相信这一章不仅是研究者的必读内容，同样也适用于想要对正念研究解读出的含义有所判断的明智消费者。

在第 5 章中，Alberts 和 Hülsheger 对不同的基于正念的干预（MBIs）进行了详尽的回顾和讨论，尤其关注它在工作环境中的应用。本章节首先从不同要素的角度探讨 MBIs，包括正式练习（例如，身体扫描和静坐冥想）和非正式练习（例如，觉察日常活动和冲动，觉察反应性想法和行为模式）；随后审慎地探讨了不同的 MBIs 之间在持续时长和传播模式上的差异，回顾并讨论了实证研究的发现。这次回顾中

---

① 译者注：身体扫描等正念冥想练习。

有一个结果特别引人注目——各种不同的 MBIs 项目都有令人获益的效果。作者们在本章的下半部分回顾了 MBIs 对各种与工作相关的变量的影响，包括任务绩效（task performance）、压力（stress）和情绪调节（emotion regulation）。本章最特别的一点是，Alberts 和 Hülsheger 不仅对文献进行了回顾，而且对 MBIs 在职场中的有益效果（基于正念）的机制提供了非常有见地的讨论。

在第 6 章中，Atkins 和 Styles 探讨了正念如何影响一个人在工作中的身份认同感（sense of identity）。身份认同可以被看作是一种过滤器，各种组织活动通过它才得以发生。Atkins 和 Styles 运用一种被称为"关系框架理论"（relational frame theory）的语言和认知理论（Hayes，Barnes-Holmes and Roche，2001）来构建对身份认同的三层理解：概念化自我（a conceptualized self），经验性自我（a knowing self）和作为觉察者出现的更超然的观察性自我（observing sense of self as awareness）。在一项小型预试验研究中，他们发现，为期八周的 MBSR 干预降低了被试者对自我的僵化概念，同时更多地将自我视为一个经验观察者。这项研究之所以如此引人入胜，主要有三个原因：首先，关系框架理论及其相关疗法（接纳承诺疗法，acceptance and commitment therapy，ACT）在行为方面定义了正念（Hayes and Shenk，2004）。这种方法提供了本书中的其他大多数章节在讨论佛教顿悟练习（Buddhist-inspired practices）和概念的时候所欠缺的清晰度和精确度。其次，Atkins 和 Styles 编码了一个系统，即参与者在多大程度上展现出"将自我作为观察者"。这种方法可以避免自我报告式正念测量的一些缺陷。它开启了一种全新的、用行为测量正念的方法。最后，Atkins 和 Styles 强调了身份认同是职场行为的关键要素，而对于正念而言，这一点还几乎没有被研究过。也许 MBSR 和类似课程的最大作用是让参与者重新定义他们自己，减少作茧自缚，不用特定的分类定义自己，更多地将自我感觉看作是一种容器，通过它可以观察任何展现出的经验。

有人说生活是一个选择题。因此 Karelaia 和 Reb 在第 7 章中探讨了正念对决策的基础活动的潜在影响。本章节围绕着决策的四个阶段展开：（1）构建决策框架；（2）收集和处理信息；（3）得出结论；（4）从反馈中学习，并探讨正念如何帮助（有时是干扰）人们在每个阶段中做出正确的，甚至是明智的选择。除此之外，Karelaia 和 Reb 还讨论了如下问题：正念如何让人更好地觉察到自己的选择丰富性（choicefulness）、决策目标（decision objectives）和道德冲突（ethical conflicts）；正念如何能减少与信息处理相关的判断偏差（即去除偏见）和更好地评估不确定性；正念如何帮助我们做出权衡和实施决策；正念如何促进人们从过去的决策中学习等。对于有兴趣研究职场或领导决策中正念的人而言，这一章节提供了丰富的想法。对于想要运用正念提升自己决策能力的人,它也提供了许多建议。

在第8章中,Kudesia对职场中的正念和创造力进行了精彩的综述。他先描述了和促进创造力有关的认知过程,然后他指出越来越多的研究表明,正念练习似乎能够提高以新的方式看待问题的能力。紧接着他才推测正念"作为一个以减少推理性思维,提高元觉察(meta-awareness)和基于目标的注意力调节(goal-based regulation of attention)为特征的状态"确实可以提高创造力。减少推理性思维意味着更多地依赖直接经验而不是一个人对经验的概念化(conceptualizations of experience),提高元觉察意味着能够注意到自己心智过程的多个方面,而基于目标的注意力调节意味着"能够调整注意力的深度和广度从而最大化目标导向行为"。当我们可以做到在心中灵活地把握我们预先就有的假设和分类,同时可以有意识地扩大或缩小我们的注意力时,我们的创造力就可能会提高。总的来说,本章非常令人兴奋,它为未来对现代组织机构非常重要的创造力领域的研究提供了基础。

在第9章中,Allen和Layne Paddock把我们的注意力转向现代生活中的一个非常重要的方面:工作和家庭生活之间的矛盾。这对于正念研究者来说似乎是一个意料之外的研究领域,所以正念对工作—家庭冲突的影响的研究还很少。但Allen和Paddock做了大量的工作,首先回顾了有哪些相关证据,然后探讨正念为什么可能改善工作与家庭的平衡。Allen和Kiburz(2012)发现根据被试者的自我报告,那些具有较高正念特质的人有更好的工作—家庭平衡,并且这种关系是由睡眠质量和活力所调节的。在随后的研究中,他们发现,相对较短的正念干预可以减少工作对家庭生活的干扰。Allen和Layne Paddock详述了正念可能产生积极作用的四种机制。首先,注意力训练可能会缩短工作时间,同时通过加强联系来增进与重要他人的关系;其次,改善情绪调节能力可能会增强工作中的幸福感,同时也有助于人们不将负面情绪体验带回家中给他们所爱的人;再次,正念可以帮助人们优化他们对工作和家庭的资源分配;最后,正念可以改变人们的时间知觉,使更加正念的个体觉知到自己有较为充足的时间资源,因此似乎较少受到时间压力的影响。这是一个全新的研究领域,因此其中不可避免会有些许推测。但是,这种推测对于促进研究的良好进行以及在现代生活的重要方面(工作—家庭平衡)提出更有效的干预措施,都非常重要。

第10章的独特之处在于,Boyatzis讲述了公司首席执行官Dimitrios远离和重回正念的真实故事,以此生动地展示了正念的各项原则。通过这个故事,Boyatzis详细阐述了干扰个体与自我、他人和环境这三个方面进行正念共处这一自然过程的四个主要因素:(1)长期压力;(2)生活和职业阶段与周期;(3)拮抗神经网络(antagonistic neural networks);(4)在无知无觉的人身边生活和工作。然后本章讨论了帮助领导者回归正念的方法,包括带着个人愿景工作,带着同情心去指导和发展有共鸣的人际关系等。本章节引人入胜的精彩之处在于理论和故事的交织,它同时涵盖了从微观(神经网络)到宏观(生命阶段)等各种话题。读者可能会从中受到启发,进而反思自己远离和回归正念的旅途。如果您对"Dimitrios"背后的真实人物感到好奇,请务必阅读本章节!

第 11 章是本书中第二部分有关于领导力中正念的章节,Reb、Sim、Chintakandanda 和 Bhave 发现正念和领导力是充满积极意义的"热点"话题。以此为背景,他们设定了自己的目标:探索领导力中正念的光明面与黑暗面。他们认为应该"对领导力中正念的复杂性持开放态度,而不是描绘一幅可能不切实际的积极图景。这将增加正念流传下去的机会,并超越当前浮躁的氛围,使其成为有效的概念和培训干预方法,对领导力研究和实践产生影响"。为了这个目标,他们做了三次重要的区分:区分正念的各个维度;区分作为概念的正念和作为练习的正念;最后是区分更常见于研究中的正念的自我认知效应和在领导力密切相关的正念的人际关系效应。他们的探讨主要围绕以下三点展开:(1)领导行为和结果;(2)领导风格;(3)领导力开发。每个小节他们都会探讨有益和有害的影响。正因如此,他们为未来的研究提供了不少有趣的想法。他们提出了一个引人注目的结论:虽然是种猜测——正念经常被视为一种自我管理的方法,既可能被用于服务健康、良好的目标,也可能被用于服务病态、恶劣的目标。他们认为,只有采用一种整体的正念方法——不仅强调集中注意力,还要强调观照觉察(witnessing awareness)和其他维度——才能使领导者体会到正念(练习)所提供的全部潜力。

在第 12 章中,Kong 提出了人际谈判中的正念这一主题。谈判在组织中无处不在,一些研究认为,提高正念可以让谈判者获得更好的结果(Reb and Narayanan, 2014)。Kong 提出了一个相关的自我调节正念(mindful, relational self-regulation,MRSR)谈判理论模型,将正念视为一种调节因素,影响谈判者如何"在谈判情景中管理他们的人际关系"。Kong 从四个有关的概念中描绘正念:专注(absorption),心流(flow),情商(emotional intelligence, EI)和直觉(intuition)。其然后发展出了他的 MRSR 模型,并讨论了它对谈判理论和实践的影响。本章还给未来研究谈判中的正念提供了一些有趣的想法。本章的主要贡献之一是说明了在诸如谈判等人际关系情境中研究正念的巨大潜力,以及将正念融入现有理论的好处,如 Gelfand 等人的关系谈判理论(2006)。读者既受到启发,又受到挑战,得以用更为丰富的方式去思考正念。

不同于本书中大多数作者的理论传统,Gärtner 和 Huber 在第 13 章中从另一个角度出发,他们同时关注个体正念和正念组织。正念组织是指"灵活而精细的自下而上的组织过程",因此需要作为一项持续的活动被不断地完善。Gärtner 和 Huber 特别研究了在这个持续不断完善正念的过程中工具的作用。他们的章节阐明了如何理解将个体和集体形式的正念联系起来的机制。特别是他们用视觉化模板(visual templates),例如用无处不在的 PPT(PowerPoint)报告来说明这个过程。对于这些工具(视觉化模板)如何促进和抑制正念,他们进行了一个有趣的、不偏不倚的讨论。从不同的理论角度出发,将正念与视觉化模板联系起来是一个非常新颖的想法。本章要求我们更具创造性、更广泛地思考如何在组织机构中制定和实施正念的过程。

在第 14 章中,Bush 邀请我们一起回顾她为组织机构带来正念的旅程,特别强调她在孟山都(Monsanto)和谷歌(Google)这两家企业中的经历。她的工作是"社会冥想中心"(Center for Contemplative Mind in Society)开拓性努力的一部分,以支持更多冥想组织机构的发展。通过她对这些经历深思熟虑的回顾,我们不仅了解到组织机构使用正念工作获得的好处,而且还了解了其所面临的障碍,以及在实施基于正念的干预(MBIs)时,对组织的背景和文化积极作出回应的重要性。尽管 Bush 担忧人们会工具化地使用正念,她仍然认为:"正念和相关实践可以带来洞察力,带来智慧和慈悲,鼓励新形式的探究和创造力的发展,可能使组织及其领导者日益精进,变得智慧和富有慈悲心。"本章对于正念研究者以及在组织机构中实施基于正念的项目的从业者都很有用。

Hunter 在第 15 章里慷慨地与我们分享了 21 世纪之初,他在彼得·F.德鲁克管理学院(Peter F. Drucker School of Management)开发和教授"自我管理的执行思维/实践课程"的经验。本章介绍了课程的起源、方法和动机。受到德鲁克(Drucker)工作的强烈影响,Hunter 认为:"作为领导者,既需要工具来管理外部现实,也需要工具来管理内部现实。效率是由内而外的。"Hunter 的课程旨在帮助管理人员培养达到更好平衡的能力,从而更有可能"行善而顺利"。"地图"(见图15.1)被赋予一个重要职能:使用它来指导工作并最终超越僵硬的自动反应(automatic responding)。Hunter 通过精彩的举例说明了他的教学手段和方法,"从在职高管的生涯中吸取教训",并与我们分享他宝贵经历中的"经验教训"。本章的结尾给人更广阔的视角,并简要探讨了未来正念在管理(教育)中的作用。本章应该特别吸引那些有兴趣在商业环境中教授正念的人,同时也应该会吸引任何使用正念的人。

最后,Hall 在第 16 章中探讨了正念如何有助于改善教练技术。这一章节围绕两个主题:(1)教练自己如何使用正念来更有效地进行指导;(2)如何将正念传授给客户以指导他们提高自己的成果。她的 FEEL 模型——聚焦(Focus),探索(Explore),悦纳(Embrace)和放开/敞开(Let go/Let in)——反映了从基于目标设定的简单教练模式（如 GROW 模式）转向基于客户不断变化的需求的教练模式。然后，Hall 提出了一个重要且有趣的问题——以存在（being）或"无为"（non-doing）为导向的正念练习，是否能够在一种强调"有为"的文化中发挥作用？她认为，正念的有为（mindfully engage in doing）是有可能的。正念可能有助于让教练在与客户的关系中更加安于当下和富有同情心。然后，Hall 探讨了教练向客户传授正念会有怎么样的益处。这一章不仅适用于专业教练，还适用于希望对员工采取更多指导方法的管理者。Hall 的 FEEL 模型既可以用于正式的教练关系，也可以很方便地应用于绩效评估会谈。

反思：矛盾和公开问题

我们起初打算为本书写一个章节作总结。但是当我们把所有章节汇集起来时，看到它们各自独立却相互配合进而形成了一幅复杂多面的图景，描绘了职场中正念的现状和去向。不过我们确实看到了本书反映出了一些当前文献中存在的关键矛盾和公开问题，现在我们希望谈谈它们。

灵性和典型的职场文化之间的矛盾

我们注意到的第一个矛盾，存在于灵性和典型的职场文化之间。尽管越来越多的人认识到他们将"整个自我"运用到工作中来，但在大多数职场中，人们仍然对灵性与专业的整合保持沉默。从我们的角度来看，这种缄默反映出很多因素，包括但不限于：灵性实践与典型职场之间的价值观冲突；社会日益世俗化，而许多人深切渴望工作生活与个人生活能够保持分离。所有这些因素都是真实的，并且都有权利被尊重。

为了在一定程度上解决这些合理的问题，大多数组织学者和从业者都构思了在世俗化语境下的正念。这反映在如下几点：将正念视为一种心理状态，而不是灵性或宗教/佛教修行；将"冥想"之类的"灵性词汇"替换为在职场中更容易接受的词汇，例如"心理健身"；开展科学研究，并开发适合各种情景的基于正念的干预（MBIs）。但按照冥想者的传统观念，这又反过来导致了对失去正念精髓的担忧（Bush 在本书中对这个问题有令人感兴趣的讨论）。

最后，我们认为职场中基于正念的干预（MBIs）促进者在平衡这种矛盾关系中发挥着至关重要的作用。例如，当我（Atkins）在职场教授正念时，我几乎总是先鼓励人们将个人和专业问题带入讨论中，同时明确表示正念培训不是治疗，而是技能发展。我试图由此来让参与者成为一个完整的人，而不仅仅是职员。与此同时，我的目标是建立一种充满尊重的氛围,让人们记住这一情景:他们学习正念,并自己决定如何以保持他们尊严和职业的方式与他人分享。

正念观点的多样性

我们阅读本书各章时发现的另一个矛盾是:当正念应用于不同领域时,正念的定义也被拉向了不同的方向。虽然几乎所有的作者都提到了类似于 Shapiro 等人(本书)和 Jon Kabat Zinn(1990)的正念定义,但是其中一些人更聚焦于正念的注意力要素(Kudesia),一些人更关注自我和身份认同(Atkins and Styles),还有一些人则认为它是一个包含许多概念的综合性术语(Reb 等人)。虽然大多数作者现在将正念看作是一种状态,但有些人似乎仍然认为冥想,尤其是佛教理念框架内的特定冥想,是达到这种状态的唯一或最好的方式。这也许反映了这样的事实:佛教观点比其他任何观点都更深刻地影响了西方的正念,许多正念的修习者和教师(包括我们自己)是在佛教静修(Buddhist retreats)的语境下,经历了他们最深刻和亲密的正念时刻。

在我们看来,观点本该具有多样性,因为正念是人类与世界互动、联系的重要方式。正念是一个多方面的概念,涵盖历史、学科和应用领域的丰富的理论网络。关键并不在于如何就正确的定义达成一致,这种情况永远不会发生,因为正念是一种生机勃勃的、具有根本争议性的概念("领导力"这一概念也是如此),其有价值的部分恰恰就在于不断讨论和重新定义其性质。所以,关键其实是在持续讨论正念本质的情况下,如何在研究正念和开发职场的基于正念的干预(MBIs)方面取得有成效的进展。

如何将正念和基于正念的干预(MBIs)带进职场?

学者们已经从临床视角研究了正念和基于正念的干预(MBIs)。临床视角与组织机构背景下衍生出的视角截然不同。首先,临床视角主要聚焦在个体。大多数研究都考察了正念对个体本身的影响,例如减轻压力和焦虑。相比之下,组织学的视角则更强调人际关系和组织问题,如冲突管理(conflict management)、组织文化(organizational culture)或正念组织的过程(processes of mindful organizing)(Gärtner 和 Huber,见本书)。我们相信组织学学者们正在一个绝佳的位置上做着他们擅长的事情,对这个话题各种层面的分析探讨都会丰富我们对正念的理解。

其次,作为正念研究的先例,临床视角主要聚焦在有意识的练习上(可能受其冥想传统根源的影响,特别是佛教的影响)。而从组织的视角上看,视野就大大地开阔了:包括正念的前提,如组织约束(Reb,Narayanan and Ho,2015),视觉化模板（Gärtner and Huber，见本书），生活和职业阶段（Boyatzis，见本书）以及职场的设计。这样的研究也有助于平衡一种现象：压倒性地聚焦于研究正念的结果，而不是研究正念的前提。总的来说，虽然我们认为有意识的练习将始终是发展正念的支柱之一，但是扩大范围以涵盖其他前提也是值得欢迎的。

最后，大多数基于正念的干预（MBIs）已经被开发用于服务临床人群和解决健康问题，因此它的重点在于减轻痛苦。在组织机构中，虽然我们也与患有临床重大健康问题的参与者合作，但这不是我们工作的重点；我们的方法也必须吸引那些不会在任何显著的程度上认定自己有"痛苦"的人。所以，虽然健康和幸福仍然很重要（例如压力、职业倦怠和工作满意度等），但应该补充一个重点——专注于功能和绩效（如工作表现、谈判技巧和领导效能等）。

为了更好地理解这些差异的影响，显然必须要进行更多研究。这些观点上的差异激励着我们创造性地思考如何在组织机构的语境中研究和实践正念。尽管存在差异，我们认为正念和正念练习确实已经在组织生活中发挥重要作用，本书的各章也证明了这一点。

适应正念的丰富性和完整性，同时避免时尚主义的陷阱

我们想讨论的最后一个矛盾在于，研究者和从业者如何恰当地使正念适应并应用于他们所处的语境，而不会失去丰富性、独特性和经验的细微差别。我们观察到了针对"快餐式正念"（McMindfulness，正念作为一种时尚，只是另一种商品）已升起了一股强烈的抵制声。我们以及本书中许多作者认为，防止这种风险的重要方法是研究者、从业者和其他任何提倡使用正念的人，真挚地参与到他们自己的正念练习中。参与系统的、持续的和反复递进的正念练习将使我们在体验层面保持与正念的联系；而这种体验层面上的联系至关重要，它让我们现实而理智地理解正念的本质、前因后果等。根据我们的经验，如果一个人不单只是从概念上理解正念的好处，而且能够进行正念练习，那么将有助于他在这个领域内做好工作。正念的研究者可以从"困境"（即上述各种矛盾）中获得很大的收益，并且真正尝试在自己的生活中变得更加正念，而不是站在系统之外将正念仅仅当作是另一个要研究或教授的概念。尽管这种姿态可能非常反主流文化的——特别是对于组织学研究者而言，但我们鼓励你投身于这一探险中！

虽然我们相信以体验的方式接近正念是非常重要的，但同时我们也认识到研究人员需要保持开放和公正。假设正念永远是一件好事，实际上与正念所要求的开放、好奇和非判断态度截然相反。再者，如果不加批判地宣称正念的益处能够"治愈一切"，那只会助长正念的泡沫化倾向，而泡沫总有一天会被戳破。无论是作

为研究人员还是从业人员，我们都可以通过观照觉察（witnessing awareness）来保持开放，敏感地对待正念和正念练习的积极面和消极面。

结论

我们希望这本书对于研究者和从业者都是一份宝贵的资源。我们进一步希望这本书会激励其他人对职场中的正念开展紧要的研究。对于理解正念在组织中应用的作用、过程和动力，我们只是迈出了第一步。还有许多工作需要完善，才能制定出专门针对组织机构情境的干预方法，例如针对领导力开发或变革管理。我们被越来越多年轻研究者的热情所鼓舞，他们以富有创造性和真诚的方式呈现了研究职场中正念的挑战和乐趣。在管理学院年度会议上举行的座无虚席的专题研讨会，还有在会议里组建的正念兴趣小组，都证明了正念是组织学术领域内一个有效话题，而且人们对这个话题的兴趣和接受程度也越来越高。本书通过阐明工作中正念的研究和实践所提供的巨大理论和实践贡献，提升了这个学术研究领域的合理性。

（本章译者：佘焰灼，陈心旗，宋国萍）

References

Allen, T. D. and Kiburz, K. M. (2012). Trait mindfulness and work-family balance among working parents: the mediating effects of vitality and sleep quality. *Journal of Vocational Behavior*, 80, 372-9.

Gelfand, M. J., Major, V. S., Raver, J. L., Nishii, L.H., and O'Brien, K. (2006). Negotiating relationally: the dynamics of the relational self in negotiations. *Academy of Management Review*, 31, 427-51.

Hayes, S. C., Barnes-Holmes, D., and Roche, B. (2001). *Relational frame theory: a post-Skinnerian account of human language and cognition*. New York: Kluwer Academic/Plenum Publishers.

Hayes, S. C. and Shenk, C. (2004). Operationalizing mindfulness without unnecessary attachments. *Clinical Psychology: Science and Practice*, 11(3), 249.

Kabat-Zinn, J. (1990). *Full catastrophe living*. New York: Dell Publishing.

Reb, J. and Narayanan, J. (2014). The influence of mindful attention on value claiming in distributive negotiations: evidence from four labora-tory experiments. *Mindfulness*, 5(6), 756-66.

Reb, J., Narayanan, J., and Ho, Z. W. (2015). Mindfulness at work: antecedents and consequences of employee awareness and absent-mindedness. *Mindfulness*, 6(1), 111-22.

Shapiro, S. L. and Carlson, L. E. (2009). *The art and science of mindfulness: integrating mindfulness into psychology and the helping professions*. Washington, DC: American Psychological Association Publications.

2 正念是什么？组织为什么需要关注正念？

Shauna L. Shapiro，Margaret C. Wang and Emily H. Peltason

前言

正念可以促进个人成长，提高情绪智力、创新创造能力以及以开放的心态和智慧去面对生活的能力，从而进一步激发人们改变内心与外部环境的潜能。因此，在商业领域中，正念或许能够给人们带来有力的帮助。研究发现，充满畏惧的、自上而下的等级制度会抑制创造和创新能力，而相互理解包容且充满同情的环境能够激发人类的潜能。基于对员工的关心，将正念整合到职场文化中，工作环境将因此更加丰富多彩、富有创造性。在这样的工作环境中，员工会主动寻求工作，而不是被动地接受和反应。这一章将向读者提供有关正念的概述以及它在工作场所中的应用。我们将对以往的文献进行回顾，探索正念产生积极影响的机制并提出将正念引入组织的特定方法，即将正念作为一种员工自我修炼的练习方法的同时也作为培养职业效能的途径。最后，我们将探讨关于将正念引入组织中的未来趋势和展望，提出我们关于这一古老传统应用于当今时代的美好愿望。

什么是正念？

首先，正念是关于存在的。它指的是完全沉浸在我们的生活当中，并将我们的全部注意力带入到当下。从根本上来说，正念是一种存在方式，是与时时刻刻的体验联系在一起的途径。狭义的正念定义是指"有意识地进入一种开放、关注和甄别的状态，并从中产生的觉知"（Shapiro and Carlson, 2009）。正念练习提供了框架，我们可以据此培养和发展这种觉知的状态。练习当然可以培养正念，但其实，我们的生活中本来就拥有很多正念时刻（Shapiro, Carlson, Astin, and Freedman, 2006）。

正念的定义包含三个核心的元素：目的，专注和态度（intention，attention，attitude，IAA）。它们并不是彼此分离的过程或阶段，而是一个单一循环过程中相互交织的三个元素，三个元素之间相互联系、相互影响。

目的包括对专注的原因进行觉察，对我们的价值观、动机和希望的反省，以及有意识地将我们内心的关注导向我们想要的方向。正如 Shunryu Suzuki（1970）所说："最重要的事情就是要铭记最重要的事情。"反省我们的价值观、动机、目标是正念的基本部分。

正念的第二个元素是专注，即沉浸在此时此刻，当下的体验中。正念指的是通过训练后将意识停留在当下。通常情况下，我们是以部分注意力和条件反射的方式，漫不经心地生活着（Langer，1992）。然而，如果我们要从容并有技巧地面对当下时光，就必须处于当下之中。正念这一名词意味着仔细观察，去查看事实的特征，以进行有效的回应。如果我们做不到专注，就无法真正看清所需。正如 Germer（2009）所说："不稳定的意识就如同拿不稳的照相机，得到的照片就会是模糊的。"

正念的第三个元素是我们的态度，即我们以何种方式付诸专注。正念包括充满好奇心又同时保持开放的态度。我们并不是试图改变自己的体验，只是简单地以接纳、开放、关切和好奇的态度去观察它。例如，在练习正念的时候愤怒情绪产生了，应该对这一愤怒保持接纳和友好，但是这并不意味着屈从于愤怒或是让愤怒消失，而是承载着愤怒。这些态度不是尝试以某种方式去做事，只是尝试以某种不加评判和操纵的方式与所有事物产生联结。

当我们有意识地以接纳、友好和充满好奇心的方式将注意力停留在此刻的体验上时，正念的觉知就产生了。有意思的是，在亚洲的语言中，描绘"脑（mind）"和"心（heart）"的词汇可以互相交换，因此正念（mindfulness）也通常被翻译为全心全意（heartfulness）。正念是一个爱的存在。它不仅仅包含有意识的思维训练，它是存在的方式，是全新投入生活的方法，需要我们与自己的内心、情感和身体联系在一起。

这种关怀、放松而又警觉的觉察能够为组织提供非常特殊的内容。正念能够创造出包容的、相互理解的、富有同情心的内外部环境，并进一步促进生产力、创造创新能力。正如 Cangemi 和 Miller（2007）所说，我们所熟知的基于畏惧的自上而下的等级制度会抑制创造和创新能力。将正念引入我们的个人经历和工作场所或许能够同时促进个人幸福感和提升职场中职业效率。正念的 IAA 模型，在提升对当下觉知的过程中，能够有助于促使工作环境朝着有利于员工健康和幸福的方向演变。

何为正念练习?

尽管正念是人类与生俱来的能力,它也是一项能够被培养和训练的技能。正念根本上是一种存在的方式,是一种沉浸于我们的身体、思想和此时此刻体验的方法。Jon Kabat-Zinn(1990)认为正念包括一种非评判的、耐心的、相信自己的态度和承诺,例如我们能够将自己从期望中解脱出来并把这种体验当作第一次出现一样去接纳。

想要更清楚地了解这一体验,让我们一起开始练习。例如,对简单呼吸的注意。你注意到你此刻的呼吸了吗?你能否仅仅体验气体呼进和呼出身体?这一觉知可以是一种智力或概念上的认知,也可以是一种能够感受得到的觉知,一种整合了想法、感受和身体感觉的体验。这一深层认知就是正念。当你吸入气体时,你能够意识到你的全身正在"吸气";当你呼气的时候,你能够意识到你的全身正在"呼气"。

然而,我们通常会忽视我们的呼吸或者我们的生活。如果没有正念练习,人们会在他们大部分的时间"思想抛锚(mind wandering)"。事实上,在一项包括超过650 000个被试者的严密的实证研究中,Killingsworth 和 Gilbert(2010)发现人们的大脑在 47% 的时间都处于走神状态。而这几乎是我们一半的生命!我们经常会迷失在分散的想法或者观点中,这些想法和观点可能是正在发生的、已经发生的或将来可能发生的事件。当我们习惯性地沉迷于过去和未来时,我们就会错失能够产生创新、成果和学习的此时此刻。尽管我们每个人都与生俱来具有正念的能力,培养这种能力还是非常有帮助的。因此,正念既是一种存在方式,也是一种冥想练习。

正式的正念冥想练习主要包括每天腾出一定的时间和空间用来正式训练以培养正念。正念冥想练习可以从设定练习目标为开始,继而专注于注意对象,例如调整呼吸以平静和稳定思绪。一旦注意力变得稳定,练习者可以将注意的范围扩展到当下产生的一切体验。每一刻都会有一种友善、好奇、开放的态度。通过这种方式训练我们此次此刻的注意力,能够增强正念的神经回路,使它在下一时刻更易于停留在当下。我们所训练的部分会变得更加强大。我们重复的练习体验能够塑造我们的大脑。因此,正念冥想练习能够提高我们在生活中每时每刻进行正念的能力。

职场中的压力

上文提到的关于正念的体验或许在讲究效率、产出以及充斥着不耐烦的现代职场中是不被接受的。事实上,职场压力已经受到了全球组织的紧密关注(Burke,2010)。很多研究明确提出了职场压力与诸多组织中的结果相关,包括生产力的降低、糟糕的工作绩效、员工的高缺勤率和高离职率、事故频率的增多以及越来越多的医疗或法律支出(Quick,Quick,Nelson,and Hurrell,1997)。更难以计算甚至没被感知到的是员工活力、职场沟通、决策过程以及员工关系方面的间接成本(Quick et al.,1997)。

人们开始探索潜藏在这些间接组织成本之下的机制。例如,我们现在已经知道压力会减少临床医生的注意力和集中度(Bernstein-Bercovitz,2003;Mackenzie,Smith,Hasher,Leach,and Behl,2007;Skosnik,Chatterton,Swisher and Park,2000)、降低决策能力和交流沟通能力(Shanafelt,Bradley,Wipf,and Back,2002)、减少同情心(Beddoe and Murphy,2004;Thomas,Dyrbye,Huntington,Lawson,Novotny,Sloan,and Shanafelt,2007)、减少信任(Meier,Back,and Morrison,2001),以及降低从业者与他人建立有意义关系的能力(Enochs and Etzbach,2004)。这些发现向我们展示了职场压力对工作环境中员工的绩效和健康产生了深远而持久的影响。

工作场所的压力也会造成个人痛苦。美国心理学会(American Psychological Association)在美国本土进行的一年一度针对压力的代表性调查(2013)显示,排在经济危机之后,工作压力成为个人压力的第二大来源。它会导致普遍的焦虑、抑郁和睡眠失调体验和一般的心理困扰。研究还表明职场中的压力和身体健康之间紧密联系。尤其是,工作压力已经被证实与疲劳、失眠、心脏病、过度肥胖、高血压、传染病、癌症、糖尿病和早衰等相关(Melamed,Shirom,Toker,Berliner,and Shapira,2006;Melamed,Shirom,Toker,and Shapira,2006;Spickard,Gabbe,and Christensen,2002)。以上健康问题就算没有因压力而产生,也会因压力而恶化。

如此这般,个体健康和组织运作的健康都受到了威胁。如果员工和他们的领导不去学习如何处理由现代以生产力为导向的职场所引发的压力,他们就会使自己面临健康风险并损害专业效率。

正念与职场

越来越多的研究表明正念训练或许能够在一定程度上缓解职场压力。特别是,正念可能在优化一些最易受压力影响的工作流程中发挥作用,如:决策制定、问题解决和生产率提高(Butler and Gray,2006;Glomb,Duffy,Bono,and Yang,

2011；Fiol and O'Connor，2003）。正念还能够促成更多高效的团队管理和人际交往（Sadler-Smith and Shefy，2007；Ucok，2006）。此外，正念练习似乎可以增强战略决策和直觉（Shapiro et al.，2006；Dane，2011；Thomas，2006）。另外，正念促进了认知灵活性、开放性和反应灵活性（Dane，2011；Thomas，2006）。

正念觉知包括暂停和反思，因此它可以帮助我们避免过度地将认知和注意力集中于不相关因素而导致判断错误。正念关注认知的过程，所以我们能准确地评估当下，从而有效且有技巧地做出反应，而非习惯性或回应式地作出反应。此外，正念帮助我们改善我们内在判断力，鼓励我们去反思什么是我们珍视的，什么是最重要的。这种对价值观和道德准则的觉知帮助组织和个人从众多选项中进行抉择，并做出与组织价值观和道德准则一致的决定。事实上，最近的研究表明简单的正念训练能够显著增强大学生的道德决策能力（Shapiro，Jazaieri，and Goldin，2012）。

同样的，正念能够促进人们优先关注并将注意力分配到重要任务及相关内容上。管理者或许能够从这种逐渐增加的能力中获益，能够从多个视角看待问题并做出决策，而不是将宝贵的资源花费在微小且无关的事物上（Sadler-Smith and Shefy，2007）。由于正念能够让人减少使用自动认知过程，它也许能够抑制自动习惯性反应，促进与既定目标相一致的行为（Thomas，2006）。

此外，正念能够改善内部的调节机制，使人能够从消极事件中更快地恢复（Keng, Smoski, and Robins，2011）。因为这一效果与韧性有关，Jordan, Messner 和 Becker（2009）建议将正念引入组织中以促进学习，并指出正念能够为员工营造一个有益于反思、问题解决和质疑的环境，使员工有机会提出自己的诉求，预测并与他人讨论潜在的不确定情况等。这不仅可以促进开放式沟通和意识，还可以提高员工对自身能力和公司的信心。员工可以感受到更多的控制感，并且他们的需求能够得到满足。而协作和信任的环境的形成对此起促进作用。

正念改善工作环境的另一个方式是通过建立更多的人际关系来实现。以工作为基础的互动需要员工全心全意地投入到当下，以此来促进有效的沟通。正念通过增加存在感、相互理解和同理心来能够帮助人们在工作场所中建立有效的人际关系（Shapiro，Schwartz，and Bonner，1998；Shapiro，Astin，Bishop，and Cordova，2005）。这种意识状态避免了因个人未全身心参与而产生的沟通不彻底（Ucok，2006）。建立人际关系的关键因素是个体的情绪调节以及一个人能够在多大程度上了解自己和他人的情绪体验。当我们无法觉察到自己的情绪时，就会被消极情绪所压垮，做出错误的反应。

与此相反，正念强调一种有意识的状态以及通过反应的灵活性而提高对各类情绪体验的忍耐度，这意味着人们能够在口头或身体做出反应之前减速停顿（Glomb et al.，2011）。反应灵活性能够让我们活在当下并感知到我们自己的情绪，这样，我们能够意识到现在的情绪状态，而不去对自己或他人的消极内部状态做出反应。正念可以培养我们同情和不评判的能力，这种能力可以帮助我们与其他同事或客户建立真实的关系。以与我们预期不同的全新方式去觉察体验的正念过程，让我们停留在此时此刻，并对职场产生很大的影响（Langer and Moldoveanu，2000）。Langer 和 Moldoveanu（2000）认为对环境、新的观点以及信息保持觉知和开放的态度能够促进决策制定、团队共创，能让员工在这样的环境中去评估、解释并做出适当的回应（Butler and Gray，2006）。

总而言之，职场中的正念训练可以改善职场运行的很多方面，包括决策制定、生产力、人际交流和关系建立、个体行为的一致性和韧性。

正念成为自我关怀的一种方式

正念训练或许还能够被当作一种自我关怀的策略。正念可以提供双重益处：一方面引导员工如何管理自己的压力；另一方面赋予他们培养职业效能必备的品质（Shapiro and Carlson，2009）。研究发现，正念训练可以显著地提升处理压力的能力和个体的幸福感（Newsome，Dahlen，and Christopher，2006；Shapiro，Astin，Bishop，and Cordova，2005）。目前研究还提出，培养正念有利于身心健康（Baer，2003；Grossman，Niemann，Schmidt，and Walach，2004）。尤其是在职场环境中，正念训练可以减少员工的压力、情绪耗竭和职业倦怠，改善情绪，增加生活满意度（Shapiro，Astin，Bishop，and Cordova，2005；Galantino，Baime，Maguire，Szapary，and Farrar，2005）。

正念促进自我关怀的另一个方式是培养自我同情，它让员工能够接纳自己，将自己的错误看作是正常的，不会因此感到内疚和自责（Shapiro and Carlson，2009）。通常情况下，每个人会将大量的时间、资源、精力耗费在对个人的负性自我评价上。这种自我同情的缺乏和过于严苛的自我批评会对人产生巨大的伤害，降低创新力、生产力和学习力。另一方面，自我同情能够显著增加幸福感以及学习和改变的能力（Neff，2011）。包含控制组的实证研究发现，职场中的正念训练能够显著增加自我同情（Shapiro，Astin，Bishop，and Cordova，2005）。

对员工来说，意识到即使他们有着良好的初衷，事情有时也会向坏的方向发展非常重要。正念能够帮助员工学会用他们对待同事和客户的关怀和同情心来对待自己，而不是在这些情境下自我批评和谴责。正如 Germer（2009）在他的关于正念和自我同情的著作中所提到的，"我们越是对自己坦诚，我们越能感受到生活的其余部分"，也就越能够对他人充满同情。

尽管正念研究还是一个较新的领域，但是研究者在不断探讨一个最佳方法来定义和衡量正念这一构建（例如，Bergomi, Tschacher, and Kupper, 2012; Grossman, 2011）。在职场环境中，正念训练为干预措施显出了巨大希望，除了能够帮助在职者处理压力和困扰，提升幸福感，正念或许还能够培养职业效能和职业成功所需的关键技能（Shapiro and Carlson, 2009）。

作用机制

将正念引入职场中产生的积极影响或许会通过很多不同的途径表现出来。以下，我们将探讨潜在的行动机制。

正念缓解压力。组织中与压力相关的直接或间接代价几乎是不可估量的，包括低工作绩效、低生产力、高离职率以及与日俱增的员工医疗和补偿费用（Quick et al., 1997; Hargrove, Quick, Nelson, and Quick, 2011）。65%的美国人认为职场是他们生活中的一个主要压力来源，致使很多人在生理和心理方面都经历着一个关于坚持还是放弃的永无止境的循环（American Psychological Association, 2013）。研究表明，正念通过唤起一种与警觉相关的状态来减少焦虑和抑郁，在该状态下可以产生有意识的有技巧的反应[有关理论和实践综述，见 Baer（2003）]。

正念营造一个健康的学习环境。长期充斥着畏惧、威胁或羞愧感的压力环境会抑制学习。诸如最后期限、面对客户等高压力的环境不可避免地会使人产生压力并影响个人的最佳学习过程。觉知的练习能够激发更有效的学习过程（Bandura, 1986）。正念练习营造出的安全的、非评判的、充满同情心的环境会激活练习者的神经系统，使得练习者能够去学习和适应情景的要求。

失败会降低个人的自我效能感和动机。自我效能感是指个人感知到的能够完成一项任务的能力（Bandura, 1986）。对我们自己能力的信任能够激发成功所需的毅力，因此在表现和结果之间起中介作用（Bandura, 1986）。所以，从失败中恢复对于持续学习是至关重要的。

羞愧令个体聚焦于不足之处，阻碍进一步学习，进而阻碍个体从失败中恢复。羞愧被定义为对自己的消极评估，来源于感知到的不能够达到个人标准的失败（Lewis, 1971）。羞愧会显著地分散注意力、减少动机。因此，持有这种消极的评估会降低个人标准，进而阻碍恢复及从失败中学习的进程（Turner and Schallert,

2001）。

通过对物质滥用的患者进行研究，Luoma，Kohlenberg，Hayes 和 Fletcher（2012）发现，接受自己能够降低内部的羞愧感。正念练习确实能够培养一种觉知和接纳的态度，因此它有可能降低羞愧感。通过正念，个体能够培养忍受情绪的能力，甚至是忍受消极、痛苦的情绪的能力，所以能够增加个体承受挑战的能力（Shapiro，Carlson，Astin，and Freedman，2006）。

正念提升创新和创造力。正念练习会提高个体对线索的觉察力，这能够将个体的意识从目标转移到过程（Butler and Gray，2006）。这种对过程的关注为创新提供了机会，因为正念觉察鼓励个体从更多的视角去思考以及从整体上去考察信息（Langer and Moldoveanu，2000；Sadler-Smith and Shefy，2007）。正念增加了发现新方法的可能性，因此会增加创新的潜力（Vogus and Sutcliffe，2012；见本书第 8 章中"正念与创新"的相关内容）。

正念提高注意力和集中度。无论个人职业努力的方向性质是什么，成功通常都需要能够保持持续专注。为了体验当下或有意识地呈现自己，最理想的状况就是保持专注，但这可能需要系统的正念练习才能磨练这一技能。现有研究表明，通过正式的正念冥想练习可以有意识参与和关注。

在一项研究中，研究者（Lazar，Kerr，Wasserman，Gray，Greve，Treadway，McGarvey，Quinn，Dusek，Benson，Rauch，Moore，and Fischl，2005）发现，与没有进行冥想练习的参与者相比，参与正念冥想练习的个体大脑中与持续专注和觉察相关的脑区的皮层增厚程度更明显。在另一项研究中，Jha，Krompinger 和 Baime（2007）在为新手进行为期八周的正念冥想训练和为有经验的冥想者进行为期一个月的静修之后，在测量注意力网络测试的响应时间时，发现参与者的整体注意力有了显著改善。具体来说，那些参加为期八周的培训的人更有能力在需要时引导注意力集中，那些参加一个月静修的人则表现出在面对分心时恢复注意力的能力增强。

正念可以减少多重任务的消极影响。在办公室里，从邮件到短信，我们被各种干扰所包围。职场环境下的多重任务已逐渐成为一种文化。员工背负着高期望和高要求，这使他们不得不在各种任务之间切换并作出快速反应以满足顾客和工作的需求（Appelbaum and Marchionni，2008）。然而，同时进行两种以上任务和不断干扰注意力为特征的多重任务会降低绩效和准确度，增加压力，减少整体的生产力（Appelbaum and Marchionni，2008）。

正念旨在控制这些自动认知过程并将自身的资源集中在当下的任务上（Thomas，2006）。正念使我们将相互竞争的任务按优先次序排列（冲突管控），在目前的任务上工作较长一段时间之后再将注意力转化到新的任务上（Levy, Wobbrock, Kaszniak, and Ostergren, 2012；Jha et al., 2007）。在整合正念的方法中，员工的生产力将会提高，而且能够在分心之前致力于他们所做的工作。

在信息时代，练习正念尤其重要，因为研究已经证实正念能够提升注意力、敏感性、集中度、对体验的开放度，减少对干扰的易感性（Valentine and Sweet, 1999）。例如，如果过多的注意力集中在一个刺激上，其他的刺激或许就会被忽略。Valentine 和 Sweet 在 1999 年的研究中比较了集中冥想和正念冥想，在研究的听力任务中，被试者需要计算听到的音调的数量，以此测量持续性注意力。集中冥想被定义为一种集中于某一固定形象或来源的冥想（例如一个对象、呼吸或想法），它可以以其他任何事物为背景；而正念冥想正如概念所说，是指个体对注意范围之内的任何事物进行观察，不论是身体和还是心理的。相比于集中冥想者来说，正念冥想者对这些无法预料的音调的记录更加熟练。这一事实显示了，正念觉知在维持持续性注意力和防止可能造成重要信息被忽略的分心方面具有重要作用。

正念降低情绪反应。情绪反应是职场中诸多人际冲突的基础。正念练习能够培养一种再感知的过程，或者促进意识的转换。在这一过程中由主观向客观转变，从而让我们不带任何评价的观察并解释我们的情绪体验（Shapiro, Carlson, Astin, and Freedman, 2006）。练习正念，还能够帮助我们在情绪主宰行为之前对高度活跃的想法和感受进行管理（Hede, 2010）。Hede 进一步指出情绪调节能力的提高还使个体能够从失败或批评中更快恢复过来。Dunn, Hartigan 和 Mikulas（1999）认为正念冥想能够产生与"放松"不同的影响，它营造出一种不同的意识状态。正念的再感知过程也许能够使个体从自身情绪中脱离出来。

正念有缓和冲突的作用，因此，也适用于以人机互动频繁为特征的商业环境。管理者或许也可以运用正念练习来帮助员工重新认识职场中的失望和沮丧。在一定的条件下，上级或许可以通过强调事件的不同方面和提高员工对自身体验的控制感来帮助他们调控自己的情绪（Boss and Sims, 2008）。这需要使用非情绪术语重新定义情绪诱发情境。正念练习或许可以帮助管理者和员工以非评判的方式对这一情景进行再感知。这一再造的感知有可能给我们提供更多建设性的反馈。通过明确员工的优势和任务完成中遇到的阻碍，管理者会发现所有的失望和沮丧不一定会反映员工的重要价值和能力。因此，再感知的能力影响我们在充满压力的情况下的恢复。正念练习能够帮助管理者和员工成功地完成这一挑战，提高将自己本身与情绪区分开来的能力，从而阻止痛苦的——可能限制职业发展的——

情绪对团队成员与客户之间的建设性交流产生影响。

正念促进人际关系的发展、共情和自我意识。对自我富有同情心能够提升对他人共情的能力，还能够提升信任水平、营造合作和安全的工作环境（Kanov，Maitlis，Worline，Dutton，Frost，and Lilius，2004）。识别下属消极情绪的能力使领导者能够在这些消极情绪逐渐增强并导致反生产工作行为或组织怨气之前采取行动（Riggio and Reichard，2008）。这意味着将这些态度应用于自己和他人，从而促进积极的职场关系的建立。例如，当面对一项没有完成的任务时，与其将其视为失败，不如接受这个情况，并专注于下一个任务当中。

在职业生涯的每一个阶段，同事之间的沟通交流都是必要的。如何向他人展示自己将会影响职场关系。正念训练可以提升人际觉知，或许可以让管理者和被管理者都能够重视鼓励和改善而不是失败。一个管理者对他人的信任是至关重要的，因为它会影响一个人如何认识自己以及如何与其他员工建立密切关系。例如，一个管理者不经过思考就表示他不确定另一个人是否有完成高质量工作的能力，或许会影响到这个员工信任他的老板和自己的能力。

正念练习提高共情能力和自我意识，进而能够使个体对他人真诚和关心（Shapiro，Carlson，Astin and Freedman，2006；Holt and Marques，2012）。共情可以应用于从组织承诺到员工关系等诸多方面。共情是理解他人观点的能力，常见的情绪反应有共情关注和个人苦恼（Atkins，2013）。共情关注包括对另一个人幸福的关注（Batson and Ahmad，2009；Atkins，2013）；而个人苦恼是聚焦于个体自己的苦恼而不是经历痛苦的那个人（Eisenberg，2010；Atkins，2013）。共情与同情是不同的，同情是以自己的情绪体验为中心的，而不是另一个人的情绪体验。在观察另一个人的主观体验中，个体的神经结构和那些体验情绪的个体所唤起的神经结构是相同的（Gallese，Eagle，and Migone，2007）。这一证据表明我们天生具备与他人交流并理解他人经历的能力。

从正念练习中培养出的共情能力或许对个体与他人联系的能力有更加深远的影响。Riggio 和 Reichard（2008）提出领导者的情绪敏感性对团队中所有成员之间的关系定调方面非常重要。对员工充满同情心并能够感知到他人的情绪能够培养信任，这样，每个成员在组织中都会觉得被重视。高效的工作团队会产生牢固的人际关系，而这需要团队领导者对其他团队成员的情绪、态度和需求具备共情能力（Riggio and Reichard，2008）。

领导者可以利用共情能力去评估和分享有建设意义的价值观，以此来维持员工的积极情绪（Levine，2007）。对自己内部体验和对他人内部体验的觉知之间的不断权衡，可以产生自我同情和对他人的同情。从正念练习中产生的共情能力可以将情绪的不协调告知我们。通过对这些消极反应做出主动应对,个体便能够对抗人际冲突。然而,由于我们理解他人想法的能力不同,个体的共情能力也可能会因此受限(Atkins,2013)。尽管投入正念练习,这些观点采择能力方面的不足可能会阻碍我们评估他人情绪和阻止即将发生的冲突的能力。不过,管理团队有潜力去为整个职场定下情绪基调,有效地优化协调能力,并创造出能够鼓舞员工的共同愿景。

正念训练除了增加共情能力之外,还使社会连通性提高(Shapiro, Schwartz, and Bonner, 1998; Cohen and Miller, 2009)。通过培养对此时此刻的觉察和非评判性的接纳,正念练习显著提高了由感觉、知觉和自我调节等构成的情绪智力(Schutte and Malouff, 2011)。由于正念练习对情绪调节和情绪智力的积极影响,它或许能够帮助人们从冷酷无情只关注结果向既看重结果也看重人际关系转变(Baer, Smith, and Allen, 2004; Baer, Smith, Hopkins, Krietemeyer, and Toney, 2006; Brown and Ryan, 2003; Feldman, Hayes, Kumar, Greeson, and Laurenceau, 2007)。这一改变或许能够同时改善人际关系和工作效能。

超越正式冥想:基于正念的商业(mindfulness-informed business)

基于正念的商业指将正念启发的教学,而不是正式的冥想引入组织中。这是个将佛教研究、心理学的正念研究和个人正念练习等积累的智慧整合到组织中的初步参考框架。目前为止,针对如何开展一套基于正念的商业练习,没有人提出了明确的指导,而这一概念本身也不太适合实证检验。在这里,我们并不是为了让观点更加全面并由实证做基础,而是将我们临床方面的经验进一步拓展开来,即正念的核心也可以为工作环境提供诸多内容。为了这个目的,我们将介绍几个组织或许能够利用的主题作为以正念为基础的方法的一部分。

无常(Impermanence)

佛教核心就是"无常"或者说"不断变化的现实"。正如 Bien(2006)所说,我们所有人都不可避免地要面对无常。真正的问题是我们是否能够接受它。当我们抵抗现实的时候,我们的痛苦就会增加。

学习接受无常对于应对充满压力的工作环境有重要意义,在这样的工作环境中,突发事件、即将到期的最后期限、完成下一个可交付成果的压力等都有可能让员工失去镇定。那些结构化的以正念为基础的组织可以向员工展示无常的事例,利用语言来强调人们经历不断变化的特点。还可以邀请员工来研究他们自己生活和体验的变化特点,集中于他们不断变化的想法、情绪和感觉(Shapiro and Carlson,2009)。在这样的环境中,人们就可以了解和注意到那些不可避免的工作压力,就不会影响个人的幸福和职业效能。

无我(No self)

佛教心理学还强调自我的暂时性。这并不意味着人们是不真实的,而是说没有一个短暂的离散的事物能被认为是独特的自我。由于现今社会的大多数关注点是个人主义,很多人都很难理解这一观点。正如Bien(2006)所说,我们通常会把自己看作是在时间和空间中穿梭并不断积累经历的个体,但从根本上是保持一致性。然而事实上,没有任何可靠的东西能让人们将之称为自我。每时每刻,我们的身体、感觉、想法和觉知都在变化。尽管一开始难以掌握这一概念,但是当我们发现我们比我们的任何感知和体验都"大"的时候,"无我"的观点逐渐被认可。情绪只是情绪,想法只是想法,这些都不是"我"。同样的,与上级相处不融洽、客户的负面反馈或者积极的业绩评价都不能够反应一个独特的或者永恒的自我,它们只是我们职业生涯的短暂片段。伴随着练习,个体通过发现所有情绪和想法都是短暂的,"就像来看望我之后离开的客人"(Goodman and Greenland,2009),从而进一步将这一观点内化。

接纳(Acceptance)

接纳指不带任何评判和偏好,以仁慈和好奇心去接受体验的方法。佛教中有关接纳的教义提出当人们怀着期待的内心去拥抱事物的不同时,他们的痛苦就会减少。我们了解到,身体和情绪的折磨是两个维度导致的。其一是痛苦,它不可避免的来源于生活琐事,没有人能够完全逃避;其二是我们抵抗痛苦的程度——这是我们能够直接影响的事情。美国冥想大师Shinzen Young曾提出如下有用的公式:折磨= 痛苦×抵抗。简单来说,当人们抵抗而不是接受痛苦,他们所受的折磨就会加倍。

幸运的是,接纳是一种可以培养的技能。伴随着练习,人们被鼓励着去"放松"或是"融入"到接纳的体验中(Germer,Siegel,and Fulton,2005)。Goldstein(1993)提倡使用诸如"随它去吧"或者"没关系,它只是让我感觉如此罢了"等话语。通过使用一些特定的话语,每个个体能够学着去接受自己的一切情感,尤其是在强调产出并以过程和内部体验为代价的职场中。将消极想法和情感视作与手头工作不相关的内容并忽略它,是一个看起来不错的选择。然而,即便我们尽最大的努力去做,这些想法和感觉都会对我们的职业态度和效能产生深远影响。正念教会我们了解并注意我们的痛苦,以便我们能够用智慧和清醒的头脑有意识地做出回应。当我们能够认识并了解到我们此刻的真实体验时,那么不管是要面对顾客、同事、员工或者领导,我们都能够从情绪痛苦中摆脱出来,并有能力主动地以合适的方式回应。

有意识的回应(Conscious responding)

佛教的中心教义之一是,痛苦和折磨是源于习惯性的反应方式。事实上,如果我们去注意,就有可能发现我们的日常生活是多么频繁地存在自动化的反应、想法或行动。在职场中,某一个日常任务或互动的必要的循环特征可能会诱发愤怒或人际冲突。从正念中了解到,我们有能力去选择一个更加健康或更有建设性的回应。当我们能够超越直觉和自动化反应而清楚意识到事件的本质时,就很有可能做出合适的回应。此外,当工作环境真正出现人际冲突时,正念还能够使当事人清楚意识到事情究竟是什么样的,这些冲突在人生经历中是正常和转瞬即逝的,并不会对个人和职业产生重大而深远的影响。

相互依赖(Interdepence)

佛教教义中的一个中心内容是万事万物都是相互联系和依赖的。这意味着我们的快乐与不快乐都会影响其他人,他人快乐与否也会影响到我们。这也就是为什么项目团队中的一个成员的状态可以对整个团队产生很大影响,以及为什么长时间听一个不堪重负的同事的满腹牢骚会让倾听者充分感受到压力和焦虑。事实上,我们并不像我们所想的那样独立。

像与他人隔绝一样过着自己的生活时,困惑、绝望、冲突和孤独就会接踵而至(Shapiro and Carlson,2009)。不管在任何地方,这一事实都一样。简单来说,全世界和构成全世界的个体都是相互依赖的。

职业社区中也存在相互依赖。员工通过观察和学习,能够了解职场活动是如何在一个互相依赖的复杂互联网络中展开的同事的想法、观点和行为会影响未来时刻和以后的互动。至关重要的是,当个体开始明白他们自己生活中互相依赖的小实例时,他们将会认识到宇宙中的任何事物是怎样互相依赖的,这将会使个体产生责任感和与所有存在的事物相连的感觉。在更小的范围之内,在工作环境中逐渐意识到相互依赖或许能够使个体感受到不仅与其他员工的关联和责任,还包括与重要任务和组织使命的关联性。

总结

正念在职场中有诸多应用,包括促进个人关怀和个人幸福以及职业效能。当前,大量重要的未来研究方向和研究路径需要得到持续的关注。

在何种背景下正念成为用于帮助职场人士发展职业成功和职业效能所需的核心技能,还需要进一步探索。初步研究发现,正念能够增加个体的共情能力、创造力、情绪调节能力和注意力。然而,探讨正念对于职业效能独特影响的严格科学研究非常少。因此,我们需要采用一系列测量方法的研究,包括自我报告、行为观察和客观产出和效果程度(Grepmair, Mitterlehner, Loew, Bachler, Rother & Nickel, 2007; Grepmair, Mitterlehner, Loew, and Nickel, 2006)。当然,探索这些效果产生的机制也是非常重要的。

此外,我们知道自我关怀对于职业者来说至关重要,它既能够保护练习者的自身健康和幸福,还能够提高他们的生产力、创新力和职业效能。因此,进一步拓展现有研究,探讨正念是如何影响职场人士的心理和生理健康是非常重要的。更加系统的自我关怀的方法、工作场所中的正念训练以及持续的教育计划对职场人士来说是必要的。这包括把关注点放在将正念训练整合到人力资源和职业发展课程中(Shapiro and Carlson, 2009)。

正念在工作场所中的潜在应用影响非常深远。我们相信,正念的多方面特点及其内在简单实用或许能够给企业环境提供独特而强大的资源。正念给我们提供了一种不会让自我关怀、个人幸福与生产力、底线相冲突的方法。相反,正念还教会我们将自己的幸福与组织的成功是联系在一起的。对于正念的继续探索需要更为敏锐,还需要一系列方法学和临床学方面的视角,去研究怎样以最好的方式将这些内容和练习整合到职场中。我们对探索性研究和临床应用充满期待,我们相信,未来该领域的研究和探索不但会造福个人还会造福全社会。

(本章译者:刘瑶,何娟花,宋国萍)

References

American Psychological Association (2013). Stress in America: missing the health care connection. Retrieved from www.apa.org/news/press/ releases/stress/2012/full-report.pdf.

Appelbaum, S. H., and Marchionni, A. (2008). The multi-tasking paradox: perceptions, problems and strategies. *Management Decision*, 46(9), 1313-1325.

Atkins, P. W. B. (2013). Empathy, self-other differentiation and mindfulness. In K. Pavlovich and K. Krahnke (eds.), *Organizing Through Empathy*. New York: Routledge, pp. 49-70.

Baer, R. A. (2003). Mindfulness training as a clinical intervention: a conceptual and empirical review. *Clinical Psychology : Science and Practice*, 10, 125-143.

Baer, R. A., Smith, G. T., and Allen, K. B. (2004). Assessment of mindfulness by self-report: the Kentucky Inventory of Mindfulness Skills. *Assessment*, 11(3), 191-206.

Baer, R. A., Smith, G. T., Hopkins, J., Krietemeyer, J., and Toney, L. (2006). Using self-report assessment methods to explore facets of mindfulness. *Assessment*, 13(1), 27-45.

Bandura, A. (1986). *Social foundations of thought and action : a social cognitive theory*. Englewood Cliffs, NJ: Prentice Hall.

Batson, C. D., and Ahmad, N. Y. (2009). Empathy-induced altruism: a threat to the collective good. *Altruism and Prosocial Behavior in Groups*, 26, 1-23.

Beddoe, A. E., and Murphy, S. O. (2004). Does mindfulness decrease stress and foster empathy among nursing students? *Journal of Nursing Education*, 43(7), 305-312.

Bergomi, C., Tschacher, W., and Kupper, Z. (2012). The assessment of mindfulness with self-report measures: existing scales and open issues. *Mindfulness*, 4(3), 191-202.

Bernstein-Bercovitz, H. (2003). Does stress enhance or impair selective attention? The effects of stress and perceptual load on negative priming. *Anxiety, Stress and Coping : An International Journal*, 16, 345-357.

Boss, A. D., and Sims, H. P. (2008). Everyone fails! Using emotion regulation and self-leadership for recovery. *Journal of Managerial Psychology*, 23(2), 135-150.

Brown, K. W., and Ryan, R. M. (2003). The benefits of being present: mindfulness and its role in psychological wellbeing. *Journal of Personality and Social Psychology*, 84, 822-848.

Burke, R. J. (2010). Workplace stress and well-being across cultures: research and practice. *Cross Cultural Management*, 17(1), 5-9.

Butler, B. S., and Gray, P. H. (2006). Reliability, mindfulness and information systems. *MIS Quarterly*, 30(2), 211-224.

Cangemi, J., and Miller, R. (2007). Breaking-out-of-the-box in organizations: structuring a positive climate for the development of creativity in the workplace. *Journal of Management Development*, 26(5), 401-410.

Cohen, J., and Miller, L. (2009). Interpersonal mindfulness training for well-being: a pilot study with psychology graduate students. *The Teachers College Record*, 111(12), 2760-2774.

Dane, E. (2011). Paying attention to mindfulness and its effects on task performance in the workplace. *Journal of Management*, 37(4), 997-1018.

Dunn, B. R., Hartigan, J. A., and Mikulas, W. L. (1999). Concentration and mindfulness meditations: unique forms of consciousness. *Applied Psychophysiology and Bio feedback*, 24(3), 147-165.

Eisenberg, N. (2010). Empathy-related responding: links with self-regulation, moral judgment, and moral behavior. In M. Mikulincer (ed.), *Prosocial motives, emotions, and behavior: the better angels of our nature*. Washington DC: American Psychological Association, 129-148.

Enochs, W. K., and Etzbach, C. A. (2004). Impaired student counselors: ethical and legal considerations for the family. *Family Journal: Counseling and Therapy for Couples and Families*, 12, 396-400.

Feldman, G., Hayes, A., Kumar, S., Greeson, J., and Laurenceau, J. P. (2007). Mindfulness and emotion regulation: the development and initial validation of the Cognitive and Affective Mindfulness Scale-Revised (CAMS-R). *Journal of Psychopathology and Behavioral Assessment*, 29(3), 177-190.

Fiol, C. M., and O'Connor, E. J. (2003). Waking up! Mindfulness in the face of bandwagons. *The Academy of Management Review*, 28(1), 54-70.

Fletcher, L. B., Schoendorff, B., and Hayes, S. C. (2010). Searching for mindfulness in the brain: a process-oriented approach to examining the neural correlates of mindfulness. *Mindfulness*, 1, 41-63.

Galantino, M. L., Baime, M., Maguire, M., Szapary, P. O., and Farrar, J. T. (2005). Short communication: association of psychological and physiological measures of stress in health-care professionals during an 8-week mindfulness meditation program. Mindfulness in practice. *Stress and Health*, 21, 255-261.

Gallese, V., Eagle, M. N., and Migone, P. (2007). Intentional attunement: mirror neurons and the neural underpinnings of interpersonal relations. *Journal of the American Psychoanalytic Association*, 55(1), 131-176.

Germer, C. K. (2009). *The mindful path to self-compassion: freeing yourself from destructive thoughts and emotions*. New York: Guilford Press.

Germer, C. K., Siegel, R. D., and Fulton, P. R. (2005). *Mindfulness and psychotherapy*. New York: Guilford Press.

Glomb, T. M., Duffy, M. K., Bono, J. E., and Yang, T. (2011). Mindfulness at work. *Personnel and Human Resources Management*, 30, 115-157.

Goldstein, J. (1993). *Insight meditation: the practice of freedom*. Boston, MA: Shambhala.

Goodman, T. A., and Greenland, S. (2009). Mindfulness with children: working with difficult emotions. In F. Didonna (ed.), *Clinical handbook of mindfulness*. New York: Springer Science + Business Media, 417-429.

Grepmair, L., Mitterlehner, F., Loew, T., Bachler, E., Rother, W., and Nickel, M. (2007). Promoting mindfulness in psychotherapists in training influences the treatment results of their patients: a randomized, double-blind, controlled study. *Psychotherapy and Psychosomatics*, 76(6), 332-338.

Grepmair, L., Mitterlehner, F., Loew, T., and Nickel, M. (2006). Promotion of mindfulness in psychotherapists in training and treatment results of their patients. *Journal of Psychosomatic Research*, 60(6), 649-650.

Grossman (2011). Defining mindfulness by how poorly I think I pay attention during everyday awareness and other intractable problems for psychology's re(invention) of mindfulness: comment on Brown et al. (2011). *Psychological Assessment*, 23(4), 1034-1040.

Grossman, P., Niemann, L., Schmidt, S., and Walach, H. (2004). Mindfulness-based stress reduction and health benefits: a meta-analysis. *Journal of Psychosomatic Research*, 57(1), 35-43.

Hargrove, M., Quick, J., Nelson, D. L., and Quick, J. D. (2011). The theory of preventive stress management: a 33-year review and evaluation. *Stress and Health: Journal Of The International Society For The Investigation Of Stress*, 27(3), 182-193.

Hede, A. (2010). The dynamics of mindfulness in managing emotions and stress. *Journal of Management Development*, 29(1), 94-110.

Holt, S., and Marques, J. (2012). Empathy in leadership: appropriate or misplaced? An empirical study on a topic that is asking for attention. *Journal of Business Ethics*, 105(1), 95-105.

Jha, A. P., Krompinger, J., and Baime, M. J. (2007). Mindfulness training modifies subsystems of attention. *Cognitive, Affective, and Behavioral Neuroscience*, 7(2), 109-119.

Jordan, S., Messner, M., and Becker, A. (2009). Reflection and mindfulness in organizations: rationales and possibilities for integration. *Management Learning*, 40(4), 465-473.

Kabat-Zinn, J. (1990). *Full catastrophe living*. New York: Delta Publishing.

Kanov, J. M., Maitlis, S., Worline, M. C., Dutton, J. E., Frost, P. J., and Lilius, J. M. (2004). Compassion in organizational life. *American Behavioral Scientist*, 47(6), 808-827.

Keng, S., Smoski, M. J., and Robins, C. J. (2011). Effects of mindfulness on psychological health: a review of empirical studies. *Clinical Psychology Review*, 31(6), 1041-1056.

Killingsworth, M. A., and Gilbert, D. T. (2010). A wandering mind is an unhappy mind. *Science*, 330(6006), 932.

Langer, E. J. (1992). Matters of mind: mindfulness/mindlessness in perspective.

Consciousness and Cognition, 1, 289-305.

Langer, E. J., and Moldoveanu, M. (2000). The construct of mindfulness.*Journal of Social Issues*, 56(1), 1-9.

Lazar, S. W., Kerr, C. E., Wasserman, R. H., Gray, J. R., Greve, D. N., Treadway, M. T., McGarvey, M., Quinn, B. T., Dusek, J. A., Benson, H., Rauch, S. L., Moore, C. I., and Fischl, B. (2005). Meditation experience is associated with increased cortical thickness.*Neuroreport*, 16,1893-1897.

Levine, D. P. (2007). Keeping track of the self: empathy, recognition, and the problem of emotional attunement in organizations.*Journal of Organizational Psychodynamics*, 1(1), 26-45.

Levy, D. M., Wobbrock, J. O., Kaszniak, A. W., and Ostergren, M. (2012). The effects of mindfulness meditation training on multitasking in a high-stress information environment. *Proceedings of Graphics Interface*, 45-52.

Lewis, H. B. (1971). Shame and guilt in neurosis.*The Psychoanalytic Review*, 58, 419-438.

Luoma, J. B., Kohlenberg, B. S., Hayes, S. C., and Fletcher, L. (2012). Slow and steady wins the race: a randomized clinical trial of acceptance and commitment therapy targeting shame in substance use disorders. *Journal of Consulting and Clinical Psychology*, 80(1), 43-53.

Mackenzie, C. S., Smith, M. C., Hasher, L., Leach, L., and Behl, P. (2007). Cognitive functioning under stress: evidence from informal caregivers of palliative patients.*Journal of Palliative Medicine*, 10(3), 749-758.

Meier, D. E., Back, A. L., and Morrison, R. S. (2001). The inner life of physicians and care of the seriously ill. *The Journal of the American Medical Association*, 286(23), 3007-3014.

Melamed, S., Shirom, A., Toker, S., Berliner, S., and Shapira, I. (2006). Burnout and risk of cardiovascular disease: evidence, possible causal paths, and promising research directions,*Psychological Bulletin*, 132, 327-353.

Melamed, S., Shirom, A., Toker, S., and Shapira, I. (2006). Burnout and risk of type 2 diabetes: a prospective study of apparently healthy employed persons,*Psychosomatic Medicine*, 68, 863-869.

Neff, K. D. (2011). Self-compassion, self-esteem, and well-being. *Social and Personality Psychology Compass*, 5, 1-12.

Newsome, S., Christopher, J. C., Dahlen, P., and Christopher, S. (2006). Teaching counsellors self-care through mindfulness practices. *Teachers College Record*, 108, 1881-1900.

Quick, J. C., Quick, J. D., Nelson, D. L., and Hurrell, J. J. (1997).*Preventive stress* management in organizations. Washington, DC: American Psychological Association.

Riggio, R. E., and Reichard, R. J. (2008). The emotional and social intelligences of effective leadership: an emotional and social skill approach. *Journal of Managerial Psychology*, 23(2), 169-185.

Sadler-Smith, E., and Shefy, E. (2007). Developing intuitive awareness in management education.*Academy of Management Learning and Education*, 6(2), 186-205.

Schutte, N. S., and Malouff, J. M. (2011). Emotional intelligence mediates the relationship between mindfulness and subjective well-being. *Personality and Individual Differences*, 50(7), 1116-1119.

Shanafelt, T. D., Bradley, K. A., Wipf, J. E., and Back, A. L. (2002). Burnout and self-reported patient care in an internal medicine residency program. *Annals of Internal Medicine*, 136, 358-367.

Shapiro, S. L., Astin, J. A., Bishop, S. R., and Cordova, M. (2005). Mindfulness-based stress reduction for health care professionals: results from a randomized trial. *International Journal of Stress Management*, 12(2), 164-176.

Shapiro, S. L., and Carlson, L. E. (2009).*The art and science of mindfulness : integrating mindfulness into psychology and the helping professions*. Washington, DC: American Psychological Association Publications.

Shapiro, S. L., Carlson, L. E., Astin, J. A., and Freedman, B. (2006). Mechanisms of mindfulness. *Journal of Clinical Psychology*, 62(3), 373-386.

Shapiro, S. L., Jazaieri, H., and Goldin, P. R. (2012). Mindfulness-based stress reduction effects on moral reasoning and decision making.*Journal of Positive Psychology*, 7(6), 504-515.

Shapiro, S. L., Schwartz, G. E., and Bonner, G. (1998). Effects of mindfulness-based stress reduction on medical and premedical students. *Journal of Behavioral Medicine*, 21, 581-599.

Skosnik, P. D., Chatterton, R. T., Swisher, T., and Park, S. (2000). Modulation of attentional inhibition by norepinephrine and cortisol after psychological stress. *International Journal of Psychophysiology*, 36, 59-68.

Spickard, A., Gabbe, S., and Christensen, J. (2002). Mid-career burnout in generalist and specialist physicians.*The Journal of the American Medical Association*, 288, 1447-1450.

Suzuki, S. (1970).*Zen mind, beginner' mind*. New York: Weatherhill.

Thomas, D. C. (2006). Domain and development of cultural intelligence: the importance of mindfulness.*Group and Organization Management*, 31(1), 78-99.

Thomas, M. R., Dyrbye, L. N., Huntington, J. L., Lawson, K. L., Novotny, P. J., Sloan, J. A., and Shanafelt, T. D. (2007). How do distress and well-being relate to medical student empathy? A multicenter study. *Journal of General Internal Medicine*, 22(2), 177-183.

Turner, J. E., and Schallert, D. L. (2001). Expectancy-value relationships of shame reactions and shame resiliency. *Journal of Educational Psychology*, 93, 320-329.

Ucok, O. (2006). Transparency, communication and mindfulness. *Journal of Management Development*, 25(10), 1024-1028.

Valentine, E. R., and Sweet, P. L. (1999). Meditation and attention: a comparison of the effects of concentrative and mindfulness meditation on sustained attention, *Mental Health, Religion and Culture*, 2(1), 59-70.

Vogus, T. J., and Sutcliffe, K. M. (2012). Organizational mindfulness and mindful organizing: a reconciliation and path forward. *Academy of Management Learning and Education*, 11(4), 722-735.

3 正念：历史、当代背景及最新发展状况

Michael Chaskalson and Sharon Grace Hadley

简介

> 在当今世界，正念是一个非常热门的话题。这是好事，在生活中，我们即便不是极端渴望，也还是非常缺乏一些难以描述但却必要的元素。
>
> (Kabat-Zinn, 2011, p. 9).

由 Kabat-Zinn 提及的正念持续受到关注，丝毫没有消退的迹象。它的影响正在不断加强，越来越多的大型组织开始将正念训练的一个或多个元素纳入员工福利中(Gelles，2012)。从亚洲寺院近 2 500 年的默默无闻，到如今走入达沃斯世界经济论坛，成为由 Janice Marturano 主持的"正念领导力"讨论会的主题，正念修习走过了一段多么神奇的旅程啊！(Marturano, 2013)

本章使用的正念这个概念来自佛教，但我们今天在组织中看到的以正念为基础的训练及干预通常使用完全世俗的方法。本章的目标是探索正念训练是如何从传统的宗教背景下的行为演变为一个更加世俗和现代化的方法的。我们关注的重点是从佛教教义中衍生而来的正念课程，尤其是正念减压课程(MBSR)，这是目前组织正念课程中最流行和研究最多的领域。本文首先对当前主要正念理论和课程进行简单介绍，同时对未来的研究给出建议。我们的目标是对使用最广泛的正念训练方法进行描述，并帮助读者理解为什么这样设计。我们坚定地认为，理解正念的概念及实践的由来对理解正念潮流的未来走向，尤其对理解组织正念的发展趋势至关重要。

"正念"这个词既可以用来描述结果，也可以描述过程，即正念练习(Shapiro and Carlson, 2009)。其中前者即正念觉知，由持续的存在感或觉知及不断增强的脱离思考的状态和深度认知构成。后者即正念练习，是指有意识地以一种开放、注意和认知的方式进行专注的系统化练习，这个过程包括对心理的认知和塑造。

正念训练的目的是培养一种能够以开放、接纳并有区分的态度做到有意识专注的方法。那么它怎样开始被用于当代组织生活中呢？这种训练是怎样的？使用这种方法会得到什么结果？为了解答这些问题，我们需要从历史开始，理解佛教传统中正念训练的本来意图和概念基础，以及这些意图和概念是如何随着时间的流逝而演变的。

历史概述及历史背景：从佛陀到会议室

在这一部分，我们会简要回顾正念在佛教中的历史，并介绍几个历史上构成正念教学框架的关键术语。2 600 年前，佛陀生活在印度东北部，他并不是第一个倡导冥想的精神导师。对冥想的描述在佛教出现前的婆罗门文献中就已经存在了，如《唱赞奥义书》（Zaehner，1992）。但据我们所知，佛陀是历史上第一个将持续正念作为通往精神自由之路中关键路径的人（Wynne，2007）。

佛陀当初使用的语言已经不复存在。他早期的教义通过两种留存到现在的印度语言保存下来：巴利语和梵语。佛陀教义保存最完整的部分是以印度早期语言流传的，也就是使用巴利语保存的那一部分（Gombrich，2009）。从文字起源来看，"正念"一词一般来说可被视为是巴利语一个复合词的翻译，即 sati 和 sampajañña。

Sati 与动词 saratti 有关，意思是"记得"。"正是因为有了 sati 的存在，人们才能记住在其他情况下会很容易忘记的东西——当下。"（Anālayo，2003，第 47-48 页）目前并不清楚究竟是什么让 T. W. Rhys Davids 在 1881 年的时候认为 sati 就是"正念"（Gethin，2011），但这个词语一直沿用至今。

另一方面，Sampajañña 可被理解为"意识的清晰度"（Clarity of Consciousness）或"清楚理解"（Clear Comprehension）（Nyanatiloka，1972）。因此它们形成的复合词 sati-sampajañña 可被理解为"记得细心注意你周围正在发生的事情"（Shapiro and Carlson，2009），而这一理解颇能反映一般文献中所述的世俗正念培训的内容。

虽然如今在组织中广泛使用的世俗正念培训方法源自传统佛教，并与佛教的方法有许多重要的交叉处，但它们之间也有区别。其中最重要的区别可能在于这两种方法的总体目标不同。一般而言，世俗的以正念为基础的训练方法，尤其是那些具有临床医学背景的方法，目的是寻求缓解压力；而佛教则明确提出把压力全部清除。

世俗正念方法寻求通过训练客户或病人以更有技巧的方式"对付"压力，从而达到缓解压力的目的（Grossman et al.，2004），"管理"慢性疼痛（Kabat-Zinn，1996），"治疗"抑郁复发（Segal，Williams 和 Teasdale，2013）。而佛教的目标则是更加明确和全方位的,即"觉悟"(Bodhi),包括"对痛苦的性质、原因和解脱以及通向痛苦解脱道路的最深刻理解"(Gethin, 1998, p.15)。

然而正是因为佛陀的天才,使他看到"从根本上来说,使人们深陷情感痛苦的思维模式,也是妨碍我们所有人获得更深层次满足的思维模式",这也是为什么他的教义对普罗大众非常重要(Teasdale and Chaskalson, 2011a, p.90)。不论我们是在努力将自己从感情的压力中解脱出来,还是顿悟到一种新的存在方式,从根本上来说,我们都在与相同的思维模式打交道。

理解这种思维模式的一个关键词是巴利语的 dukkha。实际上在英语中并没有一个合适的单词与这个词对应。它经常被翻译为 suffering(受苦),但这种译法可能有误导性。从词源来说,它是指安装不到位的车轮(Anālayo, 2003)。它涵盖的体验范围很广,从肉体或情感上的痛苦到厌世等,也包括驱使佛陀本人放弃安逸生活去追寻另一种存在方式的对存在的不安感。所有形式的 dukkha 都包含这种不满足感,一种在某种程度上没有活出人生全部潜能的感觉。从这个意义上来说,Loy(2000)将 dukkha 翻译为"缺乏",这一译法非常好地抓住了这个词的某些意义。只要我们有缺失的感觉,只要我们没有完全的平和、满足、闲适和完整的感觉,就会有 dukkha 的感觉(Teasdale and Chaskalson, 2011a)。由于没有一个词能够准确翻译 dukkha 这个词,本文将对这个词保留不译。

佛陀在"四圣谛"(Four Noble Truths)中对 dukkha 及它的起因和去除方法做了经典阐述(Bodhi 2000;Sumedho, 1992)。根据加 Garfield 在《直觉》(Gutting)(2014)中的阐述,我们可以将此教义表达如下:

(1)生活从根本上来说是 dukkha,充满各种痛苦,包括疼痛、衰老和死亡以及无法控制自己命运。

(2)这种 dukkha 的感觉是由吸引和厌恶引起的:受我们无法得到东西的吸引,厌恶我们不能避免的东西,而这种吸引和厌恶又是由于对现实世界根本性质的最初混淆及由此形成的以自我为中心的世界观所导致的。

(3)如果一个人能够通过超自然的洞见去除这种吸引和厌恶,从而根除这些原因,就可以不再受苦。

(4)有一组方法——八正道——可让我们达到以上目的。

下面我们将对八正道进行描述,不过在此之前,我们首先要承认并强调的是,不论是从佛教的角度还是世俗正念方法来看,我们面临的主要问题不是生活常常充满痛苦和困难,而是我们在面对困难时经常使用的策略常常会使事情更加糟糕,而不是更好。

所有未觉悟的人类都会经历 dukkha,而佛陀的独特洞见是,我们在肉体或情感上固有的不愉快或不舒服的感觉本身并不是我们的问题。事实上，dukkha 是我们将问题与不愉快的感觉联系起来，而加到不愉快感觉上的。大多数情况下，这种痛苦，不是不愉快的感觉本身，而是我们不快乐的主要来源（Teasdale and Chaskalson, 2011a）。

在《念处经》（Sallatha Sutta）（2010）中，佛陀这样解释：

> 当一个没有聆听过教诲的世俗之人感到疼痛（肉体）时，他会忧虑呻吟，他哀叹、捶胸、哭泣和心烦意乱。因此他经历了两种感觉，一种是肉体上的，一种是精神上的。这就像一个人在被第一支箭射中后，又被第二支箭射中一样。所以那个人会经历两次中箭的感觉。
>
> 但如果是一个受到良好教育的高贵门徒，当他感到疼痛时，他不会担忧，也不会呻吟悲叹，不会捶胸哭泣，也不会心烦意乱。他只经历一种感觉，就是肉体上的感觉，但不会经历精神上的感觉。这就像一个人只被第一支箭射中，没有被后面的第二支箭射中。所以那个人只会经历一支箭引起的感觉。

这一教义所传达的信息是，虽然不愉快和不舒服的感觉是不可避免的，但 dukkha 从受苦的意义来说是可选的。这是因为实际上是我们自己向自己射出了第二支箭。

以抑郁为例，最初感觉到的悲伤就像是被第一支箭射中，此后感到悲伤的人反复思虑，将这种单纯的悲伤转化成更加强烈和持久的抑郁状态，这就像是被第二支箭射中（Teasdale and Chaskalson, 2011a）。而对于焦虑来说，第二支箭常常会造成灾难性后果（Vasey and Borkovec, 1992）。在工作场所，特别是对决策者来说，第二支箭可能是必须在压力下做决策时的重重思虑，最终妨碍他们做出判断，或者也可能是他们的内在对话给已有压力情景加上不必要的额外精神压力（Chaskalson, 2011）。

佛教和世俗正念方法的一个关键共识就是它们都建议，在经历困难的时候，通过培养正念可以减少（不同程度）不必要的 dukkha。

Teasdale 和 Chaskalson（2011b）提出了三种策略，通过这三种策略进行正念训练可减少 dukkha。正念训练通过改变大脑正在处理的内容、改变处理它的方式以及改变对所处理内容的看法来改变痛苦。

为了更清楚地说明这一点，请看一个工作场所的场景：想象一下，你为了一个重要演示会工作了整整一个星期，并把它排入已经满满当当的日程表。为此你不得不晚上和周末都在家加班。然后你把演示稿发给你的老板审阅。他来到你的办公桌前，没有进行任何铺垫，就直接指出你工作中的一些小失误，让你改正，然后就回自己办公室去了。你一直注意以关心和礼貌的态度对待你的下属，对老板明显表露出的无礼感到愤怒。你会发现自己心烦意乱、烦躁不安，不停地去想强行闯入你脑中的这次互动的情况。

参加正念课程的人常常会表示，参加课程之后，他们在经历这类让人烦躁不安的事情之后的思虑和压力减少了。在上面这个例子中，他们可能会说，像这样的互动可能本来会让他们心烦意乱好几个小时，由于经过了正念训练，而现在他们只会思虑几分钟或甚至几秒钟。这是如何发生的呢？

要改变维持或制造痛苦的条件，第一个也是最简单的策略就是改变大脑处理的内容。这包括有意识地将注意力转移到不太可能导致痛苦想法及让痛苦想法持续的经验方面。比如，当我们感到烦躁不安和易怒，不停地去想那个强行闯入我们头脑的互动时，我们可以有意识地将注意力专注并保持在身体感觉上，比如气息的吸入和呼出。这种相对中性的关注，相比不愉快互动后充满感情之累的想法，为不愉快想法的持续存在提供了较少"燃料"。

第二个策略是改变处理内容的方式。比如，对于让人不快的互动所带来的不愉快感觉，可以有意识地允许这种感觉，并以有趣和好奇的态度去注意它，将这些感觉视为体验的对象，而不是"迷失"在自动产生的厌恶反应中。

第三个策略是改变对所处理内容的态度。佛陀认为，使我们困在痛苦中的想法来源于我们的根本性无知。这种无知的突出特征是无法识别存在的三个基本特征。佛陀在关于"三个特征"的教义中（Bodhi，2012，AN III 134）指出，所有现象都是无常的；它们是 dukkha；而且它们最终都是无实体的（Kulananda，2003）。相反，一个没有觉悟的人会对这些现象有根本上的错误理解，认为我们看到的非永恒的东西为永恒的，把不可靠的视为可靠的，把"非我"视为"我"，在这种理解中，我们无法清楚看到 dukkha 的本质和来源，也无法看到结束它的方法。

如果在另一方面，我们能像他们一样清楚看待事物，不再把体验视同我们自己，那么我们就去除了支持 dukkha 产生的一个基本条件。比如那个让人不快的互动，这可能会涉及一个改变，从认为"我老板这么冷漠，真地很伤害我"变成"现在这里有不愉快的想法、情感和身体感觉"。

正念练习可以培养元觉察——直接通过直觉来时时刻刻觉察自身体验的能

力。这种元觉察是实现上述三个策略的关键促成因素。

研究表明,正念方法在帮助学员降低压力、焦虑或抑郁水平中具有重要作用(Chiesa and Serretti, 2009;2010),同时我们在上面指出,佛教的目标是将这些及其他形式的 *dukkha* 全部去除。为此,佛陀在他四圣谛教义的结尾提倡一种生活方式,即所谓的八正道。

首先是被称为正见的阶段,即重新定位生活方式,接下来还有七个阶段:正思维、正语、正业、正命、正精进、正念和正定。八正道并不需要按顺序修习,而是要一直以不同的方式在不同方面同时努力(Kulananda, 2003)。

世俗的正念方法与八正道方法之间有两个明显的不同。首先,八正道的最高目标是集中注意力,即 *samādhi*,一种深度平静和集中于一点的状态,很多佛教文献认为这是觉悟的一个必要前提条件。巴利语文献中有一个贯穿始终的经典方法,该方法认为通往觉悟之路通常是要经过深度冥想状态才能达成,即 *jhānas*,(Aṅguttara Nikāya 5.28)。有些佛教学者,如 B. Alan Wallace 和 Bhikkhu Bodhi (2006)认为,世俗正念方法未能将这种深度沉入的状态纳入教学中,这意味着一个重大失败,也是对传统的偏离。

另一方面,世俗方法将正念(sati)作为他们的专注点,即八正道中的第七部分,而没有包括八正道中其他部分的道德训练,导致一些当代佛教人士对这些方法的质疑,他们将这种方法称为"快餐式正念"。

> 将正念从佛教的道德和宗教背景中剥离出来,是一种便利的做法,可以让这样的训练在公开市场上成为一个可生存下去的产品。但草率地将正念世俗化和商品化,使之变成一个可销售的技术,有可能会导致这种古老行为脱离其原来本质,它的用途远远不止缓解疼痛,降低血压或帮助公司高管更好地集中注意力,工作效率更高。
>
> (Purser 和 Loy,2013)

与此形成对照的是当代研究人员的评论,如 Willoughby Britton。Heuman (2014)引述他的话说,佛教冥想在西方现代社会的主要传播体系不是佛教,而是科学、医学和学校(将来还有希望加上工作场所)。目前正念减压(MBSR)的从业者已占新冥想者的大多数,将很快就会成为绝大多数。因此,她呼吁佛教徒停止批评,

并开始通过世俗的方法与那些教授正念的人合作。

为了回应一些像 Wallace 和 Bodhi 那样希望世俗正念方法更多地集中于一点的学者和像 Purser 和 Loy，对佛教教义的脱离本质提出质疑的批评家，可以使用 upāyā 这个"巧妙的方法"：

> Jon Kazat-Zinn 所做的与一种被称为"upāya"的由来已久的佛教方法是一致的，一般翻译为"skillful means"。佛教不是教条的，它不是死板的教义，它是一种需要学习的作法。当我们阅读最古老文献，即离佛陀年代最近的文献时，我们会发现他是一个非常杰出的教师。佛陀在向一个人讲话时，总是以那个人的语言和参照系讲话。Kabat-Zinn 只是将这个传统继续，以一种医疗和科学界能接受的方式重新讲述那个传统。所有这些在传统上都是非常符合佛教教义的，是 upāya 的产物。
>
> （Maex, 2011, p.167）

正念方法：概览

迄今为止，最常见的世俗正念训练形式是由 Maex 提出，并由 Kabat-Zinn 和同事们 1979 年在马萨诸塞州大学医学中心（University of Massachusetts Medical Center）发展出来的 MBSR 课程。这种方法受到几支佛教思想的影响。Kabat-Zinn（2011）引用了小乘佛教、曹洞宗和临济宗（包括早期的中国和韩国分支）以及来自印度瑜伽传统的分支，包括吠檀多（Vedanta）、J. Krishnamurti 和 Ramana Maharshi 的教义。鉴于 MBSR 对组织中的正念训练有非常大的影响，我们将在本节介绍它所采用的方法及起源。

当我们仔细研究 MBSR 及从它分化出来并与它关系密切的正念认知疗法（mindfulness-based cognitive therapy, MBCT）的方法时，有两个方面尤其值得注意：提问及正念的四个基础。

MBSR 和 MBCT 的"提问"过程包括"教师和学员之间在教室针对每一时刻的互动交流，在这个过程中，他们对自己正念练习的亲身体验及练习效果在日常生活中的体现一起进行极其细致，有时甚至是很有挑战性的探索"（Kabat-Zinn, 2011, p.289）。Kabat-Zinn 将这个方法归功于他的第一位禅宗老师崇山（Seung

Sahn)禅师。崇山禅师的教学广泛使用以心传心的方法以及以该方法为基础的师生之间的"正法对话"(Dharma combat)。在这种 MBSR 方法中,这样的提问被视为帮助 MBSR 课程学员对他们内在体验产生更大好奇心的重要方法。在学员们做完正念练习后马上要求他们描述体验,就会鼓励他们进行更深刻的反思。还可以让学员思考当下他们面临的困难是什么。这会使他们明白,他们平时避免的东西可能实际上是可以忍受的,甚至是有趣的。

正念的四个基础

MBSR 的另一个重要组成部分是在训练中将注意力集中在正念觉知的四个方面:思想、感受、感觉和"体验"。这种分类方法来自巴利语的 *Satipaṭṭhāna Sutta*,即《念处经》,或者"关于正念的四个基础的论述"。在《念处经》中,佛陀建议进行四种思考,作为"净化众生、超越悲哀和悲伤、消除 dukkha 和不满、获得真正方法、实现脱离苦海(Nibbāna)的直接途径,即四念处"(Anālayo,2003,p3)。这四个念处又由对身体(kayānupassanā)、感受(vedā-nupassanā)、思想(cittānupassanā)和教义体验(dhammānupassanā)的沉思构成。

第一次读到佛陀劝告人们对所有这些领域都保持正念注意力时,并不能一下明白佛陀具体是什么意思。任何解释都立刻遇到翻译方面的困难。这并不仅仅是因为有些巴利语术语在英语中找不到与它直接对应的词,也是因为为了让现代读者能够理解所教授的内容,其中很大一部分需要被放进早期佛教思想这样一个更广阔的背景中去理解。

这就是说,有一两个特别突出的问题对理解佛教早期的正念方法具有重要意义。下文将根据需要仅对其部分内容进行叙述。本文无意对《念处经》进行详细评述,也不是以佛教研究为背景所撰写。因此我们将这篇教义中与世俗正念训练方法没有明显联系的内容剔除,以便拥有足够篇幅突出并进一步讨论那些与世俗正念训练方法有明显联系的内容。

在《念处经》中,佛陀首先劝告他的追随者们,仔细注意他们的身体。从呼吸开始,在有点像 MBSR 和 MBCT 中所教授的"呼吸冥想正念"的冥想中,他们进行所有姿势的身体觉知练习:行走、站立、坐着和躺下。这影响了其他几种世俗正念练习,这一点我们将在下文阐述。

关于第二个念处,佛陀呼吁他的追随者将注意力集中于 vedanā,这个词常被翻译为"感受"(feelings),但是这种译法并不能完全传达原词的意思。vedanā 是一个很难翻译的词,它是指对触觉接触的最初反应(喜欢、不喜欢或不关心)。从这方面来说,它的意思介于英语的"感觉"(sensation)和"感受"(feeling)之间。它并不是指"感情"（emotions），感情属于第三和第四念处的范畴。有可能"情感特性"（affective quality）更接近它的意思，因为 vedanā 是指不断变化但一直存在的、我们在每时每刻的体验中所感受到的情感好恶。

这个念处与世俗正念训练方法具有特别的相关性。因为学员在训练中学到的关键技巧之一就是与困难或不想要的东西"共处"且不做出反应的能力。用佛教术语来说，对快乐或不快乐的 vedanā 只保持觉知，而不接受那种体验的暗示从而进入贪婪或厌恶状态。这是一个关键进步。用四圣谛中的术语来说，就是它涉及与不满意、"缺乏"、疼痛或不适（也就是 dukkha，第一谛）的感觉"相处"的能力，而不会接受那种体验的暗示进入第二谛中所述贪婪或厌恶状态（Teasdale and Chaskalson, 2011a）。

第三念处，佛陀劝告他的追随者将正念注意力放到大脑活动上。佛经中的建议是冥想者仅仅"知道"（know）每时每刻有什么念头在头脑中流动。他或她对大脑中的念头采取不评判的态度，但是"知道"它们的存在。从世俗正念训练方法的角度来看，非评判元认知能力在正念转变苦的能力中是一个关键组成部分（Teasdale and Chaskalson, 2011b）。

最后，第四念处，即根据教义对体验进行思考，要求冥想者注意觉察佛陀的一些关键教义——例如，我们上面讨论的四圣谛——是如何在他们的体验中发挥作用的。这一念处与 MBSR 或 MBCT 这种正念训练的心理教育方面有颇多共同之处。例如，在 MBSR 的第四部分，学员可学习关于压力的神经生物学，以更好地管理压力，他们还会学习如何在他们经历过的体验中发现压力的迹象。MBCT 的第四部分同样如此，虽然这个课程的重点是抑郁症，以洞察世界本质为基础的智慧是正念训练的关键部分。

在正念方法中，为了适应教学目的，经常将正念训练的念处方法进行压缩，以训练学员将注意力放在思想、感受和身体感觉上。Williams（2008）描述了通过正念将注意力放在体验中的这些元素上所产生的治疗价值：

> 将事件的元素纳入觉知范围内，会比在同样事件成为习惯模式后给人带来更高程度的自由。特别是那些容易陷入抑郁的人，他们常常会惊奇地发现，在不断变化的身体感觉模式中，带着一种开放友好的好奇心去"感知"不愉快的体验，会比他们在反复思考或试图避免这种体验时带来更大的自由和选择感。
>
> (p.730)

用正念注意力去关注思想、感受、身体感觉和体验所带来的一个效果就是会出现Segal、Williams 和 Teasdale（2013）所称的"旁观"视角。也就是说，正念训练课程的学员逐渐在某种程度上以一个观察者的视角看待他们的思想、感受、身体感觉和体验。Segal、Williams 和 Teasdale（2013）引用了 Kabat-Zinn 的《多舛的生命》（*Full Catastrophe Living*）中一段话：

> 这是非常神奇的，放下它会让你意识到你的想法就只是想法，它们不是"你"或"现实"。将你的想法确认为想法这样一个简单行为，能够将你从它们创造的扭曲现实中解放出来，使你在生活中有更清楚的认识和更大的掌控感。
>
> (p.66)

正念训练的《念处经》方法使学员们能够与他们的体验保持一定的距离。但这并不是要断开联系或分离。取而代之的是，它允许学员体验他们大脑和肉体体验的不断变化和流动，而不会对这些体验过度认同或紧紧抓住这些体验不放。这种方法并不是导向一种冷冰冰的分离，而是让学员与他们每一瞬间的体验有更亲密的连接，允许它起起伏伏、自然变化。学员开始体会体验本身，而不是体验有关体验的评论或故事。这种方法不但不会制造冷漠或冷淡，还会帮助学员获得更丰富、更有质感和更深刻的体验——在每一时刻。Shapiro 等人（2006）将这种方法称为"亲密的分离"，抓住了这种体验的两个方面。

从《念处经》的观点来看，在一段时间内严格追求"亲密的分离"会完全清除"所有对自我感觉的认同及相应黏着"（Anālayo，2003，P210）。当在组织内教授时，这种方法一般来说没有这么大的目标。下面，我们将描述在组织内教授 MBSR 的一个方法。

MBSR 概述

MBSR 课程一共持续八周，特意没有编制课程手册，目的是为了在面对个人情况时具有灵活性。

> 有很多不同的方法构建和教授正念减压课程。上课的最佳方式主要与当地因素和教学人员的体验水平和理解水平有关。正念最终要求将有效地利用当下作为所选择适当方法的核心指标，而不是"克隆"或"特许"一种千篇一律的方法。
>
> (Kabat-Zinn, 1996, p.165)

McCown、Reibel 和 Micozzi（2010）遵循上述警告，以 Kabat-Zinn（1990）的《多舛的生命》为基础，发布了他们的 MBSR 课程模板。McCown、Reibel 和 Micozzi 的 MBSR 课程模板包含一个历时八周共九次课的课程。学员每周参加一次持续两个半小时的课程，共八周。此外在第六和第七次课程之间还有一次额外的七小时课程（全天）。

虽然我们并没有切实的数据支持这一观点，但从我们与世界各地组织中的人力资源、学习和发展部门的交流中得到的事实证据表明，上述 MBSR 课程不会在很多工作场所举办。两个半小时的课程长度会让很多雇主觉得难以将它安排在工作日中，更不用提第六和第七次课程之间的那次七小时的课了。而且根据我们在组织中进行培训的经验，我们认为这个培训课程中提出的每天在家练习四十五分钟的要求对于多数忙碌的人来说超出了他们所能挤出的时间。

在《八周掌握正念》（2014）一书中，Chaskalson 推出了一个八周课程计划，该计划以 MBSR 为基础，并融入了 Segal、Williams 和 Teasdale（2013）的 MBCT。根据该课程计划，每次课程时长为一个半小时，学员需要每天在家练习二十分钟。这种"小剂量的正念"课程很快在工作场所受到青睐。Klatt、Buckworth 和 Malarkey（2009）发布了早期研究结果，其中有让人充满希望的发现。此外，2014 年 5 月进行的网络搜索显示，英国多个培训组织提供特定的工作场所正念课程。"小剂量"的工作场所课程一般不包括"经典"课程中那次七小时的课，不过有时这次课作为"额外选修"课提供。

下面是 Chaskalson（2014）课程的每周课程提纲，它显示了从佛教进入正念训练的一些元素如何在当代背景下继续发挥作用。

第 1 周：自动导航。这节课的理论基础是，当我们认识到我们容易漫不经心时，正念就开始了。我们每天是以"自动导航模式"过日子，做我们知道如何去做的事情，并没有对我们自己、他人和周围的世界有太多的觉察。在这次课里，学员会在某种程度上理解到这一点。他们也会迈出最初的几步，决定学习如何定期走出自动导航模式并变得更有觉察。

两种关键的练习能实现这些想法。"葡萄干练习"，在这个练习中，学员在教练的指导下，有觉察地咀嚼一粒葡萄干并进行"身体扫描"。在这个过程中，在教练的指导下，学员系统地将他们的注意力在全身移动，详细探索此时他们所感觉到的任何感受（或没有感受）。

至于正念训练的佛教历史背景，这些练习引入了正念（sati）这个概念。很多学员以前从未有意识地体验到这种觉知。他们开始学习以不评判的态度注意身体感觉及由此产生的任何想法和感受。教练会建议，在身体扫描过程中，如果他们的思绪从对身体的专注上游走时（大脑不可避免地会出现这种情况），他们只需承认他们的注意力去了哪里，并温和善意地将注意力转回到身体上。

这样，我们就介绍了四念处（satipatthānas）中的 3 个（身念处、受念处、心念处），以及其中所包含的善意和关注的态度，这种态度贯穿所有佛教教义。Germer（2009，p.133）用禅宗里的一句话充分地表达了这种观点："善意是觉知的结果，觉知是善意的基础。"从心理教育的角度（第四念处），向学员介绍了不评判式注意的理念：

> 这并不意味着我们在进入正念时不做判断，或我们不再时刻区分什么是适当的什么是不适当的。那纯粹是愚蠢的做法。想想当我们说某人在"评判"（judgemental）时我们所表达的意思。同义词词典里给出以下同义词：批判的、过度批判的、谴责的、否定的、不赞成的、贬损的、贬低的。真是一个不短的清单。
>
> 而正念中的不评判态度是一种既不谴责也不带有偏见的态度。
>
> （Chaskalson, 2014，p.8）

第 2 周：呼吸正念。除了进行身体扫描以外，这周将引入"呼吸冥想正念"。学员需要采用坐姿进行冥想，把注意力集中在每次呼吸所带来的感觉上。除了引入一种在某种程度上有助于学员达到静心的练习，这种冥想让学员更清楚地觉知头脑中不停冒出的各种想法。通过讨论，他们还会意识到头脑中的各种想法会试图控制他们对日常事件的反应。

这样，四念处都得到了练习。在呼吸正念和身体扫描中，学员被引导将注意力放到感觉和感受上。在这个过程中，他们能更清楚地觉知他们（不想要的）心理活动的程度。在心理教育讨论中，引入这样一种观点：这些不想要的心理活动控制着他们很多的反应行为。

第 3 周：身体活动正念。本周学员们会学习如何通过保持当下的觉知，特别是在困难时刻如何有意将注意力保持在身体上以应对困难，甚至是严重的困难。静坐冥想会得到进一步练习，并会引入简单的正念动作（正念伸展、瑜伽、气功或它们的组合）以及正念行走和三步呼吸空间（3 分钟冥想）。

通过学习对体验中的"感受基调"保持善意的好奇，注意自己在体验（尤其是困难的体验)中所加入的各层内容,学员将会进一步学习他们对第二念处的体验,即"受念处"正念。在进一步学习如何解构体验的过程中,逐渐理解体验是如何由想法、感受和身体感觉构成的,进一步练习对前三个念处的觉知。通过加深对正念态度品质的理解,如不评判、分离、接纳、善意、开放、好奇、信任和不反应,而通过更多了解他们大脑的习惯和自动模式,他们也练习了第四念处。

第4周:管理反应。在这次课中,学员们将会认识到,抓住想要的体验不放并把不想要的体验推开的做法是如何塑造了我们的思想活动并驱动我们行为的。他们会明白,这些尝试是如何分散我们的注意力并将其碎片化,或将其变得非常狭窄的。他们现在将开始学习允许事情是怎样就怎样。他们会学习通过从更广的视角看自己的体验,并以不同的方式叙述自己的体验。他们还会学习关于压力的神经心理学原理,并开始学习应对压力的更明智方式。学员会学习更多的方式,使用正念技巧减少反应。他们会继续深化冥想练习,学习更多关于压力、起因及神经心理学的知识。

除了进一步加强学员对四念处的体验,这次课还包含了四圣谛中的理念:我们倾向于对厌恶和渴望的事情做出反应,这加重了 *dukkha*。

第5周:顺其自然。在这次课中,学员会意识到,虽然很多时候改变那些需要被改变的东西是很重要的,但生命中也有一些部分是无法改变的,学员们将认识到允许这些事情以它们本来样子存在的重要性,不去评判它们或试图让它们有所不同。除非我们能够接受我们目前的体验仅仅是我们的体验,并学会与它相处,否则我们可做的选择很少。当我们能够接受——以开放和善意的方式——目前发生的事情仅仅是目前发生的事情时,选择就开始了。当我们能做到这一点时,我们才有可能对下一步做什么有所选择。

除了进一步发展和拓展静坐冥想外,在这次课中,还会讨论鲁米的诗《客栈》(*The Guest House*)(Barks,2004),探讨允许自己感受体验而不进行评判的价值。同时,这次课会进一步加强学员对所有四念处的体验。

第6周:将想法和情感视为头脑事件。在这次课中,将会培养学员重新感知的技能,并使之更加明确。学员们会认识到,想法只不过是想法,而在面临压力的情况下,灾难化的想法会强烈影响他们体验的性质。他们会明白这些想法本质是什么(只是想法),并学会后退一步看待这些想法,而不必质疑或力图改变它们。如果这些想法仍然强烈占据我们的觉知,则可以选择用一种研究、好奇和善意的态度更直接地面对它们。

本周教授的主要练习是静坐冥想练习——呼吸正念、呼吸和身体正念、声音和想法正念;三步呼吸空间——尤其是让学员获得一种对想法有更广阔视野的方式。

此外，还有情绪和想法练习，学员会看到情绪是如何以一种自我永久循环的方式影响想法、感受和随之产生的感觉的。

这次课将进一步加强学员对四念处的体验，并突出强调第三念处——心理活动正念。

第 7 周：照顾好自己。在这次课中，学员将探索活动和压力之间的关系。每个人画出自己的压力特征"地图"，探索通常会增加他们压力感的行为，以及怎样减轻压力。他们会开始为了识别和处理当下的压力想出自己的策略，并会做更长时间的静坐冥想。

从四念处来说，当学员开始更深刻地反省他们过去体验的性质及如何在将来利用他们从这门课程中学到的内容来改变那些体验时，第四念处便获得更多的关注。同时，上文中提到的整体善意态度，尤其是对自己的善意，在这一周会得到重点强调。

第 8 周：过正念生活。这次课的理论基础是，定期的正念练习可以支持生活中的可持续平衡，从而提高效率，提高生活中的满意度和幸福感。通过将这些做法与更好地照顾自己的积极理由联系起来，课程中所产生的良好意愿现在将会得到加强。

除了时间更长的静坐冥想或身体扫描外，学员还会学习如何制订计划，将练习坚持下去。

核心部分——在家练习。在家练习冥想被广泛认为是世俗正念方法的核心要求。在马萨诸塞州大学医学院正念中心教授的"经典"课程中，学员被要求在事先录好的音频引导下，每天进行大约 45 分钟的正式家庭练习。但学员通常做得比要求的少，他们报告的静坐冥想和正念运动平均练习时间为每天 16～20 分钟，身体扫描练习为每天 31～35 分钟（Carmody and Baer，2008）。参加工作场所课程的学员通常被要求做类似的家庭练习，但他们投入的时间更少，根据课程和导师的不同，身体扫描可从 45 分钟减少到 20～25 分钟。

对学员要求的时间、学员报告的练习时间及他们实际的练习时间之间是什么关系很难确定。有趣的是，要求在家练习时间较短的 MBSR 课程，要求的练习时间在 15～35 分钟，所产生的健康方面结果与"经典"的正念中心课程的结果一致（Jain et al.，2007；Reibel et al.，2001；Rosenzweig et al.，2003；Roth and Calle-Mesa，2006）。

到目前为止，对于家庭练习时间和频率与学员所获得结果之间的关系，学术界还没有达成共识。一些研究表明它们之间没有显著的相关性（Astin，1997；Carmody and Baer，2008；Davidson et al.，2003），而其他一些研究则发现，练习时间与特定结果之间存在显著相关性（Carmody and Baer，2008；Jha et al.，2010；Speca，2000）。

"我们所知道的就是，"McCown、Reibel 和 Micozzi（2010，p.144）写道，"每周练习冥想 6 次、每次 45 分钟的学员和那些只是在某些时刻进入正念的学员，……[都能]改变他们的生活。"

当应用于组织环境时，通常要对 MBSR 做哪些改变？ 最近出现的工作场所课程在上课次数和时间结构方面都有所不同。通常课程持续 4～8 周，每次课的时长为 1～2.5 小时。有多项研究中提到了上课频率和时间的不同。还有些研究提到课程持续时间从 4 周到 10 周不等（Jain et al.，2007；Rosenzweig et al.，2003；Speca et al.，2000）。有些研究提到上课时长在 1.5～2.5 小时（Astin，1997；Jain et al.，2007；Rosenzweig et al.，2003；Roth and Calle-Mesa，2006）。为了适应上课时长的不同，对 MBSR 核心模板进行的改变主要体现在教学材料的范围和类型及进行小组讨论和问答机会方面。从迄今为止的文献回顾来看，在核心冥想的介绍和练习方面，各个课程相近（McCown、Reibel and Micozzi，2010），不过显然我们无法知道这些研究或此次回顾中未包括的课程情况是怎样的。

Klatt、Buckworth 和 Malarkey（2009）的研究中提到一个被称为"低剂量 MBSR"的课程，该课程产生了良好的结果，如可感知压力显著降低及正念的增加。这个课程是在大学环境中向所有员工教授的。虽然课程只包括 6 次 60 分钟的课程，每周 1 次课，并且学员们被要求每天只在家做 20 分钟的练习，这些学员在可感知压力方面有了积极改善并且正念状态得到提升。这为将来研究有效正念训练的实践要求奠定了基础。

跟踪正念领域的课程结构和训练师是有些困难的，因为目前虽然有多个指南类的文件，如"英国正念教师培训组织网络"制定的《正念教师良好行为指南》（*The Good Practice Guidance for Mindfulness Teachers*），但没有治理或监管机构。因此，几乎不可能对工作场所的课程和培训进行准确描述。

根据观察，提供工作场所课程的组织数量在不断增加，并且所有这些课程有一个共同特点，就是它们要求在家练习的时间相对更短一些。有些课程采用更短的上课时间，另一些则采用更少的上课次数。

其他的不基于 MBSR 的工作场所正念课程

除了诸如 MBSR 和 MBCT 的主流方法，还有其他形式的向组织提供的正念训练课程。研究显示，"情感弹性训练"能成功减轻军人的压力感（Stanley et al，2011）。面向公司的正念训练是根据组织需要量身定制的另一个方法。学校正念课程正在通过教师培训被引入教育机构（Kuyken et al.，2013）。"探索内心世界"（Search Inside Yourself）是一个原先在谷歌开设的课程，现在也在其他组织中教授。由于并没有一个对这类信息的集中收集或记录要求，也就无法对工作场所提供的课程进行度量。但显而易见的是，正念培训正越来越被像谷歌和伦敦交通公司这样的企业所接受，这些把正念融入工作场所（Crossland-Thackray，2012）。

结论

我们回顾了迄今为止正念干预逐渐被应用于当代组织的历程以及正念培训的形式。总的来说，我们认为，用于工作场所的世俗正念训练方法与历史上在佛教环境下所采用的正念训练有着显著的不同。由于是向非佛教人群推广正念，这种演化过程是自然而必要的。在工作场所应用正念干预的效果在很大程度上仍然是全球讨论和研究的焦点。对正念的研究主要还是在临床环境下进行的，对工作场所正念的研究虽然在增多，但是很有限。如 Klatt 等（2009），Levy 等（2012）和 Wolever 等（2012）均是针对工作场所的正念干预进行的研究，并且研究结果很让人感到鼓舞。

人们希望将那些已获证实的、能产生社会心理变化的正念训练方法用于改善工作场所的一些可见变量，如生产力、病假、领导风格和员工健康，并希望这有更高的成本/效益比。虽然尚没有临床方面的证据丰富，但这方面的证据基础正在逐渐形成。

这非常有可能实现，因为更高程度的正念似乎与人们希望得到的多种结果相关，例如抑郁的减轻（NICE，2009）；压力和焦虑的减轻（Cohen and Miller，2009），或耐心和感恩心的增加（Rothaupt and Morgan，2007）。佛陀所教导的思想、感觉和行为的改变可以转化为现代工作场所中的实际改变，这为研究和讨论正念开辟了一个令人振奋的新疆域。

（本章译者：孟红云，佘焰灼，宋国萍）

References

Analayo, V. (2003). *Satipatthana: the direct path to realization*. Birmingham: Windhorse.

Astin, J. (1997). Stress reduction through mindfulness meditation: effects on psychological symptomology, sense of control, and spiritual experience. *Psychotherapy and Psychosomatics*, 66, 97-106.

Barks, C. (ed.) (2004). The guest house. In *The Essential Rumi*. New York: HarperOne, p. 109.

Bodhi, B. (2000). *The connected discourses of the Buddha: a new translation of the Samyutta Nikaya*. Boston, MA: Wisdom Publications.

Bodhi, B. (trans.) (2012) The Three Characteristics. In *The Numerical Discourses of the Buddha: A New Translation of the Anguttara Nikaya*. Boston, MA: Wisdom Publications, AN III, p. 134.

Carmody, J., and Baer, R. A. (2008). Relationships between mindfulness practice and levels of mindfulness, medical and psychological symptoms and well-being in a mindfulness-based stress reduction program. *Journal of Behavioural Medicine*, 31, 23-33.

Chaskalson, M. (2011).*The mindful workplace: developing resilient individuals and resonant organisations with MBSR*. Chichester: Wiley-Blackwell.

Chaskalson, M. (2014).*Mindfulness in eight weeks: the revolutionary 8-week plan to clear your mind and calm your life*. London: Harper Thorson.

Chiesa, A., and Serretti, A. (2009). Mindfulness-based stress reduction for stress management in healthy people: a review and meta-analysis. *The Journal of Alternative and Complementary Medicine*, 15(5), 593-600.

Chiesa, A., and Serretti, A. (2010). A systematic review of neurobiological and clinical features of mindfulness meditations. *Psychological Medicine*, 40, 1239-52.

Cohen, J., and Miller, L. (2009). Interpersonal mindfulness training for well-being: a pilot study with psychology graduate students.*The Teachers College Record*, 111(12), 2760-74. Retrieved from www.tcrecord.org.

Crossland-Thackray, G. (2012). Mindfulness at work: what are the benefits? *The Guardian*, December 21. Retrieved from http://careers.theguard- ian.com/careers-blog/mindfulness-at-work-benefits.

Davidson, R. J., Kabat-Zinn, J., Schumacher, J., Rosenkrantz, M., Muller, D., Santorelli, S. F., ... Sheridan, F. S. (2003). Alterations in brain and immune function produced by mindfulness meditation. *Psychosomatic Medicine*, 65, 564-70.

Gelles, D. (2012). The mind business.*The Financial Times*, August 24. Retrieved from www.ft.com/cms/s/2/d9cb7940-ebea-11e1-9 85a-00144feab49a.html# axzz30sT9d7FR.

Germer, C. K. (2009).*The mindful path to self-compassion: freeing yourself from destructive thoughts and emotions*. New York and London: The Guilford Press.

Gethin, R.(1998). *The foundations of Buddhism*. Oxford University Press.

Gethin, R. (2011). On some definitions of mindfulness.*Contemporary Buddhism*, 12(1), 263-79.

Gombrich, R. (2009).*What the Buddha thought*. London: Equinox Publishing.

Grossman, P., Niemann, L., Schmidt, S., and Walach, H. (2004). Mindfulness-based stress reduction and health benefits: a meta-analysis. *Journal of Psychosomatic Research*, 57(1), 35.

Gutting, G. (2014). What does buddhism require? *The New York Times*, April 27. Retrieved from http://mobile. nytimes. com/blogs/opinionator/2014/04/27/what-does-buddhism-require/.

Heuman, L. (2014). Meditation nation: how convincing is the science driving the popularity of mindfulness meditation? *Tricycle*, April 25. Retrieved from www. tricycle. com/blog/meditation-nation.

Jain, S., Shapiro, S. L., Swanick, S., Roesch, S. C., Mills, P. J., Bell, I., and Schwartz, G. E. (2007). Randomized controlled trial of mindfulness meditation versus relaxation training: effects on distress, positive states of mind, rumination, and distraction. *Annals of Behavioral Medicine*, 33(1), 11–21.

Jha, A. P., Stanley, E. A., Kiyonaga, A., Wong, L., and Gelfand, L. (2010). Examining the protective effects of mindfulness training on working memory capacity and affective experience. *Emotion*, 10(1), 54–64.

Kabat-Zinn, J. (1990). *Full catastrophe living*. New York: Delta Publishing.

Kabat-Zinn, J. (1996). Mindfulness meditation. What it is, what it isn't, and its role in health care and medicine. In Y. Haruki and M. Suzuki (eds.), *Comparative and psychological study on meditation*. Delft: Eburon Publishers, pp. 161–70.

Kabat-Zinn, J. (2011). Some reflections on the origins of MBSR, skillful means, and the trouble with maps. *Contemporary Buddhism*, 12(01), 281–306.

Kabat-Zinn, J. (2013). Full catastrophe living: how to cope with stress, pain and illness using mindfulness meditation, 2nd edn. London: Piatkus.

Klatt, M. D., Buckworth, J., and Malarkey, W. (2009). Effects of low-dose mindfulness-based stress reduction (MBSR-ld) on working adults. *Health Education and Behaviour*, 36, 601–14.

Kulananda (2003). *Principles of Buddhism*. Birmingham: Windhorse Publications.

Kuyken, W., Weare, K., Ukoumunne, O. C., Vicary, R., Motton, N., Burnett, R., ... and Huppert, F. (2013). Effectiveness of the mindfulness in schools programme: non-randomised controlled feasibility study. *The British Journal of Psychiatry*, 203 (2), 126–31.

Levy, D. M., Wobbrock, J. O., Kasznik, A. W., and Ostergren, M. (2012). The effects of mindfulness meditation training on multitasking in a high-stress information environment. In *Proceedings of Graphics Interface 2012*. Canadian Information Processing Society, pp. 45–52.

Loy, D. R. (2000). Anglo American Civil Society: a Buddhist perspective. Unpublished.

Maex, E. (2011). The buddhist roots of mindfulness training: a practitioner's view. *Contemporary Buddhism*, 12(1), 165-75.

Marturano, J. L. (2013). Mindful leadership receives warm welcome at Davos. *Huffington Post*, January 24. Retrieved from www.huffington-post.com/janice-l-marturano/mindful-leadership-receiv_b_2543151.html.

McCown, D., Reibel, D. K., and Micozzi, M. S., (2010). *Teaching mindfulness: a practical guide for clinicians and educators*. New York: Springer.

NICE (2009). *Depression: The treatment and management of depression in adults*. A partial update of NICE clinical guideline 23. Retrieved from www.nice.org.uk/nicemedia/pdf/cg90niceguideline.pdf.

Nyanatiloka (1972). Buddhist dictionary: manual of buddhst terms and doctrines. Colombo: Frewin and Co. Ltd.

Purser, R., and Loy, D. R. (2013). Beyond McMindfulness. *Huffington Post*, January. Retrieved from www.huffingtonpost.com/ron-purser/beyond-mcmindfulness_b_3519289.html.

Reibel D. K., Greeson, J. M., Brainard, G. C., Rosenzweig, S. (2001). Mindfulness-based stress reduction and health-related quality of life in a heterogeneous patient population. *General Hospital Psychiatry*, 23(4), 183-92.

Rosenzweig, S., Reibel, D., Greeson, J., Brainard, G., and Hojat, M. (2003). Mindfulness-based stress reduction lowers psychological distress in medical students. *Teaching and Learning in Medicine*, 15(2), 88-92.

Roth, B., and Calle-Mesa, L. (2006). Mindfulness-based stress reduction (MBSR) with Spanish and English-speaking inner-city medical patients. In R. Baer (ed.), *Mindfulness-based treatment approaches: clinicians guide to evidence base and applications*. Boston, MA: Elsevier Academic Press.

Rothaupt, J. W., and Morgan, M. M. (2007). Counselors' and counselor educators' practice of mindfulness: A qualitative inquiry. *Counseling and Values*, 52, 40-54.

"Sallatha Sutta: The Dart" (SN 36.6), translated from the Pali by Nyanaponika Thera. *Access to Insight* (Legacy Edition), June 13, 2010. Retrieved from www.accesstoinsight.org/tipitaka/sn/sn36/sn36.006.nypo.html.

Segal, Z. V., Williams, J. M. G., and Teasdale, J. D. (2013). *Mindfulness-based cognitive therapy for depression* 2nd edn. New York and London: The Guilford Press.

Shapiro, S. L., and Carlson, L. E. (2009). *The art and science of mindfulness: integrating mindfulness into psychology and the helping professions*. Washington, DC: American Psychological Association.

Shapiro, S. L., Carlson, L. E., Astin, J. A., and Freedman, B. (2006). Mechanisms of mindfulness. *Journal of Clinical Psychology*, 62(3), 373-86.

Speca, M., Carlson, L. E., Goodey, E., and Angen, M. (2000). A randomized, wait-list controlled clinical trial: the effect of a mindfulness meditation-based stress reduction program on mood and symptoms of stress in cancer outpatients. *Psychosomatic Medicine*, 62, 613-22.

Stanley, E., Schaldach, J. M., Kiyonaga, A., and Jha, A. P.(2011). Mindfulness-based mind fitness training: a case study of a high-stress predeployment military cohort. *Cognitive and Behavioral Practice*, 18, 566-76.

Sumedho, A.(1992). *The four noble truths*. Amaravati. Retrieved from www.buddhanet.net.

Teasdale, J. D., and Chaskalson, M. (2011a). How does mindfulness transform suffering? I: The nature and origins of dukkha. *Contemporary Buddhism*, 12(01), 89-102.

Teasdale, J. D. and Chaskalson, M. (2011b). How does mindfulness transform suffering? II: The transformation of dukkha. *Contemporary Buddhism*, 12(01), 103-24.

UK Network For Mindfulness-based Teacher Training Organisations. *The Good Practice Guidance for Mindfulness Teachers*. Retrieved from http://mindfulnessteachersuk.org.uk.

Vasey, M. W., and Borkovec, T. D. (1992). A catastrophizing assessment of worrisome thoughts.*Cognitive Therapy and Research*, 16(5), 505-20.

Wallace, B. A., and Bodhi, B.(2006). The nature of mindfulness and its role in buddhist meditation: a correspondence between B. Alan Wallace and the venerable Bhikkhu Bodhi. Retrieved from https://sbinstitute. com/ isp/sites/default/files/Bhikkhu _ Bodhi _ Correspondence.pdf.

Williams, J. M. G. (2008). Mindfulness, depression and modes of mind.*Cognitive Therapy and Research*, 32, 721-33.

Wolever, R. Q., Bobinet, K. J., McCabe, K., Mackenzie, E. R., Fekete, E., Kusnick, C. A., and Baime, M. (2012). Effective and viable mind-body stress reduction in the workplace: a randomized controlled trial.*Journal of Occupational Health Psychology*, 17, 246-58.

Wynne, A. (2007).*The origin of Buddhist meditation*. Abingdon: Routledge.

Zaehner, R. C. (1992).*Hindu scriptures*. New York: Everyman's Library.

4 正念的方法：在工作场所如何研究正念

Ellen Choi and Hannes Leroy

引言

职场人士对正念的研究兴趣与日俱增。最近的研究热潮使正念成为一个引人瞩目的话题，其潜在的好处持续地吸引组织学者的注意。仅举几例，在过去的几年里，越来越多的研究将正念与工作—家庭平衡（Allen and Kiburz, 2012）、工作投入（Leroy, Anseel, Dimitrova and Sels, 2013）、协商成果（Reb and Narayanan, 2014）、工作倦怠（Roche and Haar, 2013）、偏见复原力（Hafenbrack, Kinias and Barsade, 2013）、工作记忆（Mrazek et al., 2013）和绩效（Dane and Brummel, 2014; Reb, Narayanan and Chaturvedi, 2014）等联系起来。尽管最初的研究是将正念看作一种治疗临床病患的方法（Kabat-Zinn, 1990），但现在它的应用范围已扩展到行政会议室、小学课堂、职业体育和军事特种部队中。正念研究在非临床人群，特别是在工作场所中的快速增长，这在令组织研究者兴奋的同时，也引发出一系列方法论方面的担忧。为此，本章回顾和分析了工作场所中的正念研究。希望通过总结现有的方法，提出还需改进的地方，为刚进入正念领域的学者们提供正念研究方法的指南。本章同时旨在通过反思进一步研究的方向，为进行进一步研究的人员提供创新见解。

本章分三部分讨论工作场所中正念的研究。第一部分，我们回顾研究人员是如何研究正念的各种概念，主要介绍与正念结构有关的问题。清楚地运用正念是研究过程中其他步骤的重要前提，它有助于确定所研究主题的范围和界限。在第二部分中，我们回顾了正念研究中最常用的方法，如实验法、问卷调查法和正念干预方法（Mindfulness-Based Interventions, MBIs）。我们还列举了这些研究方法中一些常见的局限性，包括自我报告、内部效度和外部效度。了解已有研究设计的局限可能有助于正念研究人员完善他们的研究设计，并为不断涌现的文献做出贡献。在第三部分，将讨论未来正念研究中令人兴奋的领域，包括一些研究人员尚未发表的，但正在探究的与正念有关的新领域。在这里，我们鼓励继续对正念进行分类,对比正念和冥想的不同类型、元素、用途和效果。此外,我们还讨论了多层次正念研究的前景以及情境的影响,以增进我们对工作场所正念的理解。最后,我们敦促研究人员扩展现有的研究方法,将经验抽样法、定性研究和神经科学方法结合起来。在现有方法的基础上,对新技术进行整合有助于更全面地描绘工作场所中的正念。

正念的建构:对于正念概念的探索

尽管我们赞同研究人员为了推进正念研究而给予正念各种不同定义,但种类繁多的定义非但无法启发研究者,反而会让大家感到困惑。通过一系列的描述,工作场所的正念同时包括个体正念和集体正念这两个层次。在最简单的描述中,个体正念的基础是对当下的觉察和对想法非评判性的观察(如 Brown and Ryan,2003;Dane,2011)。集体正念与个体正念的差别在于,前者专注于一个群体的整体认知过程而后者只关注个体特征。在本章中,我们关注个体正念(对集体正念的更详细论述,请参阅本书的第 13 章)。

就个人层面而言,正念被定义为:(1)一种精神状态;(2)一种持久的倾向特质;(3)一种态度;(4)一种认知或情感过程;(5)一系列行为;(6)一种冥想类型;(7)一项干预计划(Vago & Silbersweig, 2012)。人们不仅容易迷失在这些概念中,而且术语的多变性也使引发了一些结构效度(结构效度是测量工具或手段能够准确测出所需测量的事物的程度(Jarvis, MacKenzie and Podsakoff, 2003)上的争论。接下来,我们从研究方法的角度,讨论了一些概念方面的重要问题。

正念量表的结构效度

根据研究者对正念的定义,谨慎地选择量表可能会增强结构效度。表面效度是需要考虑的一个方面,它是指测量在多大程度上描述了它要评估的概念(Mosier,1947)。如果某个量表将正念定义为注意和意识(例如,Brown and Ryan, 2003),对那些认为正念包括态度(例如 Bishope et al., 2004)或意图(例如 Shapiro et al., 2004)的人来说,这个量表的表面效度就比较低。与此相关的另一个方面是内容效度,它是指测量在多大程度上代表整个概念(Lawshe, 1975)。在这种情况下,一些量表可能不足以代表正念所涵盖的所有领域,或者这些量表测量了这个概念的不同方面。

和前人一样(Grossman and Van Dam, 2011; Kudesia and Nyima, in press; Lutz et al., 2007),我们认为,理解"正念"的传统语境可以丰富工作场所正念的研究。因此,需要考虑理论效度,即在理论语境中,所讨论的概念与其他概念之间的关系(Cronbach and Meehl，1955)。正念有着深厚的理论渊源，如果学者们仅从古老的东方文化，尤其是从佛教中提取一个概念，而不考虑更广泛的背景，就太粗心。考虑其原始出处及其与其他冥想概念的关联，正念便是一种开悟的手段。然而，工作场所的正念主要被当作一种注意力形式来研究(Grossman，2008)。如果不解释正念的宗教背景，进行正念相关研究就有风险，可能会误解这个词的本意。事实上，有学者已经提出了质疑，如一些正念量表实际上仅是对行为的评估。但在佛教中，正念是通过注意力品质、认知能力和情感修养来反映的(Chambers et al.，2009；Mikulas，2011；Rapgay and Bystrisky，2009)。无论受众是否熟悉佛教，学者们都需要在理解正念的法理学框架和以特定方式设计研究之间维持平衡，从而让受众们欣赏学者们贡献的价值。研究人员选择他们的正念工具时，应考虑到定义、背景、人群和结果的差异。

在工作场所的正念研究中，应用最多的是正念注意知觉量表(Mindful Attention Awareness Scale，MAAS；Brown and Ryan，2003)。MAAS量表在临床和非临床人群已得到检验(Brown and Ryan，2003；MacKillop and Anderson，2007)，表明这个量表可以对一般工作人群进行测量。事实上，组织学学者们对该量表非常信任，广泛使用于研究中。但该量表也遭到了一些批评(例如Grossman，2008)。例如，MAAS无法满足那些倾向于认为正念具有多维结构而非以注意和知觉为核心的一维结构的研究(Baer et al.，2006；Chiesa，2013；Walach et al.，2007)。此外，随着个人注意力的改善，被试已经能够敏锐地意识到自己在走神，而该测验可能反而会显示这些人的正念水平比较低(Chiesa，2013；Grossman，2008)，此时也不适用。

目前有10种以上评估正念的量表(见表4.1)。文献中经常提到的另一个量表是五因素正念量表(Five-Facet Mindfulness Questionnaire，FFMQ；Baer et al.，2006)。Baer和他的同事(2006)根据5种关键的正念技能创建了FFMQ量表，包括：观察、有意识地行动、描述、不评判地接纳和对内在经验的不反应。FFMQ在概念上与MAAS不同，它除了注意和知觉外，还包括态度方面。虽然这2个量表测量了正念的不同方面，但都声称，自己的量表测量的是"正念"。当不同量表对同一批人的测量结果一致时，这些量表就会被认为具有较高的聚合效度(Cunningham et al.，2001)。而对不同的正念量表来说，有证据表明它们之间几乎没有相关性(Thompson and Waltz，2007)。Baer及其同事(2006)比较了其中的5种正念量表，并考察了正念与其他概念的相关性，如对经验的开放、自我同情和神经质。他们发现，虽然两两间的相关大多数是显著的，但在预测的方向上差异很大。如果考虑到正念有那么多定义，这就不足为奇了。

总之，正念量表在以下5个方面存在不同。首先，如上文所述，研究者想要测量正念的不同特定方面，所得到的量表就不同。其次，量表的计分方法不同。有些量表有多个分数来表示正念不同维度，而另一些量表则只有单一维度的整体分数。例如，正念认知情感量表（Cognitive and Affective Mindfulness Scale，CAMS；Feldman et al.，2007）虽然测量正念的几个方面，但只计算总分，而肯塔基州觉知量表（Kentucky Inventory of Mindfulness Skills，KIMS；Baer et al.，2004）由四个独立的分量表计算每个维度的得分。第三，对正念的状态或特质性评估。MAAS量表（Brown and Ryan，2003）和多伦多正念量表（Toronto Mindfulness Scale，TMS；Lau et al.，2006；Davis，Lau and Cairns，2009）可以同时评估正念的状态性和特质性。第四，有些量表的制定者具有长期正念冥想练习经验，因此，反映的正念概念可能更为传统。例如，研究内观禅修的佛学专家指导创建了弗莱堡正念量表（Freiburg Mindfulness Inventory，FMI；Buchheld，Grossman and Walach，2001）。第五，量表适用的对象不同：临床或非临床人群，新手或有经验的人。例如，FMI（Buchheld，Grossman and Walach，2001）专为有经验的冥想者而设计，而南安普敦正念量表（Southampton Mindfulness Questionnaire，SMQ；Chadwick et al.，2008）和TMS量表（Lau et al.，2006）则能够区分新手和有经验的冥想者。CAMS（Feldman et al.，2007）仅为临床人群设计，但其他量表（例如MAAS）同时适用于临床和非临床人群。表4.1总结了上述及其他自我报告的正念量表（另见Baer et al.，2006；Bergomi，Tschacher，and Kupper，2013b；Chiesa，2013；Sauer et al.，2013）。

表4.1 正念的测量工具

测量工具	描述	举例
正念注意觉知量表（MAAS；Brown and Ryan，2003）	该量表共有15个条目，采用李克特6点量表评分，对内部和外部事件的注意和觉知进行评估	"我会自动完成工作或任务，而不知道自己在做什么"；"我发现自己专注于未来或过去"
五因素正念量表（FFMQ；Baer et al.，2006）	该量表共有39个条目，采用李克特5点量表评分，包括5个因子：(1)观察，(2)描述，(3)有意识地行动，(4)不评判地接纳，(5)对内在经验的不反应	"我可以只是去感受到我的情绪和感觉，而不必对它们作出反应"；"我匆忙地进行活动，却没有真正注意到它们"
正念量表（MMS；Bodner and Langer，2001）	该量表共有21个条目，采用李克特5点量表评定4个因素（新异性寻求、新异性产生、参与性、灵活性）。该量表是正念的原始量表之一，测量认知灵活性和避免无意识或习惯性行为	"我试着想出新的做事方法"；"我很少意识到变化"；"我作出了许多新奇的贡献"

(续表)

测量工具	描述	举例
弗莱堡正念量表（FMI；Buchheld, Grossman & Walach, 2001）	该量表共有 30 个条目（简版有 14 个条目），采用李克特 4 点量表评分，评定当下能够正确辨识的注意，对负性经验的开放，区分冥想者的经验	"当我注意到没有头脑时，我轻轻地回到此时此地"；"我注意到情绪是如何通过我的身体来表达的"
肯塔基觉知量表（KIMS；Baer et al., 2004）	该量表共有 39 个条目，采用李克特 5 点量表评定正念的 4 个方面（观察、描述、有意识地行动、不评判地接纳）	"我很擅长找到描述我感情的词"；"我判断我的想法是好是坏"；"我注意到东西的气味和香味"
正念认知情感量表（CAMS；Feldman et al., 2007）	该量表共有 12 个条目，采用李克特 4 点量表评分，包含 4 个维度（注意、当下关注、意识、接纳/不评判）的总分	"我全神贯注于未来"；"我很容易分心"；"我能够接受我的想法和感受"
多伦多正念量表（TMS；Lau et al., 2006）	该量表共有 10 个条目，采用李克特 5 点量表评分，能够区分有冥想经验者和没有冥想经验者	"我感觉我与自己不断变化的思想和感情是分开的"；"我很好奇，我的思想是什么，随时都在做什么"
南安普敦正念量表（SMQ；Chadwick et al., 2008）	该量表共有 16 个条目，采用李克特 7 点量表评分，评估对消极思维的反应，并区分冥想体验和精神病患者	每个问题的开头都是："通常当我有痛苦的想法和形象时"；"我能注意到他们而不做任何反应"；"我能接受这种经历"
费城正念量表（PMS；Cardaciotto et al., 2008）	该量表共有 20 个条目，采用李克特 5 点量表评分，有 2 个分量表（接纳和觉知当下）	"我试着分散自己的注意力"；"我感到不愉快的情绪"；"我告诉自己我不应该感到悲伤"
正念发展问卷（DMS：Solloway and Fisher, 2007）	该量表共有 30 个条目，采用李克特 8 点量表评分。该量表通过定性（日记主题分析）和定量方法评估正念的发展，以测量正念练习的附加品质	"我更多注意到我的身体感觉"；"我觉得我第一次看到了"；"专注使我对通常认为理所当然的事情感到感激"
自我—他人量表（SOFI；Kraus and Sears, 2009）	该量表共有 16 个条目，采用李克特 5 点量表评分。评估对自己和他人的 8 种思想、感觉和行为（友好、可恨、愤怒、快乐、接受、残忍、富有同情心、刻薄）	"在过去的一周里，你对自己和他人都有这样的想法、感觉或行为的程度：憎恨，对自己的憎恨和对他人的憎恨"
全面正念体验清单（CHIME-β；Bergomi, Tschacher and Kupper, 2013a）	为一般人群设计的 28 个条目的量表，用于评估正念的四个主要方面：（1）呈现意识；（2）接受、无反应、有洞察力；（3）描述经验；（4）开放、非回避	"我可以接受我自己"；"我匆忙地完成我的活动，却不太注意它们"；"我发现很难用语言表达我的想法"；"我倾向于压抑不愉快的感觉和想法"

正念多重概念化

与其他人一样（例如 Chiesa，2013），我们试图说明，正念是一个缺乏学术共识的复杂的概念，因此需要一些组织框架。有个简单的方法，即对多个正念量表进行重新分类来反应人们感兴趣的具体特征（Grossman，2011）。在理论层面，可以通过 Vago 和 Silbersweig（2012）的 S-ART 框架来梳理个体正念的各种概念，从而理解正念训练的效果。他们认为通过这些方式可以培养正念：(1)自我意识；(2)自我调节；(3)自我超越。这 3 个部分分别被认为是为了增强元认知、促进行为调节以及通过改善与自身的关系来专注于他人的需要。S-ART 还借鉴了另外 6 种正念起作用的机制："(1)意图和动机；(2)注意调节；(3)情绪调节；(4)记忆消退和再巩固；(5)亲社会性；(6)非依恋和去中心化（P15）。"

这个框架有助于整合正念的不同方面，促进对该术语的更广泛理解。例如，研究人员可以通过 MAAS 所测量的注意力调节（Brown and Ryan，2003）来研究正念的自我意识方面；或者，可以通过 Langer（1989）的正念量表所涉及的记忆消退和再巩固来研究正念中的自我调节。在这里，正念是一个认知过程，允许个体以一种新的方式从多个角度来看待现象，而非完全依赖过去的信息习惯性地进行自动化心理加工（Langer，1989；Langer and Moldoveanu，2000；Weick et al.，1999；Weick and Sutcliffe，2006）。自我超越既可以通过不执着和去中心化来研究，也可以通过亲社会性来研究，从而解释正念对同理心以及他人取向的培养作用。

S-ART 为研究正念提供了一个有用的指南，然而，由于它的范围很广，涵盖了太多与正念有关的因素，所以可能会让结果变量和中介变量交织在一起。在前期工作中，最关键的是要清楚地定义正念，从而来确定研究对象和所要研究的变量间的关系，选用不同的测量工具来区分前因变量和结果变量。理清研究对象的操作性定义有助于强化对研究方法的设计（Chambers et al.，2009），最终催生出更细致的测量方法（Rapgay and Bystrisky，2009）。而反过来，这又有助于更精确地测量正念的活性成分。

在本节中，我们讨论了组织研究中个体和集体正念的各种概念，以及一些贯穿在正念研究中的结构效度方面的问题。为此，我们回顾了用于评估正念的现有量表和 5 种分类方法。此外，我们认为，研究人员进行研究设计时可以使用 S-ART 框架来组织和整合这些不同定义。在下一节中，我们将回顾组织正念的相关实证研究，包括常用研究方法和测量工具，有问卷调查法、实验法和干预设计等。最后，我们会讨论研究者对使用这些方法的忧虑，以及这些方法有待改进的地方。

现有的研究方法

调查研究

问卷调查被广泛应用于研究正念,特别是特质正念。新入行的研究人员,可以通过问自己3个一般性的问题来提高问卷调查研究的效度。第一,哪些量表适合用于当前的研究群体及研究背景?正如上文所讨论的,不同的正念量表对正念的定义不同,因此有些量表可能比其他量表更适合自己的研究问题。如果一个研究人员不考虑自己的研究对象,就可能会使初学正念的人对测量内容感到困惑,或者冒犯经验丰富的冥想者,因为他们可能对最近流行的正念热潮或"快餐化正念"持怀疑态度。选择能够同时让初学者和高级冥想者产生共鸣的语言,有助于打消人们对于将古代寺院中的修习引入企业这个环境中是否合适所持的怀疑态度。

需要考虑的第二个问题是,实施问卷调查的时间安排(即何时和何种频率)。一种常见的安排是干预的同时进行前后测,并在干预结束几个月后再进行最后一次调查。需要反思的是,应该在什么时候开展后续的跟踪调查,因为这些调查有助于揭示长时效应以及效应的表现形式。最后,数据收集的时间和频率当然取决于参与者的调查对象的易得性、响应率、遵从性和损耗情况。

问卷调查通常依靠自我报告量表来对人格特质以及与正念相关的情绪和心理状态进行衡量。因此,需要考虑的第三个问题是:合并多源数据来解决自我报告数据局限性的可行性及方法。显然,社会赞许性和客观性可能会让调查对象无法真实报告自己的某些情况。而多源数据加强了研究的整体设计,为自我报告方法的弊端提供了第一道防线。对这3个问题的思考,可以帮研究人员克服问卷调查方法的一些局限性。接下来,我们将讨论问卷调查法的局限性。

调查方法的局限性

自我报告。自我报告法对促进正念研究作出了重大贡献。这种心理测量量表方便使用,获得了广泛认可,并且拥有实证支持(Baer et al., 2004; Chiesa and Malinowski, 2011; Sauer et al., 2013)。然而,人们也都普遍认识到了自我报告中涉及的方法论问题(Bergomi, Tschacher and Kupper, 2013a; Grossman, 2008; Thompson and Waltz, 2007; Van Dam, Earleywine, and Borders, 2010)。例如,心不在焉的行为与缺乏元意识有关(例如 Smallwood, McSpadden, and Schooler, 2007),所以没有意识到自己思维的人就无法正确评估自己的走神

的情况（Cheyne，Carriere, and Smilek，2006）。自我报告法要求这个人有足够的自我意识，能够做出准确的反馈（Grossman，2008；Grossman and Van Dam，2011；Van Dam，Earlywine, and Borders，2010）。如果被试没有意识到导致他们行为反应的心理过程，那么正念量表就无法具备有效的结构效度，会引发"构造表征（construct representationalism）"的问题（Van Dam，Earleywine, and Borders，2010）。而这种思路同时也暴露了自我报告调查研究法的脆弱性：实际的正念和报告的正念之间的差异；对题目的误解；不同水平受访者的评级偏差；量表结构；不同量表对正念不同维度区分的不一致性（Baer，2011；Grossman，2008）。

依赖自我报告法研究正念时，应该考虑自我保护偏差。自我防御或想要保护自我概念的愿望，甚至会在无意识情况下，降低被试对自己认为是不光彩的或被社会贬低的行为的报告的准确性。在这种情况下，研究表明，人们存在一种倾向，会否认与心不在焉行为相关的问卷内容（Van Dam，Earleywine, and Danoff-Burg，2009）。为了提高客观性，可以通过增加第三方评估（如，除了自我报告之外，还要求员工的上级进行评估），或者使用非介入性方法，如数字信息（即电子邮件）的内容分析等来减轻这些影响。

内部效度。内部效度是指，研究人员在多大程度上可以确信，正念是导致某一结果的原因，或者换句话说，是否有其他的方法可以解释结果（Bachrach，Bendoly, and Podsakoff，2001）。特别是对于横断面调查，正念究竟在多大程度上导致观测到的效果，这是值得讨论的（Chiesa and Malinowski，2011）。比较冥想者与非冥想者时，抽样过程以及人口学变量都会影响到结果，因此，需要清楚地说明这些事情（Lykins，Baer, and Gottlob，2012）。例如，如果有经验的禅修者所练习的禅修方式与初学者使用的技术不同，就可能会影响调查结果的可靠性（Chiesa and Malinowski，2011）。在一个设计严谨的实验中，各组参与者的年龄和受教育程度都应该是相匹配的（Chan and Woollacott，2007），但并非所有的研究都能做到这一点（例如，Jha et al.，2010；Valentine and Sweet，1999）。

共同方法偏差。共同方法偏差也会进一步威胁到内部效度。它指的是"测量数据中的差异并非代表了所测量的结构，而是来源于测量方法"（Podsakoff et al.，2003，P879）。调查、自我报告数据和横断面数据都容易受到一系列与反应偏差相关因素的影响，比如晕轮效应、宽容效应和时间效应等（Fiske，1982）。横断面评估得到的数据有波动的风险，这种波动可能是由于某日出现的乐观或沮丧的短暂情绪所造成的。进一步来说，干预完成后立即进行评估有可能夸大干预本身的即时效应，而无法解释长期效应。鉴于已有研究证实了日常生活中的积极经验具有累积效应,而长效观是正念研究的必要组成部分(Fredrickson et al., 2008)。正念研究应考虑持续冥想练习会带来更多的日常积极体验(Fredrickson et al., 2008)。研究人员还可以考虑,在类似时间点系统地收集数据,以便在不同的研究间进行直接比较;同时,交错安排控制组,以便开展研究正念效应的长时程研究(de Vibe et al., 2012)。

外部效度。调查研究通常具有很强的外部效度。为了提高工作场所正念研究的外部效度,选择适合普通人群和所有冥想水平的问卷可能是最合适的。例如,KIMS(Baer et al., 2004)是基于辩证行为疗法(dialectical behavior therapy, DBT; Linehan 1993)的正念定义设计的,但是在治疗环境中使用的较短的 DBT 练习不一定源于冥想(Baer et al., 2006)。那么,KIMS 可能适合临床人群中的非冥想者。最后,应选择基于信息加工理论或沉思传统的问卷来匹配背景,可能会进一步增强研究的外部效度。

替代调查。正念和无正念的相互关系是在更微妙的、无意识的层次上进行的,单靠内省不容易察觉(Levinthal and Rerup, 2006)。因此,用于测量外显表现的方法可能不适合于研究正念。内隐测量在以下几种情况下都是有利的:当概念是在意识之外的;当评价受到社会期望的影响;当被试有流失的风险时;当被试不愿透露他们的态度时(Uhlmann, Poehlman and Nosek, 2012)。在可能发生评估恐惧的情况下,内隐或隐蔽的测量会较适合,且特别适合克服参与者的任何无意识的态度(例如,员工自我报告工作满意度)(Leavitt, Fong, and Greenwald, 2011)。

通过评估内隐自尊和外显自尊水平之间的差异,一项研究间接地测量了正念(Koole et al., 2009)。他们假设,正念程度较高的个体,内隐自尊和外显自尊水平之间的差异会更小。Grossman(2011)认为,正念自我报告的结果更多地取决于个人对正念相关的特征和行为的重视程度,而不是他们在这些领域的熟练程度。另一种隐含的衡量方法可能包括观察参与者在完成一项艰巨的、当下的任务时所表达的自我批评的程度。其他选择包括 Frewen 等人(2014)的"冥想呼吸注意力评分法(Meditation Breath Attention Score)",该方法计算个体在冥想时执行任务的次数。Sauer 等(2013)建议研究人员采用定性方法、生物和神经反馈等替代方法,以及基于语言的测量、内容分析等他人评估的方法(例如,Collins et al., 2009)。考虑到上述自我报告正念的困难、常见方法偏差、结构效度和测量正念的复杂性等,替代方法的使用可能有利于今后的研究。

实验与干预研究

学者们倾向于使用实验和干预设计来研究状态正念。大多数正念实验都采用

MBIs，主要是基于 Kabat-Zinn（1994）正念减压疗法（Mindfulness-Based Stress Reduction，MBSR）（Chiesa and Serretti，2009；Grossman et al.，2004）或其中的一部分。因此，本书第 5 章专门讨论 MBIs。一般来说，在正念研究中，实验设计分为 3 类：预实验、准实验和纯实验。

预实验是没有控制组的实验，使用前后比较来捕捉特定治疗的效果（Campbell，1975）。有人认为当前的正念实践中普遍缺乏控制组（Chiesa and Serretti，2011）。条件允许时，应该尽可能纳入控制组。正念研究可以包括不同类型的控制组：没有训练的控制组、等待的控制组（例如 Fredrickson et al.，2008）等被动控制（例如思维游荡练习，Arch and Craske，2006；Kiken and Shook，2011；静默 Manocha et al.，2011）；主动控制组（例如放松训练，Josefsson，Lindwall and Broberg，2014；瑜伽，Sauer-Zavala et al.，2013）；安慰剂组，参与者小睡代替治疗。

准实验虽然使用了控制组，但小组成员不是随机分配的（Mark and Reichardt，2004）。缺乏随机分配会影响到研究的内部效度，因为控制组和实验组可能在基线上没有可比性（Boruch et al.，2004）或某些误差可能会影响研究的客观性。最近的元分析综述（de Vibe et al.，2012）检查 31 项 MBSR 研究，发现在近三分之一的研究中，总体偏差风险很高，并敦促作者更好地报告随机对照组的程序（即随机化、分配、双盲情况）。随机化很重要，但在很多情况下，如果参与者是自行选择参与研究的，就不可能进行随机分配。尽管如此，准实验提供了干预对研究对象的因果影响的合理估计（Mark and Reichardt，2004）。

纯实验是指在实验组和对照组之间完全随机化的实验（Boruch et al.，2004）。在许多学科中，随机对照研究标志着实验的黄金标准，正念的研究者应该为这样的设计而奋斗。在工作场所进行的一项成功的干预实验的一个例子是冥想对工作压力和焦虑的影响研究（Manocha et al.，2011）。作者采用了一个 3 组随机对照实验：比较放松技术组、静默组和使用蒙眼彩票分配系统的无治疗对照组。要求参与者不要向参与研究的其他人或研究人员透露他们的冥想方法。课程在同一机构内的类似房间内同时举行。所有会见的持续时间、休息时间和间隔时间均匹配。结果发现，与放松组和等待的对照组相比，冥想组在心理紧张和抑郁评分方面有显著改善。

干预的系统变异和标准化

考虑到干预的频率，为确保更大的内在有效性，研究人员在研究设计时，可以考虑标准化和系统的干预成分变化。对实验设计的内容和持续时间进行计算，就可以做到这一点。因为可能有无数的可想象的排列，一个有序的干预程序是非常有价值的。在此，我们讨论 3 个关键领域：时间变化、冥想类型和方案执行的系统研究。

时间变化。目前，干预的时间可以长达 8 周（如 MBSR 训练），也可以短到只有 5 天（如 Tang et al., 2007）。目前尚不清楚为什么某些干预比其他干预更有效，或者干预的哪些组成部分——内容、互动程度、项目持续时间、班级接触或家庭练习时间对参与者影响最大。研究表明，一项提高工作人群的幸福感和减少心理症状的干预如果超过 4 周并且持续至少 7 次将会更有效（Josefsson, Lindwall and Broberg, 2014）。虽然有证据表明，练习正念技巧的实际时间与增强的情感体验是相称的（Carmody and Baer, 2008; Shapiro et al., 2008），但对于训练的最佳时长并无定论。

目前，课堂接触时间与平均效应量之间的关系尚不清楚（Carmody and Baer, 2009）。需要更多的数据来理解，为什么一些研究发现练习时间和结果之间存在显著的正相关（Carmody and Baer, 2008），而其他的则没有（Davidson et al., 2003）。同样，一些研究在控制正念水平方面，短时的正念诱导取得了成功（Reb and Narayanan, 2014; Reb, Narayanan and Ho, 2015），而其他的却没有（Ruedy and Schweitzer, 2010）。将正念干预系统地分类并确定时间评测点将有助于进行一一比较。通过这种方式，人们可以更好地理解正念程序的差异以及持续练习的短期或综合影响。

冥想类型。不同的冥想练习有不同的来源，例如，藏传佛教、禅宗佛教、道教佛教、吠陀梵语和中国传统文化等。Lutz 和他的同事们（2008）认为，区分冥想练习的类型是很重要的，因为如果不这样做，就像用"体育"一词来指所有的运动，就好像他们本质上是一样的（p.163）。决定使用哪种类型的冥想传统，程序或技术是另一个变量，因为不同的方法可能产生不同的效果（例如，Baer, 2003; Chiesa and Serretti, 2011）。将正念作为一个包罗万象的概念，将导致对前人的研究利用不足，而在前人研究中，正念的多个方面之间存在着可衡量的差异。

基于正念的减压课程主要包括 3 种技术：瑜伽气功、坐禅和身体扫描（Kabat-Zinn, 1990）。然而，这 3 种练习也可能有不同的结果。Sauer-Zavala 和他的同事们（2013）将 141 名大学生分成 3 种情况：瑜伽、身体扫描和坐禅。瑜伽组的心理健康状况改善最明显；瑜伽组和身体扫描组的情绪调节都有改善；而那些处于静坐状态的人在非评价视角上的提高幅度最大。

冥想练习的另一不同之处在于它们是否可以被归类为集中注意力（将注意力

自动集中在选定的物体上）、开放式监控（一种无反应的经验监测练习）（Lutz et al., 2008）。自动的自我超越可以被建议作为第三类。它涉及鼓励超越自己的技巧，换句话说，一种个人自身活动的元体验（Travis and Shear，2010）。我们知道，与专注冥想相比，大脑的不同部分都在进行开放监控（Lutz et al.，2008），而这3种冥想类型的特征可以是不同的脑电波模式（Travis and Shear，2010）。正念研究人员在设计自己的研究时，应该努力理解这些差异的含义。

参与者的冥想水平不同，干预中的经验和随后的研究结果可能因此不同（Baer，2011；Grossman，2008）。无引导的冥想对高级修行者很有效，但是对初学者，即使是10分钟的呼吸冥想也是痛苦的。因此，基于频繁指导的身体扫描，对广泛的受众来说可能更实用（Koole et al.，2009）。因此，正念的测量可能会受到个人经历的影响（Masicampo and Baumeister，2007），考虑参与者及其冥想水平，将有助于指导实验设计过程。

教授方法。与MBSR方案（与参与者每周见面）不同，最近一些课程使用在线或自我引导的干预（例如Hülsheger et al.，2012）。相比冗长的研究，自我引导的干预研究可以说相当便捷。从逻辑上讲，不同的程序实施模式各有利弊。在自主性、互动水平、顺从性和消耗等方面，网络在线引导的冥想和自主冥想有区别。项目模式将影响带领者的可信度、团体动力和其他背景效应（在家练习vs办公室练习）。研究中的一些因素，诸如时间、长度、地点、数据收集间隔、帮助者技能、在线或面对面活动以及使用的辅助材料（例如，讲义、家庭练习、光碟）等的影响都值得考虑。接下来将讨论设计实验或干预研究要考虑的其他因素。

实验与干预研究的局限性

实验设计和对照组。研究设计时，应当根据研究问题和研究情境设立对照组。在招募足够数量的参与者进行长期研究非常困难的情况下，候选名单控制组可能对研究人员很有吸引力。候选名单控制组可能也会吸引那些意识到对参与者使用安慰剂或"假冥想"会有道德和表面效度忧虑的研究者。（Fredrickson et al.，2008，p.1047），参与者被吸引至这个研究的原因是，他们期望接受某种形式的正念训练。采用被动控制，如静默或心灵漫游练习，允许比较多种心理状态；还可以选择主动控制，例如瑜伽、放松训练。事实上，临床文献中的研究强烈主张在正念研究中使用主动控制（MacCoon et al.，2012），以防其他因素（如社交聚会）对结果产生影响而可能造成混淆。评估正念效果时，多个条件与主动控制相匹配，将有助于测试和分离干预的有效成分（MacCoon et al.，2012）。尽管主动控制需要更多资源，并为实验设计增加了复杂性，但它们有助于规避正念与相关的精神、情感和与生理等有

效因素产生混淆。

内部效度。在实验中,尽管干预的效果是可信的,然而,将因果关系具体归因于正念是很困难的。一些人认为,干预的效果可能是其他因素(例如自我控制练习)造成的结果,任何影响都可能来自无数的其他原因(Masicampo and Baumeister, 2007; Nyklicek and Kuijpers, 2008)。例如,参与者正念更高,可能因为他们休息得更多,因此在干预之后也会更加警觉。或者,在另一种情况下,参与者通过利用他们的意志力而表现出更好的专注。

最近的一项关于正念冥想效果的元分析发现,与单纯的冥想训练技术相比,MBSR 课程对心理健康有更大的积极影响(Eberth and Sedlmeier, 2012)。他们认为,MBSR 小组的心理社会性质、教育内容以及对该项目减压的期望——正如其名称所暗示的——可能会放大其效果。在设计归纳时,应该区分冥想类型及为什么选择这一特定类型,来表明因果之间的关系和潜在混淆。查明感兴趣的机制并系统地改变正念干预中的要素,是选择正念实践的类型和建立更强的因果关系的一种方法。

外部效度。因其难以适用于更广泛的情况,实验室实验的结果可能会受到质疑。从方法论角度,该领域的干预研究通过将实验方法引入自然环境,从而有更高的外部效度。虽然有人认为组织正念研究中的现场实验太少了(Dane and Brummel, 2014),但其他领域研究中现场试验更少。在其他领域中,主要以实验室实验为主。目前,正念干预研究的缺乏可能更多地与正念研究的整体发展有关。事实上,我们发现在工作场所的正念研究中,实地干预措施的使用相对频繁,这非常值得称赞。与任何实地干预一样,在涉及组织、招募、维持和流失方面都存在挑战。此外,当需要课程与计划协调一致,高管和管理层支持个人花时间练习正念时事情就会有些复杂。

对今后研究的建议

短时间内,工作场所正念的研究为正念在组织中的应用提供了令人信服的理由。在这一节中,我们提出了进一步的建议。我们希望这一研究能够完善目前已知的知识,并在研究人员推进这一文献体系的过程中提供指导。我们提出了从 4 个方面来开展这样的工作:(1)发展正念和冥想的分类法,以区分它们的关键要素;(2)了解正念在个人、团体和组织之间的相互作用;(3)神经科学方法;(4)应用混合方法处理工作场所正念的复杂性和动态性。

工作场所的正念研究从系统分析正念实践及其在组织内的不同效果、效力和最佳配置中获益良多。了解有效成分、正念练习的预期结果以及观察到的效应持续时间,是一项值得努力的工作。沿着这些思路,不同的正念技术(例如正念冥想与先验冥想)是否存在差异尚不清楚,每一种练习可能都有独特的机制(Chiesa & Malinowski,2011;Tanner et al.,2009)。与 MBSR 冗长的 8 周计划形成对比(Kabat Zinn,1994),创建系统地有效果的工作场所内的替代方案将是很有意义的(例如辩证行为疗法,Linehan,1993;接受与承诺疗法,Hayes,Strosahl and Wilson,1999;综合身心训练,Tang,2009)。未来的研究可能会使用不同的正念练习和计划作为干预技术,通过控制正念水平,检验工作场所产生特定结果的有效性(Carmody and Baer,2009)。

未来研究的第二个领域可能是探索正念如何在环境和个人、团体和组织之间相互影响。描述工作场所中的环境或群体层面的正念实证研究,对丰富工作中正念实践案例至关重要。但是,我们对低正念环境知之甚少(Dane,2011),尚不清楚这些条件是有意识的还是自动处理的结果。例如,网络在线点击行为是否可以诱导出有意识(或无意识)状态,进而对购买模式和任务绩效产生影响?在重复的工作环境中,是否可以诱发正念来避免无意识引起的错误?是否应该诱发正念帮助管理者应对即将到来的裁员的威胁?除了研究环境对工作场所中的正念的影响之外,对正念在个人、团队和组织中的自下而上和自上而下的影响的研究为新见解提供了令人兴奋的领域。

高度正念的个体并不一定具有累加性(Chan,1998),因此其团体未必也是正念的(Leroy et al.,2013)。我们对组织正念如何影响个体正念,或者一个正念的团队成员如何影响这个团体知之甚少。我们知道的唯一一个多层次研究是考察个人和组织层面的正念以及财务顾问的表现(Hensler,Lingham and Perelli,2013)。他们发现,更专注的组织中的财务顾问在动态市场中表现更好。工作场所多层次正念研究的整体匮乏使许多问题得不到解答。如果一个人接受了正念训练,那么这种正念效应是否会波及团队或公司层面?一个有正念的工作团队仅是当前导向接受个体,还是在更高的正念水平改变团体动力、沟通模式和共同的心智模式,从而导致更高功能的团队?在团队层面,能否将正念实践用于提高团队的有效性和凝聚力?此外,全球化之后,跨文化差异会如何影响跨国公司内个体的正念?我们鼓励未来的研究继续验证正念作为一个多层次的概念(例如 Chen,Matthieu and Bliese,2005),并研究正念在不同层次如何运作。

未来研究中一个充满希望的方法是神经科学方法。数十年来,医学和心理学研究一直在研究正念和冥想的神经机制。神经科学研究可以通过神经关联来深入了解正念的机制,为推动工作场所的正念研究奠定基础。神经科学已经有了许多发现，说明了冥想影响大脑认知功能的神经活动模式（Cahn and Polich，2006；Lazar et al.，2005；Lutz et al.，2007，2008）。例如，专注呼吸冥想的关键认知机制可以直接映射到现代神经心理学上（Kudesia and Nyima，正在出版）。在许多情况下，使用脑电图（electroencephalography, EEG）或功能磁共振成像（function magnetic resonance imaging, fMRI）获得的大脑活动数据建立脑轮廓。脑电图通过在头皮上或直接在皮层上放置传感器来测量皮层和皮层下的电活动。脑电图指标可以用来描述不同意识状态下脑电波的频率，在一些研究中，可以将不同类型的冥想过程中的心理状态进行分类（Travis and Shear，2010）。例如，Takahashi 和他的同事们（2005）通过观察大脑频率对脑电图和心率变异性的影响来研究禅修的效果。功能磁共振成像使用高分辨率成像来比较大脑不同区域的有效的图像。该方法通过捕获代表神经元激活的脑中的血流图像来测量脑活动。因此，功能磁共振成像可以用来研究大脑的哪些部分被使用，以及以什么方式被使用。Luders 和他的同事们（2009）通过这种方式在控制人口统计数据，如年龄、性别或持续冥想时间等人口学指标后，比较了冥想者与非冥想者的大脑图像。

我们意识到神经科学领域为组织正念的出现提供了可信度，关于 fMRI 和 EEG 方法有两个注意事项。首先，fMRI 的复杂性和对神经影像学数据的解释可能使其容易出现假阳性。Bennett 和同事们（2009）的研究表明，如果无法纠正数据集中的多个比较，就会令人吃惊地发现大脑活动像一条死鱼。其次，依靠 fMRI 图像推测大脑特定区域的局部激活可能与某一特定行为有决定性联系，这是对大脑复杂的操作系统的过度简化（Menon and Uddin，2010），不能仅仅用神经元的激活去解释行为。

未来的研究最终提倡使用混合方法来研究工作场所的正念。正念是一个丰富而动态的概念，所以对正念的研究具有无限的复杂性。正念可以被定义为注意力和意识，但若从沉思的概念（例如 Wallace，2006），即使是注意力也可以被划分为 10 个发展阶段。就像毛毛虫可以是昆虫、茧或蝴蝶的形式，这取决于个体和环境，正念也可能以不同的形式出现。为此，我们鼓励工业和组织学者将定性、纵向方法以及传统生物反馈等方法结合起来。

正念将会影响人类经验的多个方面，所以可能需要时间来显现。因此，量化数据可能无法全面理解工作场所的正念。在较短时间内进行的调查和实验可能无法捕捉到冥想体验的低谷和高峰（例如无聊、瘙痒、焦虑、放松、平静或相互联系）。访谈、开放式问题和日记是研究人员收集定性数据的有效方式。问卷调查可以辅助定性方法（例如背景和后续访谈）以捕捉参与者的个体差异和现象学经验（例如 Atkins and Parker，2012；Dane and Brummel，2014），而经验抽样方法，随着时间的推移利用许多数据点。应用多种方法将使人们能够更全面地理解正念，并获得只有通过频繁而广泛的观察才能看到的曲线、非两极化的情况。我们担心，只使用定量数据的短期研究可能会因为仅仅停留在茧上而错过蝴蝶。

　　随着生物反馈技术的日益普及，正念研究和尖端技术之间令人兴奋的结合即将来临。虽然监测脑电图信号曾经是一个复杂而昂贵的过程，只有在实验室中才可行，现在，由脑电图信号驱动的思维计算设备可以广泛应用（例如 Muse by InteraXon.ca）。这些设备的工作原理是使用传感器来采集脑电波，然后将脑电波转换成可以处理的数据，例如打开灯或关闭百叶窗。我们希望未来的研究能够考虑将神经科学与其他生物学数据结合起来，心理学家擅长收集这些数据（例如快速眼动、心电图、皮肤测试、血液化学和健康状况征兆）。根据这些观点，Lutz 和他的同事们（2008）提出了一种神经现象学的方法（Varela，Thompson and Rosch，1991）进行正念研究，即个人亲身经历的叙述与定量的神经方法相结合。智能手机是研究人员应用体验式采样方法的另一个有趣的方面。考虑将智能手机与思维计算设备结合以收集神经数据的可能性。值得注意的是，在工作场所监测和收集脑波活动时可能伴随的道德伦理问题。获得大量的神经数据时，组织正念学者应该知道谁在收集数据、预期的目标以及与研究结果相关的含义。总之，我们认为混合方法可提供更丰富的手段来研究不同深度和形式的正念。

结论

　　对正念的研究还处于起步阶段，该领域的开拓者已经有了令人信服的发现，证明了其潜在的深远影响。随着学者研究兴趣的增加、文献的增多，我们敦促研究人员注意，正念的研究既复杂又诱人。本章首先回顾了学者如何研究正念的不同概念以及相关的结构效度问题；然后，讨论了常用的分析方法及其局限性；最后，提出了进一步研究有很大希望的 3 个方向。我们希望这一章有助于描述当前的研究方法及其局限性，为研究人员提供指导，从而对工作场所的正念进行更严谨的研究。这样，我们就可以共同推进正念研究在理论和实践中的影响。

（本章译者：李佳，黄思凡，宋国萍）

References

Allen, T. D. and Kiburz, K. M.（2012）. Trait mindfulness and work-family balance among working parents: the mediating effects of vitality and sleep quality. *Journal of Vocational Behavior*, 80(2), 372-9.

Arch, J. J. and Craske, M. G. (2006). Mechanisms of mindfulness: Emotion regulations following a focused breathing induction.*Behavior Research and Therapy*, 44, 1849-58.

Atkins, P. W. B. and Parker, S. K. (2012). Understanding individual compassion in organizations: the role of appraisals and psychological flexibility. *Academy of Management Review*, 37(4), 524-46.

Bachrach, D. G., Bendoly, E., and Podsakoff, P. G. (2001). Attributions of the"Causes" of Group Performance as an Alternative Explanation of the Relationship Between Organizational Citizenship Behavior and Organizational Performance. *Journal of Applied Psychology*, 86, 1285-93.

Baer, R. A. (2003). Mindfulness training as a clinical intervention: a conceptual and empirical review. *Clinical Psychology: Science and Practice*, 10, 125-43.

(2011). Measuring mindfulness.*Contemporary Buddhism*, 12, 241-61.

Baer, R. A., Smith G. T., and Allen, K. B. (2004). Assessment of mindfulness by self-report: the Kentucky Inventory of Mindfulness Skills. *Assessment*, 11, 191-206.

Baer, R. A., Smith, G. T., Hopkins, J., Krietemeyer, J., and Toney, L. (2006). Using self-report assessment methods to explore facets of mindfulness.*Assessment*, 13, 27-45.

Bennett, C. M., Baird, A. A., Miller, M. B., and Wolford, G. L. (2009). Neural correlates of interspecies perspective taking in the post-mortem Atlantic Salmon: an argument for multiple comparisons correction.*Neuroimage*, 47, S125.

Bergomi, C., Tschacher, W., and Kupper, Z. (2013a). Measuring mindfulness: first steps towards the development of a comprehensive mindfulness scale. *Mindfulness*, 4, 18-32.

Bergomi, C., Tschacher, W., and Kupper, Z. (2013b). The assessment of mindfulness with self-report measures: existing scales and open issues.*Mindfulness*, 4, 191-202.

Bishop, S. R., Lau, M., Shapiro, S., Carlson, L., Anderson, N. D., Carmody, J., ... Devins, G. (2004). Mindfulness: a proposed operational definition. *Clinical Psychology: Science and Practice*, 11(3), 230-41.

Bodner, T. E. and Langer, E. J. (2001). Individual differences in mindfulness: The Mindfulness/Mindlessness Scale. Poster presented at the 13th annual American Psychological Society Conference, Toronto, Ontario, Canada.

Boruch, R. F., Wesiburd, D., Turner, H. M., Karpyn, A., and Littell, J. (2004). Randomized controlled trials for evaluation and planning. In L. Bickman and D. Rog (eds.).*The SAGE Handbook of Applied Social Research*. 2nd edn. Thousand Oaks, CA: SAGE Publications, Inc., pp. 147-81.

Brown, K. W. and Ryan, R. M. (2003). The benefits of being present: mindfulness and its role in psychological wellbeing. *Journal of Personality and Social Psychology*, 84, 822-48.

Buchheld, N., Grossman, P., and Walach, H. (2001). Measuring mindfulness in insight meditation (Vipassana) and meditation-based psycho-therapy: the development of the Freiburg Mindfulness Inventory (FMI). *Journal for Meditation and Meditation Research*, 1, 11-34.

Cahn, B. R. and Polich, J. (2006). Meditation states and traits: EEG, ERP, and neuroimaging studies.*Psychological bulletin*, 132(2), 180.

Campbell, Donald T. III. (1975)."Degrees of Freedom" and the case study. *Comparative political studies*, 8(2), 178-93.

Cardaciotto, L., Herbert, J. D., Forman, E. M., Moitra, E., and Farrow, V. (2008). The assessment of present-moment awareness and acceptance: the Philadelphia Mindfulness Scale. *Assessment*, 15(2), 204.

Carmody, J. and Baer, R. (2008). Relationships between mindfulness practice and levels of mindfulness, medical and psychological symptoms and well-being in a mindfulness-based stress reduction program. *Journal of Behavior Medicine*, 2, 23-33.

Carmody, J., and Baer, R. A. (2009). How long does a mindfulness-based stress reduction program need to be? A review of class contact hours and effect sizes for psychological distress.*Journal of Clinical Psychology*, 65(6), 627-38.

Chadwick, P., Hember, M., Symes, J., Peters, E., Kuipers, E., and Dagnan, D. (2008). Responding mindfully to unpleasant thoughts and images: reliability and validity of the Southampton mindfulness questionnaire (SMQ). *British Journal of Clinical Psychology*, 47, 451-5.

Chambers, R., Gullone, E., and Allen, N. B. (2009). Mindful emotion regulation: an integrative review.*Clinical Psychology Reviews*, 29, 560-72.

Chan, D. (1998). Functional relations among constructs in the same content domain at different levels of analysis: a typology of composition models. *Journal of Applied Psychology*, 83(2), 234-46.

Chan, D. and Woollacott, M. (2007). Effects of level of meditation experience on attentional focus: is the efficiency of executive or orientation networks improved? *The Journal of Alternative and Complementary Medicine*, 13(6), 651-8.

Chen, G., Matthieu, J. E., and Bliese, P. D. (2005). A framework for conducting multi-level construct validation. *Research in Multi Level Issues*, 3, 273-303.

Cheyne, J. A., Carriere, J. S. A., and Smilek, D. (2006). Absent-mindedness: lapses of conscious awareness and everyday cognitive failures. *Consciousness and Cognition*, 15, 578-92.

Chiesa, A. (2013). The difficulty of defining mindfulness: current thought and critical issues. *Mindfulness*, 4(3), 255-68.

Chiesa, A. and Malinowski, P. (2011). Mindfulness-based approaches: are they all the same? *Journal of Clinical Psychology*, 67(4), 404-24.

Chiesa, A. and Serretti, A. (2009). Mindfulness-based stress reduction for stress management in healthy people: a review and meta-analysis. *Journal of Alternative and Complementary Medicine*, 15(5), 593-600.

Chiesa, A. and Serretti, A. (2011). Mindfulness based cognitive therapy for psychiatric disorders: a systematic review and meta-analysis. *Psychiatry Research*, 187(3), 441-53.

Collins, S. E., Chwala, N., Hsu, S. H., Grow, J., Otto, J. M., and Marlatt, G. A. (2009). Language-based measures of mindfulness: initial validity and clinical utility. *Psychology of Addictive Behaviors*, 23, 743-9.

Cronbach, L. J. and Meehl, P. E. (1955). Construct validity in psychological tests. *Psychological Bulletin*, 52(4), 281.

Cunningham, W. A., Preacher, K. J., and Banaji, M. R. (2001). Implicit attitude measures: consistency, stability, and convergent validity. *Psychological Science*, 12(2), 163-70.

Dane, E. (2011). Paying attention to mindfulness and its effects on task performance in the workplace. *Journal of Management*, 37(4), 997-1018.

Dane, E. and Brummel, B. J. (2014). Examining workplace mindfulness and its relations to job performance and turnover intention. *Human Relations*, 67(1), 105-28.

Davidson, R. J., Kabat-Zinn, J., Schumacher, J., Rosenkrantz, M., Muller, D., Santorelli, S. F., ... Sheridan, F. S. (2003). Alterations in brain and immune function produced by mindfulness meditation. *Psychosomatic Medicine*, 65, 564-70.

Davis, K. M., Lau, M. A., and Cairns, D. R. (2009). Development and preliminary validation of a trait version of the Toronto Mindfulness Scale. *Journal of Cognitive Psychotherapy*, 23(3), 185-97.

De Vibe. M., Bjorndal, A., Tipton, E., Hammerstrom, K., and Kowalski, K. (2012). Mindfulness Based Stress Reduction (MBSR) for improving health, quality of life, and social functioning in adults. *Campbell Systematic Reviews*, 8(3), 1-128.

Eberth, J. and Sedlmeier, P. (2012). The effects of mindfulness meditation: a meta-analysis. *Mindfulness*, 3, 174-89.

Feldman, G., Hayes, A., Kumar, S., Greeson, J., and Laurenceau, J. P. (2007). Mindfulness and emotion regulation: the development and initial validation of the cognitive and affective mindfulness scale-revised (CAMS-R), *Journal of Psychopathology and Behavioral Assessment*, 29, 177-90.

Fiske, S. T. (1982). Schema-triggered affect: applications to social perception. In M. S. Clark and S. T. Fiske (eds.), *Affect and Cognition: 17th Annual Carnegie Mellon Symposium* on Cognition. Hillsdale, MI: Lawrence Erlbaum, pp. 55-78.

Fredrickson, B. L., Cohn, M. A., Coffey, K. A., Pek, J., and Finkel, S. M. (2008). Open hearts build lives: positive emotions, induced through loving-kindness meditation, build consequential personal resources. *Journal of Personality and Social Psychology*, 95, 1045-62.

Frewen, P. A., Unholzer, F., Logie-Hagan, K. R. J., and MacKinley, J. D. (2014). Meditation Breath Attention Scores (MBAS): test-retest reliability and sensitivity to repeated practice. *Mindfulness*, 5, 161-9.

Grossman, P. (2008). On measuring mindfulness in psychosomatic and psychological research. *Journal of Psychosomatic Research*, 64, 405-8.

Grossman, P. (2011). Defining mindfulness by how poorly I think I pay attention during everyday awareness and other intractable problems for psychology's (re) invention of mindfulness: comment on Brown et al. (2011). *Psychological Assessment*, 23(4), 1034-40.

Grossman, P. and Van Dam, N. T. (2011). Mindfulness, by any other name...: trials and tribulations of sati in western psychology and science. *Contemporary Buddhism*, 12(1), 219-39.

Grossman, P., Niemann, L., Schmidt, S., and Walach, H. (2004). Mindfulness-based stress reduction and health benefits. A meta-analysis. *Journal of Psychosomatic Research*, 57(1), 35-43.

Hafenbrack, A., Kinias, Z, and Barsade, S. G. (2013). Debiasing the mind through meditation: mindfulness and the sunk cost bias. *Psychological Science*, 25(2), 369-76.

Hayes, S. C. Strosahl, K. D., and Wilson, K. G. (1999). *Acceptance and commitment therapy: an experiential approach to behavior change*. New York: Guilford Press.

Hensler, P., Lingham, T., and Perelli, S. (2013). Learning from disruptive market events: a study of financial advisor behavior. *The International Journal of Management and Business*, 4(1), 12-27.

Hülsheger, U. R., Alberts, H. J. E. M., Feinholdt, A., and Lang, J. W. B. (2012). Benefits of mindfulness at work: on the role of mindfulness in emotion regulation, emotional exhaustion, and job satisfaction. *Journal of Applied Psychology*, 98(2), 310-25.

Jarvis, C. B., MacKenzie, S. B., and Podsakoff, P. M. (2003). A critical review of construct indicators and measurement model misspecification in marketing and consumer research. *Journal of Consumer Research*, 30(2), 199-218.

Jha, A. P., Stanley, E. A., Kiyonaga, A., Wong, L., and Gelfand, L. (2010). Examining the protective effects of mindfulness training on working memory capacity and affective experience. *Emotion*, 10, 54-64.

Josefsson, T., Lindwall, M., and Broberg, A. G. (2014). The effects of a short-term mindfulness based intervention on self-reported mindfulness, decentering, executive attention, psychological health, and coping style: examining unique mindfulness effects and mediators. *Mindfulness*, 5, 18-35.

Kabat-Zinn, J. (1990). Full catastrophe living: using the wisdom of your mind to face stress, pain and illness. New York: Dell Publishing.

Kabat-Zinn, J. (1994).Wherever you go, there you are: mindfulness meditation in everyday life. New York: Hyperion.

Kiken, L. and Shook, N. (2011). Looking up: mindfulness increases positive judgments and reduces negativity bias. *Social Psychological and Personality Science*, 2, 425-31.

Koole, S. L., Govorun, O., Cheng, C. M., and Gallucci, M. (2009). Pulling yourself together: meditation promotes congruence between implicit and explicit self- esteem. *Journal of Experimental Social Psychology*, 45, 1220-6.

Kraus, S. and Sears, S. (2009). Measuring the immeasurables: Development and initial validation of the self-other four immeasurables (SOFI) scale based on Buddhist teachings on loving kindness, compassion, joy, and equanimity. *Social Indicators Research*, 92(1), 169-81.

Kudesia, R. S. and Nyima, T. (in press). Mindfulness contextualized: a review and integration of Buddhist and neuropsychological approaches to cognition.*Mindfulness*.

Langer, E. (1989).*Mindfulness*. Reading, MA: Addison-Wesley.

Langer, E. J. and Moldoveanu, M. (2000). The construct of mindfulness.*Journal of Social Issues*, 56(1), 1-9.

Lau, M. A., Bishop, S. R., Segal, Z. V., Buis, T., Anderson, N. D., Carlson, L., Devins, G. (2006). The Toronto mindfulness scale: development and validation. *Journal of Clinical Psychology*, 62, 1445-68.

Lawshe, C. H. (1975). A quantitative approach to content validity.*Personnel Psychology*, 28, 563-75. doi: 10.1177/0748175612440286.

Lazar, S. W., Kerr, C. E., Wasserman, R. H., Gray, J. R., Greve, D. N., Treadway, M. T., ... Fischl, B. (2005). Meditation experience is associated with increased cortical thickness. *NeuroReport*, 16, 1893-7.

Leavitt, K., Fong, C. T., and Greenwald, A. G. (2011). Asking about well-being gets you half an answer: intra-individual processes of implicit and explicit job attitudes. *Journal of Organizational Behavior*, 32, 672-87.

Leroy, H, Anseel, F., Dimitrova, N., and Sels, L. (2013). Mindfulness, authentic functioning, and work engagement: a growth modeling approach. *Journal of Vocational Behavior*, 82(3), 238-47.

Levinthal, D. and Rerup, C. (2006). Crossing an apparent chasm: bridging mindful and less-mindful perspectives on organizational learning. *Organization Science*, 17(4), 502-13.

Linehan, M. M. (1993). Cognitive-behavioral treatment of borderline personality disorder. New York: Guilford Press.

Luders, E., Toga, A. W., Lepore, N., and Gaser, C. (2009). The underlying anatomical correlates of long-term meditation: larger hippocampal and frontal volumes of gray matter.*Neuroimage*, 45, 672-8.

Lutz, A., Dunne, J. D., and Davidson, R. J. (2007). Meditation and the neuroscience of consciousness. In P. Zelazo, M. Moscovitch, and E. Thompson (eds.), *Cambridge handbook of consciousness*. New York: Cambridge University Press, pp. 480-551.

Lutz, A., Slagter, H. A., Dunne, J. D., and Davidson, R. J. (2008). Attentionregulation and monitoring in meditation. *Trends in Cognitive Science*. 12(4), 163-9.

Lykins, E. L. B., Baer, R. A., and Gottlob, L. R. (2012). Performance-based tests of attention and memory in long-term mindfulness meditators and demographically matched non-meditators.*Cognitive Therapy and Research*, 36, 103-14.

MacCoon, D. G., Imel, Z. E., Rosenkranz, M. A., Sheftel, J. G, . and Lutz, A. (2012). The validation of an active control intervention for Mindfulness Based Stress Reduction (MBSR).*Behavior Research and Therapy*, 50(1), 3-12.

MacKillop, J. and Anderson, E. J. (2007). Further psychometric validation of the mindful attention and awareness scale.*Journal of Psychopathology and Behavioral Assessment*, 29, 289-93.

Manocha, R., Black, D., Sarris, J., and Stough, C. (2011). A randomized, controlled trial of meditation for work stress, anxiety and depressed mood in full-time workers. *Evidence-based Complementary and Alternative Medicine*. eCAM 2011, 2011: 960583. Epub 2011 Jun7.

Mark, M. M. and Reichardt, C. S. (2004). Quasi-experimentation. In L. Bickman and D. Rog (eds.), *The SAGE Handbook of Applied Social Research*. 2nd edn. Thousand Oaks, CA: SAGE Publications, Inc, pp. 182-213.

Masicampo, E. J. and Baumeister, R. F. (2007). Relating mindfulness and self-regulatory processes.*Psychological Inquiry*, 18, 255-8.

Menon, V. and Uddin, L. Q. (2010). Saliency, switching, attention and control: a network model of insula function. *Brain Structure and Function*, 214(5-6), 655-67.

Mikulas, W. L. (2011). Mindfulness: significant common confusions.*Mindfulness*, 2, 1-7. DOI 10.1007/s12671-010-0036-z.

Mosier, C. I. (1947). A critical examination of the concepts of face validity.*Educational and Psychological Measurement*, 7(2), 191-205.

Mrazek, M. D., Franklin, M. S., Phillips, D. T., Baird, B., and Schooler, J. W. (2013). Mindfulness training improves working memory capacity and GRE performance while reducing mind wandering.*Psychological Science*, 24, 776-81.

Nyklicek, I. and Kuijpers, K. F. (2008). Effects of mindfulness-based stress reduction intervention on psychological well-being and quality of life: is increased mindfulness indeed the mechanism? *Annals of Behavioral Medicine*, 35(3), 331-40.

Podsakoff, P. M., MacKenzie, S. B., Lee, J. Y., and Podsakoff, N. P. (2003). Common method biases in behavioral research: a critical review of the literature and recommended remedies.*Journal of Applied Psychology*, 88(5), 879-903.

Rapgay, L. and Bystrisky, A. (2009). Classical mindfulness: an introduction to its theory and practice for clinical application. *Annals of the New York Academy of Science*, 1172, 148-62.

Reb, J. and Narayanan, J. (2014). The influence of mindful attention on value claiming in distributive negotiations: evidence from four laboratory experiments. *Mindfulness* 5(6), 756-66.

Reb, J., Narayanan, J., and Chaturvedi, S. (2014). Leading mindfully: two studies on the influence of supervisor trait mindfulness on employee well-being and performance. *Mindfulness*, 5(1), 36-45.

Reb, J., Narayanan, J., and Ho, Z. W. (2015). Mindfulness at work: Antecedents and consequences of employee awareness and absent-mindedness. *Mindfulness*, 6(1), 111-22.

Roche, M. and Haar, M. J. (2013). Leaders life aspirations and job burnout: a self-determination theory approach.*Leadership and Organization Development Journal*, 34(6), 515-31.

Ruedy, N. and Schweitzer, M. (2010). In the moment: the effect of mindfulness on ethical decision making. *Journal of Business Ethics*, 95, 73-87.

Sauer, S., Walach, H., Schmidt, S., Hinterberger, T., Lynch, S., Bussing, A., and Kohls, N. (2013). Assessment of mindfulness: review on state of the art.*Mindfulness*, 4, 3-17.

Sauer-Zavala, S. E., Walsh, E. C., Eisenlohr-Moul, T. A., and Lykins, E. L. B. (2013). Comparing mindfulness-based intervention strategies: differential effects of sitting meditation, body scan, and mindful yoga. *Mindfulness*, 4, 383-8.

Shapiro, S. L., Katz, J., Wiley, S. D., Capuano, T., and Baker, D. M. (2004). The effects of mindfulness-based stress reduction on nurse stress and burnout. *Holistic Nursing Practice*, 18(6), 302-8.

Shapiro, S. L., Oman, D., Thoresen, C. E., Plante, T. G., and Flinders, T. (2008). Cultivating mindfulness: effects on well-being. *Journal of Clinical Psychology*, 64,

840-62.

Smallwood, J., McSpadden, M., and Schooler, J. W.(2007). The lights are on but no one's home: meta-awareness and the decoupling of attention when the mind wanders. *Psychonomic Bulletin and Review*, 14, 527-33.

Solloway, S. G. and Fisher, W. P. (2007). Mindfulness practice: a Rasch variable construct innovation.*Journal of Applied Measurement*, 8(4), 359-72.

Takahashi, T., Murata, T., Hamada, T., Omori, M., Kosaka, H., Kikuchi, M., ... Wadaa, Y. (2005). Changes in EEG and autonomic nervous activity during meditation and their association with personality traits. *International Journal of Psychophysiology*, 55(2), 199-207.

Tang, Y. Y. (2009).*Exploring the brain, optimizing the life*. Beijing: Science Press.

Tang Y. Y., Ma, Y., Wang, J., Fan, Y., Feng, S., Lu, Q., ... Posner, M. I (2007). Short term meditation training improves attention and selfregulation. *Proceedings of the National Academy of Sciences*, 104(43), 17152-6.

Tanner, M. A., Travis, F., Gaylord-King, C., Haaga, D. A., Grosswald, S., and Schneider, R. H. (2009). The effects of the transcendental meditation program on mindfulness. *Journal of Clinical Psychology*, 65, 574-89.

Thompson, B. L. and Waltz, J. (2007). Everyday mindfulness and mindfulness meditation. Overlapping constructs or not? *Personality and Individual Diferences*, 43, 1875-85.

Travis, F. and Shear, J. (2010). Focused attention, open monitoring and automatic self-transcending: categories to organize meditations from Vedic, Buddhist and Chinese traditions. *Cognition and Consciousness*, 19(4), 1110-18.

Uhlmann, E. L., Poehlman, T. A., and Nosek, B. A. (2012). Automatic associations: personal attitudes or cultural knowledge? In J. Hanson (ed.),*Ideology, Psychology, and Law*. Oxford University Press, pp. 228-60.

Vago, D. R. and Silbersweig, D. A. (2012). Self-awareness, self-regulation, and self-transcendence (S-ART): a framework for understanding the neurobiological mechanisms of mindfulness. *Frontiers in Human Neuroscience*, 6(296), 1-30.

Valentine, E. R. and Sweet, P. L. (1999). Meditation and attention: a comparison of the effects of concentrative and mindfulness meditation on sustained attention, *Mental Health, Religion and Culture*, 2(1), 59-70.

Van Dam, N. T., Earleywine, M., and Borders, A. (2010). Measuring mindfulness? An item response theory analysis of the Mindful Attention Awareness Scale. *Personality and Individual Diferences*, 49, 805-10.

Van Dam . N. T., Earleywine, M., and Danoff-Burg, S. (2009). Differential item function across meditators and non-meditators on the Five Facet Mindfulness Questionnaire.

Personality and Individual Differences, 47, 516-21.

Varela, F. J., Thompson, E., and Rosch, E. (1991).*The embodied mind: cognitive science and human experience*. Cambridge, MA: MIT Press.

Walach, H., Nord, E., Zier, C., Dietz-Waschkowski, B., Kersig, S., Schubach, H.(2007). Mindfulness-Based Stress Reduction as a method for personnel development: a pilot evaluation. *International Journal of Stress Management*, 14, 188-98.

Wallace, B. A. (2006).*The attention revolution: unlocking the power of the focused mind*. Boston, MA: Wisdom Publications Inc.

Weick, K. E. and Sutcliffe, K. (2006). Mindfulness and the quality of organizational attention. *Organization Science*, 17(4), 514-24.

Weick, K. E., Sutcliffe, K. M., and Obstfeld, D. (1999). Organizing for high reliability: processes of collective mindfulness.*Research in Organizational Behavior*, 21, 81-123.

5 正念在工作环境中的应用：正念干预

Hugo J. E. M. Alberts and Ute. R. Hülsheger

引言

自20世纪70年代末，正念被引入西方医学界和西方主流社会后（Kabat-Zinn，1990），在学术界引起了相当程度的重视。在过去的10年中，关于正念的科学研究无论是在理论方面还是在实践方面都得到了长足发展。面向广泛的目标人群，不同的正念训练项目已经被开发和测试。各种训练项目，例如正念减压训练（Mindfulness-based Stress Reduction，MBSR；Kabat-Zinn，1982）、正念认知治疗（Mindfulness-based Cognitive Therapy，MBCT；Segal，Williams，and Teasdale，2002）以及正念饮食意识培训（Mindfulness-based Eating Awareness，MBEA；Kristeller，Baer，and Quillian Wolever，2006）等，已经成功地用于治疗各种情绪和行为障碍，如边缘型人格障碍、重症抑郁症、慢性疼痛或饮食失调（Bishop et al.，2004）。越来越多的实证研究证明了正念干预（Mindfulness-based Interventions，MBIs）在缓解临床人群的症状（用于元分析回顾，见Bohlmeijer et al.，2010）和增进非临床人群的心理健康（Collard，Avny，and Boniwell，2008）等方面的有效性。除实践研究外，很多研究尝试揭示正念的内在机制，旨在理解其在自律、冲动、执行功能和记忆等过程中的机制和结构（见例如，Fetterman et al.，2010）。

尽管正念已经在临床和人格心理学研究领域取得了不容置疑的成果，但在工业和组织（Industrial and Organizational, IO）心理学及组织学术领域才刚刚开始引起人们的关注。理论界已经在探讨正念在工作绩效（Dane and Brummel，2014）、员工心理健康（Glomb, et al.，2011）和工作关系（Atkins and Parker，2012）等方面的作用。此外，最近出版的大量实证研究集中，学者也关注到特质正念和正念干预。这些研究为正念在领导力（Reb，Narayanan，and Chaturvedi，2014）、灾难恢复（Marzuq and Drach-Zahavy，2012）、工作与家庭平衡（Allen and Kiburz，2012）、员工参与度（Leroy et al.，2013）、睡眠质量和减压（Klatt，Buckworth，and

Malarkey，2009)、工作情绪调节（Hülsheger，Alberts，Feinholdt，and Lang，2013)、工作满意度（Hülsheger，et al.，2013)以及工作表现（Dane and Brummel，2014)等方面的作用提供了原始证据支持。然而这一系列研究尚处于起步阶段，许多问题尚未得到解答。

正念在工作环境中的作用可以从不同方面进行研究。可以着眼于自然条件下（即未经训练的)个体之间的正念差异（特质)，或自然条件下个体内部的正念波动（状态)，抑或是MBIs的功效。在本章中，通过剖析MBIs，来尝试将正念融入工业与组织心理学。具体来说，我们将描述MBI的各种表现形式，详细讨论在干预中运用的不同要素，以及总结这些要素是如何对工作相关的结果产生影响的。为此，我们选取了临床心理学及工业与组织心理学中的干预措施和相关成果，其中也包括我们自己近期的干预项目（Hülsheger et al.，2013)。

不仅仅是那些希望将正念纳入职业健康促进计划的从业人员，还包括一些研究人员，对了解正念干预的内容都感兴趣。使用MBIs来研究正念和与工作绩效之间的关系具有以下优势：首先，明确正念对工作绩效的作用，有助于得出因果结论。因为通常来说，如果是通过横向研究或日记研究中的自我报告法进行评估的话，很难断定正念是否真正导致干预结果。其次，能够表明MBIs在组织中是否有效和有用，因此结果将具有直接的实际意义。

MBIs的要素

正念，就是将个体和现实联系起来。正念干预的目标是指导参与者觉察身体感受、思绪、情绪，同时将这些觉察以开放的、非批判性的态度联系起来（Shapiro, Astin, Bishop, and Cordova, 2005)。这种开放性的心态可以通过反复的练习进行培养。需要注意的是，正念虽然与冥想相关，但并不等同于冥想。正念练习的实际操作范围远远超过传统冥想练习。换言之，"坐在垫子上"只是培养"开放的、专注于当下的、非判断性的觉察"的方式之一（Kabat-Zinn，2005)。在工作环境中，尤其当每天充斥着时间压力、截止日期和紧张日程时，人们应该认真考虑将正念融入日常生活和工作习惯当中。

本章节的目的是简要讨论常用的正式或非正式的正念练习方式，这些方式作为Kabat-Zinn开发的MBSR项目的部分内容（Kabat-Zinn, 1982；1990)，有详细的记录和研究。正式练习包括冥想练习和运动练习，例如正念瑜伽或正念行走。而非正式练习则包含通过正念的方式对当下正在做的事情或者正在经历的事情进行全面关注。

正式冥想练习

下文中描述了3种正式的正念冥想练习。这些都属于正念干预的固有部分，需在正念培训师的指导下进行。为鼓励参与者在家进行日常练习，培训师通常提供指导音频以进行相关的冥想训练。

身体扫描。顾名思义，就是对身体每个部位进行感知。参与者首先被引导着将注意力放在自身姿势上，然后将注意力转移到呼吸上。之后，注意力从双脚开始逐步向上移动，直至身体的不同位置。在练习过程中，参与者要注意特定身体部位的不同感觉。在注意力集中在身体的某一个区域后，参与者会被引导着将注意力转向下一个区域。许多人在练习过程中发现自己很容易被思绪、身体感觉或者声音干扰。如果分心了，参与者会被温柔地引导着将注意力引回当前所关注的身体部位。由于思绪或感觉不集中的发生不可避免，且需要大量练习才能降低频率，所以参与者被鼓励着只需将注意力引回来即可，而不必自责或产生挫败感。此外，当对身体进行关注时，人们可能会感受到疼痛或不愉悦的感觉（如颈部和背部疼痛）。参与者只需简单地觉知到当下的感受，而不要试图去改变、忽视或抑制这些感受。

坐立冥想。与躯体扫描将整个身体作为关注的对象不同，坐立冥想将呼吸作为关注的焦点。参与者被引导着将后背挺直向上坐好，最好闭上双眼。在简要地对当下的姿势进行觉察后，参与者将注意力转向呼吸。他/她会注意到呼吸的生理感觉，如空气进入鼻孔或胸腔的扩张。一旦分心，参与者只需简单地对其进行察觉，而不对其进行评价，并用一种善意的方式将注意力返回到呼吸上。

3分钟呼吸空间。3分钟呼吸空间是一种非常简短的正念冥想方式，有助于将正念融合到日常生活中。它能够使人们打破思维和行为的自动模式而更多地使用接纳性的处理方式。练习通常包括以下的3个步骤：第一步，问自己"我在哪里？""我怎么样？"和"我在想什么？"。通过种方式，人们暂时性地从正在做的事情中抽身出来，站到旁观者角度，打断习惯模式并将觉知引入到当前体验中。第二步，注意力聚焦。注意力从想法转移到呼吸上。最后一步，注意力范围扩大因而也包含了对身体感觉的觉知。将身体作为一个整体进行觉知。3分钟呼吸空间是一种直观的应对方式，其特点是体验当下的意识和意愿。

障碍及应用建议。有时正念练习被（误）理解为是人们必须擅长的技能，尤其是在强调工作表现、成就和评估的工作环境下。因此，在正式开始正念练习之前和练习期间，必须明确练习的目的并不是为了检测或评估一个人表现的好坏。恰恰相反，参与者被鼓励对自己宽容且有同情心。这意味着当他们被思绪打扰而分心时，他们会被鼓励简单地观察并接受发生的事情，而非批评或惩罚自己。用成功或失败的标准来衡量正念，会对人们的参与度产生负面影响，同时会增加产生负面情绪和想法的可能性。与此类似的是，厌倦或消极情绪会刺激人们产生"我做不了冥想"的想法。强调练习目标可以预防这种情况。练习目标不是要达到某个特定状态或始终保持专注，而是变得对当下发生的事情更加有意识。参与者要知道被打扰分心或体验到困难情绪是很自然的过程，并非代表失败。

在工作时间里花上 15 分钟躺下来进行身体扫描，或者闭上眼睛关注呼吸显然比较有难度，我们可以对正式练习进行调整。坐立冥想和躯体扫描的长时间版本（如 45 分钟）和短时间版本（如 15 分钟）都已被用于实践和学术研究。在我们自己的干预项目中（Hülsheger et al., 2013）采用 8 分钟的躯体扫描进行 2 遍。对于有些人来说，从较短的冥想开始，慢慢地延长时间，比一开始就进行 15 分钟的完整冥想更容易坚持下来。因为本身的时长较短，3 分钟呼吸空间练习可能更有效果。参与者在每天固定的 3 个时段进行呼吸空间练习从而养成习惯。当参与者已经习惯于练习的时候，他们可以随时在需要时进行练习。这种情况下，练习可以作为应对和处理情绪、想法、感受或者感觉的方法。例如，当一名员工在工作压力过大时，他可以暂停工作，进行正念练习来打断由于压力引起的消极想法循环。通过花些时间与自己的身体相连接，员工也可能会意识到身体对于压力的反应，从而进行适当的调整（例如进行休息调整）。

通常来说，在已经很忙碌的日常生活中融入大规模的正式正念练习需要详细的规划和沟通。我们建议人们自己找到合适的时间和地点来进行练习。有些人可能觉得早上上班前练习可行，但有些人可能觉得下班后练习收益更多。此外，提前跟家人沟通好练习的时间和地点会减少练习被打断的可能性。在同样的时间和地点进行日常练习更有助于习惯的养成，从而提升练习的效果。

非正式正念练习

正念干预除了以上的正式训练方式外，还包括旨在通过日常活动提高正念意识的非正式练习。非正式练习要求对事件进行单独关注以及把注意力重新拉回到关注点。关注点可以是任何事物，可以是跟同事聊天，也可以是吃午饭。这种练习不需要额外的时间或对场地环境的调整，所以我们预计这种练习对于正在尝试将正念融入工作场所的人会很有效。事实上，非正式正念练习的例子数不胜数。我们尝试将最重要的非正式练习进行归类，并简要阐述在工作环境下对其的应用。

对日常活动的觉察。日常活动是指每日定期进行的活动。大多数的日常活动都是高度自动化的而不需要对其进行有意识的关注，例如洗澡、开车、步行到工作单位或吃午饭等。练习的方式就是将注意力集中在某一项活动/事物上,如身体的动作、视野里的景像或肢体感觉等。当思绪或其他的干扰因素出现时,人们觉察到这些干扰并把注意力拉回到当下的任务中。例如在正念进食时,人们慢慢吃饭并把主要的注意力直接放在当下的体验中,包括身体动作以及食物的味道和气味。由此可见,跟多任务同时处理(如读书的同时吃饭;开车的同时打电话;洗澡的同时思考工作)相反,人们只关注一个焦点。训练项目的一部分内容就是鼓励参与者选取几个日常活动并通过正念进行练习体验。由于不耗费时间,同时又涉及每天都进行的活动,因此这种练习可以轻松地在人们的工作日进行。参与者可以选取诸如吃午餐时,走到复印机的过程中,或者开车回家的路上进行正念练习。

身体觉察。对身体的觉察可以通过躯体扫描加以培养,也可以在日常生活中的各种情况下定期对身体进行觉察。人们可以关注自己的姿势并觉察身体的感觉,例如疼痛或者肌肉的紧张。研究发现,那些涉及搬运、任务单一或者采用的姿势不舒服、进行重复性动作,以及长期使用电脑都会带来身体问题,例如颈背部疼痛和职业性劳损(Aaras, Horgen, and Ro, 2000)。对这些感觉的正念觉察会提高早期发现和预防身体疼痛的可能性。人们可以每天设置闹铃,在不同时长的工作后进行正念练习,以避免重复动作对身体的持续伤害并对自身的姿势进行觉察。

对冲动和反应模式的觉知。许多日常的思维和行为模式都是对经验或事件的习惯性(无意识)反应。工作表现不佳可能会立即引起消极自我批评的想法和判断。人们感受到悲伤的时候,会下意识地直接拒绝不想要的感觉。被同事冷嘲热讽可能会让我们提高音量,说出一些之后会后悔的话。在这些例子中,行为都是由自动模式引发的。需要对这些日常模式进行正念觉察。有时,冲动反应前很难觉察到这些模式,而冲动后对其进行觉察也是有益的,这种事后觉察可以增强未来对类似模式的判断。

社交过程中的觉知。在社交环境中练习正念,要求将与另一个(一些)人的互动作为单一关注点。与同事交谈或考虑接下来对话的过程中,不要同时处理很多任务,而要全神贯注在当前的对话上。在对话中,正念表现为深度倾听和从对方角度进行思考,给对方保留回应的余地,要求保持一种开放、无偏见的态度,而非认定自己臆测而冲动地回应。此外,社交互动中的正念还包括有意识地说话。例如开始讲话前暂停一下,审视自己的想法,并考虑把想法说出来后可能造成的影响。绝大多数的工作需要社交以及跟客户、同事和主管进行常规交流。因此,社交过程中练习觉知也是一种能够在日常工作生活中实现的练习。

MBIs 中的区别

对于正念干预的研究始于对 Kabat Zinn 教授 MBSR 项目的调查研究(Kabat-Zinn, 1982; 1990)。时至今日,不同时长、目标人群和教授方式的项目和干预方式得以发展和测试。此外,一些临床治疗方法已经将正念成分整合到治疗过程中,如辩证行为疗法(Linehan, 1993)和接受承诺疗法(Hayes, Strosahl, and Wilson, 1999)。这部分不再对上述治疗方法进行介绍,而将重点讨论以培养正念为主的干预方法之间的差异。

课程时长

长期正念干预。临床上大多数正念干预都包含 8 周的练习。例如 MBSR (Kabat-Zinn, 1982)、MBCT(Segal, Williams, and Teasdale, 2002)以及基于正念的预防复发项目(Witkiewitz, Marlatt, and Walker, 2005)都包含 8 次周会和日常练习。Jean Kristeller 的基于正念饮食意识培训(Kristeller, Baer, and Quillian Wolever, 2006)是一个为期 10 周的课程。这些项目的参与者每周举行一次会议。通常来说,每周课程时长在 2 小时或以上,包括正念练习(如觉察呼吸或正念瑜伽)和讨论过去 1 周的家庭作业、练习和体验。在每周的会议之间,鼓励参与者每天在家里进行 45 分钟左右的正式正念练习。

这些练习的理念是正念并不是解决问题的速效药。正念的主要目的是培养一种开放的、观察的思维模式。正念的目标是实现个人与意识、情感和感觉之间关系的整体改变,而不是偶尔使用正念的技术来应对挫折和压力。正念包括(1)(持续性的)对自动过程的觉察;(2)不管难易,无论生活还是工作中,都保持开放而专注的觉察。换句话说,提高正念意味着一个持续的过程,这个过程涉及人们观点、行为以及认知方面深刻而持续的改变,而非一种暂时使用的,帮助人们"面对当下"的策略。

为了改变(问题性的)行为和思维的自动模式,人们需要持续地觉察。改变多年来形成的习惯是需要时间的(Baumeister et al., 1994)。一名具有强烈消极批判思维的员工需要时间认识到这些思想在生活和工作中的各种表现形式和后果,并在认识到后能尽快地用正念的方法加以应对。同样的,一名一直处于"执行模式"的员工,不停地忙碌于各种活动,心理无法与工作相分离,他需要时间和练习来重新找回与"存在"模式的平衡。"正念"心态需要整体上进行"时时刻刻全面关注体验"(Marlatt and Kristeller, 1999),这种心态不只单纯体现在工作上,而是体现在生活的方方面面,是一种更深层次的改变。

这种观点得到了研究的支持。研究表明,一般在训练几周之后才会出现结构性的变化。Baer,Carmody 和 Hunsinger(2012)的研究表明在正念干预的第四周之前,压力感知并没有显著改善。专业冥想人士和冥想新手的对比研究进一步证实,进行深层次的冥想训练后,只需要很小的专注力就可以维持注意力集中(Brefczynski-Lewis et al.,2007)。此外,一些研究发现,家庭正式正念练习总持续时长(也称为正念的"剂量效应")与诸如心理症状减轻、心理健康和感知压力等方面的积极结果相关(Carmody and Baer 2008;Speca et al.,2000)。然而,并非所有的研究都存在这种关联(例如,Carmody,Reed,Kristeller,and Merriam,2008)。除了练习时长以外,好的练习质量也被证实有助于改善心理症状(Del Re et al.,2012)。

低剂量的正念干预。尽管绝大多数的临床正念项目都采用上述的 8 周方案,正念在非临床领域的拓展也带来了不同时长的干预方案。例如 3 周内进行 4 次时长 50 分钟的课程(Jennings and Jennings,2013),为期 3 周、每周 45 分钟的冥想练习(Call,Miron,and Orcutt,2014),以及为期 2 周、每周 4 次 45 分钟的课程(Mrazek et al.,2013)。虽然 MBSR 要求参与者保证每天 45 分钟的正念练习,但低剂量干预通常要求更短时间的家庭练习,例如 10 分钟(Mrazek et al.,2013)或者根本不要求家庭练习(Call,Miron,and Orcutt,2014;Jennings and Jennings,2013)。

人们最常见的担忧是在本来已经很紧张的生活和工作中融入需要大量时间投入的干预方案,尤其在工作环境下。因此,研究人员改进了传统的正念干预方案以符合成年人的需求。Klatt 和同事们(2009)开发了一种低剂量的正念干预方法,包括 8 周内每周 1 小时的小组会议和每天 20 分钟的正式正念练习。此外,为了方便员工参加,小组会议在工作场所的午餐时间举行。类似的还有 Wolever 和同事们(2012)将 MBSR 改进为可以在工作场所举行的每周 1 小时的小组会议,一共进行 12 周。

Carmody 和 Baer(2009)对比了低剂量干预方案和标准 8 周方案,发现较短的时长对课程效果并无影响。对于临床和非临床样本来说,平均效应量和课程时长之间的相关性都不显著。尽管他们的论述仅包含与心理压力结果相关的研究,但其结果表明低剂量干预方案可以有效替代标准干预方案。

实验导向的正念干预。在实验室环境中,简短的正念干预经常被用来研究调查正念练习的即时效果以及探索其潜在机制。大多数研究指导被试在短时间内进行正念练习。在 Mohan 及其同事(2011)年的一项研究中,对照组进行安静等待,而冥想组接受20分钟音频引导的正念课程。随后，所有测试者都受到应激诱导，在此期间，记录其生理应激反应。冥想组的交感神经系统的应激反应显著低于对照组。Campbell-Sills，Barlow，Brown 和 Hofmann（2006）的一项着眼于研究正念对情绪处理的短期效果。具体来说，被试观看一部令人痛苦的电影，并被引导使用正念的方法接受或只是抑制自己的情绪。结果表明，观影后接受组能够更快地恢复，并在观影期间心率降低。总之，已有的研究表明，短期正念练习可以暂时性地影响情绪、心境、逆境生理以及认知表现（另见 Erisman and Roemer, 2010; Feldman et al., 2010），这些结果也有助于理解正念练习的直接效果。

把简短正念操作和上文描述的长期干预相比较时，重要的问题涉及可观测到的效果的可转移性。通过这15分钟的操作是否可能引导或增强正念？如果可以，这种引导情况后的结果是否可以被泛化或与长效训练中的效果相比较？首先要指出的是，简短正念引导提高了状态正念（state mindfulness）（一个人完全沉浸在当下的程度），而不是特质正念（trait mindfulness）（对于正念的一般倾向）。状态正念水平可以用多伦多正念量表（Toronto Mindfulness Scale, TMS; Lau et al., 2006）进行测量，主要测量在先前的冥想练习中参与者对他们的体验的意识程度和接受程度。实验研究发现简短正念的确可以提高状态正念的水平，体现为较高的 TMS 分数（见如 Garland et al., 2013）。状态正念水平和特质正念显然是紧密相关的。具有高特质正念倾向的个体或坚持进行规律的冥想练习的个体可能会在日常中体验到更高的状态正念水平；他们能够更强烈、更频繁和更长时间地体验正念（Brown and Ryan, 2003）。因此，尽管暂时性的状态正念水平并不一定与日常生活中的觉察倾向有关，但伴随这样的状态而产生的行为及认知结果可能会准确反应出一个具有高特质正念倾向的人的行为和认知。

教授方式

除了课程时长，正念干预的教授方式近年来也不断地进行调整，并在快速发展的电子教学和电子心理健康项目中取得一席之地。迄今为止，已经出现了许多自我培训的在线正念干预课程，对其有效性的研究也取得了令人鼓舞的结果（Krusche et al., 2012; Wolever et al., 2012）。此外，电子教学也被用作面对面正念训练的补充。Van Berkel 与其同事们的一项研究旨在对增加工作投入和改善能量平衡的干预加以检验，在已有的8周公司内部正念培训基础上增加了8个电子教学课程。这些近期发展的线上教学对工作环境尤其感兴趣。自我管理的网络干预是一种性价比很高的干预方法，它能够被大量员工同时使用的。此外，从科学和组织的角度来讲，通过在线测量工具对干预的进展和有效性进行测量也是很有趣的。

员工进度的详细反馈可以为进一步加强干预提供有效的信息，同时可以对需要额外关注的员工（出现早期倦怠症状的员工）进行观测，以达到降低退出率的效果。

在我们自己的研究中（Hülsheger, Alberts, Feinholdt, and Lang, 2013），对一个为期 2 周的自我培训正念干预项目的有效性进行了分析。该项目包括每天的正式和非正式练习。参与者手册中提供了正念的背景信息，以及如何进行正式和非正式正念冥想练习的说明。此外，参与者还收到一张包括正念冥想指导的 CD 光盘以及每天的电子邮件提醒。该研究显示，与对照组相比，干预组体验到更少情绪衰竭、更高工作满意度，以及更高的情绪调控能力。

这种完全自我管理的干预方式的一个缺陷就是不能直接与经过专业训练的人员进行讨论练习，也不能与其他成员分享感受及互相学习。而缺失的这种过程不仅可以增加概念化的理解，而且可以增强员工间的相互联系。

MBIs 和工作相关的成果

在下面的章节中，我们将讨论与工作相关的正念练习结果。我们的重点在于正念练习导致不同工作结果的各个方面，而不是结果本身。正念在工作环境下的益处是多方面的，在本章不能对正念潜在相关工作结果一一详细阐述。我们把情绪调节、压力和表现作为重点结果加以关注，并阐述非正式和正式正念练习是如何影响这些结果的。

情绪调节

许多工作都需要成功应对困难情绪的能力，研究人员认为正念的积极作用在需要感情的工作上体现得尤为强烈（cf. Glomb et al., 2011）。

需要与客户互动的员工每天都面临高水平的情绪要求，尤其是他们必须遵守由工作角色、职业或组织规定的情绪表达，这种工作情景被称为情绪劳动（Hochschild, 1983）。以空乘为例，无论真实感受如何，空乘人员必须表现出快乐和友善。当他们的实际情绪不符合情绪表达规范时，他们就需要调整情绪（Holman, Martinez-Iñigo, and Totterdell, 2008）。在这种情况下，员工经常进行表层伪装，这一种情绪调节形式，与员工的身心健康呈负相关（Hülsheger and Schewe, 2011）。当员工进行表层伪装的时候，他们改变外在的情绪表达，但是不能改变内在的感觉。大多数工作要求正面情绪，需要员工表现出积极情绪并隐藏消极情绪，因此表层伪装抑制消极情绪和伪造积极情绪的表达（Grandey, 2000）。因为表层伪装很费力并损耗精神资源，有人认为，这会影响员工的身心健康，削弱了员工的真实感,并妨碍其积极的社交活动(Côté,2005;Grandey,2003;Hülsheger and Schewe,2011)。

表层伪装可以被视作一种经验型回避的方式(Hayes,Strosahl and Wilson,1999),这种方式与正念情感应对方式完全相反。正念理论认为,正念促进情感和情绪的调节(Shapiro,Carlson,Astin,and Freedman,2006),因此正念可以帮助员工使用非表层伪装等情绪调节方式来应对高情绪需求(Hülsheger et al.,2013)。以下 MBIs 成分有助于应对需要情绪表达的情景或困难情绪。

暴露。诸如 3 分钟呼吸空间之类的正念练习可以帮助人们增强使用"不评判不回避"的方式体验当下(情绪)状态的意愿,哪怕是消极状态。例如,受到客户的诽谤言论或者在工作中受到消极反馈可能使员工感到愤怒,也可能激化矛盾而产生冲突。正念调节会让人意识到愤怒,自愿地跟愤怒情绪相处,而不冲动地产生攻击性的回应举动。

观察。通过不带评判地、有意识地将注意力集中在情绪的体验和内容上,从而加强"自我观察"(Deikman,1982)。这使得人们从情绪中脱离出来,从而减少行为被情绪引导的可能性。转而言之,正念在攻击性冲动和对顾客的反应之间创造了一个空间,从而实现了更灵活的情绪反应(Shapiro,Carlson,Astin and Freedman,2006)。通过反复练习这种技巧,员工可以与困难的情绪培养出一种不同的关系。同将这些视为不被欢迎、会引起回避或抑制情感的情绪相比,人们可以接受它们,把它们视作经验中不可避免的但只是短暂路过的一部分。这种"接受和非评判"的态度也是在身体扫描和坐立冥想期间培养出来的,在这种冥想中,人们只是简单地注意观察到分心感受,而不批判分心事件本身或者自我。

情绪觉察。对情绪的觉察是以接受为基础的应对方式。情绪反应体现在精神层面和生理层面。反复地进行躯体扫描和 3 分钟呼吸空间可以增强对因情绪产生的生理信号的认知,如紧张或不安(Creswell,Way,Eisenberger and Lieberman,2007)。3 分钟呼吸空间练习其实是通过暂停的方式来观察当下的情形和感受,这有助于人们辨别情绪表达并帮助人们在将来出现类似情况时更快地察觉(及合理应对)情绪。同样,通过训练观察后,人们更容易识别由情绪触发的想法("我不应该有这样的感觉"或者"他不尊重我")。

需要注意的是,员工们观察和接受消极情绪并不意味着需要表现出来。恰恰相反的是,如果接受困难的情绪而不是试图压制它们,情绪会更快地消失(Siegel,2010)。研究表明,在应对消极思想和情绪的方式中,正念比控制(如抑制)更加有效(Alberts,Schneider,and Martijn,2012;Marcks and Woods,2005)。同样,正念已被证明与言语攻击、敌意和愤怒呈负相关(Borders,Earleywine and

Jajodia，2010）。

针对正念和常规情绪调节的研究也取得了令人欣慰的结果。例如正念和思想抑制（表层伪装的元素之一；Baer et al.，2006）呈负相关。还有 Fetterman 与其同事们（2010）一系列的研究表明特质正念与冲动负相关，与自控正相关，这一结果支持了正念通过打破自动化思维和行为的方式促进自我调节。近来，一项对工作环境下简要自培正念干预对情绪调节的有效性的研究（Hülsheger et al.，2013）结果表明，正念组表现出显著较低的表层伪装，体验到较少的情绪衰竭和更高的工作满意度。

压力

压力是一种内部的主观状态。从社会认知的角度来说，压力产生于一种压倒性的环境以及人们认为自己缺少充足的应对该环境的资源的理念（Lazarus and Folkman，1984）。在超过最佳水平后，个人感知的工作相关压力，并与生理心理健康呈负相关（Crawford，LePine，and Rich，2010；LePine，LePine，and Jackson，2004；Podsakoff，LePine，and LePine，2007）。持续压力的危害更大，与睡眠障碍（Williams et al.，2006）、倦怠增大（Rosenberg and Pace，2006）和抑郁（Tennant，2002）都有关联。

之前谈论过 MBIs 促进对思想、躯体感觉以及自我和谐的觉察认识，这 3 个元素可以帮助员工适应性地处理压力。

思想觉察。应对工作相关压力可能需要缩小或消除压力源（导致压力的事件），或者调整自己对压力源的反应。不管怎样，对压力的觉察是有效应对压力的先决条件。正念练习旨在提高对压力体验的认识，并培养一种与它们的不同关系。首先，进行类似 3 分钟呼吸空间练习，打破对压力源做出习惯性反应。人们只是简单地注意到这些想法，而非被紧张感淹没或对其做出反应（例如"我永远都不能准时完成"或"我彻底输了"）。这有助于帮助人们意识到想法仅仅是想法，并对实际发生的事情以及个人对事态主观的（有偏见的）解释或评价区分开来。坐立冥想之类的练习有助于摆脱跟压力相关的想法，这些练习会通过将注意力引导到一个中立锚点（呼吸）的方式，培养人们对想法释怀的能力。

身体感觉觉察。其次，压力评估可以引发身体觉醒和活动的变化，例如血压升高和心跳加剧，这反过来会增加压力相关的想法和反应。躯体扫描之类的正念练习可以通过训练身体感觉的非反射性意识来打断这个过程。躯体扫描鼓励参与者注意并承认身体上的感觉，而不因自己做出反应或者体验这些感觉而责怪自己。

自我同情。最后，正念练习会培养自我同情。Neff（2003）将自我同情定义为"对自己的痛苦敞开心扉，感受到对自己的关爱和友善，对自己的不足和失败抱有理解而非批判的态度，并认识到自己的经历是常见人类经历的一部分"（p.224）。正念练习者被不断引导和提醒，要时刻对自己友善，而不是指责自己经历的诸如压力之类的负面情绪或状态。在困难情况下，人们需要照顾好自己，比如休息或者参与到积极和宽容的自我对话中。自我同情可能帮助打破由于压力产生的想法和情绪之间的相互作用。事实上，自我同情与消极情绪（如，"我是失败者"）和失败后自我相关的泛化（"我的生活彻底乱套了"）呈负相关（Leary et al., 2007），并与更大的个人主动性呈正相关，从而帮助人们在生活中做出必要的改变（Neff, Rude and Kirkpatrick, 2007）。

通过上述过程，人们对压力反应的认识得到加强，并通过打破（无效）反应习惯模式的方式，减轻思想压力，对当下的需求和挑战进行反思和计划，并为解决问题提供空间（Davidson and McEwen, 2012）。研究结果还发现，正念练习与压力感知负相关。尽管绝大多数对于MBIs和压力的研究涉及的是临床人群，也有大量研究表明正念练习也可以减轻工作压力（Klatt et al., 2009; Roeser et al., 2013; Wolever et al., 2012）。

其他研究也为正念干预对生理压力反应的积极影响提供了证据。在Nyklicek与其同事们（2013）的研究中，被试分为接受为期8周的正念干预组和控制等待组。在干预前后，所有被试都完成实验室压力问卷。在压力的前后测中，正念干预组总体血压的差值更大，表明正念可以降低血压。重要的是，研究者发现精神压力还会影响认知功能，降低任务绩效（De Kloet, 2000），我们将在下一节对这个问题进行讨论。

任务绩效

如下所述，正念干预可能与工作绩效的多个方面有关。

走神。即将注意力从工作任务转移到不相关的事情上（Smallwood and Schooler, 2006），已被证明会对任务绩效产生消极影响。例如，走神与持续注意力下降（Farrin et al., 2003; Watts, Macleod and Morris, 1988）、对任务刺激和外部环境的认知能力降低（Barron et al., 2011）、较低的流体智力和SAT成绩（Mrazek, Smallwood, and Franklin et al., 2012）都相关。

正念练习的核心组成部分是集中注意力。练习者尝试与某一事物保持注意联系，比如呼吸或某个身体区域。这个过程也被称为"警觉"、持续的关注或警惕（Posner and Petersen, 1990）。此外，一旦人们被思绪、情感或声音分散注意力，注意力就被重新集中在最初的关注对象上，这个过程被称为定向关注或选择性关

注（Posner and Petersen，1990）。换言之，正念练习可以帮助人们学习检测何时走神，从而可以促进需要持续关注和专注力的工作的任务绩效。

研究表明，特质正念与较少的心不在焉存在相关（Mrazek，Smallwood，and Schooler，2012），并有因果联系。例如，Mrazek，Franklin，Phillips，Baird 和 Schooler（2013）的一项研究发现，2 周的正念训练可以减少心不在焉，提高认知表现。类似的是，Lutz 与其同事们（2009）的研究表明，3 个月的集中冥想训练能够提高参与者在存在干扰物的情况下保持注意力的能力。这些研究结果支持，正念练习可以帮助提高任务中的专心程度，并降低由于与任务无关的干扰物引起的绩效衰减。

多重任务处理。在我们当前的工作环境中，科技进步很大程度上促进了多重任务处理。电脑可以同时运行多个程序，移动电话已经成为移动电脑并为人们提供实时更新的信息。研究证实，自本世纪初，与媒体相关的多重任务处理呈增加趋势（Rideout，Foehr & Roberts，2010），同时处理多重任务对心理健康和认知处理都有影响。研究发现，与媒体相关的多任务处理的增加与较高的抑郁和社会焦虑症状（Becker，Alzahabi and Hopwood，2013）、大学生较低的学业表现（Junco and Cotton，2011）以及有效过滤无关信息能力的削弱（Ophir，Nass and Wagner，2009）相关。多重任务处理通常需要情景的认知转换。如果一个人在写报告的同时处理邮件，每一个新收邮件都是对写报告任务的干扰，并需要人重新把注意力转回书写任务上。由于多重任务处理引起更多的干扰，相应的压力和所需的精力也随之会增加（Mark，Gudith and Klocke，2008）。

正念有时被称作"单一任务"，也可以被看作多重任务处理的对立面。许多正念练习要求参与者采用单一焦点，从而推行单一集中注意力，例行的日常练习清楚地指明了这一目标。在这一目标下，人们被指示只专注于手头的一项特定任务。因此，通过只与客户通话，而非一边通话一遍查看信息的方式，正念培养了注意力。在这个例子中，与客户的对话与正念练习中的呼吸或身体相似，都是唯一的关注点。

Levy 和同事们（2012）的一项研究探讨了正念和多任务处理间的关系。他们发现接受 8 周正念训练的参与者在不同的任务间来回转换的次数更少，体验的消极情绪更少，相比放松组和对照组，在总投入时间没有增加的情况下，可以投入更多的时间用于单一任务。总而言之，这些研究结果证实，正念练习增强了多重任务处理的能力。

悖论中的目标成就。对每个组织，目标都很关键。通过加强详细的计划、动机、信心和福利，目标是实现有效任务绩效的基本要素（Manderlink and Harackiewicz，1984；McGregor and Little，1998；Sheldon and Krieger，2007）。尽管大量的研究证明了目标设定（Latham and Locke，2007）和目标导向性监管

(Shah, Higgins, and Friedman, 1998)的积极作用,研究人员同时也承认,过度追求目标和在完成目标过程中过度关注避免错误可能会适得其反(Hrabluik, Latham, and McCarthy, 2012)。在某些情况下,过分关注目标的实现可能会反而导影响目标达成的可能性,这种现象被称为逆控制过程(Wegner, 1994)。

在一项被反复重复的经典研究中,Wegner, Schneider, Carter 和 White(1987)告诉被试,目标任务是不去想一只白熊。如果被试的确想到白熊,就摇铃一次。相比那些没有被指示达到此目标的被试,那些试图达到不考虑白熊的被试更频繁地摇铃。在睡眠(Harvey, 2003)和饮食行为(McFarlane, Polivy and McCabe, 1999)的研究中,也发现了类似的发现。因此,尽管许多自我调节模型认为未能达到目标状态的原因是因为个体无法对目标进展进行监控,但这些研究结果表明,过度关注目标的实现过程也可能会使绩效降低。例如,如果一个员工的目标是在截止日期前完成报告,他可能会因为没意识到截止日期(他可能忘记开始写或者忘记继续写报告)而完成不了目标。同样,在撰写报告期间一直关心截止日期的员工可能会由于过度关注目标而进度受阻,因为这种关注会干扰写作的过程。尤其是当他注意到他的进展并不是很顺利的时候,他可能会感受到压力或挫折,从而进一步影响他的表现(Boekaerts, 1999)。在后一种情况下,有意识地关注目标产生了反作用,因为这种关注会使得员工从当前的任务中分心,同时产生压力感和挫折感并干扰当下的写作进度。即便是诸如撰写报告的复杂任务,也不需要持续地、有意识地对进度进行监控(Bargh and Chartrand, 1999)。

正念可以预防由于过度关注目标而引起的绩效降低(Leary, Adams and Tate, 2006)。正念不是减少当前状态和目标状态之间的差异,因此,正念过程与目标驱动的自我调节模型有根本性不同。相反,正念需要关注目前的状态,即当下。在之前员工的例子中,正念会让员工注意到与目标相关的想法吸引了太多注意力,并帮助他将注意力转移回手头的任务。换句话说,正念会促进恢复目标和任务相关过程之间的平衡。

上文描述的正念练习的核心要素是对过程而不是具体目标的定位,它促进对当下时刻的定位。开始练习之前,参与者被告知,不去刻意关注达到某种状态的愿望(如放松)或者在练习过程中达到某种成就(如没有思想和负面情绪)是很重要的。正念的目的在于培养观察、允许和接受当下的任何感觉、思想或情感的能力,而不是达到某个状态。正念练习的一个潜在缺陷是积极状态经常在练习期间或练习之后出现,这会增加未来到达这些状态的欲望和期望。矛盾的是,如上所述,这种增加的欲望和期望反而会降低经历期望或预期状态的可能性。

有趣的是,正念已被发现与较高的自我调节水平相关(Fetterman et al.,

2010），而在使用正念调控时，自我控制的矛盾效应被认为不太可能发生（Alberts，Schneider and Martijn，2012；Marcks and Woods，2005）。为了调查正念对自我监管绩效的直接影响，Friese，Messner 和 Schaffner（2012）向被试展示了一系列自我控制任务。其中一个小组在两项任务之间接受了简短的正念干预。第一项任务中自我监管资源被耗尽的被试者在第二项任务中的任务表现出下降的趋势。然而，接触正念干预的被试的自我调节表现保持了稳定。总之，基础研究的初步结果表明，虽然正念没有培养目标定向（一个通常被认为是成功自我调节所必需的过程），但如果存在较高水平的正念，人们更有可能通过自我调节而达到目标。

结论

本章的目的是为 MBIs 在工作环境的作用提供更深入的理解。具体来说，我们已经讨论了不同类型的干预措施，描述了各种练习方式，并且讨论了这些练习效果的潜在机制。

显然，正念是一个多元化的过程，影响许多与人的心理和生理功能有关的因素。尽管许多因素已经在研究中得到探讨，但仍有很多因素还未被发现。随着正念在不同领域得到应用和检验，例如饮食行为、抑郁、焦虑、压力、学习成绩和执行功能等（Alberts，Thewissen and Raes，2012；Beauchemin，Hutchins and Patterson，2008；Heeren，Van Broeck and Philippot，2009；Hofmann et al.，2010），其范围和复杂性也得到了探索。这表明，正念在非常深刻和本质的层面上影响人的功能，而并非仅仅在某些领域内有影响。鉴于这种复杂性，本章尝试在工作环境中对正念的各个方面进行整合。显然，这里提出的与工作有关的结果的研究还远未完善。例如，我们没有探讨正念对与生活质量直接相关的因素的影响，如工作满意度、心理分离和睡眠质量等。虽然这些因素在这里没有解决，但工业与组织心理学领域的初步发现确实支持正念和生活质量之间的联系。例如，在最近的一项研究中，我们发现员工在工作时间内的正念水平与第二天晚上的睡眠质量显著相关，并且这种关系被下午心理分离工作的能力所调节（Hülsheger，Alberts，Lang，Depenbrock，Fehrmann and Zijlstra，2014）。

此外，尽管正念实践的基础机制是分开讨论的，但实际上，它们很可能协同运作。例如，在工作中专注于工作的能力可能增加按时完成工作的可能性，而这将有助于自我效能的提升，并减少自我怀疑的有关想法。了解与热情和快乐相关的身体感觉的能力是进行准确自我认识的先决条件，因为它们提供关于个人优势和价值观的反馈。这种自我认识可以增强个人技能和任务需求之间的匹配（Kasser，

2002）。反过来，通过这种匹配所获得的增强的自主权可以作为缓解倦怠或压力相关症状的缓冲区。为了更深入了解正念的相互作用过程，工业与组织心理学领域的未来研究不应局限于测试长期正念干预或状态正念和特质正念的影响，也可以从孤立的实验室研究中获益。通过将参与者暴露于受控实验室环境下的正念引导，可以发现影响机制，从而有助于将结果推广到工作场所。此外，这也可能有助于开发适合工作环境的新型实用干预措施。

未来对工作环境中正念干预的有效性和实用性的研究，可能会基于专门针对工作环境制定的干预措施（Hülsheger et al.，2013；Klatt et al.，2009；Wolever et al.，2012），并尝试回答迄今尚未解决的问题。例如，正念干预与传统的工作场所健康干预计划相比有效性如何？干预措施完成后，正念干预的效果持续多久？参与者在干预完成后继续参与（日常）正念练习的程度如何？如何鼓励参与者保持日常的正念练习？哪些参与者更有可能自愿参加正念项目，如何鼓励那些表现出较少兴趣的人参与？个体差异能否解释谁更多或更少地从正念干预中获益？是否有正确的日常练习（剂量效应）的最佳水平？有些做法比其他做法更有效吗？这些只是在未来研究中可以解决的一些问题的例子，以便推进这方面的研究和实践。

自20世纪80年代以来，大多数心理学研究集中于识别人类痛苦和减少（员工）心理健康决定因素或与之相关的因素，如倦怠、压力和情绪耗竭。这些研究主要以下问题开始："员工或管理者出了什么问题？"对这个问题的回答无助于提出更多关于如何预防严重问题的见解。这些见解以更积极视角揭示了作为问题缓冲器的人类品质。研究结果表明，正念可以被看作此类缓冲器，对工作正念的研究有助于积极的职业健康心理学的发展（Bakker & Derks，2010）。因此，未来工业与组织心理学的一个重要使命是了解并学习如何提高和培养积极品质如正念，以预防不仅仅是治愈与工作有关的问题，并增强员工福利，而不是减少疾病。

（本章译者：陈文君，何娟花，宋国萍）

References

Aaras, A., Horgen, G., and Ro, O. (2000). Work with the visual display unit: health consequences. *International Journal of Human-Computer Interaction*, 12, 107-34.

Alberts, H. J. E. M., Schneider, F., and Martijn, C. (2012). Dealing efficiently with emotions: acceptance-based coping with negative emotions requires fewer resources than suppression. *Cognition and Emotion*, 26, 863-70.

Alberts, H. J. E. M., Thewissen, R., and Raes, L. (2012). Dealing with problematic eating behaviour. The effects of a mindfulness-based intervention on eating behaviour, food cravings, dichotomous thinking and body image concern. *Appetite*, 58, 847-51.

Allen, T. D. and Kiburz, K. M. (2012). Trait mindfulness and work-family balance among working parents: the mediating effects of vitality and sleep quality. *Journal of Vocational Behavior*, 80, 372-9.

Atkins, P. W. B. and Parker, S. K. (2012). Understanding individual compassion in organizations: the role of appraisals and psychological flexibility. *Academy of Management Review*, 37, 524-46.

Baer, R., Carmody, J., and Hunsinger, M. (2012). Weekly changes in mindfulness and perceived stress in a mindfulness-based stress reduction program. *Journal of Clinical Psychology*, 68, 755-65.

Baer, R. A., Smith, G. T., Hopkins, J., Krietemeyer, J., and Toney, L. (2006). Using self-report assessment methods to explore facets of mindfulness. *Assessment*, 13, 27-45.

Bakker, A. B. and Derks, D. (2010). Positive occupational health psychology. In S. Leka and J. Houdmont (eds.), *Occupational health psychology: A key text*. Oxford: Wiley-Blackwell.

Bargh, J. A. and Chartrand, T. L. (1999). The unbearable automaticity of being. *American Psychologist*, 54, 462-79.

Barron, E., Riby, L. M., Greer, J., and Smallwood, J. (2011). Absorbed in thought: the effect of mind wandering on the processing of relevant and irrelevant events. *Psychological Science*, 22, 596-601.

Baumeister, R. F., Todd, F., Heatherton, T. F., and Tice, D. M. (1994). *Losing control: How and why people fail at self-regulation*. San Diego, CA: Academic Press.

Beauchemin, J., Hutchins, T. L., and Patterson, F. (2008). Mindfulness meditation may lessen anxiety, promote social skills, and improve academic performance among adolescents with learning difficulties. *Comlementary Health Practice Review*, 13, 34-45.

Becker, M. W., Alzahabi, R., and Hopwood, C. J. (2013). Media multitasking is associated with symptoms of depression and social anxiety. *Cyberpsychology, behavior and social networking*, 16, 132-5.

Bishop, S. R., Lau, M., Shapiro, S., Carlson, L., Anderson, N. D., Carmody, J. ... and Devins, G. (2004). Mindfulness: a proposed operational definition. *Clinical Psychology: Science and Practice*, 11, 230-41.

Boekaerts, M. (1999). Self-regulated learning: where we are today. *International Journal of Educational Research*, 31, 445-57.

Bohlmeijer, E., Prenger, R., Taal, E., and Cuijpers, P. (2010). The effects of mindfulness-based stress reduction therapy on mental health of adults with a chronic medical

disease: a meta-analysis. *Journal of Psychosomatic Research*, 68, 539-44.
Borders, A., Earleywine, M., and Jajodia, A. (2010). Could mindfulness decrease anger, hostility, and aggression by decreasing rumination? *Aggressive Behavior*, 36, 28-44.
Brefczynski-Lewis, J. A., Lutz, A., Schaefer, H. S., Levinson, D. B., and Davidson, R. J. (2007). Neural correlates of attentional expertise in long-term meditation practitioners. *Proceedings of the National Academy of Sciences*, 104, 11483-8.
Brown, K. W. and Ryan, R. M. (2003). The benefits of being present: Mindfulness and its role in psychological well-being. *Journal of Personality and Social Psychology*, 84, 822-48.
Call, D., Miron, L., and Orcutt, H. (2014). Effectiveness of brief mindfulness techniques in reducing symptoms of anxiety and stress. *Mindfulness*, 5, 658-68.
Campbell-Sills, L., Barlow, D. H., Brown, T. A., and Hofmann, S. G. (2006). Effects of suppression and acceptance on emotional responses on individuals with anxiety and mood disorders. *Behavior Research and Therapy*, 44, 1251-63.
Carmody, J. and Baer, R. A. (2008). Relationships between mindfulness practice and levels of mindfulness, medical and psychological symptoms and well-being in a mindfulness-based stress reduction program. *Journal of Behavioral Medicine*, 31, 23-33.
Carmody, J. and Baer, R. A. (2009). How long does a mindfulness-based stress reduction program need to be? A review of class contact hours and effect sizes for psychological distress. *Journal of Clinical Psychology*, 65(6), 627-38.
Carmody, J., Reed, G., Kristeller, J., and Merriam, P. (2008). Mindfulness, spirituality, and health-related symptoms. *Journal of Psychosomatic Research*, 64, 393-403.
Carver, C. S. (2004). Self-regulation of action and affect. In R. F. Baumeister and K. D. Vohs (eds.), *Handbook of self-regulation: research, theory, and applications*. New York: Guilford Press, pp. 13-39.
Collard, P., Avny, N., and Boniwell, I. (2008). Teaching Mindfulness Based Cognitive Therapy (MBCT) to students: the effects of MBCT on the levels of mindfulness and subjective well-being. *Counselling Psychology Quarterly*, 21, 323-36.
Côté, S. (2005). A social interaction model of the effects of emotion regulation on work strain. *The Academy of Management Review*, 30, 509-30.
Crawford, E. R., LePine, J. A., and Rich, B. L. (2010). Linking job demands and resources to employee engagement and burnout: a theoretical extension and meta-analytic test. *Journal of Applied Psychology*, 95, 834-48.
Creswell, J. D., Way, B. M., Eisenberger, N. I., and Lieberman, M. D. (2007). Neural correlates of dispositional mindfulness during affect labeling. *Psychosomatic Medicine*, 69, 560-5.

Dane, E. and Brummel, B. J. (2014). Examining workplace mindfulness and its relations to job performance and turnover intention. *Human Relations*, 67, 105-28.

Davidson, R. J. and McEwen, B. S. (2012). Social influences on neuroplasticity: stress and interventions to promote well-being. *Nature Neuroscience*, 15, 689-95.

De Kloet, E. R. (2000) Stress in the brain. *European Journal of Pharmacology*, 405(1), 187-98.

Del Re, A. C., Fluckiger, C., Goldberg, S., and Hoyt W. T. (2012). Monitoring mindfulness practice quality: an important consideration in mindfulness practice. *Psychotherapy Research*, 23, 54-66.

Deikman, A. J. (1982). The observing self: mysticism and psychotherapy. Boston, MA: Beacon Press.

Erisman, S. M. and Roemer L. (2010). A preliminary investigation of the effects of experimentally induced mindfulness on emotional responding to film clips. *Emotion*, 10, 72-82.

Farrin, L., Hull, L., Unwin, C., Wykes, T., and David, A. (2003). Effects of depressed mood on objective and subjective measures of attention. *Journal of Neuropsychiatry and Clinical Neuroscience*, 15, 98-104.

Feldman, G., Greeson, J., and Senville, J. (2010). Differential effects of mindful breathing, progressive muscle relaxation, and loving-kindness meditation on decentering and negative reactions to repetitive thoughts. *Behaviour Research and Therapy*, 48, 1002-11.

Fetterman, A. K., Robinson, M. D., Ode, S., and Gordon, K. H. (2010). Neuroticism as a risk factor for behavioral dysregulation: a mindfulness-mediation perspective. *Journal of Social and Clinical Psychology*, 29, 301-21.

Friese, M., Messner, C., and Schaffner, Y. (2012). Mindfulness meditation counteracts self-control depletion. *Consciousness and Cognition*, 21, 1016-22.

Garland, E. L., Hanley, A., Farb, N. A., and Froeliger, B. (2013). State mindfulness during meditation predicts enhanced cognitive reappraisal. *Mindfulness*, 1-9. doi: 10.1007/s12671-013-0250-6.

Glomb, T. M., Duffy, M. K., Bono, J. E., and Yang, T. (2011). Mindfulness at work. In J. Martocchio, H. Liao, and A. Joshi (eds.), *Research in personnel and human resource management*. Bingley: Emerald Group Publishing Limited, pp. 115-57.

Grandey, A. A. (2000). Emotional regulation in the workplace: a new way to conceptualize emotional labor. *Journal of Occupational Health Psychology*, 5, 95-110.

——(2003). When "the show must go on": surface acting and deep acting as determinants of emotional exhaustion and peer-rated service delivery. *Academy of Management Journal*,

46, 86-96.

Harvey, A. G. (2003). The attempted suppression of presleep cognitive activity in insomnia. *Cognitive Therapy and Research*, 27, 593-602.

Hayes, S. C., Strosahl, K., and Wilson, K. G. (1999). *Acceptance and commitment therapy: an experiential approach to behavior charge.* New York: Guilford Press.

Heeren, A., Van Broeck, N., and Philippot, P. (2009). The effects of mindfulness training on executive processes and autobiographical memory specificity. *Behaviour Research and Therapy*, 47, 403-9.

Hochschild, A. R. (1983).*The managed heart.* Berkeley, CA: University of California Press.

Hofmann, S. G., Sawyer, A. T., Witt, A. A., and Oh, D. (2010). The effect of mindfulness-based therapy on anxiety and depression: a meta-analytic review.*Journal of Consulting and Clinical Psychology*, 78,169-83.

Holman, D., Martinez-Inigo, D., and Totterdell, P. (2008). Emotional labour, well-being and performance. In C. L. Cooper and S. Cartwright (eds.) *The Oxford Handbook of Organizational Well-being.* Oxford University Press, pp. 331-55.

Hrabluik, C., Latham, G. P., and McCarthy, J. M. (2012). Does goal setting have a dark side? The relationship between perfectionism and maximum versus typical employee performance. *International Public Management Journal*, 15, 5-38.

Hülsheger, U. R., Alberts, H. J. E. M., Feinholdt, A., and Lang, J. W. B. (2013). Benefits of mindfulness at work: the role of mindfulness in emotion regulation, emotional exhaustion, and job satisfaction. *Journal of Applied Psychology*, 98, 310-25.

Hülsheger, U. R., Lang, J. W. B., Depenbrock, F., Fehrmann, C., Zijlstra, F., and Alberts, H. J. E. M. (2014). The power of presence: The role of mindfulness at work for daily levels and change trajectories of psychological detachment and sleep quality. *Journal of Applied Psychology*, 99,1113-28.

Hülsheger, U. R. and Schewe, A. F. (2011). On the costs and benefits of emotional labor: a meta-analysis spanning three decades of research. *Journal of Occupational Health Psychology*, 16, 361-89.

Jennings, S. J. and Jennings, J. L. (2013). Peer-directed, brief mindfulness training with adolescents: a pilot study. *International Journal of Behavioral Consultation and Therapy*, 8, 23-5.

Junco, R. and Cotton, S. (2011). Perceived academic effects of instant messaging use. *Computers and Education*, 56, 370-8.

Kabat-Zinn, J. (1982). An out-patient program in behavioral medicine for chronic pain patients based on the practice of mindfulness meditation: theoretical considerations and preliminary results. *General Hospital Psychiatry*, 4, 33-47.

Kabat-Zinn. (1990).Full catastrophe living: using the wisdom of your body and mind to face stress, pain and illness. New York: Delacorte.

(2005).*Coming to our senses.* New York: Hyperion.

Kasser, T. (2002). Sketches for a self-determination theory of values. In E. L. Deci and R. M. Ryan (eds.), *Handbook of self-determination research.* Rochester, NY: University of Rochester Press, pp. 123-40.

Klatt, M. D., Buckworth, J., and Malarkey, W. B. (2009). Effects of low-dose mindfulness-based stress reduction (MBSR-ld) on working adults. *Health Education and Behavior*, 36, 601-14.

Kristeller, J. L., Baer, R. A., and Quillian Wolever, R. (2006).Mindfulness-based approaches to eating disorders. In R. Baer (ed.) *Mindfulness-based treatment approaches: clinician' guide to evidence base and applications (Practical resources for the mental health professional).* San Diego, CA: Elsevier Academic Press.

Krusche, A., Cyhlarova, E., King, S., and Williams, J. M. G. (2012). Mindfulness online: a preliminary evaluation of the feasibility of a web-based mindfulness course and the impact on stress.BMJ Open, 2. http://dx.doi.org/10.1136/bmjopen-2011-000803.

Latham, G. P. and Locke, E. A. (2007). New developments in and directions for goal-setting research.*European Psychologist*, 12, 290-300.

Lau, M. A., Bishop, S. R., Segal, Z. V., Buis, T., Anderson, N. D., Carlson, L., Shapiro, S., and Carmody, J. (2006). The Toronto mindfulness scale: development and validation. *Journal of Clinical Psychology*, 62,1445-67.

Lazarus, R. S. and Folkman, S. (1984). *Psychological stress and the coping process.* New York: Springer.

Leary, M., Adams, C., and Tate, E. (2006). Hypo-egoic self-regulation: exercising self-control by diminishing the influence of the self. *Journal of Personality*, 74, 1803-31.

Leary, M. R., Tate, E. B., Adams, C. E., Batts Allen, A., and Hancock, J. (2007). Self-compassion and reactions to unpleasant self-relevant events: the implications of treating oneself kindly. *Journal of Personality and Social Psychology*, 92, 887-904.

LePine, J. A., LePine, M. A., and Jackson, C. L.(2004). Challenge and hindrance stress: relationships with exhaustion, motivation to learn, and learning performance. *Journal of Applied Psychology*, 89, 883-91.

Leroy, H., Anseel, F., Dimitrova, N. G., and Sels, L. (2013). Mindfulness, authentic functioning, and work engagement: a growth modeling approach.*Journal of Vocational Behavior*, 82, 238-47.

Levy, D. M., Wobbrock, J. O., Kasczniak, A. W., and Ostergren, M. (2012). The effects of mindfulness meditation training on multitasking in a high-stress information environment.

Proceedings of Graphics Interface, Toronto, Ontario (May 28 – 30, 2012). Toronto: Canadian Information Processing Society, pp. 45-52.

Linehan, M. M. (1993). Cognitive-behavioral treatment of borderline personality disorder. New York: Guilford Press.

Lutz, A., Slageter, H. A., Rawlings, N. B., Francis, A. D., Greischer, L. L., and Davidson, R. J. (2009). Mental training enhances attentional stability: neural and behavioral evidence. *Journal of Neuroscience*, 29, 13418-27.

McFarlane, T., Polivy, J., and McCabe, R. E. (1999). Help, not harm: psychological foundation for a nondieting approach toward health. *Journal of Social Issues*, 55, 261-76.

McGregor, I. and Little, B. R. (1998). Personal projects, happiness, and meaning: on doing well and being yourself. *Journal of Personality and Social Psychology*, 74, 494-512.

Manderlink, G. and Harackiewicz, J. M. (1984). Proximal versus distal goal setting on intrinsic motivation. *Journal of Personality and Social Psychology*, 47, 918-28.

Marcks, B. A. and Woods, D. W. (2005). A comparison of thought suppression to an acceptance-based technique in the management of personal intrusive thought: a controlled evaluation. *Behaviour Research and Therapy*, 43, 433-45.

Mark, G. J., Gudith, D., and Klocke, U. (2008). The cost of interrupted work: more speed and stress. In M. Burnett, M. F. Costabile, T. Catarci, B. De Ruyter, D. Tan, and M. C. A. Lund (eds.), *Proceedings of the SIGCHI conference on human factors in computing systems*. New York: ACM Press, 107-10.

Marlatt, G. A. and Kristeller, J. L. (1999). Mindfulness and meditation. In W. R. Miller (ed.), *Integrating spirituality into treatment*. Washington, DC: American Psychological Association, pp. 67-84.

Marzuq, N. and Drach-Zahavy, A. (2012). Recovery during a short period of respite: the interactive roles of mindfulness and respite experiences. *Work and Stress*, 26, 175-94.

Mohan, A., Sharma, R., and Bijlani, R. L. (2011). Effect of meditation on stress induced changes in cognitive functions. *Journal of Alternative and Complementary Medicine*, 17, 207-12.

Mrazek M. D., Franklin M. S., Phillips D., Baird B., and Schooler J. (2013). Mindfulness training improves working memory and GRE performance while reducing mind-wandering. *Psycholical Science*, 24, 776-81.

Mrazek, M. D., Smallwood, J., Franklin, M. S., Baird, B., Chin, J. M., and Schooler, J. W. (2012). The role of mind-wandering in measurements of general aptitude. *Journal of Experimental Psychology*, 141, 788-98.

Mrazek, M. D., Smallwood, J., and Schooler, J. W. (2012). Mindfulness and mind-wandering: finding convergence through opposing constructs. *Emotion*, 12, 442-8.

Neff, K. D. (2003). Self-compassion: an alternative conceptualization of a healthy attitude toward oneself.*Self and Identity*, 2, 85-102.

Neff, K. D., Rude, S. S., and Kirkpatrick, K. L. (2007). An examination of self-compassion in relation to positive psychological functioning and personality traits.*Journal of Research in Personality*, 41, 908-16.

Nyklicek, I., Mommersteeg, P. M. C., van Beugen, S., Ramakers, C., and van Boxtel, G. J. M. (2013). Mindfulness-based stress reduction and physiological activity during acute stress: a randomized controlled trial.*Health Psychology*, 32, 1110-13.

Ophir, E., Nass, C., and Wagner, A. D. (2009). Cognitive control in media multitaskers. *Proceedings of the National Academy of Sciences*, 106, 15583-7.

Podsakoff, N. P., LePine, J. A., and LePine, M. A. (2007). Differential challenge stressor-hindrance stressor relationships with job attitudes, turnover intentions, turnover, and withdrawal behavior: a meta-analysis. *Journal of Applied Psychology*, 92, 438-54.

Posner, M. I. and Petersen S. E. (1990). The attention system of the human brain.*Annual Review of Neuroscience*, 13, 25-42.

Reb, J., Narayanan, J., and Chaturvedi, S. (2014). Leading mindfully: two studies on the influence of supervisor trait mindfulness on employee well-being and performance. *Mindfulness*, 5, 36-45.

Rideout, V. J., Foehr, U. G., and Roberts, D. F. (2010). Generation M2: media in the lives of 8-18 year olds. Menlo Park, CA: Kaiser Family Foundation. Retrieved from: www.kff.org/entmedia/upload/8010.pdf.

Roeser, R. W., Schonert-Reichl, K. A., Jha, A. P., Cullen, M., Wallace, L., Wilensky, R., Oberle, E., Thomson, K., Taylor, C., and Harrison, J. (2013). Mindfulness training and reductions in teacher stress and burnout: results from two randomized, waitlist-control field trials. *Journal of Educational Psychology*, 105(3), 787-804.

Rosenberg, T. and Pace, M. (2006). Burnout among mental health professionals: special considerations for the marriage and family therapist. *Journal of Marital and Family Therapy*, 32, 89-99.

Segal, Z. V., Williams, J. M. G., and Teasdale, J. D. (2002).*Mindfulness-Based Cognitive Therapy for depression*. New York: Guilford Press.

Shah, J., Higgins, E. T., and Friedman, R. S. (1998). Performance incentives and means: how regulatory focus influences goal attainment. *Journal of Personality and Social Psychology*, 74, 285-93.

Shapiro, S. L., Astin, J. A., Bishop, S. R., and Cordova, M. (2005). Mindfulness-based stress reduction for health care professionals: results from a randomized trial.

International Journal of Stress Management, 12, 134-76.

Shapiro, S. L., Carlson, L. E., Astin, J. A., and Freedman, B. (2006). Mechanisms of mindfulness. *Journal of Clinical Psychology*, 62, 373-86.

Sheldon, K. M. and Krieger, L. K. (2007). Understanding the negative effects of legal education on law students: a longitudinal test of self-determination theory. *Personality and Social Psychology Bulletin*, 33, 883-97.

Siegel, R. D. (2010).The mindful solution: everyday practices for everyday problems. New York: Guilford Press.

Smallwood, J. and Schooler, J. W. (2006). The restless mind.*Psychological Bulletin*, 132, 946-58.

Speca, M., Carlson, L. E., Goodey, E., and Angen, M. (2000). A randomized, wait-list controlled clinical trial: the effect of a mindfulness meditation-based stress reduction program on mood and symptoms of stress in cancer outpatients. *Psychosomatic Medicine*, 62, 613-22.

Tennant, C. (2002). Life events, stress and depression: a review of recent findings. *Australian and New Zealand Journal of Psychiatry*, 36, 173-82.

Van Berkel J ., Boot C. R. L., Proper, K. I., Bongers, P. M., and Van der Beek, A. J. (2013). Process evaluation of a workplace health promotion intervention aimed at improving work engagement and energy balance.*Journal of Occupational and Environmental Medicine*, 55, 19-26.

Watts, F. N., MacLeod, A. K., and Morris, L. (1988). Associations between phenomenal and objective aspects of concentration problems in depressed patients. *British Journal of Psychology*, 79, 241-50.

Wegner, D. M. (1994). Ironic processes of mental control. *Psychological Review*, 101, 34-52.

Wegner, D. M., Schneider, D. J., Carter, S. R., and White, T. L. (1987). Paradoxical effects of thought suppression. *Journal of Personality and Social Psychology*, 53, 5-13.

Williams, A., Franche, R. L., Ibrahim, S., Mustard, C. A., and Layton, F. R. (2006). Examining the relationship between work-family spillover and sleep quality. *Journal of Occupational Health Psychology*, 11, 27-37.

Witkiewitz, K., Marlatt, G. A., and Walker, D. (2005). Mindfulness-based relapse prevention for alcohol and substance use disorders. *Journal of Cognitive Psychotherapy*, 19, 211-28.

Wolever, R. Q., Bobinet, K. J., McCabe, K., Mackenzie, E. R., Fekete, E., Kusnick, C. A., and Baime, M. (2012). Effective and viable mind-body stress reduction in the workplace: a randomized controlled trial.*Journal of Occupational Health Psychology*, 17, 246-58.

第二部分
研究

6 正念、身份和工作：正念训练创造更灵活的自我意识

Paul W. B. Atkins and Robert Styles

前言

在本章中，我们将探讨正念训练对个体身份的影响。我们的研究是表明正念训练不仅可以改善情绪的自我调节，还表明，随着时间的流逝，正念训练会改变人们对于"我是谁？""我们真的分开了吗？"这两个问题的回答。而这些变化反过来又会对健康、效率和工作关系产生深远的影响。我们的身份塑造了我们对个人的和对关系的反应。从这个意义上讲，身份支撑着组织行为的许多方面。事实上，有研究者认为身份已经成为组织研究，甚至是社会科学的核心（Alvesson, Ashcraft, and Thomas, 2008）。近年来，身份与应变管理（Eeech et al. 2011）、领导力发展（Carroll and Levy, 2010; DeRue and Ashford, 2010; Hannah, Woolfolk and Lord, 2009）、动机（Osborne and Jones, 2011）、生涯规划（Petriglieri and Petriglieri, 2010）以及工作中的情绪（Atkins and Parker, 2012）等各种议题都有关系。

在本章中，我们将从理论和实践两个方面来探讨正念训练如何影响身份，进而影响与工作相关的产出和幸福感。我们采纳了正念包含4个过程这一观点：知道自己是经验的观察者；灵活地关注当下；欣然接受经验而不试图去改变它的频率或强度；与语言认知的字面意义解离（Hayes, Strosahl, and Wilson, 2011）。这种研究方法是基于对语言和人类认知的语境—行为描述，其中身份被理解为个体自身行为和特征建构描述的持续行为（Hayes, Barnes-Holmes, and Roche, 2001）。正念状态下，这些个人描述不会被看作实实在在的事实，而被灵活地看作稍转即逝的语言结构。我们所感兴趣的是这种能够发挥很多效用的转变，即把自我参照的描述当作确凿事实转变为将其看作可以进行灵活加工的语言结构。正念训练似乎促进了这一转变。

在职场中，一个更灵活和正念取向的个体会减少自己为"有关自己的故事、自己是谁、自己做过什么或者将要做什么辩护"时做出的徒劳反应。我们认为，职场中的正念会抑制僵化的自我概念所导致的无效社会行为。例如，当人们面对挑战却无法中断习惯性的僵化和防御性反应时，他们会继续做那些没用的事情，而且认为（把语言结构当作确凿的事实）他们应该这样做。他们赞成基于基本哲学、理性传统和信仰（所有的语言结构）的某些立场，即使这些立场并没有将他们带到预期的方向（Bennett and Howlett, 1992；Colebatch, 2002；Dolowitz and Marsh, 2000）。他们与由此产生的厌恶体验斗争，但仍继续证明并使用导致了这种限制性的无效体验的策略（Thacher and Rein, 2004）。通过这种分析，我们认为，当政府、组织和社区中的个体严格遵守这个他们确信并希望保护的身份时，那些根深蒂固的、棘手的社会、环境和经济问题就仍会存在。

因为本书的其他章节已经解释了正念训练的本质（Alberts and Hülsheger），所以我们只通过文献回顾介绍个体身份的改变。然后，我们提出关于身份发展的语境行为描述，并相信这是一种可行的方案，可以替代迄今为止在组织文献中出现的偏社会学和建构主义的模型。为了验证这一说法，我们描述了一种新型定性测量方法的发展，人们动态构建自我意识的过程可以用于研究正念训练的效果。由于缺乏身份发展的心理过程理论，正念训练对身份改变的影响一直难以衡量。我们的方法是根据人们在访谈中谈论自己的方式来制定行为测量标准，通过这种测量方法，我们证明了正念减压课程（MBSR）导致个体身份的改变，并探究这些结果对工作中正念训练的启示。

个体身份的变化

有关组织中个体身份变化的研究越来越多，通常被称为身份认同工作（identity work）（Beech, 2008；2011；Beech et al., 2011；Ibarra and Petriglieri, 2010；Pratt, Rockmann and Kaufmann, 2006）。Sveningsson 和 Alvesson 在以下术语中定义了身份认同工作："身份认同工作指的是人们投入到形成、修复、维护、加强或修改那些有助于产生一致性和独特性感受的语法结构。"（2003, p.1165）。人们在组织内进行身份认同的程度似乎取决于环境变化的复杂性和速率，在复杂和动态的环境中身份认同是较为连续的，而在简单或稳定的环境中身份认同是较为分散的。在复杂和动态情况下，人们必须通过不断地重新定义和重新表达自己来保持一致性和方向感，而在稳定的环境中，则没有必要对身份持续进行重构。与他人的冲突（Fiol, Pratt, O'Connor, 2009）或诸如领导力发展（Carroll and Levy,

2010)等正式事件都会引发身份认同工作。正如我们下面所展示的,正念训练很可能是影响和扩展身份的最有力方法之一。

不幸的是,大多数有关身份的组织研究都没有提及身份在整个生命周期中的发展过程。如果我们想要理解职场中的身份变化,就需要同时包含身份的静态特征和动态变化的综合理论,而不仅是对个人特征、角色或团体成员的简单标签化。此外,还需要一种测量身份的方法:既能捕捉个体身份的复杂性和独特性,又能就某点对不同个体的身份认同进行比较。因此,接下来我们会介绍一个更全面的身份发展的语境—行为方法(Hayes and Gregg, 2000),作为定性测量设计的基础。我们的主要目标是创造一个符合标准化和精确化要求且语义丰富的身份测量方法,以研究工作场所和其他环境中正念训练对身份的影响。

身份发展的语境—行为解释

个人对自己身份的描述,本质上是对自己当前或者过去行为的反思和描述。例如一个人把自己描述为内向的人,就是从不喜欢参加聚会,而且与别人在一起时话很少等经验记忆中提取出来的。在行为主义的术语中,身份就是自我识别。类似的观点在社会心理学中有着悠久的历史(如 Bem, 1967)。我们可以在动物身上找到这种行为的原型,例如,鸽子可以通过差异性地啄键来"报告"它之前的行为。对于具有语言能力的人来说,自我区别是一种复杂的行为,涉及我们自己在世界上的象征性表现。在儿童时期,我们接受了大量汇报自己行为的训练。通过恰当地表达"我想要……""我是……""我知道……",以及恰当区分'我'和'你',我们的这种行为不断得到强化。从这个行为的视角来看,自我是报告自己行动的行为。它是一个动词而不是名词。

从行为视角进一步来看,自我是有功能的:它是"由一系列有组织的突发事件所赋予的行为集"(Skinner, 1976, p.164)。我们通过建构自我意识,来回应社会互动的功能需要。这个过程在本质上是社会性的和语言性的——我们的"知道"是环境突发事件的功能而不是任何内部的"力量"或"驱动力":"在特定的条件下,一个人描述他所居住的公共或私人世界时,产生这种非常特殊行为的共同体就称为知道。只有当一个人的个人世界对别人来说很重要时,个人世界对他来说才会变得重要"(Skinner, 1976, p.35)。然而,Skinner 对自我的概念化完全依赖于无法充分解释语言复杂性的操作性过程。近期有一个语境—行为方法,即关系框架理论(Hayes et al. 2001),对与创造和维持身份相关的言语行为提供了更充分的解释。

关系框架理论将所有的人类认知看作是行为或者有关事件或经历的持续活

动。当我们学会使用语言时,我们也学会了联系。事实上,学习语言的过程是一个不断被强化的过程,它把事物和事件与我们称之为单词的任意线索恰当地联系起来。在对关系进行充分地直接训练后(例如A"大于"B,B"大于"C),我们学会了推导单词和事件之间的关系(例如A"大于"C,C"小于"B),其中,"事件"是世界中(包括其他人)或者自我的各种经验。人类语言的无限生成性源于我们推断任何事物,甚至任意符号之间关系的能力,以及利用许多不同类型关系的能力,诸如评价(更好/更糟)、层次(部分/包括)、条件(因为……所以……/如果……那么……)和时间(之前/之后)关系等。人类这种联系任意线索的独特能力使我们能够走出直接感官体验的领域,阐述过去、规划未来并抽象出自我意识。

从关系框架理论的角度来看,自我感觉的进化与学习恰当地使用我/你、这里/那里、现在/然后这些关系框架是对应的。与Skinner的解释相一致,这些"指示语"框架(Barnes-Holmes,McHugh, and Barnes-Holmes,2004)被认为是从自然主义的多个范例训练中抽象出来的,以回应诸如"你现在在做什么?""你要去哪儿?""你想要什么?"等问题。在这个例子中,指示语表示关系术语,其中表达式的含义取决于它所使用的环境和视角。与之前段落中描述的其他类型不同,指示语的关系框架必须从特定的角度抽象出来。儿童个体必须开始注意,并对"我/这里所报告的经历"是不同于"你/那里的经历"这一体验进行抽象化。"那里"是除了"这里"的其他任何地方,"这里"总是从这个视角来的(Hayes,1984)。通过观察孩子们经常犯的观点采择错误不难看出,学习这种指示语的关系框架是多么困难。当被问及他们的兄弟早餐吃了什么时,年幼的孩子可能会错误地报告自己早餐吃了什么(Hayes,1984),或者他们可能错误地认为不在场的观察者会知道被藏起来的娃娃的位置,因为他们自己知道这个娃娃的位置(Kegan,1994)。个体需要反复接触社会突发事件,才能成功地使用我和你这些术语。

因此,关系框架理论将不断发展的自我看作是把自己的语言结构与经验的其他方面的关系变得越来越复杂的过程(Barnes-Holmes,Hayes, and Dymond,2001)。这种方法与现代社会建构主义关于身份的思考有许多共鸣,尤其是强调通过社会化、对话过程来建构自我的过程(Beech,2008)。然而,它们也有一些重要的区别。最值得注意的是,关系框架理论对社会突发事件通过语言促进自我意识给出了一个更完整的解释。而大多数社会建构主义者的解释都不足以描述儿童时期的语言习得。此外,社会建构主义的描述往往依赖于模糊的隐喻。这些隐喻基于直觉,即自我是一个事物而不是过程。身份被认为是"建构的",具有可以"被修补"或"被固定"(Pratt et al.,2006)的"结构"(Hannah et al.,2009)。相反,关系框架理论对身份发展的解释为这些影响的社会语言学基础提供了精确而自然的描述。

这种方法的一个关键要素是区分术语"自我"的3种功能用法：故事自我（Self-as-story）、过程自我（Self-as-process）和视角自我（Self-as-perspective）(Torneke，2010)，我们现在依次描述它们。

故事自我：概念化的自我

故事自我就是概念化的自我。它是对特征偏好、能力和经验的自我描述；当我们和别人初次见面需要自我介绍时，会出现这种行为。在工作场合，故事自我可能指的是我们工作态度的概念化，我们通常说的喜欢和不喜欢的东西，也可能是指我们对自己的角色和责任以及我们在社会关系网络中位置的描述。

作为儿童，我们很快就认识到能够向别人描述自己是很有价值的。社会环境为我们能够持续描述特征偏好、能力和经验提供了无数的强化刺激。故事自我的成熟形式包括个人哲学、传统、忠诚和信仰。这样的描述让其他人能够预测我们的行为，并对我们的过往经历进行简明扼要的总结。随着时间的推移，我们学会了内化概念化的自我区别（Self-discrimination）。一旦内化，除非我们能有一个不同于公开展示的、私下的概念化自我，否则语境行为方法认为这种行为在功能上等同于谈论自我。为了挽回面子，我们可能会对别人说，我们有信心，但私下里我们承认自己并不自信。

为了让自己和他人能预测我们的行为，关键在于维持概念化自我的 a)一致性，b)准确性，c)一定的稳定性。虽然行为中的一些不可预测性可能会增强人际关系，但与他人的关系是建立在彼此了解的基础之上，比如偏好和在特定情况下可能的行为。一致性差的概念化自我的预测性或可靠性也较弱。例如，如果儿童说他们不喜欢西兰花，但他们确实喜欢蔬菜，我们很快就会指出，西兰花是一种蔬菜，他们的喜好（他们自己的特质）是不一致的，这对提供膳食的人是没有帮助的。类似的，如果在一顿饭里，儿童说他们喜欢西兰花，而在接下来的一餐中，他们说他们不喜欢西兰花，这在预测儿童的行为方面同样没有帮助——一致的偏好才能得到强化。即使是相对简单的行为，口头上的关联也可以轻易地支持这些行为成为复杂的概念化自我。例如，随着时间的推移，父母可能会将饮食行为的普遍模式描述为健康的或不健康的（通过以上描述的关系推导），儿童很快就能学会将自己描述为健康的或不健康的，再通过引申，描述为好的或坏的。同样，绩效管理和有效的团队领导力都要求领导者和成员一致去识别和传达他们的偏好，并随着时间的推移追踪更普遍的行为模式。为了实现个人和团队的主要目标，人们需要预测和管理绩效，但是不准确或不一致的自我报告使这一点变得非常困难。

但是，虽然概念化自我是实用和强化的，它也可能是非常有限的。对一致性需要的内化确保了其在时间维度上的稳定性,但这也给个体感觉自己能说的话或做的事情带来了明显的限制。例如,一个认为自己内向的人可能会避免社交场合,因为他们相信自己会感受到很大的压力,因此生活在一个越来越孤立的世界里。此外,我们概念化的自我只是我们完整体验的一个微小的、抽象化了的残余物。因此,概念化自我往往被大大简化了,无法捕捉到我们个人生活史的丰富性。概念化自我就是个体随着时间的推移,通过观察自己的行为或听到他人对自己行为的描述,从自己经验中抽象出的自我意识。

总之,我们的故事自我是我们对我是谁的(私下或公开的)言语描述——自我、记忆、计划、经历和说明的标签。故事自我和当下体验的联系较少,更多的是对过去经验的抽象,或者是过往经验所导致的一些品质和特征。故事自我或多或少是"记忆自我"(remembering self)的同义词(Kahneman and Riis,2005)。

在组织研究中对身份的研究似乎全部都聚焦于这种自我意识。身份被概念化为对"我是谁?"这个问题的抽象的、语言上的回答。但我们的身份并不仅仅是这些相对僵化和抽象的描述我们自我的标签。与正念有关的研究和实践都清楚地表明,我们有一个更动态的、即时的自我意识,接下来我们就介绍它。

过程自我:体验中的自我

"过程自我"是指个体在当下对自我的一种持续的、更加灵活的语言性认识(Hayes et al.,2011),是对当下自我体验的描述。它是不断演变的、动态的、此时此地的思想、感觉、知觉和图像,而正念练习中所强调的正是这些。Kahneman 和 Riis(2005)将其称为"体验自我",考虑到心理学中几乎所有的工具都需要回溯性的报告,也就是说需要调用记忆中的关于自我的抽象概念,所以他们也注意到心理学尚未研究过这个概念。

过程自我也有很高的社会性价值。"我很高兴"、"我的胃很痛"或者"我不明白我应该做什么"之类的陈述为其他人提供了有用的预测性信息。随着时间的推移,这种关于自我的陈述对个人也有价值。能够监控我们的当下状态是成功自律的基础。例如,识别一个人在当前时刻的感觉可以预测情境的转变,因为转变可能会让个体获得其所渴望的感觉。

过程自我的描述指的是此时此地的体验。它们仍然是对经验的口头描述,而不是经验本身,因此具有一定程度的抽象性。但是与故事自我相比,过程自我更多的是关于特殊背景下的特殊体验,而不是针对多种情景和背景中的一般反应。因此,在某种程度上,与故事自我相比,过程自我能够在社会上做出预测。说"我很高兴"可以很好地预测在下一个情境会发生什么或者未来非常类似的背景中会发生什么,说"我通常是一个快乐的人"则具有跨情境的广泛预测性。因为过程自我描述了个体在具体情景中的现状,所以过程自我的描述比故事自我的描述更灵活、更具动态性。这降低了过程自我的僵化程度。

视角自我:超验的自我

此外,正念练习强调了对第三种自我意识的培养,即自我被视为经验的观察者。不同于故事自我和过程自我,视角自我指的是观察经验的视角而不是观察到的内容。在关系框架理论中,视角自我被视为体验事件的观点或位置,因此,尽管经验的内容在变化,但是视角自我是不变的。一个45岁的人看待经验的视角和他5岁时是相同的。视角自我是如实观,是我们经验的背景(Hayes,1984),是语言尚未形成之前存在的知道。从隐喻上讲,我们可以将视角自我理解为火炬,通过一束光(过程自我)照亮我们视野中客体(故事自我)(Harris,2009)。在这个比喻中,视角自我是光源(即意识本身)。

Torneke(2010,p.107)生动地描述了视角自我的无内容性:

我们无法观察到视角本身。它永远不会成为我们观察的对象。正如我现在所做的,我们可以谈论或书写它,我们可以观察到采取这种视角的结果。我们可以从一个特定的视角或轨迹来观察,但我们永远无法观察到这个轨迹或视角。当然,这是相当明显的,因为从哪个角度我们能观察到它呢?我们所拥有的只有"我—这里—现在"。无论我们观察什么,它都不可能是观察位置本身,因为这是我们观察它的有利位置。

综上所述,我们描述了涉及"自我区别"行为的三种观点。我们像讲故事一样描述自己抽象的品质和经历;像一段过程一样,我们描述自己当下此时此刻的体验;并且我们体验这个世界的视角也有一种连续性。从语境的和行为的视角来看,身份是一种行为(我们称之为"自我区别"),是对社会突发事件的功能性反应。一个人谈论自我的方式是创造身份的行为,而不是对某些潜在的真实自我的反映。因为社交过程重视可靠性和一致性,所以我们学习报告我们的偏好、经历和特征。类似的,我们也学会报告我们当下的经验,因为它是社会交流和合作的前提。虽然大多数语言环境(除了禅修和哲学研讨会)没有明确强调将自己看作纯粹的意识或视角,但是我们为了拥有一个可以观察经验的稳定视角,我们依然不断强调区分我们"自己"的经验(我/这里)和别人的经验(你/那里)。

这种理论框架提供了一种理解组织背景下身份工作的新方法。从这个角度来看(见图6.1),我们的故事自我是对连续不断的事件流的体验(过程自我)抽象后所创造的语言产物,而这一切都是从一个视角出发证明的(视角自我)。然而,历史上

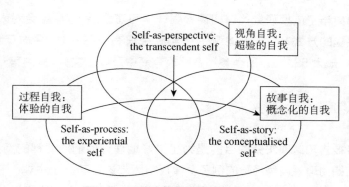

图 6.1 三种功能性自我意识的关系

的身份几乎只涉及故事自我,这个框架对身份概念进行了扩展,还包括了我们对当下体验的觉察,以及理解正念的关键——觉察本身。基于清晰的学习和语言理论而非建构主义模糊的自然隐喻,这种方法解释了身份的形成和改变。

在下一节所述的研究中,我们使用这种理论方法来报告我们对自我区别作为一种行为测量的设计和验证。我们考察自我区别行为的变化并将其作为 MBSR 课程的结果。正念训练直接将身份建构的过程作为目标:将鼓励人们保持一个更灵活的自我概念(包括评价),更多地将关注点放在持续发生的体验过程(过程自我),以及观察经验的视角上(视角自我)。因此,我们提出以下命题:

1. 参加者可以学会对经验进行反认同,因此,正念训练会降低僵化的故事自我陈述出现的频率。

2. 参加者可以学会更多地关注当下的体验,因此,正念训练会提高过程自我陈述出现的频率。

3. 参加者自己区分出了他们对个人心理体验的注意,并学会将自己视为经验的观察者,因此,正念训练会增加视角自我陈述出现的频率。

迄今为止,还没有任何关于自我区别行为的测量。与源于言语关系的自我区别相一致,接下来描述的定性测量旨在提供一种对谈论自我和他人的行为测量方法。

方法

被试和干预

在最初彼此熟悉的会上,MBSR 课程导师提出邀请,七名来自样本社区的课程参加者自愿参与了这项研究。这门课程强调学习正念练习，期望会对人们看待自己和讨论经验的方式产生一些影响。参与者中只有一名女性，平均年龄为40岁（最小27岁，最大53岁）。所有参加者都拥有高中及以上文凭，其中有一位接受过高等教育。

访谈

受访者被告知这项研究的目的是为了更好地理解他们对课程的期望和目标，并收集他们如何理解自身经验的例子。课程前后都进行了基于主体—客体面试技术的访谈（Lahey et al.，1988）。课前的访谈以"你希望从课程中学到什么？"这个问题开始，课后的访谈则以"你从课程中学到了什么？"这个问题开始。访谈问题是半结构化的，其主要目的是探究受访者如何理解各种生活经历的意义，哪些结果被看作具有影响力的行为以及受访者如何了解和评价他们的经历。

编码

我们在NVivo软件中使用8个主要的言语行为代码将访谈内容进行转录和分析，其中5个自我陈述，3个他人陈述。对他人陈述的编码也是我们研究的一部分，用来考察身份如何影响我们对他人的判断和分类。然而，我们在这里只描述自我陈述的编码。

出现任何特定形式的自我区别的句子都被编码。因此，句子可以用多个重叠的代码进行编写，但是对于某一给定的句子，每个代码只能出现一次。将句子（不是单个的单词或短语）视为分析单元，因为a)"自我区别"行为在这个层次上表现得最为连贯（Styles and Atkins，准备中），b)减少了编码的负担，c)它允许计算评分者信度。

从语境—行为的角度看，一个人谈论自我的方式只是创造一个身份的行为，而非反应导致二级行为的潜在真实自我。在本节的剩余部分中，我们定义并举例说明了我们在自我区别的行为主义测量中所使用的每个代码。

故事自我。因为僵化的和灵活的自我概念对身份的改变有不同的影响，所以我们对二者进行了区分。

[SRS]= **僵化的故事自我**。正如前面所描述的，所有故事自我的陈述都涉及对经验的抽象概念化。僵化的故事自我是指以一种相对呆板的方式表达出来的抽象故事，它是关于"我是谁或可能是谁"的确切描述（即被认为是事实）。可以是品质和特征，也可以是对这些品质和特征的评价。人们通常对这些品质或者特点有强烈的认同感，"我"被视为"等同于"品质或特性。在关系框架理论文献中，研究者使

用"融合"这一抽象术语来描述这种认同(Hayes et al.，2011)。

典型僵化的故事自我陈述是根据与自己有关的角色、个人特点或对自己的信念进行的自我分类，例如：

- 我不是那种人，我更像是一个内向的人。
- 我是个律师。
- 我发现我现在也不去评判它了。
- ……我认为这是上帝在我心里，或者上帝与我同在，或者上帝与内在的我一起工作。

故事自我通常是评价性的，涉及一组个人或社会标准的比较，例如：

- 我在他们眼中不够好。
- 我有了一个新的关注点，可能是我多年来一直重视、赞赏、坚持的一系列价值观或者标准……

有时，不考虑上下文，就很难判断故事自我陈述是以僵化的还是灵活的方式在发挥其功能。例如，下面的语句属于僵化的故事自我还是灵活的故事自我，取决于它是否被认可，以及被视为影响当前的行为：

- 我被抚养长大，就是为了弄明白如何让我身边的一起都变得圆满。

[SFS]=*灵活的故事自我*。这个代码是指对过去曾出现的、未来可能会经历的行为和内在经历的描述，它们被视为概念化自我的一部分，但不会僵化地影响行为(Hayes et al.，2011)。灵活性源自于：a)持有这些陈述的人在某种程度上将其作为临时解释，而不是字面的事实；b)不认同被描述的品质、特征或经历的人。换句话说，这些陈述与其说是根据一些品质和特点来定义"我是谁"，还不如说是对"我的经历或者未来可能会经历的事情"的描述。灵活故事自我的典型例子是对一种不拘泥于当前行为的方式保存下来的记忆的陈述。

- 每天我(开车)接上我的孩子，在车上，我们通常会一路聊天回家。
- 周三我去看牙医了。
- 我会在早上完成的。

灵活故事自我的其他成分包括对自我特征的描述，这些自我特征是以一种可能的替代选择的方式呈现的。

- 当这事发生时，大多数时候我是喜欢的。
- 我不认为我以前能做到这一点。

灵活故事自我的陈述不同于过程自我，因为它们更抽象，更像故事，而不是对即时经验的描述。

[SP]=*过程自我*。过程自我指的是对自己当下体验的任何描述。标准形式是

对当下的思想、感觉、图像或知觉的描述。例如：
- 我不记得了。
- 我真的不懂我的意思。
- 我不知道我是否回答了你的问题。
- 这很难描述。
- 我想下周带我女儿去上学。

过程自我描述了对当下时刻此时此地的持续体验（Foody，Barnes-Holmes and Barnes-Holmes，2012）。

[SX]= 视角自我。从技术上讲，视角自我在文本中是不可观察的，因为它指的是经验产生的视角，而不是经验的内容。视角自我不是通过定义所描述的事物，而是在此视角上所观察到的内容。然而，为了达到测量的目的，我们用这个标签去指代位置，在这里我们可以合理地推断出能够见证经验的自我觉察，一个观察的自我。根据运用干预手段来提升观点采择能力的实证研究（Foody，Barnes-Holmes，Barnes-Holmes，& Luciano，2013；Luciano et al.，2011），我们区分了两种形式的视角自我，并标记为 SX1 和 SX2。

SX1。这个代码表示一些立场，在这些立场上，个体明显地表现出他们对心理体验（思想、感觉和知觉）的反认同。也就是说，他们做出申明，表示他们和他们的个人心理体验是不同的。这种将个人体验视为短暂的心理事件而非确切事实的过程被称为"解离"（Hayes et al., 2011）：
- 我发现我很生气，但我不想发火。
- 我倾向于让自己的情绪和个性分开。
- 这都是些愚蠢的想法，我事后会想"我在想什么？"
- 但事实是，我想过这些事情，然后我想，"不，等等，为什么你会这么想，在这个人把你从忧伤中带出来以前，你根本没想过这一点"。
- 有时候我想"等一下，退后一步，你是躺在床上的人，你应该睡着了（笑），你想到这一系列的想法，你现在对它们不能做任何事"。

视角自我的陈述可以将僵化的故事自我与视角自我结合起来。
- 一旦我开始学习克服困难，让事情顺其自然，我就开始变得擅长这些事情，但把一大堆的痛苦放到那儿，我就会重新回到那个我不喜欢的以前的自己，变成那个害怕、焦虑、悲伤的人，显然，我过去经常这样。

SX2。Luciano 等人（2011）提出了视角自我的第二种形式，即当这个人不仅注意到他们与他们的个体心理体验不一样，而且注意到他们是体验的"容器"。从某种意义上说，SX1 关注的是私人的心理体验不是什么，而 SX2 关注的是它们是什么，也就是，对经验短暂性的稳定觉察。下面的这些引用全部都说明了心灵、大脑或"我"只是体验的"容器"，而非等同于体验：

- ……认识到我的大脑所做的无益的事情，因为明白它会抓住一个想法，然后坚持下去，能够认识到这就是我正在做的……
- 所以我的大脑就会说，"让我们找点事情来指责"，这就是通常情况下制造了最多噪音的人。
- 比如，能够意识到我在头脑中所做的事情，以及当我开始感到沮丧时，身体会发生什么变化。
- 一部分的我会有消极的想法，会给我这些负面的信息，另一部分的我自己是批评和分析那些，并说"那不可能是完全正确的"。

结果

信度

在对编码进行初步讨论和比较之后，两位作者各选择一个采访子集进行独立编码，以计算信度得分。在撰写本文时，对于各种代码和整个数据来说，评定者信度足够好（表 6.1）。Fleiss（1981）提出 kappa 0.4～0.75 代表相对好，而 kappa ＞ 0.75 则代表极好。表 6.1 显示，僵化故事自我的评分者信度最低。对这一结果的讨论揭示了在解释"僵化"的方式上存在细微差别。随后的编码应该会产生更高的评分者信度。

表 6.1　功能自我区别编码方案的评分者信度

	Cohen's Kappa
僵化故事自我［SRS］	0.43
灵活故事自我［SFS］	0.58
过程自我［SP］	0.49
视角自我 1［SX1］	0.67
视角自我 2［SX2］	0.53
视角自我整体	0.80
全部 Kappa 的平均数	0.54

频率

句子总数除以每个代码的频率，可以得到包含每个代码的句子比例。因为没有自我参考的句子是没有代码的，而有些句子则包含了多个代码，所以这些比例相加并不一定是100%。在访谈中，我们计算了访谈中代码频率占句子总数的比例来控制访谈时长的影响。图6.2展示了5个编码在7个访谈者中出现的平均频率。

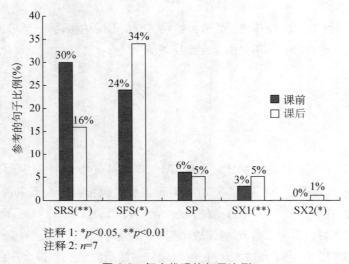

注释1：*$p<0.05$，**$p<0.01$
注释2：$n=7$

图6.2 每个代码的句子比例

正如预期那样，在课程之后，僵化故事自我（SRS）的出现频率有了显著下降[$t(6)= 5.3, p= 0.002$]。尽管我们自始至终都报告了显著性，但我们认识到，这个初步研究中的 n 非常小，因此，结果有一定的限制性，应该谨慎地解释。出乎意料的是，干预后，灵活的故事自我增加了[$t(6)= 2.7, p= 0.035$]，但过程自我并没有系统地变化[$t(6)= 0.7, p= n.s$]。和预期一致，视角自我陈述中的 SX1[$t(6)= 3.4, p= 0.015$]和SX2[$t(6)= 2.1, p= 0.078$]都有增加。SX2 的结果仅在使用双侧显著性检验时边缘显著，但假定变化出现在预测的方向上，这也需要谨慎地解释。对每个个体频率的检验显示，除了一名参加者在灵活的故事自我（SFS）上出现了少量下降，其他所有参加者都显示出相同的结果模式。

定性分析

对文本中代码模式的分析也支持了总结论，即参加者表现出了更灵活的自我区别行为。例如,一位53岁的律师事务所的女性合伙人PT,在课前的访谈中提到,当她发现自己在准备一份合同时犯了一个错误,她所体验到的恐慌感:

所以,一年后,我看一份合同,又发现了一处错误,这引发了一种远远超出这个错误的焦虑反应[僵化故事自我]……我能感到自己陷入了恐慌,然后这就像面纱从我眼前滑落……[僵化故事自我]就像我已经犯了一个错误,并会给客户造成麻烦的害怕引发了全身的生理反应[僵化故事自我]……而且一旦我进入那个状态,我就会在那个地方持续待上三天,但对这种状态,我无能为力[僵化故事自我]。如果我必须回到工作中,我就会去工作[灵活故事自我]。我会处理我的工作,但每当不需要我处理其他事情时,我就会在脑子里处理它,在晚上它会变得狂暴,焦虑到失控……[僵化故事自我]……这是关于发现和知道我不是完美的[僵化故事自我]……

[采访者]:对于"想到'我不完美'"这一点,最糟糕的地方是什么?

我认为这挑战了我的整个生活方式[僵化故事自我]。如果我能管理和控制我的生活,那我就安全了[僵化故事自我]。如果我不去管理和控制我的生活,那么我就会对自己未来的生活有一个更灾难性的看法[僵化故事自我]……

如果我已经犯了这个错误,我怎么能相信我能做好自己应该做的事情呢[僵化故事自我]?我怎样能成为一名律师?[僵化故事自我]……我总是觉得自己是个骗子,而且我可能——他们犯了一个错误,我不应该进入法学院[僵化故事自我]因此,法学院的第一年就是为了证明我可以在那里,而且他们并没有犯错误[灵活故事自我]……

对于PT来说,犯错不仅是失败的问题,而是对她核心身份的威胁,挑战了她处理生活的整个方式。在课后的访谈中,她又一次反思了犯错误的经历,这次是在人际关系上。她仍然会体验到一些相同的想法和感受,但也开始用一种新的方式来理解这些想法和感受下的身份,这种方式将她自己定义为不同于自己所犯的错误,或者自己是比所犯错误更大的存在:

> 我的一个朋友打电话给我,对我说,我对他们说了些伤害他们的话,当然,我不是故意的——他们听到了一些非我本意的事情[灵活故事自我]。我的即时反应是拿起电话拨过去,我就这么做了……[灵活故事自我]所以我很快就把它处理好了,而以前我只会焦虑不安,一整天都放不下这个事情[灵活故事自我],但后来我就好像整天在想,"他们怎么能这么看我呢?"……[灵活故事自我]我感到有点受伤,因为他们假定我说了非常糟糕的话,而没有试图去往好处想。我大声地对自己说,那是我说的话,他们怎么理解我说的话是他们的事情,但我现在把我自己的感受加到这里面,是伤害自己的行为,我感到很受伤[视角自我2]。所以,我觉得我已经想通了,我不需要再去认同它[视角自我2]。
>
> ……然后我就想到,这是我的一个朋友,我不想花时间去细想这个问题,因为它现在已经解决了,而且它不会——如果我选择不去解决,我也没有必要把这当成一件大事[灵活故事自我][视角自我1]。所以我觉得我是有选择的[灵活故事自我]。我认为这就是区别[过程自我]。我是有选择的,要么待在原地——受困于那件事,要么放手,我可以告诉我自己,我是有选择的[僵化故事自我][视角自我1]。

另一位参加者 BC,一名 50 岁的女性,担任高中的生活辅导员,已经在新的工作岗位上干了两个月,她很想在其他老师心中树立一个良好的形象。她参加 MBSR 课程的主要目的是学会释放和管理自己的压力。在课程前的访谈中,她谈论了学校里的评价和潜在的令人尴尬的局面。她一直在谈论她的父亲是如何成为一名新教牧师的,她认为这给她的内心造成了完美主义倾向,她将此称之为"乖女孩的声音"。她不断地评估别人是否认可她所做的事情,是否接受她,以及她感到"如果她犯了错,可能会被拒绝"的恐惧。她在课前的访谈中呈现出大量的僵化故事自我或灵活故事自我。访谈的大部分时间都被用来描述在工作中她被别人注意到时的焦虑:

> 对我来说,一旦……我开始需要承担责任,别人对我有需要,我就会有过激的反应,对我来说这真的非常消极[僵化故事自我]。我可以很好地管理一些事情,如果(我认为)人们认为我是

> 消极的，那后果会非常可怕［僵化故事自我］……身体有感觉，心理也会有想法，当这种情况出现时，有时我也可以尝试着这么做，继续坚持下去［灵活故事自我］。随着年龄的增长……我的反应更强烈了……［僵化故事自我］。

在课程之后，BC 反思了她害怕被别人评价这一观点是如何改变的：

> 我觉得有些时候也能感受到平和［灵活故事自我］。例如，在学校里。这并不是说事情变容易了，而是能够放下这些事情，不再不断地陷入这种想法当中，思考和担忧我如何让一切都很圆满［视角自我 1］……仅仅是能够停下来，从焦虑所造成的［这种］身体影响或者对别人的担忧中走出来［视角自我 1］。［这些身体影响］总是会把我直接送到脑子里［去想办法］如何去解决它，怎样让一切都好起来［灵活故事自我］①。只要这些感觉还在，我就会试着这么做［灵活故事自我］。而且真的讨厌那些感觉——所以这真地意味着我不必为此气疯［灵活故事自我］。只是停止这个部分的自动化意识［反应］过程，我的意思是，我过去就会在不知不觉间这么做［灵活故事自我］……这对我来说是一个巨大的转变［僵化故事自我］……通过不再带给人们试图解决所有事情的反应，我的人际关系，尤其是职业关系变得越来越牢固［僵化故事自我］……我发现（那个）声音还在那里，我很清楚它在那里［视角自我 1］，只不过它不再主导一切了。

这个引用最吸引人的地方在于，正念课程并没有改变她的经历，而是改变了她对于自己应该是什么样这种自动化思维的反应。想法不再是带着同样伤害的力量，而是相对的，被一种可以包括想法但并不是由想法构成的更大的自我感所包容。

综上所述，这两个个案都描述了这个课程是如何增强看待自我的灵活性和减少僵化性，从而打开特定方式看待自身所造成的困境。这些例子说明了编码方案

---

① 编码部分依赖于时态。如果不是她随后提到的事实，即她提供的例子仅仅是说她不再有这些行为模式了，此句和随后两句会被编码为 SRS（僵化故事自我）。

是如何揭示出人们通过描述自己的经历来构建自我感觉这一行为。这两个例子也有力地说明了积极的身份认同工作对人际关系的影响。对于这两个个案，在课程结束后，参加者证实了更灵活的观点采择能力，不那么僵化，更灵活的故事自我陈述，以及用更广的视角来观察自身的经验。我们可以期待，在组织背景下，这种更广的视角可能会创造出更积极和更支持性的关系。

讨论

总的来说，这些初步结果所呈现的模式为我们对观点采择灵活性的编码方法以及 MBSR 课程在促进观点采择灵活性的效力这两方面都提供了有力的支持。我们的方法提供了一种量化和评估职场正念训练等身份工作干预对员工身份的影响。它也潜在地提出了一种对正念进行尝试性地定性测量的方法，可以用来克服正念自我报告测量中的许多缺陷。理解自我的功能性方法也有助于理解其他"变革型"员工发展活动。领导力不仅需要技能，还需要更复杂的方式从而能在具体情境下觉察和理解自我(Heifetz, Grashow and Linsky, 2009; Snook, Nohria and Khurana, 2012)。但迄今为止，针对观点采择变化的潜在机制的研究还非常少。考虑到在工作场所的最佳运行状态，一般来说，一些理论家强调对日益复杂的自我建构本质信念的获得(Kegan and Lahey, 2009)，而其他理论家则强调持续的觉察以及自我认可经验的重要性(Glomb et al., 2012; Ryan and Deci, 2000)。我们的方法似乎有助于更好地认识故事自我、过程自我和视角自我在理解并有效地与自我、他人互动时的相对贡献。

不同形式的自我区别行为的相对频率预期会影响到个体对不同情景的灵活反应能力。故事自我提供了一致性和可预测性，但它也会导致僵化的反应。过程自我和视角自我增加了与直接即时体验的接触，而非使用语言对个体的经历进行抽象，从而增加了环境的敏感性和灵活性。Alvessor 和 Willmott 雄辩地指出，一个具备灵活性和开放性的自我意识正在变得日益重要：

> 然而，在后现代社会，身份是相对开放和可获得的，而不是给予的或封闭的……角色是即兴的，而不是脚本化的。鉴于当代身份具备技巧性和不稳定这些特性，虽然无法说所有的活动都涉及积极的身份工作，但大部分活动都涉及了；人们不断地投入到形成、修复、维护、加强或修改那些具有连续性和独特性的不稳定结

> 构之中。具体的事件、遭遇、转变、经历、惊喜以及更持久的压力，都有助于提高人们对自我身份具备构建性的认识，并迫使人们专注于身份工作。(2002，p.626)

建构主义发展理论家也提出另一个类似的观点，来探索社会变化对观点采择的影响(Commons and Ross，2008；Kegan，1994)。谈论自我及其经历的行为在组织行为和心理学中占据核心的研究地位。事实上，近几十年来，大众媒体和各种讨论都在强调培养真实自我的重要性。全球文化也越来越强调自我决定，至少在大多数西方国家，有一个强烈的规范信仰，认为选择越多越好，而且我们能够在纷繁复杂的选择之间做出自己的决定(Schwartz，2004)。在育儿、治疗，甚至性别角色方面，也要求我们积极地建构意义，舒服地做自己，要靠自己来做决定，而不是依赖传统或权威(Kegan，1994)。

工作场所下的身份需要和其他环境下的身份需要一样强大，因为它对产生意义和决策的特定方式拥有强有利而持续的激励与惩罚作用。员工被期望要求展现出对于他们的"核心自我"来说真实的领导力(Avolio and Gardner，2005)，在追求目标中积极主动(Parker, Bindl, Strauss, 2010)，被授权(Argyris，1998；Campbell，2000)，发自内心渴望上进(Deci and Ryan，2000)，以及在追求目标中发挥主观能动性。所有这些情况下，人们通过能够清楚地表达自己的喜好和价值观而得到社会强化，并且，即使面对社会上他人的异议，也能果断地表现出对那些偏好的追求。

这些变化是社会强化的一种广泛趋势，因为它能够表达自己的偏好，并采取行动来获得那些偏好。但推动知道"我是谁"的努力可能会产生意想不到的后果，因为"我这一代"越来越难协调自己的需求与他人的需求(Gergen，2009)。现代社会逐渐向我们提出更加复杂的身份要求，使得我们需要超越对他人认可的依赖，同时也认识到，在某种程度上，我们存在性的各个方面都内含着社会性(Kegan，1994)。人们被要求在想法中"超越自我"(Bauer and Wayment，2008)，更具有辩证性(Basseches，2005)、后现代性(Johnson and Cassell，2001)以及系统性(Johnston and Atkins，2005)——不仅仅是为他们自己做决定，而且是观察他们建构意义的过程(Kegan and Lahey，2010)。例如，在管理冲突时，人们被要求暂时搁置他们的利益和信念，在自我探索的情境下深刻体会多种可选的观点和意义(Isaacs，1999)。复杂的伦理困境往往要求我们超越单纯的自我利益，并有能力理解自我和他人的系统互动。综上所述，这些力量推动了在组织和社会中更广泛地进行身份工作这一巨大需求。正念训练可以为组织提供一条康庄大道，帮助员工的自我意识超越概念化自我的强烈感觉，而转变为更灵活、更真实、更灵敏地感受当下的自我体验。

局限性和深入研究

我们的测量方法可以评估人们是如何谈论和看待自己的。众多干预方式中的正念课程教给我们一种谈论自我的新方式。新手们可能从来没有想过，更没有像谈论一些外在事物一样谈论自己的心理或思想（例如，"注意你的走神"）。而且他们可能从来没有听说过"经历是一种过程，而不是内容"。在这样一门课程中或者在任何涉及谈论自我的新方法训练中，参加者是否有可能仅仅学会以一种特殊的方式说话，而不是发生了更广泛的行为变化？确定这一测量标准是否与其他利益衡量标准比如幸福、参与度和绩效相关联是一个实证问题。然而，我们认为人们谈论自我的方式，无论是私下还是公开的，都是建立和维护自我的过程。根据我们的观点，如果人们知道新的谈话方式本质上是一种创造自我意识的新方法，以及如果一个覆盖面更广的谈话方式随着时间推移而保持，参加者将继续学习有关自我的新方法。

应该这种方法进行更多的研究。因为这是一项探索性研究，它受到许多限制。一个明显的问题是，作者是编码者，非常清楚假设，也知道访谈是在训练前还是训练后。显然，在这种理解身份的方法的演变过程中，一个关键的阶段是训练其他人来编码，从而更彻底地测试信度。此外，未来的研究可能会使用不讨论干预的文本来源，这样就更容易使编码者不知道访谈是在课前还是课后。最后，在干预之前和之后被问到类似的问题的更标准化的访谈很重要，这样就可以分配出采访问题对自我区别陈述的影响。目前我们正在对一项更大规模的研究进行最后的分析，该研究着眼于工作场所样本中自我区别行为的灵活性与幸福感之间的关系。此外，我们还需要探索会引发自我谈论的不同方式。目前我们所有的数据都来自于一个自我反思的访谈，但这一技术可能适用于更广泛的自然语言文本，如小组讨论。

最后，我们打算探索谈论自我和谈论他人之间的关系。有相当多的证据表明，我们能够接受自己身份的程度，可以预测我们能够接受他人身份的程度（Williams and Lynn，2010）。Atkins和Parker（2012）探讨了如何改变与自我的关系，似乎可以调节对自我和他人的同情之间的关系。提高对自我反应特征模式的觉察，无论好坏，都可能增加对他人的共情。

结论

综上所述,我们认为正念训练可能会通过改变身份而发挥其作用。具体来说,我们提出了一种身份改变的解释,它超越了概念化的自我意识,既包括一种即时体验的感觉,也包括一种作为观察者的自我意识。当对这些在自然语言文本上有差异的、更加灵活和动态的自我感觉进行编码时,我们发现正念干预显著降低课程参加者僵化的概念化数量,同时增加使用反应作为观察者经验的自我意识术语。这些变化很可能影响了本书其他章节讨论的正念训练所导致的幸福感和绩效变化。

这种对组织中丰富的、自然的身份表达方式的测量方法不但有助于正念研究者打破正念自我报告测量方法的局限性(Grossman and Van Dam, 2011),而且也可能在工作场所有其他的实际用处。在进行这项研究的访谈时,参加者的喜爱程度和似乎从这些访谈中的获益打动了我们。谈论自我,然后学习自我的三种形式可能是一种独立的自我指导干预(Berger and Atkins, 2009)。与此同时,我们的方法可能提供了一种在员工选择和发展过程中,对身份更深层次因素进行测量和量化的方式,而不是采用其他测量方法。

(本章译者:张文娟,潘康)

References

Alvesson, M., Ashcraft, K. L., and Thomas, R. (2008). Identity matters: reflections on the construction of identity scholarship in organization studies. *Organization*, 15(1), 5-28. doi: 10.1177/1350508407084426.

Alvesson, M. and Willmott, H. (2002). Identity regulation as organizational control: producing the appropriate individual. *Journal of Management Studies*, 39(5), 619-44. doi: 10.1111/1467-6486.00305.

Argyris, C. (1998). Empowerment: the emperor's new clothes. *Harvard Business Review*, 76 (May/June), 98-105.

Atkins, P. W. B. and Parker, S. K. (2012). Understanding individual compassion in organizations: the role of appraisals and psychological flexibility. *Academy of Management Review*, 37(4), 524-46.

Avolio, B. J. and Gardner, W. L. (2005). Authentic leadership development: getting to the root of positive forms of leadership. *Leadership Quarterly*, 16(3), 315-38.

Barnes-Holmes, D., Hayes, S. C., and Dymond, S. (2001). Self and self-directed rules. In S.

C. Hayes, D. Barnes-Holmes and B. Roche (eds.), *Relational frame theory: a post-Skinnerian account of human language and cognition*. New York: Kluwer Academic/Plenum Publishers, pp. 119-39.

Barnes-Holmes, Y., McHugh, L., and Barnes-Holmes, D. (2004). Perspective-taking and theory of mind: a relational frame account. *The Behavior Analyst Today*, 5, 15-25.

Basseches, M. (2005). The development of dialectical thinking as an approach to integration. *Integral Review*, 1(1), 47.

Bauer, J. J. and Wayment, H. A. (2008). The psychology of quieting the ego. In H. A. Wayment and J. J. Bauer (eds.), *Transcending self-interest: Psychological explorations of the quiet ego*. Washington, DC: American Psychological Association, pp. 7-19.

Beech, N. (2008). On the nature of dialogic identity work.*Organization*, 15(1), 51-74. doi: 10. 1177/1350508407084485. (2011). Liminality and the practices of identity reconstruction.*Humau Relations*, 64(2), 285-302. doi: 10.1177/0018726710371235.

Beech, N., Kajzer-Mitchell, I., Oswick, C., and Saren, M. (2011). Barriers to change and identity work in the swampy lowland.*Journal of Change Management*, 11(3), 289-304. doi: 10.1080/14697017.2011.564591.

Bem, D. J. (1967). Self-perception: an alternative interpretation of cognitive dissonance phenomena. *Psychological Review*, 74 (3), 183 – 200. doi: http://dx. doi. org/10. 1037/h0024835.

Bennett, C. J. and Howlett, M. (1992). The lessons of learning: reconciling theories of policy learning and policy change.*Policy Sciences*, 25(3), 275-94.

Berger, J. G. and Atkins, P. W. B. (2009). Mapping complexity of mind: using the subject-object interview in coaching. *Coaching: An International Journal of Theory, Research and Practice*, 2(1), 23-36.

Campbell, D. J. (2000). The proactive employee: managing workplace initiative. *The Academy of Management Executive*, 14 (Aug), 52-66.

Carroll, B. and Levy, L. (2010). Leadership development as identity construction. *Management Communication Quarterly*, 24(2), 211-31. doi: 10.1177/0893318909358 725.

Colebatch, H. K. (2002).*Policy*. 2nd edn. Buckingham: Open University Press.

Commons, M. L. and Ross, S. N. (2008). What postformal thought is, and why it matters. *World Futures: Journal of General Evolution*, 64(5), 321-9.

Deci, E. L. and Ryan, R. M. (2000). The "what" and "why" of goal pursuits: human needs and the self-determination of behavior. *Psychological Inquiry*, 11(4), 227-68.

DeRue, D. S. and Ashford, S. J. (2010). Who will lead and who will follow? A social process of leadership identity construction in organizations. *The Academy of Management*

Review, 35(4), 627-47.

Dolowitz, D. P. and Marsh, D. (2000). Learning from Abroac: the role of policy transfer in contemporary policy-making. *Governance: An International Journal of Policy and Administration*, 13(1), 5-24.

Fiol, C. M., Pratt, M. G., and O'Connor, E. J. (2009). Managing intractable identity conflicts. *Academy of Management Review*, 34(1), 32-55.

Fleiss, J. L. (1981).*Statistical methods for rates and proportions*. 2nd edn.. New York: John Wiley.

Foody, M., Barnes-Holmes, Y., and Barnes-Holmes, D. (2012). The role of self in acceptance and commitment therapy. In L. McHugh and I. Stewart (eds.), *The self and perspective taking: contributions and applications from modern behavioral science*. Oakland, CA: Context Press, pp. 125-42.

Foody, M., Barnes-Holmes, Y., Barnes-Holmes, D., and Luciano, M. C. (2013). An empirical investigation of hierarchical versus distinction relations in a self-based ACT exercise. *International Journal of Psychology and Psychological Therapy*, 13(3), 373-85.

Gergen, K. J. (2009).*Relational being: beyond self and community*. Oxford University Press.

Glomb, T. M., Duffy, M. K., Bono, J. E., and Yang, T. (2012). Mindfulness at work. *Research in Personnel and Human Resource Management*, 30, 115-57.

Grossman, P. and Van Dam, N. T. (2011). Mindfulness, by any other name: trials and tribulations of sati in western psychology and science. *Contemporary Buddhism: An Interdisciplinary Journal*, 12(1), 219-39.

Hannah, S., Woolfolk, R., and Lord, G. (2009). Leader self-structure: a framework for positive leadership.*Journal of Organizational Behavior*, 30(2), 269.

Harris, R. (2009). *ACT made simple*. Oakland, CA: New Harbinger Publications.

Hayes, S. C. (1984). Making sense of spirituality.*Behaviorism*, 12(2), 99-110.

Hayes, S. C., Barnes-Holmes, D., and Roche, B. (2001).*Relational frame theory: a post-Skinnerian account of human language and cognition*. New York: Kluwer Academic/Plenum Publishers.

Hayes, S. C. and Gregg, J. (2000). Functional contextualism and the self. In C. Muran (ed.), *Self-relations in the psychotherapy process*. Washington, DC: American Psychological Association, pp. 291-307.

Hayes, S. C., Strosahl, K. D., and Wilson, K. G. (2011).*Acceptance and commitment therapy: the process and practice of mindful change*. 2nd edn. New York: The Guilford Press.

Heifetz, R., Grashow, A., and Linsky, M. (2009).The practice of adaptive leadership: tools and tactics for changing your organisation and the world. Cambridge, MA: Harvard Business Press.

Ibarra, H. and Petriglieri, J. L. (2010). Identity work and play. *Journal of Organizational Change Management*, 23(1), 10-25.

Isaacs, W. (1999). Dialogue and the art of thinking together. New York: Doubleday.

Johnson, P. and Cassell, C. (2001). Epistemology and work psychology: new agendas. *Journal of Occupational and Organizational Psychology*, 74(2), 125-43.

Johnston, K. and Atkins, P. W. B. (2005). An exploration of the complexity of thinking and consciousness required to sustainably 'manage' the environment. Paper presented at the Australia and New Zealand Systems Thinking Conference, Christchurch, New Zealand, December 5-7, 2005.

Kahneman, D. and Riis, J. (2005). Living, and thinking about it: two perspectives on life. In F. A. Huppert, N. Baylis, and B. Keverne (eds.), *The science of well-being*. Oxford University Press, pp. 285-304.

Kegan, R. (1994). *In over our heads: the mental demands of modern life*. Cambridge, MA: Harvard University Press.

Kegan, R. and Lahey, L. (2009). *Reconceiving the challenge of change immunity to change*. Boston, MA: Harvard Business Press.

Kegan, R. and Lahey, L. (2010). Adult development and organisational leadership. In N. Nohria and R. Khurana (eds.), *Handbook of leadership theory and practice*. USA: Harvard Business School Publishing Corporation.

Lahey, L., Souvaine, E., Kegan, R., Goodman, R., and Felix, S. (1988). *A guide to the subject-object interview: its administration and interpretation*. Cambridge, MA: Harvard Graduate School of Education.

Luciano, C., Ruiz, F. J., Torres, R. M. V., Martin, V. S., Martinez, O. G., and Lopez, J. C. L. (2011). A relational frame analysis of defusion interactions in Acceptance and Commitment Therapy: a preliminary and quasi-experimental study with at-risk adolescents. *International Journal of Psychology and Psychological Therapy*, 11(2), 165-82.

Osborne, J. W. and Jones, B. D. (2011). Identification with academics and motivation to achieve in school: how the structure of the self influences academic outcomes. *Educational Psychology Review*, 23(1), 131-58.

Parker, S. K., Bindl, U. K., and Strauss, K. (2010). Making things happen: a model of proactive motivation. *Journal of Management*, 36(4), 827-56.

Petriglieri, G. and Petriglieri, J. L. (2010). Identity workspaces: the case of business schools. *Academy of Management Learning and Education*, 9(1), 44-60.

Pratt, M. G., Rockmann, K. W., and Kaufmann, J. B. (2006). Constructing professional identity: the role of work and identity learning cycles in the customization of identity among medical residents. *Academy of Management Journal*, 49(2), 235-62.

Ryan, R. M. and Deci, E. L.(2000). Self-determination theory and the facilitation of intrinsic motivation, social development, and well-being. *The American Psychologist*, 55(1), 68-78.

Schwartz, B. (2004).*The paradox of choice : why more is less*. New York: Harper Perennial.

Skinner, B. F. (1976).*About behaviorism*. New York: Vintage Books.

Snook, S., Nohria, N., and Khurana, R. (2012).*The handbook for teaching leadership : knowing, doing and being*. California: SAGE Publications.

Styles, R. and Atkins, P. W. B. (in preparation). Functional selfing coding and interview manual. Crawford School of Public Policy, Australian National University.

Sveningsson, S. and Alvesson, M. (2003). Managing managerial identities: organizational fragmentation, discourse and identity struggle, *Human Relations*, 56(10), 1163-93.

Thacher, D. and Rein, M. (2004). Managing value conflict in public policy.*Governance*, 17 (4), 457-86.

Torneke, N. (2010).*Learning RFT*. Oakland, CA: New Harbinger Publications.

Williams, J. C. and Lynn, S. J. (2010). Acceptance: an historical and conceptual review. *Imagination, Cognition and Personality*, 30(1), 5.

7 正念帮助优化决策[①]

Natalia Karelaia and Jochen Reb

> 大多数男人无法意识到餐盘以外的东西。
> ——Scott Westerfeld, Leviathan

前言

在一天中的绝大部分时间,我们很少能完全意识到自己的想法、行为、情绪以及我们周围所发生的一切。即使决策制定这种需要经过深思熟虑的有目的性的行为,人们通常也无法充分意识到现状。而这可能是导致决策质量不佳的一个重要原因。因此,正念——开放性地注意并觉察当下发生的内外部事件的一种状态(如Brown and Ryan, 2003; Kabat-Zinn, 1982; 1990)——能够帮助人们更好地进行决策。无论对个人还是组织来说,决策制定属于人类的一项基本活动。明智的决策带来巨大的收益,如与对的人结婚、接受一份适合的工作、进行合理投资或为公司选择适宜的发展策略;而糟糕的决策则可能会导致损失、痛苦和煎熬。某些错误的决策还可能毁灭个人、破坏家庭和伤害组织,人们甚至会受其所困、带着悔意,甚至抑郁情绪反复回想当初的决定。组织中也会存在重大决策失误,例如戴姆勒奔驰公司(Daimler Benz)对克莱斯勒公司(Chrysler)的并购,或可口可乐公司决定推出新可乐。

决策行为的研究者并不看好个人和组织的决策能力,研究发现了一系列关于各种偏差(如系统偏差)和问题的列表,包括自负、确认偏差、沉没成本偏差(Kahneman, 2011)等。可以说,偏差部分源于决策制定本身就是个棘手的事情:在有限的能力资源范围和时间内处理大量信息;明确个人的价值观和目标;反复权衡,两害相权取其轻。我们认为,如果正念可以在决策制定过程中起到哪怕很小的

[①] 感谢 Paul W. B. Atkins, Max Bazerman, Andrew Hafenbrack, Robin Hogarth,以及 Tony Kong 对本章内容更早一个版本的反馈和建议。

助益作用，那么个人和组织还是可以通过正念获取相当可观的累积收益。

在本章中，我们探讨了正念影响人们做决策的各种方式。我们提出如下问题：正念是否有助于我们辨认决策机会？正念是否影响我们制定决策？正念能否帮助我们下定决心，减少发生延迟决策和回避决策的概率？正念能否引领我们做出更符合伦理道德的决策？正念能否帮助我们正视并坦然接受决策过程中的不确定性？正念是否使权衡利弊变得更容易？正念究竟会增加还是减少人们在信息处理中的直觉偏差？

关于这一领域的研究还处于初级阶段，本章就正念对决策制定可能产生的影响及其机制进行了全盘思考，并为后继研究提供了指导方向。我们假定正念这一概念贯穿于有关判断和决策制定的各类现象中。尽管我们建议读者对正念可能产生的副作用保持开放的态度，但我们在这里还是倾向于讨论正念在个人和组织进行判断和决策时的巨大的潜力。有趣的一点在于，人们一般认为正念包含着"非评判"的态度，而正念正是通过降低评判倾向来帮助人们做出更好的判断。同样，尽管正念倡导的觉察和观照等观念被认为过于被动，但我们发现减少习惯性反应行为确实会帮助人们进行自主决定，从而避免回避决策并增加选择性行为。

我们根据决策过程的阶段安排本章布局。总体来讲，一个完整的决策过程包括4个阶段：(1)决策确认；(2)收集和处理信息；(3)得出结论；(4)从反馈中学习（例如 Russo and Schoemaker，2002）。接着，我们将讨论正念在每个阶段可能产生的有益影响（也可能没有影响）。图7.1概述了我们在每个决策阶段所考虑的因素。

决策确认	收集和处理信息	得出结论	从反馈中学习
• 发现决策机会 • 目标觉察 • 生成选项 • 避免不合理的承诺升级 • 辨析道德困境	• 信息检索范围 • 寻求确认和自负 • 相关与不相关信息 • 正视不确定性	• 协调直觉和分析 • 权衡利弊 • 决策实施	• 觉察学习结构 • 广纳回馈 • 自利归因

图 7.1　决策制定的阶段以及正念可能影响的因素

本章中，我们将从正念的元认知这个方面着手，即更多地关注个人在事件发生时从内部（自己的想法、感受、情绪等）以及对外部（所处环境等）进行观察后注意到的内容，而更少关注当下正在发生的事件本身。换言之，正念决策制定意味着能够退后一步看自己的能力，即能后退一定距离，停在"半空中"，以中立的态度见证自己本人的想法和情绪,而非湮没在其中(这一状态通常被称作"去中心化"或"再觉知";Kabat-Zinn,1990;Shapiro et al.,2006;Teasdale et al.,2002)。

重要的是,将意识纳入决策过程,如同呼吸中何时吸气何时呼气,或行进中何时抬左腿等,都在人类有限脑力资源的默认应用范畴之外(Bargh and Chartrand,1999)。然而,退后到"半空中"去观察自己的状态以及所处的外界境况的重要性会随着需要做的决策的重要性和复杂性的升级而迅速提升。一项关于核电站操作员的研究结果显示,任务的复杂性会调节正念对任务绩效的影响(Zhang et al.,2013)。较高水平的特质正念(根据弗莱堡正念调查量表测量所得,Walach et al.,2006)在复杂的任务作业中与高任务绩效相关,但在简单任务中,二者的相关不明显,提高特质正念水平甚至会延迟任务执行。我们认为,除了个人的"重大"决定,包括攻读某种学历、追求某个职业以及确定居住地和选择伴侣这类家庭相关的决定等,很多通常具有长时效大范围影响的公共政策和管理决策也属于复杂决策范畴,包括战略决策,均会受到正念潜移默化的正面影响。

决策确认

决策确认可以说是决策制定中最重要和基础的一个方面,但是,却通常得不到决策者足够的重视(Russo and Schoemaker,2002)。如果对一个决策认识不清,即使实施得很好也无法达到预期的效果。下面我们将讨论正念可能会在哪些方面影响决策确认:注意到什么时候需要、什么时候不需要做决策;明确目标并生成选项;避免不合理的承诺升级和沉没成本偏差;以及明确决策的伦理维度。

意识到需要做一个决策

一般认为,决策确认始于人们意识到他们需要做出一个决策。我们假定,个人和组织在某种程度上是盲目的,他们的判断和选择是习惯性的而非前瞻性的,且通常会忽略某个决策需要。因此,人们就会继续维持现状,从而可能忽略问题或错失机会。相较而言,正念可能会帮助人们意识到做出决策的需要并确实做出决定,而不是在通常可能不代表最佳方案的现有状况中停滞不前。具有正念思维的决策者能够区分习惯性反应和某些"触发事件"(如冲突性场景、愤怒的顾客)的不同,这种能力使其可以从已建立的惯例行为模式中摆脱出来。因此,他们能够觉察到更多的选项,并在决策时有更大自由度和自主性。可以确定地说,正念练习会提高对选择的敏感性(Brown and Ryan,2003)。

清楚你的需求并生成选项

决策通常由可选项决定。例如，猎头就某个职位给一位经理打电话，或某公司迎来一个投资机会。这种在新增选项和现状中进行选择就是选项驱动决策的例子。然而，更有效的决策始于对个人的价值观、抱负或目标的理解，以及始于为了实现这些目标需要明晰和考虑的选项。Keeney（1994）认为这种注重价值导向的决策制定方法能够扩展选项并产生更好的决策结果，即那些能够实现个人根本目标的结果。我们认为正念帮助人们更加关注自身的价值观、需求和目标，减少对情境线索的反应（Brown，Ryan and Creswell，2007），从而能够将情景视为实现其最终目标的机会。此外，最新的研究表明，正念者更关注内在奖励，更少关注他们创造的自我形象之类的外在奖励（Ruedy and Schweitzer，2010）。这说明了正念者较少关注社会角度定义的地位和成功，而是把重点放在他们自己设定的重要的目标实现上，而据我们所知，后者才能给人带来真正的满足感和幸福感。

在这些过程的影响下，非正念的决策者更可能经历"决定后懊悔"（Festinger and Walster，1964），这种情绪通常出现在人们意识到决策过程让他们感觉别扭，或决策造成了他们不愿看到的后果。由于非正念决策者在做决策时较少意识到他们的内在目标，所以也会倾向于频繁改变决定。

正念也可能阻止对问题成熟的或狭隘的定义。"初学者心态"与正念的开放、不评判这两个方面（Brown and Ryan，2003；Kabat-Zinn，1990）有关，意味着决策者不是带着既定的思维模式，而是怀揣着好奇心来感知当下的境况，后者可能引导决策者探索更深层次的决策情境。反过来又导致决策者能够彻底重新确认决策，将其看成是一系列既相互独立又互相关联，且共享同一个目标的决策链中的一环。总体来说，鉴于正念与创造性的关系（见第八章），正念有助于决策者产生更多点子，创造出更新颖、质量更高的选项。由于备选项本身的质量对决策结果有着强大的影响，正念的这种间接效应就具有重大的现实意义。

总体来说，我们认为正念可能会增加选项的数量，提升选项的质量，帮助决策者主动生成新选项而非被动接受既有选项，且正念决策者更注重追求他们的根本目标。而另一方面，正念也可能对决策制定有消极影响，因为从目标这个角度而言，过多的数量会让决策者无法区分目标的重要性，从选项这个角度而言，过多的数量会导致决策者无法下定决心。因此在这种情况下，正念可能会使决策者在诸多选择前犹豫不决，更甚，可能在极端的情况下导致决策瘫痪（后续讨论正念影响决策者进行权衡的能力时，我们会再次回到这个问题）。另外，由于正念强调对当下的高度关注，也可能导致决策者更多关注当前目标而忽略长远目标。未来的研究应检验正念如何与选项生成、目标觉察、对内/外部定义的目标的依赖、当下目标和长远目标、决定后懊悔以及决策反转相关联。

优先化决策

正念可以帮助决策者区分必要决策和非必要决策，从而避免在可回避的非必要决策上浪费精力，转而可以将精力投入到重要的必要决策中，尤其是在决策者本人或者被其他人期待"做点什么"的情况下。例如，在公司中，新上任的管理者通常会被期冀立刻采取行动和着手改变现状。因为正念与个人对环境和自身目标的清晰认识和觉察相关，所以正念决策者能够识别催促他们做决策的社会压力，而非立刻做出决策。因此，可以投入更多的时间来评估为了确保组织目标的实现而确实需要采取行动的问题。

同样，正念也会帮助人们弄清他们是否花了太多的时间在"微决策"（那些总体来说对根本目标和幸福感几乎无影响的决定）上。这种澄清一方面反过来释放了注意力和认知资源，从而能够保证人们妥善做出更重要、更重大的决策，另一方面又缓解了因为需要做太多决定而带来的焦虑感。

失败过程的逆转

虽然我们已经讨论过正念可以通过提高个人价值和目标的显著性而帮助决策者在决策过程中保持高度一致性，但是正念也可能在决策过程中引发某些明显的不一致，尤其让人们认识到何时应该叫停某些行动方案。非理性承诺升级现象以及相关的沉没成本偏差会促使人执着于某个行为、项目、职业或者一段关系中，即人们并非因为一份详尽的付出—回报分析报告显示坚持下去是明智之举，而是因为他们已经在此过程中投入了大量的感情、财力或时间，所以不愿意承担放弃中包含的沉没成本（Arkes and Blumer，1985；Staw，1976）。

Hafenbrack，Kinias 和 Barsade（2013）近期的研究表明，由于正念强调对当下的感知，正念决策者的脑海不会一直被既往投入产生的沉没成本所占据，所以也就较少体验到因为半途而废所导致的遗憾。所以我们可以假设，正念可以减少人们对沉没成本这一倾向的回避。Hafenbrack 及其同事们发现气质性正念水平（正念觉察注意量表的测量结果，Brown and Ryan，2003）和短暂的正念练习（一个简单的 15 分钟呼吸冥想练习）均与放弃沉没成本呈正相关，这一研究结果很好地支持了上述假设。并且，降低对过去和未来的感知敏感度会中和止损行为的效应，从而降低其消极影响。

我们认为另一个过程可能有助于正念对非理性承诺升级的影响。Staw 和

Ross(1978)认为,对自我形象的关注会阻碍将沉没成本视为实际损失。当有新证据表明先前制定的决策应该有所变动时,决策者会体验到内心冲突(Festinger,1957),因为修订一项错误行为会让人感觉最初的决策就是错误的。为了维护自我形象,非正念者更倾向于以过于乐观的态度来过滤和解释信息,以此说服自己原先做出的决策并没有问题。相较而言,正念决策者更容易意识到自己的个人认知与既往决策的联系,以及抨击这些决策所带来的不适情绪。通过减少自我牵涉(Heppner et al.,2008;Lakey et al.,2008),正念可能会削弱承认决策错误这一举动对自尊的威胁感,帮助决策者接受或甚至完全消除不良情绪(Eifert and Heffner,2003)。当正念决策者意识到一项决策是失败的,就会及时止损来避免进一步的承诺升级,而非将此行为归咎为个人失败。今后的研究可以探讨,自我形象在正念帮助主动逆转失败过程中的中介作用。

对伦理挑战的认知

决策确认的另一层面涉及决策的伦理层面是否得到认可。我们认为正念能够帮助人们认识到他们所面临的决策中所包含的伦理道德问题,这一点在决策者"自动付诸行动"时通常被忽略了。有限道德——人们在无意识的情况下做出了非道德的行为——与觉醒水平和伦理道德水平具有正相关关系这一观点是一致的。研究发现,自我觉察和诚实度呈正相关关系(Bateson,Nettle,and Roberts,2006;Diener and Wallbom,1976;Haley and Fessler,2005),从而支持了以上观点。一些正念研究的初步证据也表明,个体的正念和伦理道德水平呈正相关关系。例如,Ruedy 和 Schweitzer(2010)的研究表明正念者更易觉察到自己的道德准则,更注重诚信,较少做出非道德行为(在其研究中的定义为欺诈),而那些在测验中(正念觉察注意量表的测量结果)分数低的人则刚好相反。因此,正念决策者很少会进行功利性考量,如较少考虑决策的经济后果(同样见于 Rest,1986),而是更多地按照其内心原有的伦理/道德价值进行抉择。

当人们即将做出违背其个人价值观的行为并能够意识到此点,可能暗示正念与本真(在此定义为日常活动中自由流动的人的真实或核心自我)紧密相连(Kernis and Goldman 2006,p.294)。相应的,气质性正念(正念观觉察注意量表的测量结果)确实与本真密切相关(Lakey et al.,2008)。

然而,我们尚不清楚正念是否与伦理道德存在固有的联系。人们甚至可以说正念会帮助形成反社会决策,只要这些决策是与决策者的反社会价值观相一致的。关于气质性正念(Beitel,Ferrer,and Cecero,2005)和正念练习(Shapiro,Schwartz,and Bonner,1998)研究的初步证据均显示,正念可以提高移情能力和对他人的关怀能力(Atkins, 2013)。此效果可能源于正念和自我关怀的逆向关系 (Heppner et al., 2008; Lakey et al., 2008)。移情能力和对他人的关怀能力的提升的一项自然结果是正念决策者会在做决策时更多考虑其他人的利益,并且做出一个平衡(相较于自我中心而言)且全面的决策,符合一套更广泛的标准。此外,近期的研究结果表明即使很简单的正念训练也可以帮助提升工作记忆(Zeidan, Johnson, Diamond, David and Goolkasian, 2010)。这一点会让正念决策者能同时顾及多项目标,而非仅仅关注某一自利的目标。

根据以上这些观点,Brown 和 Kasser(2005)证明气质性正念(正念觉察注意量表的测量结果)与饮食、交通及居住选择中对生态系统负责的行为呈正相关。今后的研究应直接检验正念和决策者将他人利益纳入自己决策行为之间的直接联系,以及识别伦理挑战并做出符合伦理的决策的倾向之间的联系。探索在此领域中临时引入正念和正念训练的效果,对于寻找有助于增加亲社会和道德决策的方式有着潜在的积极效果。

收集处理材料

在决策制定过程的第二阶段,相关选项的信息被收集并加以处理。此阶段有两个重点——所收集处理的信息的数量和质量——均与正念有密切联系。

信息检索范围

由于正念要求专注(Kabat-Zinn, 1990),并且由于注意力是一项有限认知资源(Hogarth, 1987; 2001; Simon, 1945),正念可能会争夺信息搜索所需要的注意力资源,导致信息搜索范围的缩小。反过来,较小的信息搜索范围可能导致某项相关证据被忽略,并且直接影响最终决策的质量。同时,对简单决策法或认知捷径的研究表明,较少的信息并非一定意味着判断或决策的质量是低下的,在某些条件下,精简信息反而更有利(如 Gigerenzer and Goldstein, 1996; Hogarth and Karelaia, 2007; Karelaia, 2006)。此外,繁杂的信息检索可能会在决策过程中增加负面效应,使得决策者必须更加依靠外部标准来分辨重要信息和次要信息,进而损害了他们对最终决策的满意度(Iyengar, Wells, and Schwartz, 2006)。因此,虽然正念可能会与精简信息检索相关,但尚未明确这对决策质量的总体影响。

寻求确认和自负

另一方面,正念可能与一项决策过程中所用信息的质量呈正相关。因为正念涉及开放性觉知和观察(Brown and Ryan, 2003; Kabat-Zinn, 1990),正念者可能会以一种中立的态度，而非通过他们的"透镜"（指因其既往经验、有限认知，或动机偏见引起的偏差）来接收处理信息。为了支持此想法，Kiken 和 Shook（2011）做了一系列研究，最终发现正念能够降低负面偏见，减少将负面信息凌驾于正面信息之上的倾向。

我们假定正念和寻求确认（即决策者会选择性地相信那些能够证实他们想法的信息）呈负相关（Bruner，Goodnow and Austin，1956；Klayman and Ha，1987）。同样的，虽然已有研究证实，大部分人在一个很大的范围内都会表现出过度自信（如 Klayman，1999；Moore and Healy，2008；Zacharakis and Shepherd，2001），但是正念决策者似乎更有可能认识到其知识的局限性，承认他们也会出错，因此他们较少对自己的判断和预测表现出过度自信。

保持正念意味着将人们从其思考和经验抽身出来，并意识到任何想法和感受（包括那些令人不适的觉得自己有问题的感受）都是暂时性且易变的（Kabat-Zinn，1990）。与此保持一致的是，正念已被证明会让人们不再执着于保护和提高自尊水平，减少自我牵涉（Heppner et al.，2008；Lakey et al.，2008）。因此，正念有助于帮助决策者认识并接受错误出现的可能性。反过来，这应该会减少为了维持一个正面积极的自我观念而冒着判断偏差和降低决策质量的风险去过滤信息的倾向。为了支持以上论点，Lakey，Campbell，Brown 和 Goodie（2007）的研究支持了以上论点，证明正念（正念觉察注意量表的测量结果）与自负（一项常识判断任务的个人校准测量结果）呈负相关。

未来的研究需要提供补充证据，证明在不同领域中正念和自负之间的关系，并阐明这种关系的潜在机制。值得注意的是，积极错觉，如自负，在其促进行为和任务持续性这些维度上是有一定作用的（Taylor and Brown，1988）。考虑到正念可能会导致不太自信的自我观念，未来的研究应关注这种认知偏差（如在预测中的）的降低是否会导致低自信的相关行为（如当执行一项决策或当去试图说服他人时（Anderson and Kilduff，2009；Russo and Shoemaker，1992）。

区分相关信息和无关信息

正念通过区分无关信息和相关信息来帮助决策者提高决策中可用信息的质量。如果使用的是相关信息，无论决策者使用了何种启发法，其结果都堪比那些通过更复杂的决策过程所得出的结果（Hogarth and Karelaia，2007）。对无关信息和相关信息的分辨能力的提高，还能帮助决策者去分析他们的决策是否受到模式化观念的影响。例如，某位掌握人事任免权的经理在一般情况下是无法意识到自己的性别、年龄或种族偏见对决策的影响的（如 Banaji，2001；Rudman and

Borgida，1995）。当然这位经理也可以无视事后合理化是怎样让这个决定看起来完全合理和公正，从而推卸了责任（Bandura，1999）。但是，正念管理者则倾向于暂缓做出决定，也更能觉察候选人的某些人格特质如性别、年龄或种族会在哪些方面扭曲管理者对其表现、技术和潜能的判断。Hodgins和Knee（2002）提出了类似观点，他们认为对当下更开放的人更少表现出小团体偏见，且在决策过程中更少依赖模式化信息。探索气质性正念和状态性正念与内隐和外显的刻板印象之间的联系，似乎是未来一个重要的研究方向。

上述讨论也证明，尽管具有沉思和不评判的本质，但因为正念觉察可以帮助决策者意识到可能缺失了某些重要信息，并去主动搜集这些信息，所以正念依然会增加更积极主动而非消极的信息检索行为。

接纳不确定性

信息收集阶段中一个重要方面是接纳相应的不确定性。有大量研究显示，人们通常低估了决策可能造成的各种结果的不确定性（Kahneman，Slovic and Tversky，1982）。一方面，强调关注当下的正念会削弱决策者想象未来事态发展的能力。在某些情景下，预防性地演绎未来的场景（如律师或经理考虑到可能出现的所有问题）可以提升决策质量。另一方面，因为正念同客观（或至少低偏见）信息处理的密切关系（Brown et al.，2007；Kiken and Shook，2011），正念可能会帮助决策者对其所处境况的不确定性更加敏感。此外，我们认为正念可以帮助人们摆脱不确定性对决策的消极影响。对不确定性的高度容忍能帮助决策者避免出现决策延迟或决策瘫痪的行为（Berenbaum，Bredemeier and Thompson，2008；Birrell et al.，2011）。正念觉察可能帮助人们认识到他们的焦虑来自对决策不确定性的感知，然后进一步以抽离自身的方式来觉察这种焦虑，最终减轻焦虑感（Brown and Ryan，2003；Hofmann et al.，2010）。这些过程有助于人们制定（良好的）决策。我们收集的初步数据显示，气质性的不确定性低容忍度（Buhr and Dugas，2002）确实与气质性正念（正念觉察注意量表的测量结果）呈负相关 $r= -0.35$，$p<0.01$，$n=78$。今后的研究需要理解正念是如何充分帮助了对不确定性的评估，如何处理不确定性带来的负面影响，以及如何在不确定的情况下采取行动。

对不确定性的高度觉察还可能导致过度的信息检索（Buhr and Dugas，2002；Tallis，Eysenck and Mathews，1991），即人们因试图提高控制感或避免做决策而去进行非理性的信息收集检索活动。正念会在决策者陷入这种无果的信息收集中时帮他们意识到这种行为的不妥之处，从而帮他们将时间和精力投入到其他效率更高的活动中。

有个相关问题是：正念是否可以削弱错觉模式检测？Whitson 和 Galinsky（2008）认为，当环境中的随机性降低了控制感，突出结构需求时，就很有可能出现对数据中的错觉相关性进行确认的情况。在他们的某一项实验中，当市场被描述为不稳定时，被试更容易从一个可投资的公司信息中检测出一个假的模式，当市场稳定时，情况则相反。因此，一方面，如果正念能帮助人们更好地接纳不确定性，正念者应该较少会察觉出虚假模式，因此更可能基于对数据的客观解释来进行决策。但另一方面，正念强调对当下的特别注意，会帮助决策者看到事件、行为、想法和情绪之间更多的关联，并最终增加看见虚假模式的倾向。未来的研究有助于更好地理解正念与错觉模式检测之间的关系。

另一个更普遍的相关问题是：正念是否与风险寻求相关？一方面，如果倾向于认为无法避免不确定性，所以应予以接纳，那么就可能存在上述关联。另一方面，如果说正念减少了对不确定性的防御性否定，则会更倾向于做出更谨慎的决策。最近研究证据表明，在经常从事赌博行为的赌徒中，具有气质性正念的赌徒在一项实验性赌博作业中承担的风险较小（Lakey et al.，2007）。然而，Lakey 及其同事们指出，该研究中的冒险行为并没有对参与者产生任何明显的影响。今后的研究还需要更多地了解气质性正念和短暂的正念练习能够在多大程度上帮助人们接纳不同领域内的不确定性，以及这种影响背后的作用机制。

得出结论

协调直觉和分析

在决策的这一阶段，得出结论后，决策者就会实施决策方案。这一结论可能是经过了深思熟虑、理性分析的产物，也可能是通过无意识的直觉得出的。尽管好的判断和决断同时需要直觉和理性分析（Hogarth，2001），但我们认为在一项任务中，当直觉上认可的决策方案和通过分析获得的行动方案不相同时，正念就会在其中起到助益作用。因为这种情况下，应该仔细研究直觉与深思熟虑之间的差异，而不是忽略其中之一。

导致一个人直觉判断的结果与深思熟虑的结果不一致的原因，可能是因为当下情境中的某事使决策者想起一个类似的场景并触发内隐态度，而决策者本人无法解释这一过程。当某一决策领域隶属决策者的专业范畴时，直觉就可以迅速指明可靠的决策方向。然而，在非专业领域，通过直觉判断很难做出高质量的决策（Hogarth，2001）。所以，应该说，正念会帮助决策者：（1）当直觉指向的决策方案和深思熟虑得出的结果不相同时,更清楚地看清实际情况;(2)评估直觉判断的有效性。

权衡利弊

如果面临的选项都差不多,没有哪一项具有明显的优势,那么决策行为就牵扯权衡利弊,权衡利弊就增加了决策的难度(Luce,Bettman and Payne,1997)。在选项间纠结权衡会导致决策者优柔寡断,通过推迟或回避决策的方式来降低取舍可能会带来的负面影响(Luce,1998;Tversky and Shafir,1992)。推迟或回避决策确实是普遍存在的现象(Anderson,2003)。因为正念提倡不评判的态度,而权衡利弊则是要求在可选择对象中进行对比评价,所以,正念可能会减少进行利弊权衡的过程。同样如上所述,因为正念使决策者更有可能意识到多重目标,而非执着于单一目标,也可能就会导致决策者踌躇不定且疑心重重。

然而,情况也有可能相反。首先,正念和情绪自我觉察相关,能够帮助人们认识自己的情绪并将此作为权衡利弊的有利信息,而且正念与决断力呈正相关(Damasio,1994;Dulewicz and Higgs,1999)。其次,当需要做权衡时,正念可能有助于决策者调节内心冲突所带来的情绪,而将情绪看成是不断变化的流动体,从而拥有从中抽离出来的能力,所以无论这些情绪多么让人不适,都可以更轻松地体验它们(Eifert and Heffner,2003)。因而,就可以更容易地做出决定。最后,像我们已经讨论过的那样,正念可以增强人们对个人价值观和优先事项的认识。对价值观觉知,在某个特定情境下明确各个属性的重要性,从而帮助人们进行权衡(Anderson,2003)。

权衡中有一个重要的维度是进行跨期对比,即把当前的收益和代价与未来的收益和代价进行比对。就目前的研究,正念可能会导致对远期结果的低估,从而导致做出更有利于当前的选择。另一方面,由于正念与更好的情绪和行为的自我调节相关(Arch and Craske,2006;Brown et al.,2007;Goodall,Trejnowska and Darling,2012;Lakey et al.,2007),因此也可能促使决策者为了获取更多的远期利益而放弃眼前的满足。迄今为止对延迟满足的研究表明,需要跨期权衡的情境下进行自我调节的能力最早出现于儿童早期,该能力与高级应对能力、学业成就及其一生中的其他积极成果都有正相关关系(Shoda,Mischel and Peake,1990;cf. Kidda,Palmeria and Aslina,2013)。所以,正念训练可以潜在地帮助人们延迟满足和做出跨期选择,而这显然值得学者们注意。

决策实施

一旦做出决策,下一步就是实施。上面我们讨论了正念帮助决策者将其目标纳入决策过程，正念决策者在实施阶段应该更倾向于实施而非反复琢磨。但另一方面，因为正念中包含了观察、见证及开放的心态，因此也可能以一种更为被动的立场延缓或阻止决策的实施。然而，也有人认为，正念不应被理解为不作为，而应是先于行为的一个过程。Salzberg（2011）特别建议说，只有在评估了现状并确认了变革的必要性时，才应该采取行动，此时正念就会起到重要的助益作用。尽管还需要大量研究来理解正念与决策实施的关系，但最新研究显示正念确实有助于将意图付诸行动。例如，Chatzisarantis 和 Hagger（2007）的研究表明，气质性正念（正念觉察注意量表的测量结果）会缩小在闲暇时间进行的体育锻炼中的意图—行为差距，即正念者会更倾向于使其行为与意图保持一致。

从反馈中学习

决策制定的最后一个阶段可以说是提高一个人长期决策能力的最重要的阶段，但矛盾的是，决策者通常却忽略了此点（Russo and Schoemaker，2002）。如果决策者（1）能够获取对既往决策结果的完整、快速以及正确的反馈以及（2）无偏差地处理这些反馈，就能从既往决策中进行学习、有效改进决策制定过程，以及有助于"训练直觉"（Hogarth，2001）。

觉察学习结构和广纳反馈

因为拥有敏锐的洞察力，正念者会更易觉察他们决策环境中的学习体系（Hogarth，2001）是否有利于学习。当个人能够从决策的实施结果中获取反馈，但却忘记了既往决策过程的结果时（如被录取者和不被录取者），或当结果是个人的技术和努力以及其他因素如运气（如成功投资股票市场）混合在一起时，情况便是如此。因为认识到可获得的反馈有局限性，正念者就会更倾向于主动寻求遗漏的反馈，并在处理反馈时排除噪音及其他因素。

然而，对于有效学习来说，仅仅意识到反馈的限制性是不够的。为了从经验中学习，个人需要保持开放性，广泛吸纳有关他们的表现及结果的任何信息，包括负面信息。我们认为，正念与对反馈的高接受度相关，尤其是负面反馈。长期的高度自我牵涉（Kernis，2003）会导致对正面和负面反馈具有较高的反应性。当自尊水平因为外部强化而变得脆弱，依赖于外界反馈时，任何负面反馈或经验都会被视为潜在的自我威胁。因为正念要求具备开放的心态和非评判性的觉察，上述正念者就会较少自我牵涉，并且能够更好地从自我卷入中抽离出来（Brown et al.，2007；Heppner et al.，2008）。因此，他们较少体验到负面反馈带来的自我威胁感，对负面反馈的接纳度也较高（Heppner and Kernis 2007），并认为所有的事实都是"友善的"(Rogers, 1961, p.25)。这些研究表明,正念者更易同时接收正面和负面反馈,且会主动寻找对其决策的反馈。因此,他们更倾向于斟酌判断,改善未来需要做出的决策,最终提升他们的直觉思维。

自利归因和学习

我们进一步认为,正念与对反馈所得的信息进行无偏见地分析处理等能力相关。大量记录表明,人们在对结果反馈的处理上经常出错。对因果关系的自利性偏差归因(Miller and Ross, 1975)是指将成功归因为内在因素如技术或判断,将失败归因于外部因素如"运气不佳"。自利偏差存在的一个原因是为了提高个人的自我价值感(Shepperd, Malone, and Sweeny, 2008),对于成功和失败的自利性归因会因自我牵涉而更加极端(Miller, 1976)。因为正念会减少自我牵涉,所以正念者较少会出于自我保护的目的而做出自利性归因。Hodgins 和 Knee(2002)的一个类似观点指出,对当下体验持开放性态度(意为正念态度)会降低包括自利性偏差在内的认知防御。这一推理意味着,即使正念者拥有一系列成功的决策制定经验,也较少会在其技能和决策能力上表现得过于自负,他们能在面对新问题时依旧保持恭谦的态度。未来的研究应探索正念与反馈判读、自利性归因偏差、自负以及在重复决策中学习的直接关系。

结论

虽然几乎没有人能完全觉察当下正在发生的所有事件,但好消息是,改进的空间是巨大的。正念不仅对健康和幸福感有积极的影响,而且,如同我们本章所讨论的,正念可能会提高人们做出正确的判断和决策的能力。本章对未来的研究方向提出了很多建议,对于解决近期备受瞩目的如何降低判断中的偏差以及提高决策质量等问题具有很大的潜力(Milkman, Chugh and Bazerman, 2009)。

我们认为,正念在决策制定的每一个阶段都对决策者有助益作用(Russo and Schoemaker, 2002)。在决策确认阶段,正念会提高人们对决策制定的可能性(或必要性)的觉察,以及减少沉没成本偏差。正念也会提高目标觉察,从而保证决策与目标的一致性并减少决策后后悔。更明确的目标将反过来催生更多的选择,而且可能会受到被正念所激发的创造力的进一步加强。重要的是,正念也有可能促进对伦理挑战的认知,从而预防减少有限道德事件的发生(Chugh et al., 2005)。此外,通过提高个人对其价值观的觉察,帮助他们觉察自己所做的决策可能会如何影响他人,正念很可能拥有提高决策伦理性的潜力(如 Ruedy and Schweitzer,

2010)。

在信息收集和处理阶段，正念可能会缩小信息搜索范围，并同时提高需要考量的信息的质量。尤其是，正念者较少倾向于寻求确认及表现得过于自信（如 Lakey et al.，2007），能更有效地区分无关信息和有效信息，较少依赖成见。此外，我们认为正念者会更加客观地接纳不确定性并且更有效地使用它。尽管还需要更多更深入的研究来理清这个效应，我们认为，正念同样具有减少对虚假模式识别的潜力。

在得出结论阶段，当决策者必须在多个行动方案中进行选择时，尽管这两套系统会选择不同的行动方案，正念能帮助他们同时提高直觉和分析的能力以达成目标。此外，正念水平越高的决策者越擅长权衡利弊，进而减少决策推迟和决策规避现象。通过减少意图—行为差距，正念还有可能促进决策的实施（Chatzisarantis and Hagger，2007）。

最后，正念决策者能够从反馈中学习，尤其是从正确的经验教训中学习。首先，当反馈缺失或信息纷繁复杂时，正念者能更好地进行辨认；其次，因为正念者更易摆脱自我关注（Brown et al.，2007；Heppner et al.，2008），他们对积极和消极的反馈更加开放，较少因自利性归因而误读各种反馈。

如上所述，正念可能与影响人类判断和决策的形形色色的现象相关。经过梳理，总体来说，在个人和组织背景中，正念在提高判断和决策的质量上有着巨大的助益潜力。然而，人们必须谨慎考虑正念对判断和决策可能产生的负面效应，以及可能存在的边界条件。例如上面所述，尽管正念会提高决策过程中所需信息的质量，它同时有可能减少搜寻所获得的信息的数量。某些情况下，有限的信息检索可能会导致忽略决策重要的考量内容，并低估相关的不确定性。尽管"少即是多"的文献表明，信息量少并不一定会导致更差的判断（如 Gigerenzer and Goldstein，1996；Hogarth and Karelaia，2007），仍需要更多的研究来确定正念是否确实减少了决策过程可用信息的数量。如果情况确实如此，就需要进一步研究才能确定正念对数量和质量的影响究竟是积极的还是消极的。

此外，因为正念与观察和注意细节相关，它也可能会拖延决策制定。充分评估目标，考量大量的选项，处理包括个人情绪在内的所有信息，这些都确实占用大量时间。我们承认决策速度和决策质量之间的权衡是不易被量化的，究竟哪一方更重要这个问题在很大程度上依赖于当下的情境。然而，我们相信，尽管正念可能会延迟决策过程，但它也可能使决策者在决策实施阶段"迎头赶上"。因为通过正念做出的决策更能彰显基本的价值观和目标，所以正念决策者很少会在最终的选项和被放弃的选项之间摇摆，或在决策做出后改变主意。此外，因为正念会让决策者在决策过程中同时考虑到他人的目标，因此利益相关者不太可能干扰决策的实施。

此外,我们也认为正念事实上也许与决断力正相关,并能通过例如提高个人对直觉与分析间冲突的识别和处理能力,以及在两个属性中进行权衡后二选一的能力,来帮助决策者迅速做出决定。总之,接下来可直接研究正念与决策速度之间的关系。

想要更好地理解正念以及冥想过程对决策制定的影响,还需要大量的研究工作,但是问题本身的丰富性保证了未来这一领域一定会出现数量可观的研究。我们鼓励学者们不仅关注气质性正念的影响,也需要关注暂时性正念状态、正念干预以及规律的、长时间的正念练习。我们惊喜地发现,正念并非一种固定的人格特征,而是可以通过练习而获得精进的人类与生俱来的能力。大量研究证明了正念练习的有效性(Brown et al., 2007)。此外,以上提及的许多研究都评估了暂时性正念或简单正念练习所带来的效果(如 Brown and Ryan, 2003; Hafenbrack et al., 2013; Lakey et al., 2008; Zeidan et al., 2010)。我们希望今后能有更多的研究来探讨正念训练和正念干预对判断和决策的潜在促进作用。

(本章译者:陈冬,吴冬昱,宋国萍)

References

Anderson, C. J. (2003). The psychology of doing nothing: forms of decision avoidance result from reason and emotion. *Psychological Bulletin*, 129(1), 139-66.

Anderson, C. and Kilduff, G. J. (2009). Why do dominant personalities attain influence in face-to-face groups? The competence-signaling effects of trait dominance. *Journal of Personality and Social Psychology*, 96(2), 491-503.

Arch, J. J. and Craske, M. G. (2006). Mechanisms of mindfulness: emotion regulation following a focused breathing induction. *Behaviour Research and Therapy*, 44(12), 1849-58.

Arkes, H. and Blumer, C. (1985). The psychology of sunk cost. *Organizational Behavior and Human Decision Processes*, 35, 124-40.

Atkins, P. W. B. (2013). Empathy, self-other differentiation and mindfulness. In K. Pavlovich and K. Krahnke (eds.), *Organizing through empathy*. New York: Routledge, pp. 49-70.

Banaji, M. R. (2001). Ordinary prejudice. *Psychological Science Agenda*, American Psychological Association, 14, 8-11.

Bandura, A. (1999). Moral disengagement in the perpetration of inhumanities. *Personality and Social Psychology Review*, 3(3), 193-209.

Bargh, J. A. and Chartrand, T. L. (1999). The unbearable automaticity of being. *American Psychologist*, 54, 462-79.

Bateson, M., Nettle, D., and Roberts, G. (2006). Cues of being watched enhance cooperation in a real world setting. *Biology Letters*, 2(3), 412–14.

Bazerman, M. and Moore, D. (2009). *Judgment in managerial decision making*. 7th edn. Hoboken, NJ: Wiley.

Beitel, M., Ferrer, E., and Cecero, J. J. (2005). Psychological mindedness and awareness of self and others. *Journal of Clinical Psychology*, 61(6), 739–50.

Berenbaum, H., Bredemeier, K., and Thompson, R. J. (2008). Intolerance of uncertainty: exploring its dimensionality and associations with need for cognitive closure, psychopathology, and personality. *Journal of Anxiety Disorders*, 22, 117–25.

Birrell, J., Meares, K., Wilkinson, A., and Freeston, M. (2011). Toward a definition of intolerance of uncertainty: a review of factor analytical studies of the intolerance of uncertainty scale. *Clinical Psychology Review*, 31, 1198–208.

Brown, K. W. and Kasser, T. (2005). Are psychological and ecological wellbeing compatible? The role of values, mindfulness, and lifestyle. *Social Indicators Research*, 74, 349–68.

Brown, K. W. and Ryan, R. M. (2003). The benefits of being present: mindfulness and its role in psychological well-being. *Journal of Personality and Social Psychology*, 84, 822–48.

Brown, K. W., Ryan, R. M., and Creswell, J. D. (2007). Mindfulness: theoretical foundations and evidence for its salutary effects. *Psychological Inquiry*, 18, 211–37.

Bruner, J. S., Goodnow, J. J., and Austin, G. A. (1956). *A study of thinking*. New York: Wiley.

Buhr, K. and Dugas, M. J. (2002). The intolerance of uncertainty scale: psychometric properties of the English version. *Behaviour Research and Therapy*, 40, 931–45.

Chatzisarantis, N. L. D. and Hagger, M. S. (2007). Mindfulness and the intention-behavior relationship within the theory of planned behavior. *Personality and Social Psychology Bulletin*, 33(5), 663–76.

Chugh, D., Bazerman, M., and Banaji, M. R. (2005). Bounded ethicality as a psychological barrier to recognizing conflicts of interest. In D. A. Moore, D. M. Cain, G. Loewenstein, and M. Bazerman (eds.), *Conflicts of interest*. Cambridge University Press, pp. 74–95.

Damasio, A. (1994). Descartes' error: emotion, reason and the human brain. New York: Putnam.

Diener, E. and Wallbom, M. (1976). Effects of self-awareness on antinormative behavior. *Journal of Research in Personality*, 10(1), 107–11.

Dulewicz, V. and Higgs, M. (1999). Can emotional intelligence be measured and developed? *Leadership and Organization Development Journal*, 20(5), 242–53.

Eifert, G. H. and Heffner, M. (2003). The effects of acceptance versus control contexts on avoidance of panic-related symptoms. *Journal of Behavior Therapy and Experimental*

Psychiatry, 34(3/4), 293-312.

Festinger, L. (1957). *A theory of cognitive dissonance*. Stanford University Press.

Festinger, L. and Walster, E. (1964). Post-decision regret and decision reversal. In Festinger, L. (ed.), *Conflict, decision, and dissonance*. Stanford University Press, pp. 100-12.

Gigerenzer, G. and Goldstein, D. G. (1996). Reasoning the fast and frugal way: models of bounded rationality. *Psychological Review*, 103, 650-69.

Goodall, K., Trejnowska, A., and Darling, S. (2012). The relationship between dispositional mindfulness, attachment security and emotion regulation. *Personality and Individual Differences*, 52(5), 622-6.

Hafenbrack, A. C., Kinias, Z., and Barsade, S. (2014). Debiasing the mind through meditation: mindfulness and the sunk cost bias. *Psychological Science*, 25(2), 369-76.

Haley, K. J. and Fessler, D. M. T. (2005). Nobody's watching? Subtle cues affect generosity in an anonymous economic game. *Evolution and Human Behavior*, 26, 245-56.

Heppner, W. L. and Kernis, M. H. (2007). "Quiet ego" functioning: the complementary roles of mindfulness, authenticity, and secure high self-esteem. *Psychological Inquiry*, 18(4), 248-51.

Heppner, W. L., Kernis, M. H., Lakey, C. E., Goldman B. M., Davis, P. J., and Cascio, E. V. (2008). Mindfulness as a means of reducing aggressive behavior: dispositional and situational evidence. *Aggressive Behavior*, 34(5), 486-96.

Hodgins, H. S. and Knee, C. R. (2002). The integrating self and conscious experience. In E. L. Deci and R. M. Ryan (eds.) *Handbook of self-determination research*. Rochester, NY: University of Rochester Press, pp. 87-100.

Hofmann, S. G., Sawyer, A. T., Witt, A. A., and Oh, D. (2010). The effect of mindfulness-based therapy on anxiety and depression: a meta-analytic review. *Journal of Consulting and Clinical Psychology*, 78(2), 169-83.

Hogarth, R. M. (1987). *Judgement and choice: the psychology of decision*. 2nd edn. New York: Wiley.

(2001). *Educating intuition*. University of Chicago Press.

Hogarth, R. M. and Karelaia, N. (2007). Heuristic and linear models of judgment: matching rules and environments. *Psychological Review*, 114(3), 733-58.

Iyengar, S. S., Wells, R. E., and Schwartz, B. (2006). Doing better but feeling worse: looking for the "best" job undermines satisfaction. *Psychological Science*, 17, 143-50.

Kabat-Zinn, J. (1982). An out-patient program in behavioral medicine for chronic pain patients based on the practice of mindfulness meditation: theoretical considerations and preliminary results. *General Hospital Psychiatry*, 4(1), 33-47.

Kabat-Zinn, J. (1990).Full catastrophe living: using the wisdom of your body and mind to face stress, pain, and illness. New York: Delacorte.

Kahneman, D. (2011).*Thinking, fast and slow*. New York: Farrar, Strauss, Giroux.

Kahneman, D., Slovic, P., and Tversky, A. (1982).*Judgment under uncertainty: heuristics and biases*. New York: Cambridge University Press.

Karelaia, N. (2006). Thirst for confirmation in multi-attribute choice: does search for consistency impair decision performance? *Organizational Behavior and Human Decision Processes*, 100, 128-43.

Keeney, R. (1994). Creativity in decision making with value-focused thinking. *Sloan Management Review*, 35(4), 33-41.

Kernis, M. H. (2003). Toward a conceptualization of optimal self-esteem. *Psychological Inquiry*, 14(1), 1-26.

Kernis, M. H. and Goldman, B. M. (2006). A multicomponent conceptualization of authenticity: theory and research. In M. P. Zanna (ed.), *Advances in experimental social psychology*. San Diego: Elsevier Academic Press, pp. 284-357.

Kidda, C., Palmeria, H., and Aslina, R. N. (2013). Rational snacking: young children's decision-making on the marshmallow task is moderated by beliefs about environmental reliability. *Cognition*, 126(1), 109-14.

Kiken, L. G. and Shook, N. G. (2011). Looking up: mindfulness increases positive judgments and reduces negativity bias. *Social Psychological and Personality Science*, 2, 425-31.

Klayman, J. and Ha, Y-W. (1987). Confirmation, disconfirmation, and information in hypothesis testing. *Psychological Review*, 94(2), 211-28.

Klayman, J., Soll, J. B., Gonzalez-Vallejo, C., and Barlas, S. (1999). Overconfidence: it depends on how, what, and whom you ask. *Organizational Behavior and Human Decision Processes*, 79(3), 216-47.

Lakey, C. E., Campbell, W. K., Brown, K. W., and Goodie, A. S. (2007). Dispositional mindfulness as a predictor of the severity of gambling outcomes. *Personality and Individual Differences*, 43(7), 1698-710.

Lakey, C. E., Kernis, M. H., Heppner, W. L., and Lance, C. E. (2008). Individual differences in authenticity and mindfulness as predictors of verbal defensiveness. *Journal of Research in Personality*, 42, 230-8.

Luce, M. F. (1998). Choosing to avoid: coping with negatively emotion-laden consumer decisions. *Journal of Consumer Research*, 24, 409-33.

Luce, M. F., Bettman, J. R., and Payne, J. W. (1997). Choice processing in emotionally difficult decisions. *Journal of Experimental Psychology: Learning, Memory, and Cognition*, 23, 384-405.

Milkman, K. L., Chugh, D., and Bazerman, M. (2009). How can decision making be improved? *Perspectives on Psychological Science*, 4(4), 379-83.

Miller, D. T. (1976). Ego involvement and attributions for success and failure. *Journal of Personality and Social Psychology*, 34(5), 901-6.

Miller, D. T. and Ross, M. (1975). Self-serving biases in the attribution of causality: fact or fiction? *Psychological Bulletin*, 82(2), 213-25.

Moore, D. A. and Healy, P. J. (2008). The trouble with overconfidence. *Psychological Review*, 115(2) 502-17.

Rest, J. (1986). Moral development: advances in research and theory. New York: Praeger.

Rogers, C. (1961). On becoming a person: a therapists view of psychotherapy. New York: Houghton-Mifflin.

Rudman, L. A. and Borgida, E. (1995). The afterglow of construct accessibility: the behavioral consequences of priming men to view women as sexual objects. *Journal of Experimental Social Psychology*, 31, 493-517.

Ruedy, N. E. and Schweitzer, M. E. (2010). In the moment: the role of mindfulness in ethical decision making. *The Journal of Business Ethics*, 95, 73-87.

Russo, J. E. and Shoemaker, P. J. H. (1992). Managing overconfidence. *Sloan Management Review*, 33, 7-17.

Russo, J. E. and Schoemaker, P. J. H. (2002). *Winning decisions: how to make the right decision the first time*. New York: Doubleday.

Salzberg, S. (2011). Real happiness: the power of meditation. New York: Workman Publishing.

Shapiro, S. L., Carlson, L. E., Astin, J. A., and Freedman, B. (2006). Mechanisms of mindfulness. *Journal of Clinical Psychology*, 62, 373-86.

Shapiro, S. L., Schwartz, G. E., and Bonner, G. (1998). Effects of mindfulness-based stress reduction on medical and premedical students. *Journal of Behavioral Medicine*, 21, 581-99.

Shepperd, J., Malone, W., and Sweeny, K. (2008). Exploring causes of the self-serving bias. *Social and Personality Psychology Compass*, 2(2), 895-908.

Shoda, Y., Mischel, W., and Peake, P. K. (1990). Predicting adolescent cognitive and self-regulatory competencies from preschool delay of gratification: identifying diagnostic conditions. *Developmental Psychology*, 26(6), 978-86.

Simon, H. A. (1945). Administrative behavior: a study of decision-making processes in administrative organization. New York: Free Press.

Staw, B. M. (1976). Knee-deep in the big muddy: a study of escalating commitment to a chosen course of action. *Organizational Behavior and Human Performance*, 16, 27-44.

Staw, B. M. and Ross, J. (1978). Commitment to a policy decision: a multi-theoretical perspective. *Administrative Science Quarterly*, 23, 40-64.

Tallis, F., Eysenck, M., and Mathews, A. (1991). Elevated evidence requirements in worry. *Personality and Individual Differences*, 12, 21-7.

Taylor, S. E. and Brown, J. D. (1988). Illusion and well-being: a social psychological perspective on mental health. *Psychological Bulletin*, 103, 193-210.

Teasdale, J. D., Moore, R. G., Hayhurst, H., Pope, M., Williams, S., and Segal, Z. V. (2002). Metacognitive awareness and prevention of relapse in depression: empirical evidence. *Journal of Consulting and Clinical Psychology*, 70, 278-87.

Tversky, A. and Shafir, E. (1992). Choice under conflict: the dynamics of deferred decision. *Psychological Science*, 3, 358-61.

Walach, H., Buchheld, N., Buttenmuller, V., Kleinknecht, N., and Schmidt, S. (2006). Measuring mindfulness — the Freiburg Mindfulness Inventory (FMI). *Personality and Individual Differences*, 40(8), 1543-55.

Whitson, J. A. and Galinsky, A. D. (2008). Lacking control increases illusory pattern perception. *Science*, 322(5898), 115-17.

Zacharakis, A. L. and Shepherd, D. A. (2001). The nature of information and overconfidence on venture capitalists' decision making. *Journal of Business Venturing*, 16(4), 311-32.

Zeidan, F., Johnson, S. K., Diamond, B. J., David, Z., and Goolkasian, P. (2010). Mindfulness meditation improves cognition: evidence of brief mental training. *Consciousness and Cognition*, 19, 597-605.

Zhang, J., Ding, W., Li, Y., and Wu, C. (2013). Task complexity matters: the influence of trait mindfulness on task and safety performance of nuclear power plant operators. *Personality and Individual Differences*, 55, 433-9.

8 工作场所中的正念与创新

Ravi S. Kudesia

介绍

2010年春天,技术咨询机构 IBM 发布了备受瞩目的关于众多 CEO 的观点的研究。来自 60 个国家 33 个行业的 1 500 名首席执行官表示,比起正直、缜密,甚至愿景这些特质,创新才是领导者才能中最为重要的那一个(Berman and Korsten, 2010)。细细想来,这一发现并不完全违反直觉,因为创新是企业长期获得成功的关键驱动力(Florida, 2002)。高层经理常常陷入例行和惯性的商业模式中,而这让他们无法适应变化多端的情况和识别出新的机会(Nystrom and Starbuck, 1984)。像宝丽来(Polaroid)这样的公司,他们的管理层对于应对数码摄影的崛起毫无准备,便是对这一点的鲜明例证(Tripsas and Gavetti, 2000)。由于商业环境越来越动荡和复杂,那些能够驾驭模糊性和适应变化的管理人员将会越来越得到公司的青睐。

然而,虽然创新对企业的成功至关重要,但学者和从业者都对如何最好地推动工作场所的创新所知甚少。现有的改善创新的方法,一个是雇佣那些被认为具有创新天赋的人,另一个是实施一些规章制度来激励员工进行创造性的思考。正念训练也许是推动创新的第三种方法。虽然正念训练通常被认为是一种健康干预方法,但是它是由佛教僧侣开发的,目的是能够创造出一种"截然不同"于"我们通常的意识模式"的心理状态(Bodhi, 1984, p.75)。这和心理状态直接作用于认知灵活性和富有创造性的洞察力,而这正是现代职场中所需要的。因此我认为,正念提供了一种独特的增进工作场所的创新的心灵内部的途径。因此在本章中,我阐述了整合创新认知和正念的观点,以此希望能对学者和从业者都有所帮助。

什么是创新?

展开之前,我们必须对创新进行定义。因为这个词包含的含义如此之多,所以了解它的定义的最好方式是讨论它的构成要素。一种简单又有用的方式是区分创新产品（products）、创造创新产品的人（people）、促进创新的空间（places）和创新发生的过程（process）（例如 Rhodes，1961）。在企业中，创新的这四个要素（four Ps of creativity）以特定而明显的方式相互关联。例如，创新产品因新颖（即异于之前产品）和有用性（即对顾客的价值）而被辨别出来（Barron，1969；Mumford，2003）。产品产生于人与空间的交互，因此企业希望雇佣合适的雇员，同时设计出合适的工作空间（见 Woodman，Sawyer and Griffin，1993）。具有创新精神的人拥有独特的特质，他们思维敏捷，不墨守成规，灵活、好奇、开明、自信，勇于冒险，喜欢复杂性问题，具有经验开放性，同时愿意丰富自己的阅历（Barron and Harrington，1981；Martindale，1989；McCrae，1987）。那些具有乐观、积极、趋近情绪的人往往更富有创造力（Baas，De Dreu, and Nijstad，2008），而智力是创新的一个必要但不充分的条件（Guilford，1967）。

　　创新的工作环境的特别之处在于它能产生内在激励，比如说员工被工作本身所激励，而非受到经济收入或者竞争压力这样的外部因素所激励（Amabile，1998）。复杂而有意义的工作，支持人而非控制人的主管，帮助人发展的而非简单评估等级的绩效评估程序，以及限制对工作打扰的办公室布局，这些都会让员工的创造力更上一层楼（Shalley，Zhou and Oldham，2004）。在企业中，创新的进程是持续的和迭代的。例如，过去的学习让企业中的个人和团队去发现问题（即准备阶段）；然后这些个人和团队会尝试不同解决方案（即孵化阶段）直到企业的资源被安排给一个最合理的方案（即灵光乍现阶段）；接下来，市场中的消费者的购买决策就是对这个方法的反馈（即验证阶段），这些会促进更深一步的学习，让新的创新成为可能（Hurley and Hult，1998；Wallas，1926）。在本章中，我们将创新的四个要素（即产品、人、空间和过程）作为我们探讨正念和创新的基础点。

创造性认知

　　虽然上述讨论可以帮助我们理解创新是什么，但它并没有解释清楚富有创造性的洞察力如何形成的认知微观过程。从本质上看，富有创造性的洞察力一方面可以来自于问题和解决方案在头脑中表征方式的转变；另一方面也可以是由于产生可能解决方案的知识结构的组织方式发生了转变。还有一些思维模式使表征和知识结构发生这些变化的可能性更大。这些认知微观过程对我们深入研究正念对促进创新的潜在作用非常重要。

表征问题和解决方案

有三种改变心理表征的方式可以提升洞察力（Ohlsson，1992）。"详尽阐述"（Elaboration）意味着就问题的表征增添信息。例如，如果要求你识别板（board）和桌子（table）之间的关联，你可能回答桌子是一块木的板。然而，在详细阐述"board"的多种含义之后，你也许会意识到一家公司的董事会围着桌子开会。洞察力来自于向最初不完整的问题表征添加新信息。"重新编码"（Re-encoding）意味着拒绝部分问题表征。例如，假设你被问及：男人娶他的寡妇妹妹（或姐姐）是否合法？起初，你可能将这个问题诠释为一个法律问题。但是，如果你拒绝以法律角度诠释问题，并重新编码该问题，你可能会意识到说一个有寡妇（老婆）的男人意味着这个男人其实已经死了，因此这个男人不能再结婚。洞察力来自于从最初的问题表征中删除无用的信息。

"约束松弛"（Constraint relaxation）意味着改变关于解决方案表征的假设。例如，如果要求你帮一家公司减少产品损坏率，你可以考虑使用更好的材料或更坚固的结构。在一次正念工作坊上，一位与会者提出，公司可以让产品更美观。通过将解决方案必须是产品导向的这个约束放松后，他得出了一种以关系为导向的解决方案：用户会更爱护他们觉得美丽的产品，从而降低产品被损坏的可能性。洞察力通过放松对解决方案的约束条件，从而想到史无前例的策略。

组织知识结构

然而，即便在这个问题和解决方案可以被正确表征出来的前提下，创新仍然需要识别并联接解决问题所需的各种知识。如果必要的联系已经储存在大脑中，那么只需要回忆一下解决方案，这就是一个简单的关于提取长期记忆的问题。然而，创新性问题要求个人以某种方式重新组织他们的知识结构，之后解决方案才可能浮现出来。这期间有四个复杂性越来越高的过程会发生（Welling，2007）。

第一个过程是"应用"（Application），主要是指将现有的知识结构运用到一个略微新颖的场景中。例如，一家向保险行业销售客户关系管理软件的公司可以使用相同的流程将其软件出售给银行业。第二个过程是"类比"（Analogy），是指将现有的知识结构转移到创新的环境中。在这种情况下，公司可能意识到管理公司与客户之间关系的软件也可以用来管理公司和员工之间的关系。因此，它可以以新的方式使用相同的软件，比如在员工内部发送内部备忘录并管理文档。第三个过程是"融合"（Combination），是指整合现有知识结构以形成新的结构。此时，该公司可以将客户沟通产品概念和员工沟通产品概念合在一起形成新的集成软件系统。

第四个过程是"抽象"（Abstraction），即创造一个新的更高层的概念，这个高层概念能定义低层知识结构之间的关系。例如，这个可以同时管理客户和员工关系的新软件可被视为一种新的产品类型：职场关系整合解决方案。这个新概念有助于人们理解集成软件并促进相关有价值的洞见的出现。

思维模式

虽然改变问题表征和组织知识结构很重要，但这些过程究竟是如何发生的呢？Guilford（1959）提出两个非常不同的思维模式——聚合思维（convergent thinking）和发散思维（divergent thinking）。在聚合思维中，个人不断地收拢他们的心理搜索过程，直到他们得出唯一一个正确的答案。例如，如果要求你回答加利福尼亚州的首府，你的记忆搜索将系统地收窄，也许从所有城市到加利福尼亚州的城市，到萨克拉门托的这个唯一的首府。然而，在发散思维中，心理过程相对不受限制，会产生各种正确的答案。例如，如果要求你列出尽可能多的加利福尼亚州的城市，你会发现，你不会让你的思维越来越收窄，而是让大脑中的答案自下而上地出现：旧金山、洛杉矶、萨克拉门托等等。创新同时需要这两种过程：发散性思维有助于详尽阐述问题表征并产生各种解决方案，而聚合思维有助于缩小表征范围并达成最佳解决方案。

创造力训练

由于创新的重要性，一些相关的培训课程已经在工作场所中开展，并获得一定程度的成功（见 Puccio et al.，2010；Scott，Leritz and Mumford，2004）。最早的培训方案"创新地解决问题"（Creative Problem Solving）是由广告人 Alex Osborn 于 1953 年创立的，他因为开创了"头脑风暴"的概念而广为人知。这个方案的实施步骤与创新的典型流程相似，都需要收集信息、明确问题、制定解决方案和行动计划。它独特的闪光点在于帮助人们在每个步骤中都交替使用发散思维和聚合思维。另一个家喻户晓的培训方案是"协和创作法"（Synectics）——以"使熟悉的陌生，使陌生的熟悉"为目的（Gordon，1961）。它所利用的多种类比方法，既能帮助人们找到问题相关的绝佳解决方案，又能分别从个人和象征性的角度对问题进行场景化。这极大地挑战了使用者，从而引导他们对自身的创新性问题进行反思。"六顶思考帽"（The Six Thinking Hats）训练方案也运用了相似的方法来帮助使用者转换思维角度（De Bono，1985）。例如，它帮助人们在解决问题的不同模式之间转换，这些模式包括收集信息、直觉感受、逻辑思考、乐观反应和创意产生。

上文所提到的三种方案的优点在于，它们通过从根本上减少常见的思维陷阱来帮助人们构筑其创造力。比如,在"创新地解决问题"的方案中,头脑风暴的非评判性有助于避免在发散思维的过程中自我意识;"六顶思考帽"方案的信息收集阶段也能够减少在问题尚未被充分阐释前就解决问题的倾向。这些训练方案为人们理解并参与到创新过程中提供了快速有效的方法(Scott et al.,2004)。其他增强创新的手段则力求实现人与空间之间互动的最大化(即个人差异与工作环境)(Woodman et al.,1993)。然而这些方案都是通过帮助员工深入理解创新过程或是创建良好的工作环境来提升创新能力,这就留下了一个重要的空白区——公司是不是能通过增强员工底层的认知能力来提升他们的创新能力?本章的余下部分将引出正念这一概念来解决这一问题。接下来本章将探讨正念是什么,它来自何处,以及为何正念能够提供一种独特的内在方法来提高人们的创新能力。

佛学心理学

从根本上来说,正念是跨文化和前科学(pre-scientific)的构念,来源于几千年前佛学心理学中的学说和修行方式。乍看之下,这个正念的原始脉络与创新之间的直接关联性不大,尤其重要的是佛陀和他的弟子们"解释他们的思想并非新创造的,而是对被遗忘的永恒真理的重诉",因此他们"将自己的行为比喻为丛林中对杂草丛生的古径进行清理,而非开辟出一条新的路径"(Klostermaier,1991,p.6)。然而佛学心理学和创新之间其实是有一层值得关注的深入而持久的关系。为了完全理解这个关系,我们必须简略地探究佛学心理学的传统背景,这将为我们深入后续的讨论提供根基。

佛学启蒙与认知阐释

佛教的目的是为了一切众生的利益而得到"证悟"("证悟"为佛教用语,得到证悟后即成佛)(相关综述见 Kudesia and Nyima,2014)。与常规体验不同,证悟是一种根植于"如其所是"(as it is)的理解真实情况(佛教称为"实相")的主观体验,这种"真实情况"和个人或社会基于人类自己的历史、语言、意识形态和欲望所构建的现实相反。由此,佛学也揭示,当我们还没有证悟的时候,我们对真实情况的感知都存在错误。举例来说,这种错误感知甚至发生在一个简单的陈述,诸如"我看到了蓝色的河流"中。我们可以通过佛学心理的角度来解读这个陈述,以便更好地理解证悟是指什么以及它为什么与创新有关。

首先,世界上并没有"蓝色"这个东西。颜色并非存在于河流这样的物体中,而是经由物体的反射性、眼睛的解剖特性以及电磁辐射的相互作用而显现的

(Lakoff and Johnson，1999）。佛学随后指出除了生理与心理因素，我们对于颜色的判断经验也取决于语言与文化。例如，一段波长完全相同的光，被一个来自巴布亚新几内亚说 Berinmo 语的人称为绿色，而被一个说英语的人称为蓝色（Roberson，Davies，and Davidoff，2000）。因此，佛学揭示说我们并非"看到"河流是蓝色的，而是通过自身生物文化解读，我们"创造"出河流是蓝色的。对于"河流"这个概念也一样。举例来说，英语中有单词"river"和"stream"来描述流动的水。在法语中，则有"fleuve"和"rivière"两个词。英语中这两个词的不同基于大小，river 水流量大于 stream。法语中的两个词的不同基于方向，fleuve 流向大海而 rivière 则不是。因此，当说英语和说法语的人看向同一条水流时，他们实际上创造出了不同的心理图像：一个和水流大小有关，另一个和水流方向有关（Culler，1986，pp. 33-34）。所以根据佛教，"蓝色的河流"并非是客观且独立的产物，而是主观的并且依赖于不同观察者的存在。

佛陀曾说他的整个学说可以被概括为"主体与客体是互相依存和互相成就的"这一认识。我们怎样看待这个世界基于我们对世界的认识，而我们的认识决定了我们是谁以及我们在世界中的位置。主体与客体互相作用以创造和维持对现实世界的诠释。冥想的目的就是帮助我们逐渐摒弃这些诠释，直到我们能够看到事物原本的样子，而非对其施行任何自上而下的释意结构。在佛教中，证悟的心被比喻为一面完美的镜子，能不加增减地反映现实。比如对流动的水，证悟的心能觉察没有任何外化与物化的水流的形状、形成和瞬间，并且不觉得需要对它进行任何主观的诠释、分析或者打标签。而大多数的人，不仅对世界强加主观诠释，而且错误地以为自己的诠释就是真实情况，而这会对我们产生诸多限制。我们总是顽固地以某种方式看待世界，臆断人们和情况是怎样的或者应该是怎样的，以及错误地看待我们自己、我们的能力以及我们生活的目的。

什么是正念？

正念是证悟的基石：它创造了我们着手消除误解的空间。我们之所以把注意力转移到佛教心理学的原因现在应该变得清晰了。当一个人对事物、世界以及自己的认识十分固定而且难以变动时，那么创造力是很难产生的。在正念中，那些传统的和习以为常的诠释都会被暂时搁置，这使得人们能够去运用全新的和更加适合的方法去看待这个世界。在一些正念的训练中，这被称为"初学者之心"（beginner's mind），因为这种初学者之心使得人们能够接受新的可能性，而不是沉浸在"老手"的经验里而停滞不前，这些老手总是觉得自己懂得的比自己实际经历过的要多（Kabat-Zinn，1990，p.35）。正如本章开端提到的，我相信，正念这种心理状态能直接提升当今工作环境下极为重要的认知灵活性和富有创造性的洞察力。正念所建立的是一种独特的认知能力,这种认知能力能给个人带来创造力,如果没有这种创造力,这个人就会陷入用老套的观点去诠释这个世界。这是非常具有积极意义的,因为与其他个体差异因素不同,正念是可以被直接训练的,因此,正念更可能成为有效改善工作场所中创新的手段。

记忆、专注以及监控。正念是一个复杂并且微妙的构念,这个构念的操作化定义至今还没能覆盖完整的原始概念,研究者之间也没有达成共识(Chiesa,2012)。这并不让人特别吃惊,因为佛教心理学把正念视为一种从根本上就无法用语言或数据表达的状态(Trungpa and Goleman,2005),佛教心理学在很多方面运用正念的梵文术语 smrti,包括记住过去、专注在一个既定刺激物上以及监控心理活动(Lutz,Dunne,and Davidson,2007)。了解这个术语用法的多样性,首先要清楚正念最初发源的情境。当历史上第一批佛教僧人发愿要获得证悟时,他们并不能只是简单地整日整夜地静坐冥想,他们需要参与并组织一个不断壮大的修行者社区,并且在更大的社会范围里进行一些服务行为。而在采取行动时,人们很容易在这个过程中忘了他们更高层次的意图,尤其是像证悟这样抽象的意图。基于这个原因,佛祖向僧人们强调了牢记获得证悟的愿望,专注于当下的行为和用特定的方法监控活动,从而让自己的心理和行为保持一致的重要性。在最初的社会背景下,正念的概念同步整合了记忆、专注和监控三个方面。

虽然我们经常回到我们的惯性模式,但是正念有助于我们察觉到这种背离并且让我们再次在行动中注入意图。那些正念水平较低的人或许在事情发生之后才意识到这种背离。随着正念水平的增长,人们能够实时监控并调整自己的行为,这使得人们建立意图后就能在接下来的行动中一直保持。因此,正念的价值在于让人们有自我觉察并为我们远离那些自动化、习惯化和无意识化的思维和行为模式创造了可能。正念被越来越多地整合到西方心理学体系的过程中,记忆和监控的重要性被弱化,而专注当下的重要性被强化了。在翻译的过程中,丢失的一个内容是"对当下发生的一切的关注",而这是正念的一小部分而已,在正念中更重要的是将意图带入自己当下所做的一切(Kudesia and Nyima,2014)。正因如此,与其说正念是关于注意力的一种状态,倒不如说更类似一种自我调节的过程。正念是一种在行动过程中记住自己的意图并随时依此调整自己意图的特殊方法。我说正念是一种特殊方法是因为它显然不是唯一的方法,你也可以通过将便条纸贴满办公室的方法来提醒你保持慈悲心,但是很显然这种方法与正念无关。

一种操作性定义。在一段和佛教僧人持续的有趣和富有成效的对话中,我们一起确定了既和正念的最初含义一致又能在科研中易操作的三个正念的要素。正

念也因此被定义为一种以减少话语思维（discursive thought）、提升个人元觉察（meta-awareness）和基于目标的注意力调节（goal-based regulation of attention）为特点的状态。所谓话语思维是指，总是尝试用语言描述体验的一种倾向。在正念中，人们不经由自我语言对话来直接体验当下一刻，从而能如其所是地看见当下，而不是经由我们的语言构建的思维模式来想象当下是怎样的。而元觉察指的是一种日益增加的不执着的自我观察的状态。在正念当中，一个人能更好地注意到自己的心理活动，而不会卷入其中。这和感到气愤与察觉到自己愤怒的情绪和想法之间的区别相类似，后者与自己的心理体验有更大的心理距离，因此后者更加有助于人们调节自己的情绪。基于目标的注意力调节指的是高层次元认知能力会调整注意力，从而在专注于当下与目标相关的部分的同时，也会对周围相关事情保持广泛的关注。当在正念状态时，人们不会以一种随意的方式来关注当下，而是会有选择性地关注和自己意图或目标相关的方面。通过上述三个方面对正念的定义，我们能够更加全面和准确地认识"正念"这一概念。

正念与创新

到目前为止，我们已经分别回顾了创新与正念两个概念，并且探究了两者在一般情况下的关联。本节将着重阐述，正念如何通过两种方式影响创新的结果。以下内容将首先回顾现有的实证研究，然后深入探究正念对创新直接与间接的影响机制。

现有的实证研究

尽管现有的文献十分有限，但却依旧可以支撑正念与创新之间的关联性。譬如我和同事们曾经研究过正念冥想对灵感酝酿过程的影响（Kudesia, Baer and Elfenbein, 2013）。当人们在创造性问题上停滞不前时，他们通常会在重新尝试前休息一会儿。在这个休息期间，潜意识可以进一步激发之前尝试的方法抑或是遗忘它们。我们假设，允许个人的思绪在休息期间游走，将会进一步激发其先前尝试的方法。相反，我们假设在休息期间进行冥想，将会帮助人们忘记之前的尝试，并且使其以一种全新的视角找寻新的解决办法。冥想的目标是纯粹专注于呼吸，因此任何与过去的尝试相关的思绪都是与目标不相关的，所以它们的出现会被抑制。我们的研究结果证实了这一假设。对于那些需要对最初的表征进行重新编码的问题（例如之前提到的寡妇姐妹的问题），允许被试的思绪游走并不能促成任何的改进，因为这个过程只是进一步引发了被试们过去尝试的方法。然而，当被试们进行冥想时，他们会将注意力集中在当下的呼吸中，从而抑制过去的想法。这一过程帮助他们忘记了过去尝试的方法,并且让第二轮尝试的效果提升近40%。

这项发现与其他的研究是一致的。例如,在冥想后,被试在那些以前从未见过的、需要重新编码的问题上,体现出了明显的提升,但在那些通过简单直白的逻辑就能解决的问题上则没有比冥想前有显著改善(Ostafin and Kassman, 2012)。在另一项研究中,进行了八周正念冥想的被试,被要求使用预先设定好容量的壶来测量不同的水量(Greenberg, Reiner and Meiran, 2012)。当最初的范例被创建时,被试通常会发现一个解决问题的模式。一旦他们发现了这种解决方法表征时,就会固定地使用这种模式(Luchins, 1942)。因此,当最初的表征不起作用时,他们就无法得到答案。然而,Greenberg 等人(2012)发现那些经历过正念训练的人就不会被最初的解决方案表征所禁锢,他们可以依据情境要求灵活地调整解决方法,这也提高了问题解决的概率。

在另一项研究中,我和同事们探究了正念冥想如何影响发散性思维模式的酝酿阶段(Kudesia et al., 2013)。我们让被试尽可能多地联想一些日常物品如砖块的特殊用途。与我们的假设一致,我们发现当个人的思维游走时,他们产生的新想法往往其实是对他们过去方案的进一步详细阐述。因此,他们的回答最终在概念上非常相似。如果他们一开始就把砖块视为一种工具,他们之后就会得出砖块作为工具的各种各样的用途(例如捶打、砂磨等)。然而,那些练习正念冥想的被试在尝试发散性思维的问题时想法更为开放,他们的新回答与之前的想法相似度较低,并且以各种各样独特的方式对砖块进行了概念化。例如,他们的回答跨越了类别,将砖块视为工具、武器、家具或艺术,而非在单个类别中列出多个用途。因此,正念能够促成更灵活的概念化,并且帮助个人放下他们过去的问题表征和获得解决方案的策略。

直接的理论机制

正念的第一个组成部分是减少话语思维,这意味着有觉知的人们不会仅仅通过语言来感触体验。比起内心用语言来描述当下,他们更愿意直接地感受当下。这在临床中已经有了核磁共振成像的证据。例如,患有社交焦虑障碍的人的自我认知是扭曲的,而正念训练帮助他们从一种基于话语思维的自我认知模式中摆脱出来,建立一种基于当下的体验而不依赖于语言的自我认知模式(Goldin, Ramel, and Gross, 2009)。正念研究者们认为,当下的体验受到语言中介时,它是被以一种僵化的、侧重分析和评判式的处理模式来管窥,而且这种模式会降低认知的灵活性(Hayes and Wilson, 2003)。有趣的是,创新的研究者们也提出了同样的观点:我们解释世界的语言包含了严格的假设,限制了我们进行"创造性跳跃"

的能力——语言被用来将思想"具化",而思想本身其实是"流畅"和"灵活"的(Koestler,1964,p.173)。我们过去的经历决定了自身谈论事物的方式,这使得我们不能以对发展有益的新方式来看待它们。因此话语思维不仅具化和僵化了人们的思想,而且这种过程是基于过去种种,因而让人们看不见未来的新机遇。

该观点与原始佛教注重感知现实,并拒绝以死板和狭隘的方式诠释世界是一致的。通过减少层层的话语思维并如其所是地体验当下,我们可以创造一个空间,因为有了这个空间,概念化事物的不同方式得以出现。从话语思维中跳脱出来的能力被正念研究者称为离解。在另一项研究当中,我和我的同事发现了这种离解的能力和认知灵活性高度相关(Kudesia and Parke,2014)。例如,使用自我报告的方式,我们发现正念的离解这个维度和在生活中能灵活寻求多个不同解决方案的能力是相关的,但是正念的注意力调节这个维度则不是。在另一项关于这种从话语思维中抽脱出来的能力如何促进灵活性的研究中,我们要求被试填写几个词干(例如 PO_TA_)。然而,我们首先向体验者们展示了一个好像行得通但是错误的答案(即 POTATO)。虽然被试们已经得知这是一个"容易想到,却不正确的答案",许多被试依旧无法摆脱这种启动效应而去灵活地重新编码这个问题。我们再一次发现,正念的离解维度而不是注意力维度预测了被试摆脱启动效应、得到正确答案的能力(例如 POTRAL)。

因此,减少话语思维和认知灵活性之间的负向关系很可能非常重要。相应地,Schooler,Ohlsson 和 Brooks(1993)主持的一项研究表明,在需要转换问题表征的创新性问题上,用口头语言对问题解决策略进行表述的被试表现较差,而在非创造性的问题上,他们的表现并未受损。因此通过话语思维处理信息和解决问题,确实会使得个人的创造力受损。因此,正念可能会提升创新力,因为它将人们从话语思维的框架中解放出来,带来了更加流畅和灵活的认知方式。

正念的第二个组成部分是高水平的元觉察能力,即观察思维的能力。元觉察当中的一个重要方面是工作记忆,工作记忆系统将信息保存于头脑之中,并使改变习惯行为成为可能。工作记忆有助于启发创造性的思维模式(Lee and Therriault,2013),并可以通过正念训练得到提升(Jha,Stanley,and Baime,2010;Mrazek et al.,2013)。工作记忆能改善发散思维是因为工作记忆可以让个体同时产生和保持多个想法,然后就能从中挑选出那些新颖的想法而非老套的想法。工作记忆也能改善聚合思维,因为它能帮助个人克服习惯性的问题和解答的表征方式。正念水平高的个体拥有更广阔的思维空间来存储和加工多种想法。因此,通过增加元觉察,正念能够提升个体的创造性思维以达到提升个体创新力的目的,从而更加全面地表征问题和解答,以一种全新的、全面的和创造性的方式来组织知识。

正念的第三个组成部分是注意力调控,这是一种为最大化目标导向行为而调节注意力的集中度和广度的能力。正念水平高的人能够通过更加有效地监控和调节注意力来进行更复杂的认知任务(例如 Brefczynski-Lewis et al.,2007;Kozasa et al.,2012)。这意味着在需要的时候,人们可以去调节自己注意力的集中度和广度。注意力调控的能力对于创新的重要性越来越受到关注。其中被着重强调的一个方面是扩展注意力的能力,因为这有助于人们注意到更多的数据(Dewing and Battye,1971;Kasof,1997;Mendelsohn,1976)。与"初学者之心"的概念一致,创新者会展现出更低的潜在抑制,这意味着他们不会将之前被评判为无关的信息自动排除在注意力之外(Dykes and McGhie,1976)。有趣的是,低水平的潜在抑制对精神病是一个危险因素,因此只有在个人具备较高的智力来解读所有他接收的额外信息时,低水平潜在抑制才能对创新有帮助(Carson,Peterson,and Higgins,2003)。

正念水平高的个体也不会仅仅因为刺激物和过去的体验相关就去习惯或是忽视刺激物(Kasamatsu and Hirai,1966;Valentine and Sweet,1999)。同时,他们也因此具备了更大的能力来调节他们的注意过程,这意味着正念中以目标为导向的注意力调节可以最大化那些高强度应激所带来的积极因素,而不会催生那些会导致精神健康问题的负面因素。因此,高水平正念的个体会展现出更好的创造力,因为他们可以同时获得更多的内部和外部信息:从外部而言,他们可以从周遭世界获取更多的信息;从内部而言,他们能更好地看到自己的思维活动。有关这些途径的综述,请参见表 8.1。

表 8.1 正念影响创新的直接与间接路径

	正念的维度	机制	解释	创新结果
直接路径	话语思维(−)	认知灵活性	减少语言形式(对信息的)的评价处理	有利于解决那些需要转变思维表征和知识结构的问题
	元觉察(+)	短期记忆	提高同时容纳多个解决方案于脑海的能力	有利于解决那些有多个组成部分或潜在解决方案的复杂问题
	注意力调节(+)	获取信息	扩展或聚焦注意的能力的提高,从而控制信息的流动	在较长时间里,有利于去管控创新流程
间接路径	积极情感(+)	类别的广度	扩展类别,从而提升想法之间联结的数量	有利于解决那些要求整合或是抽象过程的问题

(续表)

正念的维度		机制	解释	创新结果
间接路径	完成任务的毅力(+)	探索性行为	更全面和更详尽地对于问题的解决空间进行探索	有利于解决那些长久存在的并且要求外部印证每个潜在解决方案的问题
	个体差异(+)	人格转变	更加开放、接纳等能有利于创造性认知和相关行为的前因	有利于探寻那些创意相关的问题,获取更广泛范围内的信息,并且灵活思考

间接的理论机制

除了直接机制,正念还可以通过一系列间接机制来增加创造力。例如,正念可以提高积极情感并减轻压力(Grossman et al.,2004)。积极情感指愉悦的主观感受,积极情感可以通过扩展类别,进而创造想法之间的新联接来增强创造力(Isen,Daubman and Nowicki,1987)。而压力和负面情绪则会降低创造力(Shanteau and Dino,1993),正念的减压益处也可进一步提高创造力。除此之外,面临任务失败时,正念能让人更加有毅力(Evans,Baer and Segerstrom,2009),而毅力也是创造力的重要贡献因素之一(Nijstad et al.,2010)。更强的毅力能让人持续而彻底地探索自己的概念空间,而创造性解决方案就构造在这概念空间之上。除此之外,如前面讨论的,正念还和一些个体差异有关,例如创造性人格,这样一些个体差异的例子有:接纳、不评判、愿意暴露于不同的体验以及洞察思维过程的本质等(见Bergomi,Tschacher and Kupper,2012)。因为当人们具有这些特质,他们会对开放式问题更加感兴趣、思维模式更灵活,更愿意寻求多样化的体验(对于类似的观点,请看 McCrae,1987)。因此,这些特质可以改善创造力。由此可见,正念与创造力密切相关,这并不仅仅通过直接机制的三个组成部分:降低话语思维、高度的元觉察和目标导向的注意力调节,也通过其他的间接机制。

未来的研究方向

虽然我所概述的实证工作和理论机制描绘了正念如何与创造力相关的初步画面,但未来还需要大量实证研究。正念在理论检验中的一个重要益处是可以利用冥想干预来帮助操纵那些无法通过其他方式测量的潜在机制。例如,我和我的同事们用正念冥想和思想游走来操控两个以前从未被并行研究的无意识过程(即激活过去尝试和忘记过去尝试)(Kudesia et al.,2013)。未来研究同样可以利用正念在视觉感知灵活性方面的研究(例如 Hodgins and Adair,2010)去探索正念与空间创造力问题之间的关系，来补充现有关于语言创造力问题的研究。除了个人层面的创造力，也可以研究群体过程，比如研究正念所包含的低社会排斥的敏感性（例如 Heppner et al., 2008）是否能改善群体的创新过程。最后，将对正念和创造力研究从实验室带入现实工作环境，也是十分重要的。

职场正念及创造力训练

在本章节，我们将从理论转向实践。现存的职场正念训练大多集中于健康和减压两方面，但我却认为它们是公司创造力发展的两大阻碍因素。首先，主动选择健康干预的人很大程度上与那些自己选择创造力干预的人不同。如果将正念描述为一种增进创造力的方法来进行介绍，会有新的员工来了解冥想训练。另一个限制之处在于如果不把某种好处明确说出来，人们很难意识到它的存在。例如，若仅将正念与健康挂钩，那么人们就很有可能错误地把创新性想法的产生归功到其他因素上。此外，人们可能并没有意识到正念训练在解决问题上的好处，因而他们很可能在拥有这种工具的情况下却不知道要充分使用它。完整的职场正念和创造力训练方法超出了本章节所讨论的范围，所以在此我列出了以下两个值得正念培训老师关注的重要准则。

应用创新流程的相关知识

现有提升创造力方法中最有效的一块是提供大量关于创新流程的知识，并鼓励人们交替使用发散性和聚合性思维，依次进行收集信息、认识问题、产生解决方案和计划行动这一系列步骤。任何有关创造力的正念训练都应包含这些有关创新过程的宝贵知识。然而，这些流程相关的知识在与正念练习结合时却可以发挥更大的作用。例如，从集中注意力于特定刺激物到拓宽注意力来开放式监听所有刺激物的这个连续轴上，有多种不同的冥想练习方法。这些手段也同样可以应用于创新过程的不同阶段并产生显著效果。比如，在识别问题和产生解决方案这两个阶段，拓宽注意力会更有效；而集中注意力则会在验证解决方案和计划行动这两个阶段更有效。同样的，抑制话语思维在组合和抽象化过程中会比在应用和类比过程中更为有效。此外，还可以专门为增进创造力来开发一种可以在抑制普通和平常的联想同时激发重要概念的冥想方法。这样一来，职场正念和创造力培训应该不仅仅止步于对创新流程相关知识的描述，而应该针对创新过程的每一个阶段设计有针对性的方法。因此，整合创新流程的知识是此类训练的第一个准则。

创造力自我效能感

职场正念和创造力训练的另一个重要方面是让学员真正相信自己拥有创造力,这被称为——创造力自我效能,这也是职场创造力的一项重要预测指标(Tierney and Farmer,2002)。通过强调正念和创造力之间的关系,并提供特定方法来增进员工的创造性认知,员工就会有更高的创造力自我效能。与此同时,如果员工认识到创造力是可以发展的,抛弃创造力是人类固有的、不可改变的这一传统观念,培训就能使人们的思维更具创新性,并在创新性项目中应用正念。

总结

在这一章中,我试图将工作场所中的创新和正念这两者的关系诠释得更加清晰。为了达到这样的目的,我首先回顾了创新的构念,尤其是强调了创新性产品、人、空间和过程,剖析了它深层次的认知机制,也回顾了常见的培训方法;其次,我概述了佛教心理学,将正念情境转化为一种降低我们诠释环境的刻板性的过程;然后将正念定义为一种状态,其特征就是具有低水平的话语思维、高水平的元觉察和目标导向的注意力;再次,我回顾了现有的实证研究,强调了正念能够直接或间接地对创新产生作用的理论机制;再其次,我建议了未来可能的研究方向;最后,为工作场合中的正念和创新的培训提供了一些基本准则。我希望本章能够为未来正念与创新的研究和实践项目提供工作基础。

(本章译者:顾楠,潘黎,宋国萍)

References

Amabile,T. M. (1998). How to kill creativity. *Harvard Business Review*,Sept-Oct,77–87.

Baas,M.,De Dreu. C. K.,and Nijstad,B. A. (2008). A meta-analysis of 25 years of mood-creativity research: hedonic tone, activation, or regulatory focus? *Psychological Bulletin*,134(6),779–806.

Barron,F. (1969). *Creative person and creative process*. New York: Holt,Rinehart,and Winston.

Barron,F. and Harrington,D. M. (1981). Creativity,intelligence,and personality. *Annual Review of Psychology*,32(1),439–76.

Bergomi,C.,Tschacher,W.,and Kupper,Z. (2012). The assessment of mindfulness with self-report measures: existing scales and open issues.*Mindfulness*, 4, 191-202.

Berman, S. and Korsten, P. (2010).Capitalising on complexity: insights from the global chief executive officer (CEO) study. Portsmouth, UK: IBM Institute for Business Value.

Bodhi, B. (1984).The noble eightfold path: way to the end of suffering. Onalaska, WA: Pariyatti.

Brefczynski-Lewis J. A., Lutz, A., Schaefer, H. S., Levinson, D. B., and Davidson, R. J. (2007). Neural correlates of attentional expertise in long-term meditation practitioners. *Proceedings of the National Academy of Sciences*, 104(27), 11483-8.

Carson, S. H., Peterson, J. B., and Higgins, D. M. (2003). Decreased latent inhibition is associated with increased creative achievement in high-functioning individuals.*Journal of Personality and Social Psychology*, 85(3), 499-506.

Chiesa, A. (2012). The difficulty of defining mindfulness: current thought and critical issues. *Mindfulness*, 4(3), 255-68.

Culler, J. D. (1986).*Ferdinand de Saussure*. Ithaca, NY: Cornell University Press.

De Bono,E. (1985). *Six thinking hats*. New York: Little Brown and Company.

Dewing, K. and Battye, G. (1971). Attentional deployment and non-verbal fluency. *Journal of Personality and Social Psychology*,17(2),214-18.

Dykes, M. and McGhie, A. (1976). A comparative study of attentional strategies in schizophrenics and highly creative normal subjects. *British Journal of Psychiatry*, 128, 50-6.

Evans,D. R.,Baer,R. A.,and Segerstrom,S. G. (2009). The effects of mindfulness and self-consciousness on persistence. *Personality and Individual Differences*,47(4): 379-82.

Florida,R. (2002). *The rise of the creative class*. North Melbourne: Pluto Press.

Goldin, P., Ramel, W., and Gross, J. (2009). Mindfulness meditation training and self-referential processing in social anxiety disorder: behavioral and neural effects. *Journal of Cognitive Psychotherapy*, 23(3), 242-57.

Gordon,W. J. (1961). Synectics: the development of creative capacity. New York: Harper and Row.

Greenberg,J., Reiner, K., and Meiran, N. (2012). "Mind the trap": mindfulness practice reduces cognitive rigidity. *PLoS ONE*,7(5),e36206.

Grossman, P.,Niemann, L.,Schmidt, S.,and Walach,H. (2004). Mindfulness-based stress reduction and health benefits: a meta-analysis. *Journal of Psychosomatic Research*,57 (1),35-43.

Guilford,J. P. (1959). Three faces of intellect. *American psychologist*,14(8), 469-79.

—— (1967). *The nature of human intelligence*. New York: McGraw-Hill.

Hayes, S. C. and Wilson, K. G. (2003). Mindfulness: method and process. *Clinical*

Psychology: Science and Practice, 10(2), 161-5.

Heppner, W. L., Kernis, M. H., Lakey, C. E., Campbell, W. K., Goldman, B. M., Davis, P. J., and Cascio, E. V. (2008). Mindfulness as a means of reducing aggressive behavior: dispositional and situational evidence. *Aggressive Behavior*, 34(5), 486-96.

Hodgins, H. S. and Adair, K. C. (2010). Attentional processes and meditation. *Consciousness and Cognition*, 19(4), 872-8.

Hurley R. F. and Hult, G. T. M. (1998). Innovation, market orientation, and organisational learning: an integration and empirical examination. *Journal of Marketing*, 62(3), 42-54.

Isen, A. M., Daubman, K. A., and Nowicki, G. P. (1987). Positive affect facilitates creative problem solving. *Journal of Personality and Social Psychology*, 52(6), 1122-31.

Jha, A. P., Stanley, E. A., and Baime, M. J. (2010). What does mindfulness training strengthen? Working memory capacity as a functional marker of training success. In Baer, R. (ed.), *Assessing mindfulness and acceptance: illuminating the processes of change*. New York: New Harbinger Publications, pp. 207-25.

Kabat-Zinn, J.(1990). Full catastrophe living: using the wisdom of your body and mind to face stress, pain and illness. New York: Delacorte.

Kasamatsu, A. and Hirai, T. (1966). An electroencephalographic study on the Zen meditation (Zazen).*Folia Psychiatrica et Neurologica Japonica*, 20(4), 315-36.

Kasof, J. (1997). Creativity and breadth of attention.*Creativity Research Journal*, 10(4), 303-15.

Klostermaier, K. (1991). The nature of Buddhism. *Asian Philosophy: An International Journal of the Philosophical Traditions of the East*, 1(1), 29-37.

Koestler, A. (1964).*The act of creation*. London: Hutchinson and Co.

Kozasa, E. H., Sato, J. R., Lacerda, S. S., Barreiros, M. A. M., Radvany, J., Russell, T. A., Sanches, L. G., Mello, L. E. A. M., and Amaro, E. (2012). Meditation training increases brain efficiency in an attention task.*Neuroimage*, 59(1), 745-9.

Kudesia, R. S. and Nyima, T. (2014). Mindfulness contextualized: a review and integration of Buddhist and neuropsychological approaches to cognition. *Mindfulness*, doi: 10.1007/s12671-014-0337-8.

Kudesia, R. S. and Parke, M. R. (2014). The flexible mind: the role of mindfulness in cognitive adaptation. Paper presented at the Academy of Management Annual Meeting, Philadelphia, PA.

Kudesia, R. S., Baer, M., and Elfenbein, H. A. (2013). Letting go: How mindfulness meditation impacts creativity and decision making. Paper presented at the Academy of Management Annual Meeting, Orlando, FL.

Lakoff, G. and Johnson, M. (1999).Philosophy in the flesh: the embodied mind and its challenge to Western thought. New York: Basic Books.

Lee, C. S. and Therriault, D. J. (2013). The cognitive underpinnings of creative thought: a latent variable analysis exploring the roles of intelligence and working memory in three creative thinking processes. *Intelligence*, 41(5), 306-20.

Luchins, A. S. (1942). Mechanization in problem solving *Psychological Monographs*, 54(6), 1-95.

Lutz, A., Dunne, J. D., and Davidson, R. J. (2007). Meditation and the neuroscience of consciousness. In P. Zelazo, M. Moscovitch, and E. Thompson (eds.), *Cambridge handbook of consciousness*. New York: Cambridge University Press, pp. 480-551.

Martindale, C. (1989). Personality, situation, and creativity. In J. A. Glover, R. R. Ronning, and C. R. Reynolds (eds.), *Handbook of creativity*. New York: Plenum Press, pp. 211-32.

McCrae, R. R. (1987). Creativity, divergent thinking, and openness to experience.*Journal of Personality and Social Psychology*, 52(6), 1258-65.

Mendelsohn, G. A. (1976). Associative and attentional processes in creative performance. *Journal of Personality*, 44(2), 341-69.

Mrazek, M. D., Franklin, M. S., Phillips, D. T., Baird, B., and Schooler, J. W. (2013). Mindfulness training improves working memory capacity and GRE performance while reducing mind wandering. *Psychological Science*, 24(5), 776-81.

Mumford, M. D. (2003). Where have we been, where are we going? Taking stock in creativity research. *Creativity Research Journal*, 15, 107-20.

Nijstad, B. A., De Dreu, C. K., Rietzschel, E. F., and Baas, M. (2010). The dual pathway to creativity model: creative ideation as a function of flexibility and persistence. *European Review of Social Psychology*, 21(1), 34-77.

Nystrom P. C. and Starbuck, W. H. (1984). To avoid organizational crises, unlearn. *Organizational Dynamics*, 12(4), 53-65.

Ohlsson, S. (1992). Information-processing explanations of insight and related phenomena. In M. T. Keane and K. J. Gilhooly (eds.), *Advances in the psychology of thinking*. London: Harvester Wheatsheaf, pp. 1-44.

Osborn, A. F. (1953). Applied imagination: principles and procedures of creative problem-solving. New York: Scribner's Sons.

Ostafin, B. D. and Kassman, K. T. (2012). Stepping out of history: mindfulness improves insight problem solving. *Consciousness and Cognition*, 21(2), 1031-6.

Puccio, G. J., Cabra, J. F., Fox, J. M., and Cahen, H. (2010). Creativity on demand: historical approaches and future trends. *Artificial Intelligence for Engineering Design, Analysis and Manufacturing*, 24(2), 153-9.

Rhodes, M. (1961). An analysis of creativity. *Phi Delta Kappan*, 42, 305-10.

Roberson, D., Davies, I., and Davidoff, J. (2000). Color categories are not universal: replications and new evidence from a stone-age culture. *Journal of Experimental Psychology: General*, 129(3), 369-98.

Schooler, J. W., Ohlsson, S., and Brooks, K. (1993). Thoughts beyond words: when language overshadows insight. *Journal of Experimental Psychology: General*, 122(2), 166-83.

Scott, G., Leritz, L. E., and Mumford, M. D. (2004). The effectiveness of creativity training: a quantitative review. *Creativity Research Journal*, 16(4), 361-88.

Shalley, C. E., Zhou, J., and Oldham, G. R. (2004). The effects of personal and contextual characteristics on creativity: where should we go from here? *Journal of Management*, 30(6), 933-58.

Shanteau, J. and Dino, G. A., (1993). Environmental stressor effects on creativity and decision making. In O. Svenson and A. J. Maule (eds.), *Time pressure and stress in human judgment and decision making*. New York: Plenum Press, pp. 293-308.

Tierney, P. and Farmer, S. M. (2002). Creative self-efficacy: its potential antecedents and relationship to creative performance. *Academy of Management Journal*, 45(6), 1137-48.

Tripsas, M. and Gavetti, G. (2000). Capabilities, cognition, and inertia: evidence from digital imaging. *Strategic Management Journal*, 21(10-11), 1147-61.

Trungpa, C. and Goleman, D. (2005). The sanity we are born with: a Buddhist approach to psychology. Boston, MA: Shambhala.

Valentine, E. R. and Sweet, P. L. G. (1999). Meditation and attention: a comparison of the effects of concentrative and mindfulness meditation on sustained attention. *Mental Health, Religion and Culture*, 2(1), 59-70.

Wallas, G. (1926). *The art of thought*. New York: Harcourt Brace.

Welling, H. (2007). Four mental operations in creative cognition: the importance of abstraction. *Creativity Research Journal*, 19(2-3), 163-77.

Woodman, R. W., Sawyer, J. E., and Griffin, R. W. (1993). Toward a theory of organizational creativity. *Academy of Management Review*, 18(2), 293-321.

9 正念如何影响个体的工作—家庭平衡、冲突，以及增益：现有研究和相关机制回顾以及未来研究展望

Tammy D. Allen and E. Layne Paddock

引言

在过去几十年里，工作与家庭相关话题的热度呈指数级上升，大量的项目资金也投入其中（可阅读 Allen 在 2012 年所做的回顾）。对工作—家庭这个话题感兴趣的人比比皆是。许多成年人在如何平衡工作和家庭中苦苦挣扎。根据 2008 年人力资源管理协会对工作场所的预测报告，这是个全球性的问题，让各个公司都头疼不已（Poelmans, Greenhaus, and Las Heras Maestro, 2013）。工作—家庭领域的问题确实吸引了大量的公众注意力，"为什么女性仍然不能拥有一切？"（Slaughter, 2012）和"公司制度有义务帮助男人实现工作—家庭平衡"（Covert, 2013）等此类话题频繁出现在大众媒体上。

迄今为止，工作—家庭研究领域的研究资金主要集中在对情境因素的研究上，研究哪些情境因素会帮助或妨碍个体承担多重角色责任的能力。对情境因素的研究催生了大量成果，表明来自工作和家庭领域的压力源和需求之间有诸多联系，可以概括为家庭—工作冲突等模型（Michel, Kotrba, Mitchelson, Clark, and Baltes, 2011）。尽管研究表明组织层面的措施在减少工作家庭冲突上的效果极为有限，但目前仍有大量研究聚焦于此，例如提供灵活的工作时间以及对家属进行关爱与支持等（Allen et al. 2013; Butts, Casper, and Yang, 2013）。工作—家庭的干预研究则把重点放在管理者培训上，试图让管理者能够更加重视对家庭的支持（例如 Hammer et al., 2011）或者采用弹性工作方法（例如 Perlow and Kelly, 2014）。这些方法都基于这样一个假设，即工作—家庭冲突主要是由环境引起的。

如今，越来越多的研究也发现，人口统计学变量之外的人格变量也会影响到工作—家庭体验，所以人格变量也与工作家庭体验有关（Allen et al., 2012）。此外，

研究个体差异的其他方法也被用于研究工作—家庭领域的问题，例如选择、优化和补偿模型（Baltes and Heydens-Gahir，2003）。这个模型的基础是个体所使用的聚焦问题的应对策略，例如对目标和优先级的选择与优化以及对损耗的精力和资源进行补偿（Baltes，Zhdanova，and Clark，2011）。工作—家庭的相关研究文献中，相比对情境性压力和组织政策方面的关注，研究者较少关注到个体的认知和行为策略。在本章中，通过分析正念在工作与家庭交互中所发挥的作用，来对个体研究加以补充。

正念是个体通过注意和觉察，安于当下的一种能力（Brown，Ryan and Creswell，2007）。这需要一种非评判的、自然的和耐心的态度（Kabat-Zinn，1990）。正念水平更高的人在接受各种感官信息时，可以仅仅简单地注意到这些信息，而非进行比较、评判或陷入反刍，因此正念被认为能够增强自我调节能力（Brown et al.，2007）。目前，正念研究出现了多种分支。其中一个分支将正念练习与冥想结合在一起，作为干预性治疗的手段（如 Kabat-Zinn，1990）；另一个分支关注的是正念特质的个体差异（如 Brown and Ryan，2003）。这两个方向都有大量的研究结果表明，各种积极的结果都与正念有关，比如压力、抑郁和焦虑、睡眠质量、身体健康状况、人际关系质量的等方面改善（详情可阅读 Brown et al.，2007；Glomb et al.，2011 的研究回顾）。功能性核磁共振成像的研究则进一步解释了正念能够发挥积极作用的潜在机制，发现以正念为基础的训练改变了大脑的运作过程，从而让个体能够表现出更强的专注力和更敏锐的感知觉、培育出对感知觉的反思意识（如 Kilpatrick et al.，2011）。

在本章中，我们对那些解释了正念如何帮助个体管理工作和家庭角色的论文进行了回顾。正念有两个关键元素：(1)对注意力进行自我调节；(2)对个人当下体验的接纳，这两个元素也许能够帮助个体承担多重角色责任。此外，对正念这一概念的分析，有助于开发能够改善工作家庭体验的训练工具。我们在回顾中既包括了直接研究工作—家庭的文献，也涵盖了一些间接研究工作—家庭的文献。我们分析了正念对工作—家庭体验产生的影响的四条可能路径。最后，在本章结尾，我们对未来的研究提出了一些建议。

工作—家庭相关研究回顾

当前研究工作—家庭的方法

对工作—家庭之间相互作用的研究持续快速增多。长期以来，基于不同领域划分,研究者将人们的角色为与工作相关的角色和与工作无关的角色,因此本研究也区分了包括家庭角色(如父母、配偶)在内的非工作角色(如志愿者)类型。尽管我们的大部分结论可以推及到各种的非工作角色,但根据简约性原则,本章侧重介绍家庭角色。

正如 Gutek, Searle 和 Klepa(1991)所指出的,不同领域之间是会相互渗透的,例如工作会影响家庭,而家庭也会影响工作。研究时长跨度最久的一项就是对工作角色和家庭角色互相之间的消极影响进行的研究。对工作—家庭冲突这个概念(Greenhaus and Beutell,1985),我们如今已有庞大的文献基础,可以确定工作—家庭冲突的形成原因、相关因素和相应的后果。近来,因为工作—家庭增益这一理论概念得到发展和检验,工作与家庭这两个领域之间的积极交互影响也成为了研究的焦点(例如,Greenhaus and Powell,2006)。工作—家庭研究文献中的另一个引起人们兴趣的概念是工作—家庭平衡(Greenhaus and Allen,2011)。尽管工作—家庭冲突和增益这两个模型是联结工作角色和家庭角色的桥梁,但工作—家庭平衡则把视角聚焦在整体性和跨领域之上。具体来说,工作—家庭平衡是对兼容着工作角色和家庭角色的整体角色进行评估。

以往关于工作—家庭的大多数研究都是基于相关性的个体间差异的研究,是在研讨不同群体之间的差异(如男性和女性的差异)。然而近来的研究也开始使用替代性的设计,例如日记法或日常事件记录法(Paddock et al.,进行中;Rothbard and Wilk,2011;Shockley and Allen,2013),以及准实验研究设计(如 Hammer et al.,2011)。日记法能够对同一群体在工作—家庭领域内的情况进行评估,强调了增益和冲突这些工作—家庭模型,在某个个体的不同生活情景中以及不同个体之间都存在差异。准实验设计研究能够对工作—家庭干预方案进行评估,并且有助于澄清何时,以及何种工作—家庭干预的效果更好。

工作—家庭相关的模型的定义

工作—家庭冲突是指一个领域(例如工作)的环境或者个体在这个领域内的体验如何对另一个领域(如家庭)的环境或者个体在另外这个领域内的体验产生了负面影响(Greenhaus and Beutell,1985)。具体来说,工作—家庭冲突被定义为"一种角色间冲突,来源于工作和家庭这两个领域在某些方面互不相容的角色压力"(p.77)。这可能是时间、压力或者是基于行为的冲突。当在一个领域(例如,在家陪伴年幼的孩子)花费的时间阻碍了另一个领域(工作)中职责的履行时,就会产生基于时间的冲突。当一个角色(例如,低自主性的工作)产生的包括心理压力在内的需求使其难以充分投入到其他角色(在家庭中)中时,就会发生基于压力的冲突。最后,当一个领域中的行为(例如工作中保持客观性)被带入另一领域(例如在家照顾家人)并与其发生冲突时,就会导致基于行为的冲突。冲突的方向通常也是显而易见的。具体来说,工作干扰家庭(Work Interference with Family,WIF)和家庭干扰工作(Family Interference with Work, FIW)被划分为两个相关但有区别的变量。

已有大量研究探索了工作—家庭冲突的预测因素及其结果。例如,工作压力、工作需求等与工作相关的因素与 WIF(工作干扰家庭)正相关,而家庭应激源和家庭需求等与家庭相关的因素与 FIW(家庭干扰工作)有关的(例如,Byron,2005)。诸如消极情绪这样的秉性变量被认为可以同时预测工作家庭冲突的两个方向(Allen et al.,2012)。WIF 和 FIW 都会造成工作(例如,低工作满意度)、家庭(例如,低家庭满意度)以及健康(例如,较高的抑郁状态)(Greenhaus,Allen, and Spector,2006)方面的消极后果。

过去十年里,研究者们也评估了在一个领域(例如工作)内能产生积极效应的资源,对第二领域(例如家庭)的积极影响,这一点被称为"工作—家庭增益"(Work-family Enrichment)(Greenhaus and Powell,2006)。正如工作—家庭冲突,工作—家庭增益也是这两个领域之间的联结机制。它从个体可以因为在不同领域中承担多个角色而获益这个角度出发,并认为在一个领域中生成的资源可以通过工具性和情感性这两种途径使另一个领域获益。在 Greenhaus 和 Powell 的增益模型中,资源包括技巧和思想、身心资源、社会资本、灵活度以及物质资源。工作—家庭增益的预测因素和结果变量与工作—家庭冲突的预测因素和结果变量在很大程度上是重叠的,但工作—家庭增益与这些变量的关系通常与工作—家庭冲突与它们的关系相反(Allen,2012)。例如,工作—家庭增益与工作满意度和家庭满意度正相关(例如,Carlson et al.,2006)。

工作—家庭平衡是最近提出的工作—家庭概念。研究者将工作—家庭平衡定义为人们对工作和家庭生活的效率和满意度的总体评价(Greenhaus and Allen,2011)。

理论上来说,角色平衡需要个人采取专注和谨慎的态度对待与个人相关的所有角色(Marks and MacDermid,1996)。在工作—家庭领域的文献中,平衡是一个相对较新的概念。已有实验证据表明,工作时间与平衡感负相关(Valcour,2007),而与孩子高质量的相处时间与平衡感正相关(Milkie, Kendig, Nomaguchi and Denny, 2010)。对于结果变量来说,平衡感与满意度、组织承诺、家庭满意度、家庭表现和家庭功能正相关(Carlson, Grzywacz, and Zivnuska, 2009)。

正念和工作—家庭的现有研究回顾

迄今为止,只有少数一些研究探索了工作—家庭变量与正念之间的联系。以下是对这些研究的回顾。

正念和工作—家庭平衡。Alan 和 Kiburz(2012)所做的研究是我们所知的首个把特质正念与一种工作—家庭模型联系起来的研究。作者在一个在职父母样本中考察了特质正念和工作—家庭平衡的关系。根据自我调节理论，Allen 和 Kiburz 认为对当下的觉察这个与正念相关的状态应该能够帮助个体带着关爱和警觉完全投入到工作角色或者家庭角色中，最终使得个体在这些角色中都能体验到效能感和满意感。正如他们所假设的，他们发现那些有特质正念的人在工作—家庭方面也能感受到平衡感。他们还发现，睡眠质量和活力可以调节这种关系。

正念和工作—家庭冲突。Kiburz 和 Allen(2012)考察了已婚并育有子女的员工在特质正念和工作—家庭冲突的各个方向之间的关系。除了可以预测孩子数量、工作时长和大五人格变量(Big 5 personality variables)这些已知的工作家庭冲突的前因变量和冥想练习(练习频率和瑜伽)以外，特质正念也可以显著预测 WIF 和 FIW。

Kiburz 和 Allen(2014)基于这些最初的有利的横断研究的结果，开发了一种基于正念的干预方法(MBI)，并测试了其在增加特质正念和减少工作—家庭冲突方面的效果。训练包括一个小时的工作坊和后续十三天的行为自我监控(Behavioral self-monitoring, BSM)。工作坊介绍了"正念"的概念，提供通过三种方式(坐姿呼吸练习、身体扫描和行禅)练习正念的机会，以及介绍了将正念应用于日常生活的技巧。在工作坊的最后，参与者们会设定自己的目标来增加他们的正念行为(即排除杂念并将注意力带回到当下)。

训练能够有效的提高个体的正念水平。参与者们自我报告的 WIF 在参与训练后下降了，但是 FIW 方面没有变化。与没有提交 BSM 日记的人相比，那些提交了日记的参与者对正念有了更深入的认识，特质正念水平也提高了。BSM 参与者干预后的 FIW 也明显低于非 BSM 参与者。

正念和工作—家庭增益。迄今为止，我们尚未发现有研究检验正念与工作角色和家庭角色之间积极交互的关系。但是，有一些间接的证据表明可能存在这种溢出效应。在一个三人小组研究中，对三人小组中为患有严重残疾成员提供家庭看护工作的母亲们进行正念训练(Singh et al., 2010)。培训的目的是帮助她们适应照顾残疾人的工作。研究表明，接受正念训练之后，她们自己子女的固执性行为减少了。作者认为，这证明了培训效果的转移，即给负有看护责任的员工进行培训后，通过员工与子女在家庭中的互动，培训效果迁移到了家庭领域。用增益的术语来说，就是母亲们能够利用她们在工作中学习到的正念行为这一资源来和自己的孩子互动，从而给她们的家庭生活带来了益处。

其他的正念研究与工作—家庭的可能结果。虽然对正念和工作—家庭变量的研究还很稀少，但有越来越多的研究表明，正念与工作的幸福感相关（例如，Hulsheger et al.，2013；Leroy et al.，2013）。这与工作—家庭冲突长期与压力源—压力反应联系在一起有关（Greenhaus et al.，2006）。此外，正念训练已被证明是帮助个人应对压力的有效工具。例如，Roeser等人（2013）研究了正念训练对加拿大和美国中小学教师的影响。研究的结果变量包括职业压力、工作缺勤、焦虑和抑郁症状以及职业倦怠。他们还收集评估了生理指标，如唾液皮质醇、血压和静息心率。相比那些没有完成训练的老师，完成正念训练的老师报告了更低水平的压力、焦虑、抑郁、疲意和职业倦怠。此外，那些完成培训的人表现出更好的专注力和工作记忆能力。但与压力相关的生理指标上没有发现差异。

小结。研究表明，探究工作—家庭体验与正念（即特质正念或MBIs）之间联系的研究尚处于起步阶段。但直接将这些结构联系起来的初步研究以及间接提到这些联系的研究，都强调了进一步研究这些结构之间的潜在机制有很大的价值。在下一节中，我们将描述四种可能有助于解释工作—家庭模型与正念之间联系的机制。

正念与工作家庭体验之间联系的理论和机制

正念积极效果的核心机制是改善自我调节能力，包括对思维、行为、心理反应和情绪的自我调节（Desrosiers et al.，2013；Glomb et al.，2011）。

在本节中，我们将详细阐述四条具体路径。

注意力和减少分心

注意力是正念的一个关键方面。正念是"有意识地以非评判的方式关注当下的体验（身体的感觉、知觉、情感状态、思想和意象），从而培养一种稳定的、非自动化反应的意识"（Carmody et al.，2008，p.394）。对注意力的研究关注的是如何进行自主控制、如何产生主观经验，以及如何调节行为（Posner and Rothbart，2007）。持续注意的能力对生活的各个方面都很重要。注意过程需要聚焦和集中。为了处理一些事情，它本质上要求从其他事情中抽离出来。对注意力进行自我调节使一个人能够更清楚地觉察现状，这样他们就能更快地发现任何与标准不符的差异。Dane（2011）解释说，正念与其他注意状态的不同之处在于，它同时包括了广泛的注意力领域和对当下的专注。

注意力的反面是分心。新技术的发展导致了所谓的社会注意缺陷障碍

(Jackson，2009)。人们认为，互联网正在摧毁我们进行深度、持续和敏锐关注的能力(Carr，2011；Jackson，2009)。在家庭聚餐时发短信，或者在孩子的足球比赛中阅读工作电子邮件都是日常家庭生活中经常发生的事情。培养一种正念觉察可以作为一种有价值的自我调节行为，有助于加强对注意力的控制(Carmody et al.，2008)，这可以通过多种方式影响人们对工作—家庭的看法。

首先，在面对多重角色时，充分关注工作角色和家庭角色有助于减少角色管理的感知问题，同时也有助于促进个人资源的有效分配(Marks and MacDermid，1996)。因此，相对于程度较低的个体而言，正念程度更高的个体能更有效地处理所有角色，对工作—家庭平衡有更好的总体性评价。其次，完整的注意力提供了增加与他人产生联结感的机会，这是整体心理健康的重要组成部分(Baumeister and Leary，1995)。强烈的联结感有助于提高角色的满意度，从而突出工作—家庭的平衡感。进一步来说，联结感本身在家庭和工作领域里都是一种资源，作为增益过程(即社会资本和心理资源)的一个重要的组成部分，它可能对另一个领域有所帮助，提高对工作—家庭增益的认知。再次，受正念影响而提高的自我管理能力使个人能够在某一领域保持专注，特别是当另一个领域有很高需求的时候。这会产生跨领域的巨大效益，从而感知到更高的工作—家庭平衡感。同样，能够保持专注的个体可能感受到更少的不同领域之间基于压力的冲突，从而减少工作—家庭冲突。最后，自我调节技巧自身就是一种资源，如果在一个领域，或者两个领域内不断深化该技巧，就会有助于增加工作—家庭增益。

情绪调节

正念还可能通过情绪调节与工作—家庭体验产生联系。情绪调节被定义为个体努力通过修正他们的情绪体验、情绪表达和生理反应，以及修正引发情绪的情境，从而对环境提出的需求做出适当的反应(Aldao，2013)。情绪调节过程包括需要耗费大量精力的努力(例如，在医院陪伴受伤的孩子时仍然保持冷静)，以及那些几乎自动化的过程(例如，听到朋友讲的笑话哈哈大笑)。情绪调节的过程模型区分了先行关注的过程(那些发生在导致了完整情绪反应的评估之前的过程)和反应关注的策略(那些情绪反应已经产生以后发生的过程)(Gross，1998；Webb，Miles，and Sheeran，2012)。

正念一直被认为是先行关注的情绪调节方式，因为它改变的是个体与他/她的情绪之间的关系，而不是情绪本身(Teper，Segal and Inzlicht，2013)。近来的元分析研究表明，这种改变认知的情绪调节策略比反应调整策略(例如，尝试控制情绪带来的体验)等其他策略更有效(Webb et al.，2012)。此外，特质正念与减少适应不良的情绪调节策略(例如反刍)的使用有关(例如 Desrosiers et al., 2013)。反刍是指"控制不住地反复思考自己的感受和问题,而不是思考某一个具体想法的内容这一过程"(Nolen-Hoeksema, Wisco, and Lyubormirsky, 2008, p.400)。

在考虑工作—家庭这一领域时,有效的情绪调节是很重要的,因为情绪状态和情绪特质与工作—家庭冲突相关(Allen et al., 2012; Judge, Ilies, and Scott, 2006),和工作—家庭增益一直有密切关系(Carlson et al., 2011; Paddock et al., 进行中; Wayne, Musisca, and Fleeson, 2004)。

正如 Teper 及其同事们(2013)所解释的,正念的个体仍然会体验到最初的情感反应。但是,正念程度更高的个体会经历更少的由长期情绪激活带来的消极后果。在情绪调节的基础上,正念程度更高的个体应该会在工作角色和家庭角色(工作—家庭平衡的主要组成部分)中体验到更多的满足感,以及在这个过程(与工作—家庭冲突相关)中体验到更少的消极情绪,或情绪持续的时间会更短。事实上,正念强化了内在的短期情感体验(Williams, 2010)。在某种意义上,工作—家庭增益的情感途径涉及的是去体验流动性的积极情感,而非产生积极情绪,因此,更善于调节情绪的高正念个体会有更丰富的增益体验。

此外,改善情绪的自我调节也有助于促进工作和家庭的边界管理(Allen, Cho, and Meier, 2014)。为了建立理想的工作和家庭边界,个体可能需要调节自己的情绪,比如压抑来自工作的负面情绪,或者向家人表达积极的情绪。无效的情绪管理可能导致情绪失调;Sonnentag, Kuttler 和 Fritz(2010)的研究报告指出工作中的情绪失调是由于需要在并没有真实体验到积极情绪的时候去表现出积极情绪,而这是与心理上的工作脱离负相关的。正念也许能更好地让处于某个角色的个体从另一个角色的负性事件中脱离出来(例如,在辅导孩子功课的时候,停止反刍和同事的分歧),这种技巧应该能够帮助个体减少在每个领域的情绪失调。更少的情绪失调应与工作—家庭平衡呈正向相关,而且失调的减少就会表现为基于压力的冲突的减少。进一步来说,考虑到正念的个体能够关注当下,能够聚焦于他们当下体验到的积极情绪,他们可能会更好地利用工作—家庭增益的情感路径,从而实现更大程度的增益。

优化资源配置

正念可能有助于优化资源分配,从而改善工作—家庭体验。时间和精力被认为是满足工作需求和家庭需求的两种最重要的个人资源(Valcour, 2007)。同时管理工作和家庭角色的个体在每一天都面临着各种各样的关于如何分配时间和精力的选择;他们必须就何时、何地以及如何在不同领域间以及具体领域内不同任务间分配个人资源进行决策。

以一个典型的教职员工为例。在一天内，时间可能需要分配给设计一项新的研究、回复电子邮件、与学生谈话、准备演讲、审查一位同事的经费申请、参加学位论文提案会议以及出席课程审查委员会的会议。非工作时间可能分配给购物、准备饭菜、打扫、接孩子放学、接送孩子参加课外活动、各种各样的育儿琐事（例如，辅导孩子的功课、给孩子洗澡）、各种各样的家务琐事（例如，洗衣服、付账单）、运动、休闲和睡觉等。日常生活需要同时进行多任务处理或者需要进行快速切换。例如，一名家长可能需要在做饭和同时回应孩子关于作业的问题。从一个任务切换到另外一个任务的过程需要动用心理的执行控制过程（Rubinstein，Meyer，and Evans，2001）。执行控制包括涉及大脑额叶的两个不同过程：一个过程是目标切换（决定做这个而不是做那个），第二个过程是规则激活（关闭对一个任务的规则并启动当前任务的规则）。从一个任务切换到另外一个任务需要时间。越复杂的任务需要的时间越多。正念所固有的觉察有助于个体决定什么时候做哪项任务是最好的，并让他们能够专注地完成任务，从而提高任务的完成效率。有效的资源分配能够使个体更有效地应对工作和家庭角色，从而使工作与生活之间更加平衡。此外，考虑到更精确、更有效地在各个角色之间处理任务能够减少时间的消耗，正念水平更高的个体会体验到更少的基于时间的工作—家庭冲突。因为这同时也涉及工作—家庭增益，对时间和精力进行最大化的利用，能够为完成工作领域或者家庭领域的任务创造更大的灵活性。根据灵活性的定义，即"酌情决定满足哪个角色在时间、效率和分配上的需求"（Greenhaus and Powell，2006，p.80），灵活性本身就是工作—家庭增益模型中的一项资源。因此，当个体在工作（家庭）领域的灵活性为个体节约了时间和精力时，个体就可以在家庭（工作场所）上分配更多的时间或者精力，所以正念水平更高的个体也会有更深的工作—家庭增益感。

时间感知

正念影响着包括时间观在内的个体感知时间的方式。时间感知是一种心理概念，与个体感知时间上的过去、现在和未来的典型方式有关（Boniwell and Zimbardo，2004）。时间感知很重要，因为它在选择和追求社会目标、动机和行为方面发挥着重要作用（Cartensen，2006）。

尽管在客观上时间是一个固定资源，但对时间可用性的主观感知是可变的（Rudd，进行中，手稿a）。Kramer，Weger和Sharma（2013）的研究聚焦于状态正念的变化，并比较了实验者进行十分钟正念冥想后的时间间隔感与实验者听了十分钟《霍比特人》（Hobbit）一书节选内容后的时间间隔感之间的差异。实验之后，两组人都需要对刺激的持续时间进行分类。那些做了冥想练习的实验者对刺激活动的持续时间所做的分类，比听了有声书的实验者所做的分类的时间更长。同样地，Rudd（在进展中，手稿 a）比较了被分配到聚焦未来状态和聚焦当下状态的两组实验者对时间压力的感知，研究发现，在活动（观看一个自然视频）期间，强调聚焦当下加深了实验者随后表现出的时间的可利用感。其他研究已经表明，聚焦于当下的思考会减缓时间流逝感。当指导参与者们用悠长舒缓的呼吸来代替短而快速的呼吸时，参与者们会感觉到他们的时间变多了，并且会认为自己有更充足的时间来完成任务（Rudd，在进展中，手稿 b）。

相关研究表明，特质正念与时间充裕感之间存在直接联系（Kasser and Sheldon，2009；LaJeunesse and Rodriguez，2012）。时间充裕感是认为自己有足够的时间去追求个人觉得有意义的活动、去反思，以及去投入到休闲活动中（Ben-Shahar，2007）。那些报告了强烈的时间充裕感的人，也报告说他们有能力在休闲的同时去完成任务，并且能够深刻反思自己的生活经历。

在工作—家庭感受这一领域，对时间知觉的研究是很重要的。长期以来，时间短缺一直与承担着多重角色有关（Goode，1960），很多人都写到了现代生活中的"时间饥荒"（如 O'Brien，2012；Perlow，1999）。工作—家庭冲突体验的核心是缺乏足够的时间来有效地履行工作职责和家庭责任，因此我们期望正念能够通过减少时间短缺感来减少工作—家庭冲突。

时间短缺感会引发一种心态，让个体去从事一些能够在短期内缓解时间短缺，但从长期来看可能未必有益的行为。也就是说，时间短缺感会改变个体分配注意力的方式。因为短缺会让人仅仅关注到当前的紧急问题，从而可能致使个体忽视了其他更需要关注的问题（Shah，Mullainathan and Shafir，2012）。这可能导致个体只关注提出紧急要求的工作角色或家庭角色，而忽略其他角色。例如，一个有工作的家长可能因为某个项目截止日期快到了需要加班，而取消和家人去看电影的计划。类似的这种对注意力的分配决定如果累积起来，可能会带来家庭成员对关系的不满，从而会让工作—家庭失去平衡。

此外，伴随着低正念水平的时间短缺感应与工作—家庭冲突，尤其是基于时间的冲突正相关，因为个体会在两个领域上都感觉没有足够的时间完成任务。最后，因为他们只关注到手头的任务，这些人的视角可能会更狭隘，因此无法评估从一个领域获得哪些资源将对另一个领域有利。

我们之所以在讨论中回顾有关注意力的研究，是由于通过改变个体的时间感来鼓励他们更好地停留在当下，也许能够让个体从工作和家庭中获得更多收益，从而加深个体的工作—家庭平衡感。时间充裕感让个体能够有机会从压力中复原，从而缓解工作—家庭冲突。最后，个体对每个领域所做的深刻反思可能有助于促进工作—家庭增益及其所涉及的资源的迁移，从而也许能够更好地理解每个领域是如何运作的，以及哪些资源可以进行跨领域的迁移。

对未来研究的建议

在上一节中，我们提出了四种将正念与工作—家庭结构联系在一起的路径：注意力和减少分心、情绪调节、优化资源配置和时间感知。探索这些途径的研究是非常重要的，可以帮助我们理解正念如何协助个体应对多重角色责任。在接下来的章节，我们会进一步从正念文献和工作—家庭文献中提取信息，对未来的研究提出一些超出现有具体机制的研究方向。正如本文所讨论的，将正念与工作家庭联系在一起的研究正处于萌芽阶段，虚位以待更多更新的研究。

多重结构维度的思考

正念有多种概念。迄今为止，大多数职场上的正念研究都是基于一种性格取向的、单一维度的方法，比如通过正念注意觉察量表（Mindful Attention Awareness Scale）进行评估（Brown and Ryan，2003）。但是，正念的概念是多维度的，包括有意识地观察、描述、行动、对内在经验的不判断，以及对内在经验的非自动化反应（Baer，Smith, and Allen，2004；Baer et al.，2003）。这些方面之间都有一定的相关性，其中的区分效度也已经被证明（Baer et al.，2008；Emanuel et al.，2010）。例如，研究表明，正念干预对结果变量的作用是不同的，例如对抑郁和焦虑的影响不同质（Desrosiers et al.，2013）。

工作—家庭模型同样是多维度的。例如先前所描述，工作—家庭冲突包括如时间、压力和行为等维度。反映了工作—家庭交互作用的积极面的模型（例如，工作—家庭增益）同样也包括多个维度，例如发展维度（例如，技巧、知识、行为的发展）、情感维度（例如，积极情绪状态或者态度）和资本维度（例如，安全感、自信），作为不同的资源，它们可以从一个领域迁移到另外一个领域（Carlson et al.，2006）。

采取更细化的研究方法可能会给正念和工作—家庭体验之间的有益联系带来新的思路。可以推测，这种能够让自己对每天的想法和担忧保持一定距离的能力（例如，对内在体验不评判、不自动化的反应），比仅保持正念中对当下的观察更能够防止发生基于压力的工作—家庭冲突。与之相反，有意识的行动，而非给情感和认知贴上标签，更能够帮个体识别基于时间的冲突并提出解决方案。关于工作—

家庭增益，让个体与每天的想法和担忧保持距离也许能帮助个体在有意识的行动时更好地使用情感路径，并且对角色中的搭档保持关注也许能够更好地发展并迁移这些技巧。

正念和家庭支持型管理

目前为止，我们主要把正念视为个人可以学习的工具，并通过使用这个工具来改善他们对多重角色的管理。但是，工作—家庭体验并非出现在真空环境中，个体社会系统中的其他人也能够减轻或者加重个体在工作角色和家庭角色上的任务难度（Kossek et al.，2011）。研究表明，主管的行为与工作—家庭体验有明显关联。家庭支持型管理被定义为管理者对员工家庭角色的支持性行为（Hammer et al.，2009）。大量的研究表明，更多的家庭支持型管理与更少的工作—家庭冲突相关（例如，Allen，2001；Lapierre & Allen，2006），管理者也可以被训练成为更好的家庭支持者（Hammer et al.，2009）。

Brown 等人（2007，p.225）认为正念可以"促进能够支持关系健康运行的互动模式，并提高整体关系质量"。因而，正念训练可以作为家庭支持型管理训练的一个组成部分。事实上，在一项对管理者正念的调查中，Reb，Narayanan 和 Chaturvedi（2014）发现，管理者如果有较高水平的正念特质，员工也会报告较多的工作—生活平衡感。更加正念的管理者也许会回应员工对私人空间的需求，从而让员工能够通过激发创造力和专注力来管理多重任务角色和责任。这一点很重要，因为已经有研究表明私人空间与更少的工作—家庭冲突有关（Behson，2005）。

方法论的进展

要推动基于正念的工作—家庭研究的进展，需要考虑方法论的问题。正如之前所讨论的，我们认为正念在改善工作—家庭体验方面有很大的力量，其中一个方面是在角色内保持专注。对他人和在当下时刻保持专注的能力是正念的一个特征。但对他人保持专注最好通过他人的报告来获得，也可能只能通过这种途径才能知晓。例如，伴侣可以报告其中一方在家庭领域的专注程度，而管理者可以报告员工在工作领域的专注程度和投入程度。这些数据在探索 MBIs 是否有效方面是特别有价值的。

基于事件间差异所得到的结果与基于水平间差异所得到的结果是不同的，所以，除了使用组间设计的方法外，探索工作—家庭冲突中的生活事件也是非常有效的方法（Maertz and Boyar，2011；Shockley and Allen，2013；Shockley and Allen，出版中）。Shockley 和 Allen（出版中）发现，被试报告的 WIF 事件和 FIW 事件的频率之间没有差异,但是工作—家庭冲突的组间水平的评估报告却显示,WIF组报告的一致性水平高于 FIW 组。工作和家庭的冲突通常发生在特定的时间,并且需要即时的行为决策(例如,为了在时间节点前完成工作而决定加班,但错过了观看孩子的棒球比赛)。由于正念已经被证实能够改善决策(例如,减少沉没成本偏差,Hafenbrack,Kinias,and Barsade,2014),这也许能够帮助个体更加清楚地在工作需要和家庭需要之间做取舍(Shockley and Allen,出版中)。对工作—家庭增益事件的评估也会带来类似的有趣结果,并且也许能够更好地看到在不同领域之间进行资源分配时,决策在其中所扮演的角色。

未来研究的另外一个方法是采取其他方法收集数据来补充调查数据。可穿戴科技设备也可以作为一种可选方式来检验正念起效的过程,例如可移动的神经生理监测装备和社交测量徽章(译者注:Sociometric Solutions 公司生产的一款针对员工行为分析的企业级穿戴设备,通过行为观察与数据分析,探讨通过宏观调控来预判员工的行为转变)。

证据显示正念冥想训练能够改变大脑的神经活动(Berkovich-Ohana, Glicksohn and Goldstein,2012)。大脑功能可以用三种基本的电生理概念来分类:(a)电信号在频率和振幅方面的特性;(b)脑电活动源的空间位置;(c) 脑内联结模式(神经网络动力学)。例如,放松和非专注的状态与更大的振幅和低频脑电波模式有关,而兴奋、工作或专注状态与更小的振幅和更高的频率有关(Hannah et al., 2013)。最近在移动神经生理学监测设备上的进展捕获了实时的脑电图(EEG)数据,这些数据为我们提供了神经生化过程方面的信息。这种装置能够把定量 EEG 用于实践中,能够在发生交互作用时进行研究。这种方法可以用来比较当出现工作—家庭冲突与工作—家庭增益时,特质正念进行调节的神经生理模式的不同。

社交测量徽章是可穿戴的感应装置,能够实时收集在面对面沟通时的互动数据(Waber, 2013)。这种装置能够记录多种类型的信息,例如与他人的身体接触、在环境中所处的位置、动作(例如,姿势、运动),以及交流模式(例如,说话声音的大小、语速、谈话的交替)。社交测量装置可以用来考察工作—家庭现象,例如包括员工和管理者在协商使用灵活的工作安排时的彼此互动情况。基于以上提到的正念和领导力的研究,人们可能会认为这些能够更成功地达成协商的领导者,是有更高特质正念的领导者,而不是更低的特质正念的领导者。社交测量设备也可能给正念训练提供支持,因为那些接受这种训练的人可能会出现更多此类行为。与低正念水平的互动相比,这种有益的人际互动很可能具有特殊的模式(例如,接近他人和交流模式)。

角色转换

正念的培养可能特别有利于在工作角色和家庭角色间的转换（Allen，Cho，and Meier，2014）。因为角色交叉是涉及自我调节的努力过程，正念的当下意识部分可以更好地使个人在心理上脱离一个角色并顺利进入另一角色，可能与工作—家庭平衡呈正相关，与工作—家庭冲突呈负相关。当自我管理资源枯竭时，想要进行有效地跨角色转换是有很大挑战性的。例如，一位员工在工作上的最后一项内容是和一位愤怒的顾客进行沟通，当他回家后等待他的消息是他的孩子在学校的考试不及格。这位员工也许仍然处于和那位顾客沟通时的不快情绪中，同时又体验到由孩子考试不及格这一消息所带来的愤怒、失望或担忧的情绪。在与愤怒的顾客沟通时，需要这位员工投入自我调节的资源来努力压抑负性的情绪。这种自我调节会消耗有限的资源，影响到后续在需要自我调节资源投入的情景中的行为表现（Baumeister，Vohs, and Tice，2007）。要有效的转换到家庭角色，需要这位员工把对愤怒顾客的想法放到一边（也就是放下工作角色）并且投入到和家庭成员的互动中，也就是对考试失败事件进行反应（也就是进入家庭角色）。一个人有更高的正念状态，以及有更好的调节情绪的能力，就能够更好地完成角色转换。

正念可能具有的消极影响

与我们所回顾的文献一致，我们明确地提出关于正念和工作—家庭体验关系的积极联系。然而，正念似乎也会带来一些消极影响，未来的研究也应对此予以关注。

如果一个人完全投入到当下的角色中，可能会把其他潜在的角色看作与当下角色有冲突并用冲突的方式进行处理，这是正念可能出现潜在负面影响的途径之一。个人的身份（例如，员工、父母）是基于在他们在工作和家庭领域中所扮演的角色，有时角色就是身份。而当注意力完全集中在当前角色上时，个体可能会感觉到很难整合包括了不同角色的身份。个人以多种方式管理其身份认同，包括注重一种身份，而排斥其他身份（如上一段所述），将身份整合到一个兼容的整体中（Roccas and Brewer，2002）。那些认为自己身份——价值观、态度和期望——兼容性越高的人，身份的整合程度就越高（Cheng，Sanchez-Burks, and Lee，2008）。与此相反，个体的身份整合度越低，看待不同角色的兼容性就会越低，当一个角色被激活时，其他角色会被抑制，从而在不同环境下改变自己的行为。身份整合度高的人能够同时从两个领域中获取资源，并且会呈现更高水平的创造性（Cheng et al.，2008），拥有更多元的社交网络（Mok, Morris, Benet-Martinez and Karakitapoglu-Aygun，2007）。在工作—家庭经验方面，更高程度的身份整合可能会产生更多的跨域资源转移，从而加强工作—家庭增益。

多变量模型能够更好地理解正念和工作—家庭体验之间、积极和消极联系之间的潜在相互作用。例如，正念和身份之间的负面关系的不利影响可能会被正念的其他好处所补偿。这是一个经验性的问题，和这里讨论的未来研究中的其他想法一样，需要进一步的研究来确定工作—家庭和正念之间的关系。

结论

除了在理解特质正念在个体的工作—家庭经历中所扮演的角色之外，培养正念的也可以成为一种工具，来调节工作—家庭关系产生的影响并促进健康的工作—家庭联结。本章我们回顾了将正念与工作—家庭结构联系起来的文献，确定了四种可能有助于解释这种联系的潜在机制，并提出了未来的研究方向。我们希望这些想法能激发对这一与时俱进的主题的进一步研究。

（本章译者：李敏，陈文君，潘康）

References

Aldao，A. (2013). The future of emotion regulation research: capturing context. *Perspectives on Psychological Science*，8，155-72.

Allen，T. D. (2001). Family-supportive work environments: the role of organizational perceptions. *Journal of Vocational Behavior*，58，414-35.

Allen，T. D. (2012). The work-family interface. In S. W. J. Kozlowski (ed). *The Oxford handbook of organizational psychology*. New York: Oxford University Press，pp. 1163-98.

Allen，T. D., Cho，E., and Meier，L. (2014). Work-family boundary dynamics. *Annual Review of Organizational Psychology and Organizational Behavior*，1，99-121.

Allen，T. D., Johnson，R. C., Kiburz，K., and Shockley，K. M. (2013). Work-family conflict and flexible work arrangements: deconstructing flexibility. *Personnel Psychology*，66，345-76.

Allen，T. D., Johnson，R. C., Saboe，K., Cho，E., Dumani，S., and Evans，S. (2012). Dispositional variables and work-family conflict: a meta-analysis. *Journal of Vocational Behavior*，80，17-26.

Allen，T. D. and Kiburz，K. M. (2012). Trait mindfulness and work-family balance among working parents: the mediating effects of vitality and sleep quality. *Journal of Vocational Behavior*, 80, 372-9.

Baer, R. A., Smith, G. T., and Allen, K. B. (2004). Assessment of mindfulness by self-report: the Kentucky Inventory of Mindfulness Skills. *Assessment*, 11, 191-206.

Baer, R. A., Smith, G. T., Lykins, E., Button, D., Krietemeyer, J., Sauer, S., Walsh, E., Duggan, D., and Williams, J. M. (2008). Construct validity of the Five Facet Mindfulness Questionnaire in meditating and nonmeditating samples. *Assessment*, 15, 329-42.

Baltes, B. B. and Heydens-Gahir, H. (2003). Reduction of work-family conflict through the use of selection, optimization, and compensation behaviors. *Journal of Applied Psychology*, 88, 1005-18.

Baltes, B. B., Zhdanova, L. S., and Clark, M. A. (2011). Examining the relationships between personality, coping strategies, and work-family conflict. *Journal of Business and Psychology*, 26, 517-30.

Baumeister R. F. and Leary, M. R. (1995). The need to belong: desire for interpersonal attachments as a fundamental human emotion. *Psychological Bulletin*, 117, 497-529.

Baumeister, R. F., Vohs, K. D., and Tice, D. M. (2007). The strength model of self-control. *Current Directions in Psychological Science*, 16, 351-5.

Behson, S. J. (2005). The relative contribution of formal and informal organizational work-family support. *Journal of Vocational Behavior*, 66, 487-500.

Ben-Shahar, T. (2007). *Happier: learn the secrets to daily joy and lasting fulfillment*. New York: McGraw-Hill Professional.

Berkovich-Ohana, A., Glicksohn, J., and Goldstein, A. (2012). Mindfulness-induced changes in gamma band activity — implications for the default node network, self-reference and attention. *Clinical Neurophysiology*, 123(4), 700-10.

Boniwell, I. and Zimbardo, P. G. (2004). Balancing one's time perspective in pursuit of optimal functioning. In P. A. Linley and S. Joseph (eds.), *Positive psychology in practice*. Hoboken, NJ: Wiley.

Brown, K. W. and Ryan, R. M. (2003). The benefits of being present: mindfulness and its role in psychological well-being. *Journal of Personality and Social Psychology*, 84(4), 822-48.

Brown, K. W., Ryan, R. M., and Creswell, J. D. (2007). Mindfulness: theoretical foundations and evidence for its salutary effects. *Psychological Inquiry*, 18(4), 211-37.

Butts, M. M., Casper, W. J., and Yang, T. S. (2013). How important are work-family support policies? A meta-analytic investigation of their effects on employee outcomes. *Journal of Applied Psychology*, 98, 1-25.

Byron, K. (2005). A meta-analytic review of work-family conflict and its antecedents. *Journal* of Vocational Behavior, 62, 169-98.

Carlson, D. S., Grzywacz, J., and Zivnuska, S. (2009). Work-family balance: is balance more than conflict and enrichment? *Human Relations*, 20, 1-28.

Carlson, D. S., Kacmar, K. M., Wayne, J. H., and Grzywacz, J. G. (2006). Measuring the positive side of the work-family interface: development and validation of a work-family enrichment scale. *Journal of Vocational Behavior*, 68, 131-64

Carlson, D., Kacmar, K. M., Zivnuska, S., Ferguson, M., and Whitten, W. (2011). Work-family enrichment and job performance: a constructive replication of affective events theory.*Journal of Occupational Health Psychology*, 16, 297-312.

Carmody, J., Reed, G., Kristeller, J., and Merriam, P. (2008). Mindfulness, spirituality, and health-related symptoms.*Journal of Psychosomatic Research*, 64, 393-403.

Carr, N. (2011).*The shallows: what the internet is doing to our brains*. New York: W. W. Norton and Company.

Cartensen, L. L. (2006). The influence of a sense of time on human development. *Science*, 312, 1913-15.

Cheng, C.-Y., Sanchez-Burks, J., and Lee, F. (2008). Connecting the dots within: creative performance and identity integration.*Psychological Science*, 19, 1178-84.

Covert, B. (2013). Men want work-family balance, and policy should help them achieve it.*The Nation*, July 8, retrieved from www.thenation .com/blog/175158/men-want-work-family-balance-and-policy-should- help-them-achieve-it# .

Dane, E. (2011). Paying attention to mindfulness and its effects on task performance in the workplace.*Journal of Management*, 37, 997-1018.

Desrosiers, A., Vine, V., Klemanski, D. H., and Nolen-Hoeksema, S. (2013). Mindfulness and emotion regulation in depression and anxiety: common and distinct mechanisms of action.*Depression and Anxiety*, 30, 654-61.

Emanuel, A. S., Updegraff, J. A., Kalmbach, D. A., and Ciesla, J. A. (2010). The role of mindfulness facets in affective forecasting.*Personality and Individual Differences*, 49, 815-18.

Glomb, T. M., Duffy, M. K., Bono, J. E., and Yang, T. (2011). Mindfulness at work. In J. Martocchio, H. Liao, and A. Joshi (eds).*Research in personnel and human resource management*, vol. 30. Bingley: Emerald Group Publishing Limited, pp. 115-57.

Goode, W. J. (1960). A theory of role strain.*American Sociological Review*, 25, 483-96.

Greenhaus, J. H. and Allen, T. D. (2011). Work-family balance: a review and extension of the literature. In L. Tetrick and J. C. Quick (eds.), *Handbook of occupational health psychology*. 2nd edn. Washington, DC: American Psychological Association,pp. 165-83.

Greenhaus, J. H., Allen, T. D., and Spector, P. E. (2006). Health consequences of work-family conflict: the dark side of the work-family interface. In P. L. Perrewe and D. C. Ganster (eds.), *Research in occupational stress and well being*, vol. 5. Oxford: JAI Press/Elsevier, pp. 61-99.

Greenhaus, J. H. and Beutell, N. (1985). Sources and conflict between work and family roles. *Academy of Management Review*, 10, 76-88.

Greenhaus, J. H. and Powell, G. N. (2006). When work and family are allies: a theory of work-family enrichment. *Academy of Management Review*, 31, 72-92.

Gross, J. J. (1998). Antecedent- and response-focused emotion regulation: divergent consequences for experience, expression, and physiology. *Journal of Personality and Social Psychology*, 74, 224-37.

Gutek, B. A., Searle, S., and Klepa, L. (1991). Rational versus gender role explanations for work family conflict. *Journal of Applied Psychology*, 7, 560-8.

Hafenbrack, A. C., Kinias, Z., and Barsade, S. G. (2014). Debiasing the mind through meditation: mindfulness and the sunk-cost bias. *Psychological Science*, 25, 369-76.

Hammer, L. B., Kossek, E. E., Anger, W. K., Bodner, T., and Zimmerman, K. L. (2011). Clarifying work-family intervention processes: the role of work-family conflict and family-supportive supervisor behavior. *Journal of Applied Psychology*, 96, 134-50.

Hammer, L. B., Kossek, E. E., Yragui, N. L., Bodner, T. E., and Hanson, G. C. (2009). Development and validation of a multidimensional measure of family supportive supervisor behaviors (FSSB). *Journal of Management*, 35, 837-56.

Hannah, S. T., Balthazard, P. A., Waldman, D. A., Jennings, P. L., and Thatcher, R. W. (2013). The psychological and neurological bases of leader self-complexity and effects on adaptive decision-making. *Journal of Applied Psychology*, 98, 393-411.

Hulsheger, U. R., Alberts, H. J. E. M., Feinholdt, A., and Lang, J. W. B. (2013). Benefits of mindfulness at work: the role of mindfulness in emotion regulation, emotional exhaustion, and job satisfaction. *Journal of Applied Psychology*, 98, 310-25.

Jackson, M. (2009). *Distracted: the erosion of attention and the coming dark age*. Amherst, NY: Prometheus Books.

Judge, T. A., Ilies, R., and Scott, B. A. (2006). Work-family conflict and emotions: effects at work and at home. *Personnel Psychology*, 59, 779-814.

Kabat-Zinn, J. (1990). *Full catastrophe living: using the wisdom of your body and mind to face stress, pain, and illness*. New York: Dell Publishing.

Kasser, T. and Sheldon, K. M. (2009). Time affluence as a path toward personal happiness and ethical business practice: empirical evidence from four studies. *Journal of Business Ethics*, 84, 243-55.

Kiburz, K. M. and Allen, T. D. (2012). Dispositional mindfulness as a unique predictor of work-family conflict. Paper presented at the 27th Annual Conference of the Society for Industrial and Organizational Psychology, April 2012, San Diego, CA.

Kiburz, K. M., and Allen, T. D. (2014). Examining the effects of a mindfulness- based work-family intervention. In J. G. Randall and M. Beier (Co-chairs), in Mind Wandering and Mindfulness: Self-regulation at Work. Symposium presented at the 29th Annual Conference of the Society for Industrial and Organizational Psychology, May 2014, Honolulu, HI.

Kilpatrick, L. A., Suyenobu, B. Y., Smith, S. R., Bueller, J. A., Goodman, T., Creswell, J. D., Tillisch, K., Mayer, E. A., and Naliboff, B. D. (2011). Impact of mindfulness-based stress reduction training on intrinsic brain connectivity. *NeuroImage*, 56, 290-8.

Kossek, E. E., Pichler, S., Bodner, T., and Hammer, L. B. (2011). Workplace social support and work-family conflict: a meta-analysis clarifying the influence of general and work-family specific supervisor and organizational support. *Personnel Psychology*, 64 (2), 289-313.

Kramer, R. S., Weger, U. W., and Sharma, D. (2013). The effects of mindfulness meditation on time perception. *Conscious Cognition*, 22, 246-852.

LaJeunesse, S. and Rodriguez, D. A. (2012). Mindfulness, time affluence, and journey-based affect: exploring relationships. *Transportation Research Part F*, 196-205.

Lapierre, L. M. and Allen, T. D. (2006). Work-supportive family, family-supportive supervision, use of organizational benefits, and problem-focused coping: implications for work-family conflict and employee well-being. *Journal of Occupational Health Psychology*, 11, 169-81.

Leroy, H., Anseel, F., Dimitrova, N. G., and Sels, L. (2013). Mindfulness, authentic functioning, and work engagement: a growth modeling approach. *Journal of Vocational Behavior*, 82, 238-47.

Maertz, C.P. and Boyar, S.L. (2011). Work-family conflict, enrichment, and balance under "levels" and "episodes" approaches. *Journal of Management*, 37(1), 68-98.

Marks, S. R. and MacDermid, S. M. (1996). Multiple roles and the self: a theory of role balance. *Journal of Marriage and the Family*, 58, 417-32.

Michel, J. S., Kotrba, L. M., Mitchelson, J. K., Clark, M. A., and Baltes, B. B. (2011). Antecedents of work-family conflict: a meta-analytic review. *Journal of Organizational Behavior*, 32, 689-725.

Milkie, M., Kendig, S., Nomaguchi, K., and Denny, K. (2010) Time with children, children's well-being, and work-family balance among employed parents. *Journal of Marriage and Family*, 72, 1329-43.

Mok, A., Morris, M. W., Benet-Martinez, V., and Karakitapoglu-Aygun, Z. (2007). Embracing

American culture: structures of social identity and social networks among first-generation biculturals. *Journal of Cross-Cultural Psychology*, 38, 629-35.

Nolen-Hoeksema, S., Wisco, B. E., and Lyubomirsky, S. (2008). Rethinking rumination. *Perspectives on Psychological Science*, 3, 400-24.

O'Brien, K. (2012). How to make time expand. *Boston Globe*, September 9. Retrieved from www.bostonglobe.com/ideas/2012/09/08/how-make-time-expand/26nkSfyQPEetCXXoFeZEZM/story.html.

Paddock, E. L., Smith, C. V., Bagger, J., and Webster, G. D. (manuscript in preparation). Extraversion impacts work-family enrichment via multiple pathways: a multilevel diary study.

Perlow, L. A. (1999). The time famine: toward a sociology of work time. *Administrative Science Quarterly*, 44, 57-81.

Perlow, L. A. and Kelly, E. (2014). Toward a model of work redesign for better work and better life. *Work and Occupations*, 41(1), 111-34.

Poelmans, S. E. A., Greenhaus, J. H., and Las Heras Maestro, M. (2013). *Expanding the boundaries of work-family research: a vision for the future*. Basingstoke: Palgrave Macmillan.

Posner, M. I. and Rothbart, M. K. (2007). Research on attention networks as a model of the integration of psychological science. *Annual Review of Psychology*, 58, 1-23.

Reb, J., Narayanan, J., and Chaturvedi, S. (2014). Leading mindfully: two studies on the influence of supervisor trait mindfulness on employee well-being and performance. *Mindfulness*, 5, 36-45.

Roccas, S. and Brewer, M. B. (2002). Social identity complexity. *Personality and Social Psychology Review*, 6, 88-106.

Roeser, R. W., Schonert-Reichl, K. A., Jha, A., Cullen, M., Wallace, L., Wilensky, R., Oberle, E., Thomson, K., Taylor, C., and Harrison, J. (2013). Mindfulness training and reductions in teacher stress and burnout: results from two randomized, waitlist-control field trials. *Journal of Educational Psychology*, 105, 787-804.

Rothbard, N. P. and Wilk, S. L. (2011). Waking up on the right or wrong side of the bed: start-of-workday mood, work events, employee affect, and performance. *Academy of Management Journal*, 54, 959-80.

Rubinstein, J. S., Meyer, D. E., and Evans, J. E. (2001). Executive control of cognitive processes in task switching. *Journal of Experimental Psychology*, 27, 763-97.

Rudd, M. (manuscript in preparation a). The power of being present: how momentary temporal focus influences perceived time affluence. (manuscript in preparation b). Expand your breath, expand your time: Boosting perceived time affluence through slow controlled breathing.

Shah, A. K., Mullainathan, S., and Shafir, E. (2012). Some consequences of having too little. *Science*, 338, 682-5.

Shockley, K. M. and Allen, T. D. (2013). Episodic work-family conflict, cardiovascular indicators, and social support: an experience sampling approach. *Journal of Occupational Health Psychology*, 18, 262-75.

—— (in press). Deciding between work and family: an episodic approach. *Personnel Psychology*.

Singh, N. N., Lancioni, G. E., Winton, A. S. W., Singh, J., Singh, A. N., Adkins, A. D., and Wahler, R. G. (2010). Training in mindful caregiving transfers to parent-child interactions. *Journal of Child Family Studies*, 19, 167-74.

Slaughter, A. (2012). Why women still can't have it all. *The Atlantic*, July/ August. Retrieved from www.theatlantic.com/magazine/archive/2012/ 07/why-women-still-cant-have-it-all/ 309020/.

Society for Human Resource Management (2008). *Workplace Forecast*. Alexandria, VA: Society for Human Resource Management.

Sonnentag, S., Kuttler, I., and Fritz, C. (2010). Job stressors, emotional exhaustion, and need for recovery: a multi-source study on the benefits of psychological detachment. *Journal of Vocational Behavior*, 76, 355-65.

Teper, R., Segal, Z. V., and Inzlicht, M. (2013). Inside the mindful mind: how mindfulness enhances emotion regulation through improvements in executive control. *Current Directions in Psychological Science*, 22, 449-54.

Valcour, M. (2007). Work-based resources moderators of the relationship between work hours and satisfaction with work-family balance. *Journal of Applied Psychology*, 92, 1512-23.

Waber, B. (2013). *People analytics*. Upper Saddle River, NJ: FT Press.

Wayne, J. H., Musisca N., and Fleeson, W. (2004). Considering the role of personality in the work-family experience: relationships of the big five to work-family conflict and facilitation. *Journal of Vocational Behavior*, 64, 108-30.

Webb, T. L., Miles, E., and Sheeran, P. (2012). Dealing with feeling: a meta-analysis of the effectiveness of strategies derived from the process model of emotion regulation. *Psychological Bulletin*, 138, 775-808.

Williams, J. M. (2010). Mindfulness and psychological process. *Emotion*, 10, 1-7.

10 通过正念建立和维持更好的领导关系

Richard E. Boyatzis

引言

妻子开车到火车站后，Dimitrios 拿起他的公文包并打开了车门。当 7 点 10 分的列车进站时，他们正在聊着一些看似不重要的事情。他们吻别后车门开着，可他却坐在那里一动也不动。火车鸣笛，他的妻子说："你会赶不上火车的。"他耷拉着肩膀，仍然坐在那里。火车开始驶离车站，妻子问："怎么了？"他解释道："7 点 20 分还有一趟车。"然后补充说："我只是不想去上班。"她问："为什么？"他接着说了一句奇怪的话："我不喜欢那里。"这种因为各种理由不想去上班的谈话，每天都会在成千上万的家庭中发生，但是妻子的回答却澄清了状况，其他人可能拥有的原因不是他的："但你是老板，你是首席执行官，如果你不喜欢公司里的情况，那就改变它！"于是，他笑着说："当然。"然后再次亲吻她，勉强地走向火车站台。

这对他毫无意义，公司运营得很好，在他的领导下，公司从大约 16 人发展到超过 100 人。这是一家口碑非常好的咨询公司，受到世界各地许多组织的追捧。Dimitrios 并不清楚，变化来自于他自身，而不是公司。他感觉自己不喜欢一些"事情"，但不知为何且错误地判断定了原因。

每个人的生命中都会出现这种情况。而对有些人来说，它就像是一种无法摆脱的坏习惯。你一点一点地改变，直到迹象明显到不能忽视为止。我们通常会习惯于很多小事，并忽略它们，但这些小事却是提醒我们内心发生了变化的信号。就像男性对体重的认知，虽然你重了几磅，但大多数男性并不会注意到。事实上，只有当衣服的尺寸变化了，人们才能意识到体重的变化。然而到了那时，导致这种变化的真正原因可能已经变得模糊，让人难以捉摸。

Dimitrios 对自己不太在意——他陷入了一种行为习惯，并对自己的内部状态非常盲目。他一心专注于客户和员工的情绪和需求，但对自己完全不了解。他甚至在治疗和培训项目中向高管和专业人员教授了后来被称为正念的一种变体,但那是十年前的事了。

正念是一种心理状态,就是个体有意识地将自己的注意力聚焦在自己、家人、工作和生活中的其他人以及自然环境上(Boyatzis and McKee, 2005)。"正念"这个词源于佛教哲学和后来的心理学,尤其在 Ellen Langer 的研究和 Jon Kabat-Zinn 的主要研究中均有提及(Kabat-Zinn, 1990; Langer, 1989; 1997)。最早,正念的形式表现为冥想、武术、瑜伽,相比于西方文化,它更多出现在东方或远东文化实践中。但追根溯源,正念应该源于古希腊哲学与中国哲学(Boyatzis, 2007)。

那么,Dimitrios 到底发生了什么,早前教授过正念的人是怎样丢失它的?在探究什么是正念以及它是如何发展之前,首先,我们应该研究为什么很少有人会展示或体验正念,以及为什么它对有效的领导十分重要。

对正念的忽视

有 4 个主要的因素使个人无法自我调节,脱离留意自己、他人及环境这一自然过程(Boyatzis and McKee, 2005)。对领导者来说,随着责任加重与权力的获得,他们会陷入一种慢性的、恼人的压力中,这种压力会降低他们成为一名有效的领导者以及建立并维持必要关系的能力。这 4 个因素分别是:(1)慢性压力的伤害;(2)生活、职业的阶段和周期;(3)拮抗神经网络;(4)在盲目的人周围生活和工作。当然,还有其他的原因可能影响人们,比如爱人的不幸离世、重大的自然灾害或者是受到恐怖主义的迫害。但是在本章节中,我们将重点讨论影响大多数领导者和专业人员的典型因素。

慢性压力的伤害

每个专业人员、管理者或者行政人员都可能经历这种慢性的、恼人的压力。它不是对急性问题的"扯头发"的反应,例如:产品召回式同时丢失若干重要用户,这类反应叫做急性压力,而是对类似于交通堵塞、手机掉线、或有人缺席会议这类事件的反应。引发我们身体反应的有 4 类事件或条件:不确定的事件;做重要的事情;感觉有人在观察或议论你;独特的人。而仅仅对这些情形的预期都会引发身体反应。担任职责时,我们每天大部分时间都耗费在含有一个或更多上述情形的任务中。

长此以往会导致压力超载或者是"焦虑",进而导致你的身体的交感神经系统过度劳累(Sapolsky, 2004),最后导致认知、情绪和感知障碍(Boyatzis, Smith, and Blaize, 2006)。

当遇到这种看似正常但又有害的压力时,我们通常会采用日常的防御性姿势和习惯来应对(Sapolsky,2004)。无论是从字面上还是象征意义上来讲,当我们封锁自己的视野后,我们就接收不了新想法,甚至自我意识了(Goleman,2013)。失调是一种人类的防御反应,它会引发更多的条件,从而产生更多的压力。据观察,我们通常会首先失去对自己身体的正念(或者可以说男性先失去了这一点),然后是家人和最亲密的亲人,紧接着是同事,最后是自然环境(Boyatzis and McKee,2005)。虽然这个顺序可能是因人而异的,但一种盲目便会导致其他形式的盲目。最后的结果是,作为公司 CEO 的 Dimitrios 坐在车里却不想去上班。

到目前为止,Dimitrios 担任公司 CEO 已经有 11 年了。期间,两个合伙人把自己的房屋抵押给了银行,以担保从母公司赎回公司所需的贷款,他担负着这份责任。虽然公司发展得很快,但应收账款总是滞后于实际工作,员工希望能及时得到报酬。另外,贷款的年利息达到了 18%~22%,亏损得非常厉害。过去,公司规模较小的时候,他可以用三分之一的时间进行管理,三分之一的时间与客户合作,三分之一的时间进行研究。随着公司的发展,他们被卖给了一家大的咨询集团,Dimitrios 成了另一家市场研究咨询公司的首席运营官,他的职责是为企业的母公司买卖咨询公司。

曾经他热爱工作,但现在工作却给他带来了权力压力。他承受的比以往任何时候都多的压力。有时候,他会喝很多酒。因为忙于工作和出差,他和妻子很少能在周六晚上聚在一起。Dimitrios 甚至发现,在与朋友欢聚一堂的派对中,他们的笑声越来越少了,这对他和妻子来说是非常危险的信号。同时他发现自己没有与妻子和儿子分享拥有的东西。他会对公司里偶尔出现的问题感到非常惊讶,而在过去,他可以提前感知到或看到公司接下来几个月或一年的变化。现如今,他做不到了!

有些人把正念和"存在"等同起来。但我认为存在不是正念,而是通向正念的途径之一。我认识的很多人,他们沉溺在自己的世界中,忽略了其他人,漠视了对他人和自然环境的责任。所以,存在并不能免除一个领导者的责任,但可以在无限期的需要中提升他们的正念。

生活、职业的阶段和周期

并不是所有变化都能归因于上述的慢性压力。其中一些原因可能是 Levinson 所说的"中年危机"(Levinson et al.,1978)。当 Sheehy(1995)普及了这种观点时,人们认识到每个人都会经历一种存在主义困境。这在我们生命中每七到十年发生一次。出现这种情况时,我们感到非常迷茫,并希望寻求解脱。如果一个人对这种典型的事件漠不关心,那么他可能会做一些让自己好受些的事情,但会引发更多的情感问题,比如婚外情。缺乏适当的注意和关注,可能是因为不知道怎样解释或理解这些感受,或者是更基本的,压根没有注意到内部发生了变化。

  Dimitrios 在公司任职近 11 年,他也快 40 岁了。他觉得工作中遇到的每一个挑战都"已经在那里,完成了"。曾几何时,一场有关员工职业认同或职业前景的危机会让他全力以赴。或者,一些初级顾问担心他们的未来,因为高级的员工似乎已经在那里工作了很多年,但还是比较不成熟。当这些周期性的问题爆发时,他首先会让每个人参与讨论和解决这个问题。如今这已经是第三次循环了,他一边听别人倾诉心声,一边却在想"哦,是的,我们第一次这样处理,第二次那么做"。他没有注意到他人及其情绪。甚至没有意识到自己一直在反复使用之前的解释,最后导致他忽略了其他人的重要性和轻视了他人的情感投入。

  在这样的中年转型或危机中,不恰当的行为会让领导者和组织付出很大的代价。不正常的性接触、极其昂贵的业余爱好、在危险的冒险中寻求乐趣都会使领导者分心。如果他们遭到领导者的批评,就会分散组织里很多人的注意力。如果领导人当选,便会分散公众的注意力,迫使他们从需要完成的议程和政策工作中抽身而退。经过几十年的咨询,我注意到,当一位高层领寻者支持一项战略性收购或合并时(而这事对一个知情的外人来说没有任何商业意义),这些支持者大多数会在 5 年内年满 40 岁、50 岁或 60 岁。他们寻求事业"扩展"的过程可能就是一场中年危机,而不是一个有见地的战略机遇。

  Dimitrios 已经为生活和事业的改变做好了准备。他想回去做研究,幻想全职的学术生涯是完美的。当然,他忽视了学术界的要求,他的价值观发生了改变,也可能丢失了团队合作意识。但对不同事物的向往充斥在他的脑海。他觉得现在的工作不再有趣了——音乐消失了。每位领导者都有这些经历。然而,没有人教他们为这些的事情做准备工作。令人惊讶的是,很少有教练会使用这个框架来帮助别人考虑备选方案。但治疗师可能会。组织中的辅导或咨询领导者可能会迷恋于绩效修辞,或者把精力消耗在可量化的目标和指标的进展上,导致领导者无法知晓正在发生的事情。有几个人会告诉皇帝他没穿衣服?又有多少人会提醒组织领导者,他们正处于中年危机并需要帮助,却没有采取行动?如果没有对这些内部感受加以适当的注意和理解,压力就可能成倍增加,出现正如前面章节所描述的破坏性。

拮抗神经网络

  我在写这篇文章时会休息片刻,下楼泡茶。我告诉妻子我正在写一篇关于正念的文章。她回答道:"难道这不奇怪么?你什么时候能将阅读的东西用到自己身上呢?"这并不稀奇,尤其是当我写研究论文,或者更糟,当我编写一本书的时候。

她知道我的情绪很不稳定,很难知晓外面下雪了。原因是我在写作的时候进入了另一个空间。

在写作时,我非常投入,并激活了一个称为任务正激活网络(Task Positive Network,TPN)的神经网络。这个网络使我们集中注意力、解决问题、做出决策和分析事件(Jack, Dawson, Begany, Leckie, Barry, Ciccia, and Snyder, 2013)。

另外一个是默认模式网络(Default Mode Network,DMN),有时又叫任务负激活网络(Task Negative Network),它使我们对新想法、环境、他人和社会事件以及情绪和道德问题敞开大门(Buckner, Andrews-Hanna, and Schacter, 2008)。这个网络允许我们调整自己,关注我们身边的其他人和事——注意到我们自身以外的其他事物。Decety 和 Batson(2007)在研究中指出,与前额皮层和 TPN 的组成部分不同,这种网络允许真正的同理心,使个体将注意力调整到他人身上,更加具有自我参照性。然而,这些神经网络相互抑制。所以,当我们专注于写作或者其他分析事件时,时常会忽略周围的人和环境(Jack et al., 2013)。就像妻子评论的那般,写作时,我正好处在 TPN 激活状态,所以可能会比较盲目。

对 Dimitrios 来说,公司的财务、计划、客户问题以及偶尔的研究项目都会使他反复处于 TPN 激活状态。这时,责任的增加和公司的发展,均给他带来了新的挑战。Dimitrios 是一个总有新点子和新选择的人,现在他越来越保守了。另外,在放松或是关注亲人的情绪时,他的 DMN 没有得到足够的激活。

领导者专注于预算和指标问题,使他们丧失了在这些重要神经网络之间流畅转换的能力。另一方面,他们可能会更喜欢投入到一些需要分析的领域,比如金融方面,并通过硕士学位和反复训练来强化这种倾向(认为这比其他活动更重要)。人们时常把社交和情感能力称为"软技能",事实上,比起缺乏财务分析能力,缺乏这些软技能更容易让人不适应管理者的职业生涯(McCall, Lombardo and Morrison, 1988)。

到目前为止,我们已经探讨了 4 个主要因素中的 3 个:慢性压力、生活和职业生涯转变以及拮抗神经网络。这些因素都出自人体内部。所有这些影响领导者知名度和责任感的因素均会增加其盲目性,正如一个封闭系统里的熵运动。然而第 4 个因素可能有利有弊——他人的角色和人际关系的质量。

领导力可以传播非正念或正念

不论正式的还是非正式的,领导者都是一位权威人物(Yukl, 2006)。而他们是通过人际关系来实现领导过程的——没有跟随者,就不存在所谓的领导者(Riggio, Chaleff, and Lipman-Blumen, 2008)。对领导者而言,最基本的能力便是具有很强的感染性，包括他们的正念水平或非正念水平（Dasborough，Ashkanasy，Tee，and Tse，2009）。有一个未经验证的想法是，看看那些更具正念的领导者是否受这些因素的影响就更小。

情绪传染可以传播非正念或正念

在组织中，人们会更倾向于关注或者观察领导者（McClelland，1975）。领导者通过多个网络、镜像神经元网络（Cattaneo and Rizolatti，2009；Iacoboni，2009）和DMN方面来传递他们的情绪。尽管镜像神经元网络允许我们可以模仿他人的动作，但它是DMN社交方面的成分，使个体能调整并感知他人的情绪和情感（Buckner et al.，2008；Decety and Batson，2007）。

正念的社会意识部分是人类最基本的过程之一，除去其他事物的干扰，我们生来就能与他人产生共鸣。这被叫做"情绪传染（emotional contagion）"（Hatfield，Cacioppo，and Rapson，1994）。神经机制解释了传染过程是如何发生的。人们相互注视和社会规模的发展扩大了这一现象。

有些人存在神经方面缺陷，无法接收信息，要么是过分强调TPN，要么是慢性压力，导致其难以激活这些社会网络[比如患有自闭症或者有轻度症状的个体，以前叫阿斯伯格综合征（Baron-Cohen，2008）]。除了这些情况，领导者的正念水平或缺乏正念的程度，都会通过这些社会网络和镜像神经元网络传递给身边的人。

责任以及有相当数量的人在关注着自己（记住，这是人类压力的来源之一）都给领导者带来了巨大的慢性压力。据此，我们可以假设，相较具有更少权力压力的个体以及更少接触会引起人体应激反应因素的个体，领导者更有可能陷入非正念状态。尽管此次我们关注的是领导者，但是医生、护士、教师和教授、神职人员以及其他"帮手"岗位上也会出现同样的情况。对许多的组织和分析领域的领导者来说，当繁重的分析任务落在身上时，他们更可能将自己的注意力从人和环境中转移出来。又因为人是以整体存在的，所以当一个领导者对工作中的其他人不太关心时，那么他对于家里人也会不太关心。

在一项功能核磁共振成像（fMRI）的研究中，我们让管理人员（平均年龄为49.5岁）回忆他与领导者观点一致的重要时刻，以及他与领导者意见不一致的重要时刻（Boyatzis et al.，2012）。几周后，他们参加fMRI的测量，我们通过语音提示他们有关之前的那些重要时刻，并询问他们对领导及其风格和影响的看法。从数据上来看，被显著激活的大脑区域显示，回忆同自己有共鸣的领导人时，会激活镜像神经元网络和DMN。回忆同自己不一致的领导人时，这些区域被抑制了，相反与压力有关的区域和TPN被激活了。这个研究告诉我们，领导者的不同人际关系不但会激活不同的神经网络,而且这种情绪传染还会持续很久。

研究同样显示,如果这种情绪传染可以得以强化,那么它将成为组织文化、规范和价值观的一部分(Dasborough et al., 2009; Barsade and Gibson, 2007)。之后,它也将是组织中新成员社会化的一部分,并且这种规范将一直存在。无论是卑鄙的准则、漠视他人还是正念和关注他人,情绪传染都在其中发挥作用。

Dimitrios 陷入了盲目状态,似乎对咨询公司的氛围产生了影响。人们将注意力集中在他们的客户和项目上,除非是私人朋友,否则他们不会为其他人付出额外的努力。另外,客户经理和产品经理之间领域冲突越来越多。几次分拆导致的问题最为明显,咨询师们离开并成立了自己的公司,且与原来的公司进行竞争。

回归正念

既然把领导者推向无意识的力量如此普遍,那么回归正念必须是有意识的。除此之外,维持这种状态也必须是有意识的。漫不经心或不在意都将导致之前讨论的结果。必须通过努力、专注和转变意向来改变自己的状态。Goleman(2013)指出,生活中很多方面都需要有效的聚焦,这样才会有效率、享受生活并成为完美个体。你需要关注自我和自我意识,需要与他人感同身受,需要关注自然环境以及周围更大的动力系统。他把这些称为正念的不同形式。它们是集中注意力、专心的不同形式。

愿景和积极情绪吸引子

基于对什么产生持续的、期望的变化的研究,意向变化理论(Intentional Change Theory)对于"如何实现这种变化"给出了一些见解(Boyatzis, 2008)。根据意向变化理论,愿景及和谐关系是导致持续的及所期望的改变的两个驱动力,它们帮助人们寻找或发现自己的个人愿景,使个体朝着目标前进,并保持这种趋势。换句话说,一个人的愿景成为了意向转变的目的,从而唤起正念或增加正念的程度。

个人理想与愿景的实现或表达可以帮助人们进入交感神经系统和副交感神经系统,后者帮助机体应对压力(Boyatzis and Akrivou, 2006)。关于个人愿景30分钟的讨论会激发DMN,从而帮助人们接受新想法和人(Jack, Boyatzis, Khawaja, Passarelli, and Leckie, 2013)。在这次的fMRI研究中,Jack和他的同事们指出,当与有共鸣关系的个人进行交谈时,他们寻找的那部分神经会在这个过程中被激活。另外,一段仅用30分钟讨论个人应当怎样做的谈话,激活了与DMN相对抗的大脑区域(Jack, Boyatzis, Khawaja, Passarelli, and Leckie, 2013)。

对不同指导方法的研究表明,同理心式指导(积极情绪吸引子,Positive Emotional Attractor, PEA)可以对上面提及的问题进行解释。同理心式指导其实是一种互动过程,通过讨论自己的理想和愿景、价值观、感恩以及正念来引导被教练者(教练)的 PEA。这种方式可以引导个人走向他们期望的状态或未来。但是顺从性指导,即试图按照你或家庭或公司的方向来改变某人,会激发消极情绪吸引子(Negative Emotional Attractor, NEA)与相应的神经和荷尔蒙系统,导致防御性反应和应激反应——使个体不能接收新想法和人。Khawaja(2010)指出,对Ⅱ型糖尿病患者来说,与医生之间的 PEA 多于 NEA 会导致更多的治疗依从性。Howard(2006)指出,对于一个处于职业生涯中期的牙医而言,与花时间来指导他们改进自己的缺点相比,PEA 的训练方法会对他们的未来产生更积极的影响,并使他们更兴奋。Dyck(2009)指出,对三年级的医学生来讲,如果他们在五分钟的疾病诊断测试中表现出更多的 PEA 行为,那么他们将获得很多来自标准病人(完成每一个医学生的评价)与监督老师的好评。

同理心式指导或者 PEA 体验指导他人,会激发和更新副交感神经系统(Boyatzis, Smith and Blaize, 2006; Boyatzis, Smith, and Beveridge, 2013)。与他人建立更加积极和谐的关系,需要关注他人及其理想,价值观和关注点,而不是你自己的。Boyatzis, Smith 和 Blaize(2006)认为领导者在指导和激励他人的过程中,可以使自己更有持续性,并从中学习和进步。Boyatzis 和 McKee(2005)认为,在这个过程中,无论是领导者还是其周围的人,不仅可以建立更多的和谐关系,而且使个体变得更正念,如图 10.1 所示。

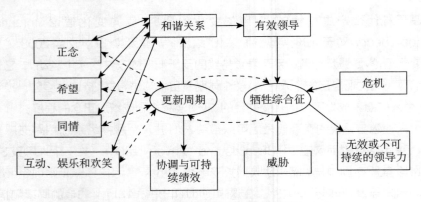

图 10.1 和谐、压力与更新循环

资料来源:改编自 © Richard E. Boyatzis 和 Annie McKee,2005 年。Boyfulzis 和 McKee(2005)增加了娱乐性。更多有关压力和更新动态的解释,请阅读 Boyatzis, Smith 和 Blaize(2006)。

关注他人有助于实现这个过程（Goleman，2013）。从关注自己到关注他人，你进入了另一种形式的共鸣（Decety and Michalska，2010）。这种形式可激活DMN，并激发前面提及的更加开放和更新的过程。同时，帮助你建立或维持更好的人际关系。

一份医学研究表明，各种各样的活动都可以激发正念，比如冥想、瑜伽、太极、做祷告、适量运动、按摩以及其他等等。然而，其中的一些活动可能会激发其他的神经网络而不是DMN，比如由经验丰富的冥想者（那些冥想10年或者更久的人）引导的冥想。

从组织角度，Bennis和Nanus（1985）认为，作为一位有效的领导者，他会通过愿景来管理注意力。他们使用公司的发展前景来促使人们关注目标和未来。管理者或经理总是强调公司的发展目标，呼吁人们谨记自己为什么存在以及他们的共同目标。这就是模拟正念，并通过情绪传染在其他人中扩散。

应该通过帮助组织中的每一个人记住他们为什么要做当下所做的事、他们的目标和愿景，领导者实现更有效的领导，并通过不断的对话来提升和调整愿景，以保持它的活跃性和相关性。这是一种激发组织内部共享性的方式。很多时候，领导者会通过分享故事来做到这一点，其他时间，他们会在会议上要求其他人分享帮助客户或病人的故事。

回到Dimitrios问题上，他经过一系列自我反省，与妻子、朋友和老师不断地进行了长时间的讨论，得出了结论，他需要改变自己的人生。正巧公司开展了这些类型的项目，他决定利用这些技术来调整自己。接着，他和妻子对未来做了一个新规划。因为他对做研究和培养学生很有兴趣，并乐于学习，追求真理和正义的新思想。所以他觉得是时候该回归学术了，但这次他是以一位全职教员的身份。然而，有关保护公司和员工的问题使他非常揪心。他可能会在一年半后离开，所以，他决定在公司及其系统里创建一个防火墙。或许是因为决定要离开，他同员工和同事的关系比以前更和谐了。他对自己和同事的未来感到自由和充满希望。

妻子和朋友都十分关注他的问题。对于职业生涯和生活的大转变，他们讨论了很多种结果。渐渐地，一个清晰的计划成型了。进入新工作和新城市2个月后，他开始练习一些正念技巧，比如他多年前做的冥想。他同新员工一起减肥、锻炼和改变饮食。这个计划很有效果！我怎么知道的？因为这就是我的故事。如果有自欺欺人的地方，请与我的妻子进行核对。我让她仔细阅读过这篇文章，并且更改了很多地方（她记忆非常精确，我不能）。

和谐关系是有效领导的关键

只有当个体能够在生活和工作体系中建立或者重建一种和谐关系，恢复正念或恢复一定的正念才有可能实现，因为个体并不能如自己期望的那样专注（Boyatzis and McKee，2005）。

对于我来说，那就是与我妻子重建和谐关系，让我们彼此都能回到一种和谐相处的状态。日常生活中与我的大学同事、上司、博士生和硕士生建立一种和谐关系，然后我才能够与之前的大学同事、公司同事以及政府同事保持一种新的、积极的关系。

正如我在前面章节以及出版物中所提到的，正念、希望、同理心及互动可以帮助建立和维持和谐关系。在这种关系中，一旦其中一方开始任意一种活动，在不受其他事物干扰或抑制的情况下，比如他们的恐惧、消极情绪或者防御系统，那么通过情绪感染过程，另外一方将会被感染并进入这种状态（Boyatzis and McKee，2005；Boyatzis，Smith, and Beveridge，2013）。这些和谐关系可帮助人们强化一种新的、更满意的和更集中的正念状态，并有更多的希望、同理心和互动在其中。然而，并不是每一种关系都能变得和谐，维持正念也并不总是如我所期望的那样。可和谐还是很有可能的。当然，保持耐心和专注将是一场持久战。前面提到的所有干扰和因素，都将原封不动地萦绕在我们每一个人身边。一旦恢复到正念状态，那么操作起来，会一次比一次更容易。个体通过练习可以学习技巧来改变个人情绪、激活相应的神经网络以及内分泌系统。

结论

有效的领导者在很多方面都比较留心，他们会调整自己的内心、大脑和身体，同其他人建立和谐的关系，彼此相互关注，定期相互调整。他们也会被安置于更大的社区、组织和自然环境中。这些人听起来就像超人，遗憾的是，很少有人能够留心这么多方面，往往总有一些力量驱使领导者进入盲目状态。正如慢性压力会使我们陷入不和谐关系和脱离状态。我们保护自己，但我们与他人和环境的关系却在无意间受到威胁。不止如此（通常这种情况，大多数领导者都无能为力），周期性的生活与职业转变会分散我们的注意力，加速这种趋势的下滑。最后，即使我们已经到达了一定的期望水平，但分析、接受他人及新想法的拮抗神经网络仍将增加保持正念的难度。

研究帮助我们了解了这些脱轨者。未来的研究将帮助我们理解这个过程是怎样发生的,并提出解决方式或压力预防的方法。现实中,实践者也证明了,正念是可以做到这一点的。那么,更多的研究将帮助我们理解如何让大多数的领导者更易接受这些练习。

任何意识的提升都将帮助人们成为更好的领导者,引导我们更加留心他人、团队和组织。

(本章译者:徐敏,李佳,宋国萍)

References

Baron-Cohen, S. (2008). *Autism and asperger syndrome: the facts*. London: Oxford University Press.

Barsade, S. G. and Gibson, D. E. (2007). Why does affect matter in organizations? *Academy of Management Perspectives*, 21, 36-59.

Bennis, W. and Nanus, B. (1985). *Leaders: strategies for taking charge*. New York: HarperRow.

Boyatzis, R. E. (2007). Interpersonal aesthetics: emotional and social intelligence competencies are wisdom in practice. In E. Kessler and J. Bailey (eds). *Handbook of organizational wisdom*. Thousand Oaks, CA: Sage Publications, pp. 223-42.

Boyatzis, R. E. (2008). Leadership development from a complexity perspective. *Consulting Psychology Journal*, 60(4), 298-313.

Boyatzis, R. E. (2013). When pulling to the negative emotional attractor is too much or not enough to inspire and sustain outstanding leadership. In R. J. Burke and C. L. Cooper (eds). *The fulfilling workplace: the organization's role in achieving individual and organizational health*. Burlington, VT: Ashgate Publishing. pp. 139-50.

Boyatzis, R. E. and Akrivou, K. (2006). The ideal self as a driver of change. *Journal of Management Development*, 25(7), 624-42.

Boyatzis, R. E. and McKee, A. (2005). *Resonant leadership: renewing yourself and connecting with others through mindfulness, hope, and compassion*. Boston, MA: Harvard Business School Press.

Boyatzis, R. E., Passarelli, A. M., Koenig, K., Lowe, M., Mathew, B., Stoller, J. K., and Phillips, M. (2012). Examination of the neural substrates activated in memories of experiences with resonant and dissonant leaders. *The Leadership Quarterly*, 23(2), 259-72.

Boyatzis, R.E., Smith, M., and Beveridge, A. (2013). Coaching with compassion: inspiring health, well-being and development in organizations. *Journal of Applied Behavioral*

Science, 49(2), 153-78.

Boyatzis, R.E., Smith, M., and Blaize, N. (2006). Developing sustainable leaders through coaching and compassion. *Academy of Management Journal on Learning and Education*, 5(1), 8-24.

Buckner, R. L., Andrews-Hanna, J. R., and Schacter, D. L. (2008). The brain's default network. *Annals of the New York Academy of Sciences*, 1124(1), 1-38.

Cattaneo, L. and Rizzolatti, G. (2009). The mirror neuron system. *Archives of Neurology*, 66, 557-60.

Dasborough, M., Ashkanasy, N, Tee, E., and Tse, H. (2009). What goes around comes around: how meso-level negative emotional contagion can ultimately determine organizational attitudes toward leaders. *The Leadership Quarterly*, 20(4), 571-85.

Decety, J. and Batson, C. D. (2007). Social neuroscience approaches to interpersonal sensitivity. *Social Neuroscience*, 2, 151-7.

Decety, J. and Michalska, K. J. (2010). Neurodevelopmental changes in the circuits underlying empathy and sympathy from childhood to adulthood. *Developmental Science*, 13(6), 886-99.

Dyck, L. (2009). Resonance and dissonance in professional helping relationships at the dyadic level: Determine the influence of positive and negative emotional attractors on effective physician-patient communication. Doctoral Dissertation, Case Western Reserve University, Cleveland, OH.

Goleman, D. (2013). *Focus: the hidden driver of excellence*. New York: Harper Collins.

Hatfield, E., Cacioppo, J., and Rapson, R. (1994). *Emotional contagion*. New York: Cambridge University Press.

Howard, A. (2006). Positive and negative emotional attractors and intentional change. *Journal of Management Development*, 25(7), 657-70.

Iacoboni, M. (2009). Imitation, empathy, and mirror neurons. *Annual Review of Psychology*, 60, 653-70.

Jack, A., Boyatzis, R. E., Khawaja, M., Passarelli, A. M., and Leckie, R. (2013). Visioning in the brain: an fMRI study of inspirational coaching and mentoring. *Social Neuroscience*, 8(4), 369-84.

Jack, A. I., Dawson, A. J., Begany, K. L., Leckie, R. L., Barry, K. P., Ciccia, A. H., and Snyder, A. Z. (2013). fMRI reveals reciprocal inhibition between social and physical cognitive domains. *NeuroImage*, 66, 385-401.

Kabat-Zinn, J. (1990). *Full catastrophe living: using the wisdom of your body and mind to face stress, pain, and illness*. New York: Dell Publishing.

Khawaja, M. (2010). The mediating role of positive and negative emotional attractors between psychosocial correlates of doctor-patient relationship and treatment of Type II diabetes. Doctoral Dissertation, Case Western Reserve University; Cleveland, OH.

Langer, E. J. (1989). *Mindfulness*. Cambridge, MA: Perseus Publishing.

Langer, E. J. (1997). *The power of mindful learning*. Cambridge, MA: Perseus Books.

Levinson, D. J., Darrow, C. N., Klein, E. B., Levinson, M. H., and McKee, B. (1978). *The seasons of a man's life*. New York: Knopf.

McCall, M., Lombardo, M., and Morrison, A. (1988). *Lessons from experience*. New York: Free Press.

McClelland, D. C. (1975). *Power: the inner experience*. New York: Irvington.

Riggio, R. E., Chaleff, I., and Lipman-Blumen, J. (eds.) (2008). *The art of followership: how great followers create great leaders and organizations*. San Francisco, CA: Jossey-Bass.

Sapolsky, R. M. (2004). *Why zebras don't get ulcers*. 3rd edn. New York: Harper Collins.

Segerstrom, S. C. and Miller, G. E. (2004). Psychological stress and the human immune system: a meta-analytic study of 30 years of inquiry. *Psychological Bulletin*, 130(4), 601-30.

Sheehy, G. (1995). *New passages: mapping your life across time*. New York: Ballantine.

Yukl, G. (2006). *Leadership in organizations*. 6th edn. Upper Saddle River, NJ: Prentice-Hall.

11 正念领导：正念与领导行为、领导风格和领导力发展的关系

Jochen Reb, Samantha Sim, Kraivin Chintakananda and Devasheesh P. Bhave

引言

《福布斯》(Forbes)最新发表的一篇文章指出:"现在正念很火——不论是在好莱坞、达沃斯还是普通民众中都很热门……，对于商业领袖而言，鼓励运用正念不仅是对自身的投入，更是提高员工业绩，发展公司生产力的一种策略"(Bruce, 2014)。领导力是一个经久不衰的话题，它与正念的融合创造了潜在的时尚潮流。但这种炒作合理吗？本章中，我们将尽力详细地阐述正念与领导力之间的关系。虽然通常我们都用积极的眼光去看待正念和领导力，但本章我们有一个目标，是要采取批判性的视角来看待二者的关系。尽管"领导力"一词总让我们联想到力量、魅力、变革和成就，但与此同时，领导权和领导者的"黑暗面"也会以妄自尊大、任人唯亲、辱虐管理和独断专行等形式表现出来。

或许更重要的是，相比领导力，人们完全是在用积极正面的眼光看待正念。的确，已经有大量研究表明正念可以带来积极的影响，尤其是在个人健康、幸福感和躯体功能方面(Chiesa and Serretti, 2010; Eberth and Sedlmeier, 2012)。另外，本书的各个章节及其他研究都用强有力的例子说明了正念和正念练习在提高工作生活的质量方面所拥有的巨大潜力(可查阅 Glomb et al., 2011)。最后，实证研究已经证明，领导者运用正念可以提高员工的工作绩效、工作满意度及需求满意度，减少员工的情绪耗竭(Reb, Narayanan and Chaturvedi, 2014)。

虽然我们普遍认可正念和正念领导所带来的好处，但同时也有人怀疑正念的领导者是否也存在消极面。例如，一个更具有"当下"(即正念)意识的领导者可能会被认为更有魅力，而这样的领导者是否会利用他的魅力外表，为追求自己的政治目的而不惜牺牲他人和组织的利益？

因此,在这一章节中,我们主要探讨的问题是领导者的正念可能展现出的"光明"面和潜在"黑暗"面。这些问题不但具有重要的理论意义,在考虑领导的正念训练设计以及其他相关领域(如员工福利方面)时也很重要。我们认为,对领导力与正念的关系复杂性应持开放的态度,而非描绘一幅也许不切实际的积极图景。只有这样,才会使正念超越当前仅作为一个流行概念的状态,而能作为一种有效的结构和训练干预方法,对领导力的研究和实践产生长远的影响。

在阐述领导力与正念间的关系时,我们采用了一种说明性的方法,在这种方法中,我们沿着似乎特别有趣而且有可能对研究和实践产生重大影响的道路往前走。可以理解为,这种方法虽然忽略了这两个领域中其他有价值的兴趣点和相同点,但指明了未来的探索方向。

正念和领导力:三个重要的区别

为了进一步分析正念和领导力之间的关系,我们需要明确三个重要的区别。

首先,我们区分了正念的当下、意图和见证觉知等一些维度。当我们按照某种有限的或"极简主义"的方式去理解和实践正念时,这种区分有利于我们探索它是否有助于发挥正念的全部潜能。事实上,我们认为正念甚至会支持领导的"极端黑暗"面,帮助领导者更有效地实现一些不良目标。我们这样的考虑正好回应了对商业化正念的担忧(Purser and Loy,2013)。也就是说,我们通常接触到的正念和正念练习的流行版本并没有忠实呈现正念的本质,甚至误解了传统冥想中的正念。在传统观念中,正念练习是一种特殊的,甚至神圣的方法,可以指引人们通向解脱和开悟。而正念的商业化则代表了一种有限的,也许是肤浅的正念练习。相比更全面、更真实的练习,我们认为商业化正念带给人们的好处也是片面的,正如本章进一步所阐述的,甚至可能导致一些消极后果。

其次,我们区分了作为一个概念的正念和作为一种练习的正念。作为一个概念,正念可以被看作是一种心理状态、技能或特质。作为一种练习,正念包括正式和非正式的练习,其目的是激活正念状态,提高正念技能或提升正念特质水平。出于以下三个原因,我们认为有必要进行这样的区分。第一,除正念练习以外,可能还有其他因素影响正念的状态、技能或特质水平。这些因素可能包括遗传、个人发展和工作环境。例如,Reb、Narayanan 和 Ho(2015)发现,工作中面临更多限制的员工较少地使用正念,而那些感知到更多支持的员工正念水平更高,这一研究结果为工作环境的影响力提供了实证支持。第二,因为一些原因,正念练习并不总能实现它所预期的提升正念水平这一效果。例如,人们不可能始终如一地练习直至产生效果,或者他们采取的练习方式无法融入到他们的(工作)生活中,又或者他们带着诸如完美主义的态度进行练习,而这些态度只会徒增紧张和焦虑,导致事与愿违。第三,正念练习除了可以提高正念水平,不仅具有一些其他已知的效果(例如减压或增加信心),而且还具有通过当前的正念量表所无法获知的效果,例如增强了设定目标的能力和实现这些目标的毅力。基于以上原因,区分正念和正念练习具有很重要的意义。

最后,我们区分了正念的个体内效应(即正念的/无正念的个体的内部)和个体间效应(即超越个人,与他人和组织有关)。大多数现有的正念研究都集中在个体内效应上,如对于某个人来说,正念与压力、焦虑或者绩效之间的关系。特别是考虑到我们的兴趣在于研究领导力,它在很大程度上是一种人际现象(Uhl-Bien,2006),所以超越正念的个体内效应去研究,人际的、组织的,甚至社会的效应就显得尤为重要。因此在本章中,我们重点研究领导者正念对人际关系的影响。

我们并不是要给正念一个"正确"的概念。我们将正念作为一个概括性术语,不去试图解决正念定义的问题,而是研究正念的不同维度对领导力的潜在作用和结果。这种方法有其局限性,例如,我们忽视了有关冥想的文献,而只在有关正念的现代科学文献中讨论正念的维度。

基于这三个区别(正念的维度、正念概念和正念练习、正念的内在效应和人际效应),在下一节中,我们首先介绍正念的维度与领导行为之间的关系;其次,我们将探讨正念与三种特定领导风格(真诚型、魅力型和服务型)之间的关系;最后,我们将概述正念与领导力发展之间的关系。

探索正念维度与领导行为之间的关系

关注当下

也许在公众眼中,"关注当下"这个维度与正念的联系最密切。在大多数关于正念的学术定义中,对当下的关注占有重要的地位(例如,Bishop et al., 2004; Brown and Ryan, 2003, Kabat-Zinn, 2003)。通俗地讲,这可以理解为"完全在此时此地"。对于当下的关注可以与远离当下的状态的形成对比,例如心不在焉,做白日梦,担忧未来或反思过去。关注当下可以看作是一种对注意力进行控制的自我调节技巧。

在个体内在层面上,"完全在此时此地"可以带来各种好处。例如:增加对当下的关注,可以抵消沉思的倾向,从而避免出现与沉思有关的心理亚健康状况

(Brown and Ryan，2003）。另外，更多地处于当下也与领导职能相关的个体内在好处有关，例如减少多任务处理（多重任务处理往往会降低效率和效力）和提高绩效（Beal et al.，2005；Dalal，Bhave, and Fiset，2014）。

在很大程度上，关注当下的好处在于避免了因为关注过去或未来所导致的不健康及无效的结果，包括沉思、担忧和焦虑。但是，并非所有对过去和未来的关注都是不健康的，有些也可能是相当有用的。但是，对当下的强烈关注可能会阻碍领导者开展面向过去和面向未来的活动。特别是，对当下的强烈关注可能导致缺乏对未来的规划，以及对过去的学习和反思。虽然从短期来看，在个体内在层面上，这可能有利于领导者的幸福，但这不是一个组织甚至个人理想的长期的学习观。换言之，在这种情况下，可能需要在个人和组织之间以及短期目标和长期目标之间进行取舍。最终，一个领导者还是需要在过去、现在和未来这三种取向之间找到平衡。正念支持者提醒我们，对于我们中的许多人来说，主要的不平衡在于缺乏对当下的关注。然而，走到另一个极端，完全沉浸于当下就可能是矫枉过正了。

关注当下的另一个可能的消极影响是对自我调节资源的损耗。在一定程度上，将注意力集中在当下这一时刻（例如，与心智游移相比），需要付出努力对注意力进行自我调节，就会消耗有限的心理资源，从而导致这些心理资源无法用于其他任务。相对而言，在完成某些任务时使用"自动驾驶"模式或者进行常规操作，而不是采取正念的方式，可以节省心理资源，从而保证后续任务对心理资源的需要（Dalal et al.，2014；Levintha and Rerup，2006）。

从个体间效应来看，关注当下也会产生积极的影响。Kahn（1992）指出，管理者在工作中的心理状态是警觉的、连续的、整合的和专注的，这种状态有助于提高员工的工作投入。因此，当领导者关注并意识到他们周围的人时，就意味着他们对员工的关心和尊重。在得到领导的充分关注后，员工就可能会感受到更多的认可和赏识，还可能会提升员工的自尊，合理化员工的忧虑，从而导致员工对领导所制定的目标表现出更高的承诺度和参与度。具有高度的存在性和觉知性这两个正念维度的领导者可能会对下属产生影响力。存在性可以是先天的（即特质正念），也可以是后天的（即通过系统的正念训练进行培养，或在会见下属之前通过正念练习去激活）。对"存在型"领导与分心型领导（例如写电子邮件或查看短信）的下属进行访谈后对比发现："存在型"领导者拥有的人际关系质量更好，更有助于提高员工的幸福感和绩效水平（Reb et al.，2014）。

然而，关注当下与尊重是两个不同的概念。将这两个属性进行交叉组合会得到四种可能的领导者类型：关注当下并尊重员工的领导者（被公正看待）；关注当下但不尊重员工的领导者（由于他们具有存在性，可能会被美化）；不关注当下但尊重员工的领导者（由于他们缺乏存在性，可能会被误解）；最后是不关注当下也不尊重员工的领导者（被公正看待）。

因此，领导者的存在性（员工可以很容易地观察到）可能被员工理解为尊重（不太容易直接观察到）的信号，而且员工可能确实感受到了尊重（即感知到了人际间的公平），但领导者实际上可能确实尊重员工，也可能并不尊重员工。因此，狡猾的领导者可能利用他们关注当下的能力，给人留下尊重和关心下属的印象。其结果是，下属可能对领导者更为赞赏，也可能感受到某种义务或胁迫，必须回报所感知的尊重，例如（通过实现更高的绩效）维护领导的利益。通过这种方式，领导者可以利用存在性来达到自私的、政治性或反社会的目的（即不良目标）。相反，由于真正尊重和关心员工的领导者可能疏于对注意力进行调控，缺乏与下属共处当下的能力，导致其无法被公正看待。在某种程度上，当没有直接观察到领导对下属的尊重时，员工会将领导者对当下的关注作为一种尊重下属的表现，以此对领导者进行评价（Brunswik,1952）。

总之，我们认为，关注当下可以使领导者更好地向下属表达他们真正的关心和尊重；虽然我们也认为关注当下与关心和尊重总的来说是联系在一起的，是正相关的。但这种关系不是必然的，有时领导者也可能会利用与他人共处当下的能力，给人一种也许不能准确反映其真实态度的，一种关心和尊重他人的虚假印象。实证研究可以检验把存在性当作工具使用的普遍程度，以及员工对此的鉴别能力。

Reb等人（2014）提出了领导者关注当下的另一个好处：它可以帮助领导者更好地了解员工（例如他们的状况、需求和期望），从而更好地支持他们。这是因为完全处在当下可以让领导者注意到员工的状况，而心不在焉（或分心）的领导者则注意不到（如压力的迹象）（Atkins and Parker 2012）。此外，研究表明，只有专心的聆听者才能通过他们的非语言参与，在面对面交流中拥有引导对方叙述的能力（Bavelas, Coates, and Johnson, 2000）。专注的倾听能让员工做出更多情感丰富、信息量大的陈述，与心不在焉的领导者相比，专注倾听的领导者可以更好地理解员工所要表达的内容。因此，对当下的关注可以在个体间产生积极的影响，领导者就可以利用这种优化的理解力更好地支持员工去实现目标，比如顺利完成所分配的工作任务或者帮助他们的同事。

然而，一个怀有不良目的的领导者或许也会利用这种优化的理解力。例如，因为能够意识到一个员工因为债务而承受着不能失去工作的巨大压力，一位领导者可能会借此诱使员工做出不道德的举动。因此，这再次表明，为了更好地理解领导者对当下的关注对追随者的影响，就需要考虑领导者的目标这个非常重要的影响因素。

意图性

意图性是另一个被一些学者认为对正念至关重要的方面。例如,Shapiro 和 Carlson(2009)将正念定义为"有意图地用一种开放、关心和不评判的方式进行注意时所升起的觉知"(p.4);Kabat-Zinn(2003)也提到正念是有目的地(即带着意图)将注意力集中于当下。

在正念练习中,意图很重要,部分原因在于它被看成是促进练习的一个重要因素:牢记或记起将注意力集中在特定的刺激上这一意图,如集中在呼吸上;同样,当注意力跑掉时,记住要把注意力拉回到呼吸上来。

很容易看出,牢记自己的意图远比冥想练习更有益。而良好的意图,比如饮食健康或者节食很容易被"挤出去",因为大脑被各种信息处理活动所占据,比如各种担忧。然而,如果忘记了自己的意图,就很容易做出错误的选择,也就是做出与自己意图不一致的选择(例如,盲目地吃零食)。

同样,面对无数引起领导者注意的要求,那些会被压垮的领导者可能会发现,学习如何坚持自己的意图是有价值的。有效的领导力可以被看作是通过影响他人来实现组织目标的能力。而组织是一个由很多利益相关者组成的动态环境,因此可能会有很多潜在问题将领导者的注意力从组织目标上吸引走。虽然其中一些问题理应得到关注并需要采取行动,但对于领导者而言,将注意力集中于手头的目标往往更为重要。此外,组织的复杂性意味着,实施组织变革是领导者的首要任务之一,这需要他们面对障碍和艰难时刻时坚持不懈。对于那些需要坚持意图的领导者(例如,制定某些行为模式来改变企业文化或激励员工)来说,将注意力拉回意图的能力就具有非常大的价值。因此,正念,以专注的形式重新聚焦于目标和目的,似乎就成为了有效领导的基础。

到目前为止,我们关注的是记忆意图的过程。但是,意图的内容也很重要。当意图的内容是"健康的"(例如,亲社会)时,从每时每刻记住意图的能力这个角度来说,正念是有益的,因为它有助于实现这些意图。然而,当意图是不良的(例如,反社会的)时,从社会的角度来看,更可取的态度是不在乎,因为这样的态度会降低实施这种意图的可能性(值得注意的是,降低并不意味着杜绝,因为人们也可以在无意识觉知下追求某个意图和目标)。因此,正如正念是对当下的觉知,正念作为记忆意图的能力可以理解为一种自我调节技能和资源,最好将其与领导者的价值观,目标和意图结合起来看,从而更好地判断其对个人或组织是否可取。

自我同情的态度

在以正念为基础的干预方法(MBIs)中,例如正念减压疗法(MBSR)和正念认知疗法(MBCT;Segal,Williams, and Teasdale,2013)中,另一个重要维度就是自我同情。如上所述,在正念冥想中,头脑经常偏离注意的对象(例如,呼吸)。意图的作用就是将注意力重新带回到呼吸上。然而,练习者通常被要求以一种温和、友好的方式去这样做,表现出自我同情。这样做的一个原因是,平衡自己在无法很好地完成观察呼吸这类看似简单的任务时批评自己的倾向。这种批评只会适得其反,让练习者无法将注意力集中在呼吸上。

因此,自我同情对于帮助练习者拉回一次又一次地游走的思绪至关重要,防止练习者陷入沮丧、失去动力、愤怒或概念性自我批评中。如果领导者能够将这种面对失败的态度带入到工作中,那么发展自我同情可能会让领导者在反复失败的情况下仍能坚持下去,而不再因为沮丧而严苛地批评自己或过早地放弃。此外,可能会自然而然地从自我同情转变为对他人的同情,当领导者体验到对自我同情的价值时,他们就可能会对同事和下属更有同情心。

然而,在一个更肤浅(商业化正念)的方法中,从工具性视角看,正念练习中的自我同情可以作为一种结束的手段,作为一种情感,被用来达到更正念(将注意力重新集中于所要关注的对象)这一目标。因此,人们可能会怀疑,正念练习中的自我同情与通过诸如静观传统中的慈心禅(Loving-Kindness Meditation,LKM)技巧所培养和表现出来的自我同情是否不同。慈心禅是冥想中以情感为中心的一种练习,在这种练习中,人们通过关注、可视化和情绪激活将慈爱的积极感觉导向自己、真实或想象中的他人。它旨在促进对自我和他人的温暖、关心和善意等感受(Salzberg,1995)。因此,在慈心禅中,(自我)同情等感受是目的或者是练习结束的标志,而不是实现个人目标的手段。

从这个角度来看,有一个现实的问题,那些将自我同情作为正念练习结束标志的领导者,是否也试图在人际关系中"表演同情"?例如,情绪劳动的相关研究强调,员工在与同事互动时会改变自己的表情(表层动作)(Kim, Bhave, and Glomb, 2013)。类似地,领导者可能会假装表达同情以获得下属的善意和服从,而不是真正关心下属。这种将同情作为工具使用的方法可能会出现问题。首先,它可能会服务于"不良的"目的。其次,一般来说,"情绪表演"的表达会损害领导者的幸福感(Grandey, Diefendorff, and Rupp, 2013)。改变情绪的另一种方法是通过深层动作调节情绪,产生同情的感觉,这与慈心禅的目标是一致的。通过深层动作,领导者感受到并表现出"真正的"同情心就非常合理,这有助于他们实现他人导向的目标。此外,情绪劳动研究表明,深层动作通常也与强烈的幸福感有关(Grandey et al.,2013)。总之,显而易见的是,即使最初的动机是工具性的,通过表达真实的自我同情,通过 MBIs 都可以体验和培养真实的自我同情和对他人的同情。希望未来的研究能够更好地阐明这个问题。

见证觉知

见证觉知是正念和正念练习的另一个重要方面。这一维度被不同的概念所引用,包括认知解离、不反应、不判断、去中心、再感知、元认知、见证或仅仅是觉知。从本质上说,它指的是对一种经验的觉知或见证(这里的经验通常是指一种想法或情感)。例如,正念不单纯"只是"呼吸和关注呼吸,正念也包括觉知到自己正在呼吸。这种见证经验的直接后果就是不再认同经验。换句话说,经验与自我是分离的,二者被"解离"了,因此导致经验对行为的控制变弱。

在接纳和承诺疗法(Acceptance And Commitment Therapy,ACT;Fletcher and Hayes,2005)和 MBCT(Segal et al.,2013)等临床方法中,都特别强调了正念这一维度,因为它有可能解决诸如抑郁症的复发等心理健康问题。许多心理健康问题可以部分归因于自我与经验的融合,尤其是个体过于密切地将自我认同与消极的想法、情绪以及情感经历融合在一起。这种融合会严重影响和限制个人对他们所做的选择和行为的觉知。例如,一个人可能会有这样的想法:"我什么都不擅长;我没有用。"如果对这种想法采取旁观见证的姿态,就可能制造一些距离,让这个人意识到这只是一个想法,而不是"真相"。因此,虽然见证觉知不一定改变想法和情感等体验的内容,但确实可以改变一个人与这些体验的关系。

许多人认为视角的改变对于正念在心理健康方面的益处来说至关重要。然而,我们认为这些益处已经超越了临床人群以及与健康相关的结果。首先,因为人们会把内部和外部发生的事情区分开,所以解离可能会导致个体对环境和自我产生更清晰的、没有偏见的、非限制性的看法。这可以从本质上帮助人们做出更明智的选择。其次,减少认同可能会减少领导者的自我卷入和自我防御,从而促使领导者更多地基于组织目标进行行动,而非出于保护或提升自我的目的。此外,能够"只注意到"事情而不急于过早地进行判断和得出结论,这在与员工的人际交往中可能非常有价值。从本质上讲,见证这一立场可以让领导者创造一种(安全的)空间,让员工能够表达他们的想法、担忧和反馈。因此,领导者与员工的人际关系获得改善,员工的生产力也会随之提升。

除了这些潜在的好处之外,我们还可以推测,从组织的角度来看,采取见证觉知的立场也可能会带来一些不太理想的后果。我们提出了两种可能的结果:感知到领导者的冷漠和减少组织承诺。首先，下属们可能会把领导者见证觉知的立场看作是领导者冷漠或者无动于衷的标志。有人认为，成功的管理者是那些通过接受情绪和唤起情绪来影响员工行为的人（Ashforth and Humphrey，1995；Brief and Weiss，2002）。然而，见证觉知需要将自我从情绪体验中分离出来。这可能会给人留下无动于衷和超然世外的印象。总的来说，情绪具有一定的社会功能，如传递信念和意图以及协调团体目标的功能（Keltner and Haidt，1999）。因此，那些看起来不太情绪化的领导者可能无法在这方面有效地影响下属。那些实践见证觉知的领导者可能就会事与愿违地被视为是冷漠的，他们对工作的热情也可能被质疑。另一方面，见证觉知也能使领导者更进一步地表达（或不表达）与他们意图相一致的情感。因此，与其让领导者表现得无动于衷，还不如让这些领导者更好地表达激情和愉悦。未来的实证研究将有望阐明这个问题。

根据职业倦怠的文献，我们可以推测，在某些情况下，见证觉知对组织承诺的影响可能与疏离相似。Maslach，Schaufeli 和 Leiter（2001）认为，当人们精疲力竭时，他们会在情感和认知上与工作保持距离，以此作为一种应对方法。虽然疏离是对消极工作经历的一种反应，但是这些消极的工作经历会导致人们降低对组织的承诺，而降低承诺的部分原因是因为员工弱化了自我认同中的工作特征。同样，见证觉知在自我和经验之间创造了心理距离，也导致自我认同不再牢固地建立在工作这一基础之上。因此，见证觉知可能会通过削弱对组织的认同感，导致员工降低了对组织的承诺水平。

澄清

有时澄清也被认为是正念的一个维度，或至少是最先被影响的因素。我们需要再次强调，澄清不一定会导致"更好"的领导者行为。澄清可能是帮助领导者实现目标的一种资源，目标越清晰，就越有可能实现目标。然而，更清楚地看到自己的目标不一定会影响目标本身。当低层目标与更深层次的目标、价值观和信仰（例如，不要利用他人作为达到目的的手段）相冲突时，澄清确实可能会帮助领导者意识到这种冲突。然而，也有另一种可能，澄清不会导致内心冲突，因为低层目标可能与更为根本的、更高层次的目标和信仰（例如，员工的福利取决于公司的生存）是一致的。例如，一个公司的领导者可能会做出裁员这个明确的决定，并且会毫不犹豫地采取行动，因为这是最大限度减少公司薪资的最佳方法。由于领导者进行了澄清，就会忽略其他不确定能成功的方法，因此必然会给被解雇的员工造成心理痛苦和经济压力。

此外，如果一个人对某事深信不疑（例如，某些人比较卑劣），对其信念的进一步澄清就可能导致更多糟糕的行为（例如歧视）。例如，领导者可能会清楚地认识到，年轻的员工技术更好，更愿意采用公司的新技术。因此，在遭遇危机期间，领导者可能会根据这种明确的信念采取行动，从而忽视老员工的忠诚及他们对公司多年的贡献。实际上，从社会角度来看，减少对不良目标的澄清可能是更可取的。例如，一位领导者如果很清楚自己的目标是成为"第一"执行者或将公司做到"第一"，就更有可能采取极端和不道德的手段来实现这一目标。

当然，即使一个真正的、整体的正念练习无法帮助所有的人，但我们依然希望能够帮助大多数实践者与一个更深层次的目标联系起来，更深刻地感受到与他人和环境之间的联结，并且借由对痛苦和快乐根源的认识，变得可以更加坚定地践行健康的价值观；而且，我们也希望，仅仅通过简单的练习，或者对于初级练习者来说，能有更大的潜力去实现上述种种期许。

正念练习

我们已经讨论了正念的几个方面，特别是与正念练习有关的一些维度，比如意图。然而，我们认为，除了上述几个维度，正念作为一种练习，可能会对领导者产生更深远的影响。许多 MBIs 需要每天进行正式的练习，例如坐禅。不同 MBI 的练习时间也不同，有些还需要每次进行长时间的练习（例如，四十分钟）。也许相比每次的练习时长，设法进行并维持定期规律的正式训练更加重要，更有可能给练习者提供益处。

最明显的是，这种训练可以提高练习者在练习中、一整日的生活以及工作中保持正念的能力。此外，这种训练可能会提高自我调节能力，这对领导者来说是一种重要资源（Tsui and Ashford，1994）。进一步来说，尽管困难重重，能够安静坐下来的体验，对进步的感知以及对自身思想和冲动的控制感，都能够提升练习者的自我效能感。

除了这些具体的好处之外，正式的正念练习还可以让领导者在行动与存在之间获得平衡感。人们期待中的领导者们应该是积极主动的，应该不断地"做事"，他们的日程表应该永远都是满的。正念练习提供了一个受欢迎的，甚至可能是急需的机会，帮助练习者从行动模式切换到存在模式。这可以帮领导者补充能量——一种与资源保存相一致的现象（Hobfoll，1989）。它还可以帮领导者以不同的存在模式，出于对生活全然的欣赏，以更加平衡的方式进行决策和行动。

虽然上述种种都表明了正念练习的积极效果，特别是在个体内这个层面上。但同时，我们认为至少有两个潜在的消极影响。首先，如果领导者在正式练习以及训练进程中的表现没有达到自己或者带领者的期望值，这可能会增加他们的沮丧和压力,从而对他们的幸福感和执行能力产生消极影响。

其次,在个体间层面,有规律地进行正念练习的人可能会对那些没有进行常规练习的人产生疏离感,或者更糟的是,滋生一种优越感。社会认同理论(Ashforth and Mael,1989；Tajfeland Turner,1979)表明,进行正念练习的人可能根据是否练习正念,将自己与其他人进行社会区分。鉴于内群体具有关注内隐自我形象这一功能,伴随着这种区分,内群体的地位自然而然就得到了提升。此外,因为正念近期进入了主流视野,并被大众普遍接受,所以在时尚领域也占有一席之地。反过来,感知到的群体独特性和威望可能会加剧无练习者这一外群体的显著性。换句话说,将正式的正念练习视作 MBI 一部分的领导者,可能认为自己属于一个特殊群体,是优于其他人的。由此产生的优越感可能会对他们与"非练习者"的关系产生潜在的消极影响。有趣的是,在一定程度上,这种消极影响可能并不是领导者的优越感造成的,而是由雇员某种不真实的信念所造成的,即使领导者没有优越感,雇员也可能认定自己的领导会因为参与了某种形式的"精神"练习而自认为优越。将正念练习者作为内群体成员,与无练习者进行区分这一举动可能潜在地导致某种形式(潜意识)的偏见,以致领导者更青睐属于内群体的员工。显然,在这一点上,上述考虑尚属推测,需要进一步的实证研究来说明正式的正念练习究竟具有怎样的间接影响。

正念是资源还是价值观？

总体而言,通过区分目标/价值观和资源,就可以总结上述讨论中的大部分内容。我们的分析表明,正念和正念练习可以通过增加资源来帮助领导者实现自己的目标、奉行自己的价值观。这些资源包括自我调节的技术和能力,这些技术和能力与(注意力、情绪和行为的)自我调节、能量、澄清、自我同情和心理平衡相关。因此,人们可以认为正念使人们更有智慧(ACT 采纳了类似的观点,将正念和接受过程与价值灌输的承诺和行为激活过程区分开来,详例参见 Hayes,2004)。这种观点与一些实证研究相一致。例如,Chatzisarantis 和 Hagger(2007)发现,一个人正念水平越高,这个人进行更多练习的意图就越强。

然而,为了评估正念对领导力的影响是否有益,还需要考虑领导者的价值观和目标,这甚至比资源更重要。因为资源只是实现某些目标的手段,只有当领导者追求有益目标时,缺乏正念等资源才有可能是个问题；而当领导者追求以牺牲他人利益为代价的反社会或自私的不良目标时,给予更多资源就会违背社会意愿。举一个具有戏剧性色彩的例子,正念可能提高狙击手击中目标的可能性。

虽然我们很清楚,正念对资源具有积极影响,但目前的证据无法证实正念对目标和价值观是否也具有积极影响。正念可能通过见证觉知影响价值观和目标。具体而言，通过减少自我卷入，领导者可能不再那么努力地想要实现自我提升和自我保护这一目标。同样，Atkins和Parker（2012）认为，正念可以通过自我肯定（Sherman and Cohen，2006）和自我超越（Crocker，Niiya, and Mischkowski，2008），减少个体在痛苦情绪下的防御性反应，从而增加亲社会价值观和行为。此外，通过培养自我同情的态度并将这种态度延伸到他人身上，领导者的目标和价值观可能会转向接受和帮助他人。

总的来说，从正念作为一种资源的角度来看，正念既可以锦上添花，也可能助纣为虐（对此的担忧和其他方面的考虑已经引起了对商业化正念的警告）。这可能与流行的观点不同，那些观点仅表明正念和正念练习的积极效果，并没有区分正念和"正确的正念"（某种道德框架内的正念）。但是，或许正是因为这个矛盾，也给未来的研究提供了一个有趣的领域。

正念和领导风格

与领导力相关的文献讨论了多种领导者风格（交易型与变革型领导、任务导向与关系导向的领导等）。我们不是试图找出正念和所有领导风格之间的关系，而是采取了一种选择性方法。我们特别讨论了真诚型、魅力型和服务型这三种领导风格，因为这三种领导风格在当代有关领导力研究中被广泛考虑，这些领导风格不仅与正念有着内在的联系，而且可以通过正念调节其效果。我们也借此机会，通过对比正念维度与不同的领导风格来进一步澄清目标的性质（有益目标与不良目标）。

真诚型领导

真诚型领导看起来与正念密切相关。Luthans和Avolio（2003）认为真诚型领导是多层次、多维度的结构。具体而言，他们认为真诚型领导是一个从领导者的个人资源（即信心，乐观、希望和复原力）和组织背景（即开放的组织氛围、促发事件或挑战）出发的过程，它会提高领导者和下属的自我觉知和积极的自我调节行为。

对真诚型领导的研究表明，领导者的自我意识、客观的认知加工、澄清行为和真诚性关系促进并加强了领导者与下属之间的交换关系（Avolio and Gardner，2005）。研究表明，真诚型领导者对为下属制定的领导者目标具有很强的影响力。例如，研究已经证实，真诚型领导与下属的认同（Wong, Spence Laschinger and Cummings，2010）有正向关系，可以增强下属对领导的信任（Wong and Cummings，2009）。

了解了真诚型领导的定义后,它与正念的关系就明确了。首先,觉知是产生真诚和保持正念的关键因素。它们还是存在不同:真诚型领导相关文献中,觉知被认为是真诚型领导的原因或推动者;正念相关文献中,觉知是正念的一个维度。因此,可以认为正念与真诚型领导之间具有因果关系。

这就引出了另一个重要的差异,关于真诚型领导的文献很少涉及领导者如何才能提高觉知,但关于正念的研究则主要集中在提高觉知的练习上。从这个意义上讲,正念练习可以被视为培养真诚型领导风格的途径。正如我们下面详细描述的那样,正念,无论是作为一种技能、特质,还是一种修养的练习,都可以促进真诚型领导。

关注当下和见证觉知这两个维度都有助于领导者的自我意识。一位关注其内部状态的领导者将会保持自我意识,为真实关系中进行澄清和自我表露提供基石。此外,真诚型领导还会通过提供发展反馈和支持下属的决定来影响下属。在这个过程中,领导者自己必须采取一种建立在无偏认知加工基础上的学习目标导向(Ilies, Morgeson and Nahrgang, 2005)。鉴于此,正念的不评判将有助于真诚型领导。

有趣的是,在 MBIs 中,特别是在 MBSR 中,并没有对真诚进行明确定义。这就引出了正念与真诚型领导之间的另一个潜在差异(一个作为原因,另一个作为结果)。具体地说,关于真诚型领导的文献在很大程度上支持这种领导风格,并告诫领导者要真诚可信。相反,MBIs 倾向于强调观察、见证和不判断。因此,应该鼓励领导者以开放的、不评判的方式更多地觉知并观察他们典型的(和非典型的)领导行为。随着时间的发展,以一种耐心的、不强求的和自我同情的方式来做这件事情,洞察自己的行为是否恰当,为探索和尝试其他行为提供动力。需要注意的是,这种比较是以领导真诚性是有益的这个前提出发的。在某种程度上,正念领导具有极大的灵活性,可以根据具体情况(与领导应急措施一致)部署不同的领导者策略。

魅力型领导

有关魅力型领导的文献提出,下属对领导者魅力值的判断,由领导者的行为、专业知识和情境的要素共同决定,可以极大地影响下属(Conger, 1989; Conger and Kanungo, 1998)。魅力型领导者有非凡和富有远见的表现,并被下属个人和(Conger 1989; Shamir, House, and Arthur, 1993)和社会认同(Conger, Kanungo, and Menon, 2000),他们将新价值观和态度内化(Conger, 1989)。此外,魅力型领导还具有情绪传染的特点,魅力型领导者被认为具有较高的情绪表达能力（Bono and Ilies，2006），而且能够对价值观进行情感诉求。

我们至少可以从两个方面看出，领导者的正念水平高低与其被认为是否有魅力是有关的。首先，在"此时此地"与另一个人充分相处的能力，可能有助于提升领导者的魅力。领导者的存在性会被视为非同一般，并会获得个人和社会认同，领导者能够迅速与他人建立联系，并促使雇员对领导给予他们的充分关注作出积极回应。实际上，许多政治领导者似乎已经拥有了通过存在性与其他人建立联系并给他们留下积极印象的能力。从关注当下的意义上来说，这显然是将正念作为一种资源在利用。这一资源是否被用于有益的目的，或者仅仅用来作为领导者追求目的的一种手段，这是一个完全不同的问题。

其次，考虑到情绪传染是魅力型领导的一个重要过程，正念领导者自身情绪控制能力的增强，也有助于进行魅力型领导。我们在上一节中已经强调，正念练习有一部分与内在经验的不评价（即解离）有关。因为练习会降低对情感等经验的认同度，就会在一定程度上衍生出超然于物外的态度。因此，审慎地使用正念练习可能会帮助领导者减少消极情绪，并保持积极情绪。具体而言，保持正念可能会帮助领导者进行情绪调节，以便给人以热情和自信的印象，因此魅力型领导通常都被认为是在扮演角色。从情绪劳动研究（Bhave and Glomb，出版中；Grandey，Kern, and Frone，2007）中可以看出，领导者可以对内部的观众，如下属、同伴和上司（Gardner and Avolio，1998）进行情绪管理，从而影响这些观众跟随他们，去实现共同追求的目标。因此，正念可能有助于将领导者的情绪反应与下属对魅力型领导者的期望结合起来。

与我们对有益目标和不良目标的区分相一致，魅力型领导的相关文献也存在积极魅力和消极魅力的区别。一方面，积极魅力侧重于社会化的权力取向，强调追随者对意识形态的服从，而非对领导者个人的服从。另一方面，消极魅力侧重于个性化的权力取向，强调的是追随者对领导者个人的重视，而非重视其指导思想（House and Howell，1992；Musser，1987）。因此，消极魅力可能会通过正念对情绪的调节而被隐藏起来，例如，掩盖对一个小失误的愤怒，并创造出宽宏大量和节制的形象。

总体而言，虽然我们看到，正念的某些维度可能会让领导者看起来更有魅力，但我们也看到了重要的差异。也许最重要的是，虽然正念可以用来服务于魅力型领导，但大多数正念练习者可能不会把魅力作为自己追求的目标。与此相应的是，大多数 MBIs 的目的是通过提高情绪调节能力来提升健康水平（例如管理压力和减少消极情绪）。另外，一个正念领导者可能会较少地体验和表现出强烈情绪，因此，正念的见证觉知可能会导致魅力值的下降。

服务型领导

1970年,Greenleaf 创造了"服务型领导"一词。他的研究文献介绍了这种理想的领导者,他们通过服务和帮助下属进行发展,将自己的利益放在他人之后,进而获得下属的信任,并与下属建立长期的关系。服务型领导的概念引起了极大的关注,因为它挑战了当时被认为是有效领导者的传统观念。

最近,服务型领导的概念又重新出现并引起组织研究者和从业人员的广泛关注。Liden 和他的同事们(2008年)确定了服务型领导的八个维度:情绪疗愈,为社区创造价值,理性思维技能,授权,帮助下属成长和成功,优先考虑下属,合乎道德的行为,以及服务精神。从本质上讲,服务型领导特别强调领导者的无私行为和服务他人的动机(Van Dierendonck and Nuijten 2011;Liden et al.,2008)。

基于这一概念,服务型领导者需要对自己、他人以及自我和他人之间的关系有相当程度的觉知。例如,领导者必须觉知到自己的需要和员工的需要,以及他们应该如何支持自己的员工。正念水平和正念练习都可以促进这种觉知。

也许更重要的是,服务型领导需要对自己个人的需求保持超然的态度,超越对自己个人需要的满足,优先考虑他人的需要。虽然不能说正念和正念练习必然导致这样的态度,但对于那些想成为服务型领导的人来说,正念和正念练习是非常有帮助的。特别是,有助于提高从自我服务的思想和情绪化过程中解脱和分离的能力,以及在不评判的基础上通过观察一个人行为的后果而获得洞察力,随着时间的推移,这些都是学习将自我服务行为替换为服务他人的行为的关键。

另一方面,通过强调自我,正念练习的几个方面可能是发展服务型领导的潜在障碍。其中包括许多正念练习中所包含的自我关注这一本质,如观察呼吸、练习时对自己保持同情,以及众所周知的大多数 MBIs 参与者都是出于自我服务的目的,例如享有更好的健康(而不是其他相关原因,这一现象对于 LKM 的练习者来说更为常见)。尽管如此,即使在没有明确意图的前提下,正念练习都有助于培养他人取向的态度和对他人的同情。显然,还需要进一步的研究以更多地了解这些问题。

正念和领导力发展

选择性地探索了正念与领导行为和风格之间的一些关系后,现在我们转向更抽象更高的层次:领导力发展。有一种观点是将领导力发展看作是从一种领导风格转变为另一种更为"成熟的"的领导风格的过程,比如 Kegan(1982)关于自我的建设性发展理论,而该理论随后则被应用于领导力发展(例如 Kuhnert and Lewis,

1987)。因此，在本节中，我们阐述正念如何影响领导力的发展过程，特别关注了正念中见证觉知在促进结构发展中所发挥的重要作用。

有许多建设性发展理论被用来解释领导力的发展。比如 Loevinger 的自我发展阶段（Loevinger，1976）和 Lawrence Kohlberg 的道德发展阶段（Kohlberg，1971）都是领导力方面著名的理论。不过，Kegan 的理论特别清楚地说明了正念中见证觉知水平如何促进自我意识，并随后导致领导力的提升。另外，该理论还可以应用于管理类文献中提及的各种重要的领导风格，如交易型领导风格和变革型领导风格。

根据 Kegan 的建设性发展理论，人们经历了五个发展阶段（冲动、唯我、人际、法规和个人间的平衡），这是生活经历、生活危机或触发事件带来的结果。在随后的每个阶段中，个人能够越来越多地将他们的经历（想法、情绪、欲望）从自我中分离出来（根据理论所用的语言，客体被视为主体和自我的一部分）。当发生这种情况时，个人可以更客观地考虑这些经历，因此可以做出更合理的选择。在经历五个阶段的过程中，个人学会更客观地将经验看成是条件反射、迫切的需要和感觉、个人目的和目标、人际关系和相互义务，以及最终将其视为的个人价值观和标准。

建设性发展理论已被作为理解领导力发展的框架。例如，Kuhnert 和 Lewis（1987）提出，交易型和变革型领导风格间的差异可以理解为发展阶段的差异，涉及从第二阶段到第四阶段的发展。最初，处于第二发展阶段的交易型领导者围绕个人目标和议程构建了他们的现实，并倾向于假定其他人也受到类似动机的驱使。在这一点上，领导者无法感知他们的人际关系以及与下属的共同义务，并且倾向于根据下属对领导者个人目标和议程的遵守情况来评估下属。

在第三阶段，领导者现在可以将个人目标和目的视为客体（即有别于自我），从而开始以批判性态度思考自己的目标和目的，将自己的议程与下属的议程进行协调，并做出牺牲以维持与下属的关系。随着领导者的转型，他们开始通过其他角度思考下属工作的价值，从而来对其进行激励，而不是通过经济补偿等外部奖励。在第四阶段，从领导者创造意义和进行决策的角度来看，人际关系成为领导者的目标、价值观和标准。在这个阶段，领导者通过推崇公平、信誉和自我牺牲的价值观来激励他们的下属。

与此类似，Phipps（2010）认为，至少发展到第三阶段，领导者才可能成为服务型领导者，此时领导者才可能将其个人的目标和目的视为总体目标。而在第四阶段，虽然仍然受到个人价值观和标准的制约，但领导者能够以批判和有意义的方式思考他们与下属之间的人际关系和相互义务。当领导者进入第五阶段，他们就能在不把自己的价值观和标准强加给他人，不执着于坚持自己的价值观和标准的情况下,为他人服务。

从这个角度来看,不断发展的自我是领导力发展的核心,不同的阶段与不同的领导风格相关联。建设性发展理论与正念之间似乎存在明显的联系。具体而言,如前所述,正念的一个重要方面是见证觉知,或者非评判性和分离性地观察经历的能力。这种经历包括内在感觉、思想或价值观和外部的互动,可以是任何事情。因此,见证觉知可能会让领导者将自我认同这个主体领域中的经验重新感知为客体领域中的经验,而在客体领域中,这些经验被认为有别于自我。

例如,当领导者进入更高的发展阶段时,随着认同倾向越来越强烈,他们会设法将见证觉知带入到经验中。举例来说,当领导者能够见证觉知到他们个人的目标和目的时,所获得的洞察力和新的视角允许他们进入下一个阶段,现在的挑战变成了将同样的觉知应用于人际关系和相互的义务。

总体而言,似乎通过促使个体将经验从认同("主体")转变为某种分离("客体"),正念,以见证觉知的形式,提供了一种建设性发展的方式,可以让领导者在领导风格的不同阶段中不断进步。基于正念的方法和许多领导力发展的方法之间有一个有趣的区别,这一区别似乎存在于发展的基础之上。在许多领导者发展理论中,假设发展是由生活经历、危机、触发因素或"领导时刻"引起的,而基于正念的方法强调常规、纪律、正式的和非正式的正念练习。因此,与引发因素等外部事件进行对比,后者更强调在领导者控制下的有意的活动(例如,每天坐着进行呼吸冥想)。我们认为这是基于正念的方法的一个优势,并希望未来的研究将探索 MBIs 在领导力发展方面的潜力。

结论

在前几节中我们通过分析和推测所产生的预测,还需要通过实证检验,以便能真正深入了解正念与领导行为、风格、发展和结果之间的关系。遵循这条道路有一个有趣的点:这项研究将不再主要着眼于主要效应,不再将正念作为唯一的自变量,相反,在许多设计中,正念将作为一种调节变量,必须研究其交互作用。特别是,正如我们反复指出的那样,正念通常被视为一种(自我调节的)资源,我们认为,这种资源很可能会与价值观和目标相互作用,从而影响行为。这一观点与 Chatzisarantis 和 Hagger(2007)的研究一致,即正念是促进意图实施的调节因素。

虽然随处可见对调节变量的测量(即使对自变量进行了操纵),但这类研究中的一个潜在的挑战是将 MBIs 作为调节因素。然而,虽然可能不那么常见,但这一方法似乎也没有先天缺陷。例如,在研究中,可以测量(或通过启动等方法操纵)领导者的目标、价值观和/或意图，与此同时，将参与者随机分配到正念练习组和控制条件组中，以便检查正念的潜在调节作用。

最后，我们认为正念和正念练习不仅有助于理解领导力和领导力发展的过程，而且对在实践中提高领导能力，具有强大的潜力。但是，我们的分析也表明，为了实现这一潜力，正念需要有"正确"的目标和价值观，即目标是符合道德、组织和社会价值的。当面对不良目标时，我们认为正念实际上可能会导致消极的后果。因为正如我们所指出的，我们把正念的几个维度总体上视为一种（自我调节）的资源，它既有可能锦上添花，也有可能助纣为虐。我们希望，在大多数情况下，领导者都拥有合乎道德的价值观和目标，而正念作为一种资源，可以帮助他们实现这些目标，从而成为一种有益的力量。

另一种可能性是：正式或非正式正念练习的发展与价值观、道德观、他人取向和同情心的发展是相辅相成的。此外，我们还建议，正念中的见证觉知，或解离，或再感知这一维度，在超越作为一种资源，改变领导者与自身、他人和外部环境的联结方式方面有着特别的希望。因此，正念的这一维度似乎对领导力发展具有特殊的潜力，并且为了领导力的发展，可能值得在 MBIs 中给予特别的强调。

(本章译者：吴冬昱，潘康)

References

Ashforth, B. E. and Humphrey, R. H. (1995). Emotion in the workplace: a reappraisal. *Human Relations*, 48(2), 97-125.

Ashforth, B. E. and Mael, F. (1989). Social identity theory and the organization. *Academy of Management Review*, 14(1), 20-39.

Atkins, P. W. B. and Parker, S. K. (2012). Understanding individual compassion in organizations: the role of appraisals and psychological flexibility. *Academy of Management Review*, 37(4), 524-46.

Avolio, B. J. and Gardner, W. L. (2005). Authentic leadership development: getting to the root of positive forms of leadership. *The Leadership Quarterly*, 16(3), 315-38.

Bavelas, J. B., Coates, L., and Johnson, T. (2000). Listeners as co-narrators. *Journal of Personality and Social Psychology*, 79(6), 941.

Beal, D. J., Weiss, H. M., Barros, E., and MacDermid, S. M. (2005). An episodic process model of affective influences on performance. *Journal of Applied Psychology*, 90, 1054-68.

Bhave, D. P. and Glomb, T. M. (in press). The role of occupational emotional labor requirements on the surface acting—job satisfaction relationship. *Journal of*

Management.

Bishop, S. R., Lau, M., Shapiro, S., Carlson, L., Anderson, N. D., Carmody, J. ... and Devins,G. (2004). Mindfulness: a proposed operational definition. *Clinical Psychology: Science and Practice*,11,230-41.

Bono, J. E. and Ilies, R. (2006). Charisma, positive emotions and mood contagion. *The Leadership Quarterly*,17(4),317-34.

Brief, A. P. and Weiss, H. M. (2002). Organizational behavior: affect in the workplace. *Annual Review of Psychology*,53(1),279-307.

Brown,K. W. and Ryan,R. M. (2003). The benefits of being present: mindfulness and its role in psychological well-being. *Journal of Personality and Social Psychology*, 84(4), 822-48.

Bruce, J. (2014). Become a mindful leader: slow down to move faster. Retrieved from www.forbes.com.

Brunswik,E. (1952). *The conceptual framework of psychology*. University of Chicago Press.

Chatzisarantis, N. L. and Hagger, M. S. (2007). Mindfulness and the intention-behavior relationship within the theory of planned behavior. *Personality and Social Psychology Bulletin*, 33(5), 663-76.

Chiesa, A. and Serretti, A. (2010). A systematic review of neurobiological and clinical features of mindfulness meditations. *Psychological Medicine: A Journal of Research in Psychiatry and the Allied Sciences*, 40,1239-52.

Conger, J. A. (1989).The charismatic leader: behind the mystique of exceptional leadership. San Francisco, CA: Jossey-Bass.

Conger, J. A. and Kanungo, R. N. (1998).*Charismatic leadership in organizations*. Thousand Oaks, CA: Sage.

Conger, J. A., Kanungo, R. N., and Menon, S. T. (2000). Charismatic leadership and follower effects. *Journal of Organizational Behavior*, 21(7), 747-67.

Crocker, J., Niiya, Y., and Mischkowski, D. (2008). Why does writing about important values reduce defensiveness? Self-affirmation and the role of positive other-directed feelings. *Psychological Science*, 19, 740-7.

Dalal, R.S., Bhave, D. P., and Fiset, J. (2014). Within-person variability in job performance: an integrative review and research agenda.*Journal of Management*, 40, 1396-436.

Eberth, J. and Sedlmeier, P. (2012). The effects of mindfulness meditation: a meta-analysis. *Mindfulness*, 3(3), 174-89.

Fletcher, L. and Hayes, S. C. (2005). Relational frame theory, acceptance and commitment therapy, and a functional analytic definition of mindfulness. *Journal of Rational-Emotive and Cognitive-Behavior Therapy*, 23(4), 315-36.

Gardner, W. L. and Avolio, B. J. (1998). The charismatic relationship: a dramaturgical perspective. *Academy of Management Review*, 23(1), 32-58.

Glomb, T. M., Duffy, M. K., Bono, J. E., and Yang, T. (2011). Mindfulness at work. *Research in Personnel and Human Resources Management*, 30, 115-57.

Grandey, A. A., Diefendorff, J. M., and Rupp, D. E. (2013). Bringing emotional labor into focus: a review and integration of three research lenses. In A. A. Grandey, J. M. Diefendorff, and D. E. Rupp (eds.), *Emotional labor in the 21st century: diverse perspectives on emotion regulation at work*. New York: Psychology Press/Routledge, pp. 3-27.

Grandey, A. A., Kern, J. H., and Frone, M. R. (2007). Verbal abuse from outsiders versus insiders: comparing frequency, impact on emotional exhaustion, and the role of emotional labor. *Journal of Occupational Health Psychology*, 12(1), 63.

Greenleaf, R. K. (1970). *The leader as servant*. Indianapolis, IN: Greenleaf Center.

Hayes, S. C. (2004). Acceptance and commitment therapy and the new behavior therapies: Mindfulness, acceptance, and relationship. In S. C. Hayes, V. M. Follette, and M. M. Linehan (eds.). *Mindfulness and acceptance: expanding the cognitive-behavioral tradition*. New York: Guilford Press, pp. 1-29.

Hobfoll, S. E. (1989). Conservation of resources: a new attempt at conceptualizing stress. *American Psychologist*, 44(3), 513-24.

House, R. J. and Howell, J. M. (1992). Personality and charismatic leadership. *The Leadership Quarterly*, 3(2), 81-108.

Ilies, R., Morgeson, F. P., and Nahrgang, J. D. (2005). Authentic leadership and eudaemonic well-being: understanding leader-follower outcomes. *The Leadership Quarterly*, 16(3), 373-94.

Kabat-Zinn, J. (2003). Mindfulness-based interventions in context: past, present, and future. *Clinical Psychology: Science and Practice*, 10, 144-56.

Kahn, W. A. (1992). To be fully there: psychological presence at work. *Human Relations*, 45(4), 321-49.

Kegan, R. (1982). *Evolving self: problem and process in human development*. Cambridge, MA: Harvard University Press.

Keltner, D. and Haidt, J. (1999). Social functions of emotions at four levels of analysis. *Cognition and Emotion*, 13(5), 505-21.

Kim, E., Bhave, D. P., and Glomb, T. M. (2013). Emotion regulation in work groups: the role of demographic diversity and relational work context. *Personnel Psychology*, 66, 613-44.

Kohlberg, L. (1971). *From is to ought: how to commit the naturalistic fallacy and get away with it in the study of moral development. New York: Academic Press.

Kuhnert, K. W. and Lewis, P. (1987). Transactional and transformational leadership: aconstructive/developmental analysis. *Academy of Management Review*, 12(4), 648-57.

Levinthal, D. and Rerup, C. (2006). Crossing an apparent chasm: bridging mindful and less-mindful perspectives on organizational learning. *Organization Science*, 17(4), 502-13.

Liden, R. C., Wayne, S. J., Zhao, H., and Henderson, D. (2008). Servant leadership: development of a multidimensional measure and multi-level assessment. *The Leadership Quarterly*, 19(2), 161-77.

Loevinger, J. (1976). *Ego development*. San Francisco: CA: Jossey-Bass.

Luthans, F. and Avolio, B. J. (2003). Authentic leadership: a positive developmental approach. In K. S. Cameron, J. E. Dutton, and R. E. Quinn (eds.), *Positive organizational scholarship*. San Francisco, CA: Barrett-Koehler, pp. 241-61.

Maslach, C., Schaufeli, W. B., and Leiter, M. P. (2001). Job burnout. *Annual Review of Psychology*, 52(1), 397-422.

Musser, S. J. (1987). *The determination of positive and negative charismatic leadership*. Grantham, PA: Messiah College.

Phipps, K. A. (2010). Servant leadership and constructive development theory. *Journal of Leadership Education*, 9(2), 151-70.

Purser, R. and Loy, D. (2013). Beyond McMindfulness. *Huffington Post*, January. Retrieved from www.huffingtonpost.com.

Reb, J., Narayanan, J., and Chaturvedi, S. (2014). Leading mindfully: two studies on the influence of supervisor trait mindfulness on employee well-being and performance. *Mindfulness*, 5(1), 36-45.

Reb, J., Narayanan, J., and Ho, Z. W. (2015). Mindfulness at work: antecedents and consequences of employee awareness and absent-mindedness. *Mindfulness*, 6(1), 111-22.

Salzberg, S. (1995). *Loving-kindness: the revolutionary art of happiness*. Boston, MA: Shambala Publications.

Segal, Z. V., Willaims, J. M. G., and Teasdale, J. D. (2013). *Mindfulness-based cognitive therapy for depression*. New York and London: The Guilford Press.

Shamir, B., House, R. J., and Arthur, M. B. (1993). The motivational effects of charismatic leadership: a self-concept based theory. *Organization Science*, 4(4), 577-94.

Shapiro, S. L. and Carlson, L. E. (2009). *The art and science of mindfulness: integrating mindfulness into psychology and the helping professions*. Washington, DC: American Psychological Association Publications.

Sherman, D. K. and Cohen, G. L. (2006). The psychology of self-defense: self-affirmation theory.*Advances in Experimental Social Psychology*, 38, 183-242.

Tajfel, H. and Turner, J. C. (1979). An integrative theory of intergroup conflict. The social psychology of intergroup relations. In W. G. Austin and S. Worchel (eds.), *The social psychology of intergroup relations*. Monterey, CA: Brooks-Cole, pp. 33-47.

Tsui, A. S. and Ashford, S. J. (1994). Adaptive self-regulation: a process view of managerial effectiveness.*Journal of Management*, 20(1), 93-121.

Uhl-Bien, M. (2006). Relational leadership theory: exploring the social processes of leadership and organizing. *The Leadership Quarterly*, 17(6), 654-76.

Van Dierendonck, D. and Nuijten, I. (2011). The servant leadership survey: development and validation of a multidimensional measure. *Journal of Business and Psychology*, 26(3), 249-67.

Wong, C. A. and Cummings, G. G. (2009). The influence of authentic leadership behaviours on trust and work outcomes in healthcare staff. *Journal of Leadership Studies*, 3(2), 6-23.

Wong, C. A., Spence Laschinger, H. K., and Cummings, G. G. (2010). Authentic leadership and nurses' voice behaviour and perceptions of care quality. *Journal of Nursing Management*, 18(8), 889-900.

12 人际谈判中的正念：正念的概念界定及正念关系的自我调节（MRSR）模型的提出[①]

Dejun Tony Kong

引言

人们经常与他人谈判。员工与雇主谈判工资，销售商与供应商进行供应链合同谈判，夫妻商量假期计划。但是，许多谈判者在谈判中效率并不高，无法达到理想的结果。许多谈判学者认为谈判无效是由谈判者的认知局限和偏差导致的，是人类先天的缺陷（Bazerman et al., 2000; Malhotra and Bazerman, 2008; Thompson, Neale and Sinaceur, 2004）。最近，谈判学者关注到正念（例如 Brach, 2008; Riskin, 2010），认为正念可提高谈判者的注意力和认知，从而促进谈判的有效性。例如，Reb 和 Narayanan（2014）提供了第一个实验性证据，即正念促进谈判者的分配绩效，也就是说正念使他们能够在谈判中获得更大的份额。

虽然有些人认为谈判纯粹是经济交易，但事实上，所有的谈判本质上都是人际关系。谈判学者们开始从关系的角度对谈判进行研究（Bendersky and McGinn, 2010; Gelfand et al., 2006; McGinn, 2006; McGinn and Keros, 2002）。根据这一观点，谈判无效并不是认知局限和偏差的结果，而是由谈判者之间关系恶化造成的（McGinn and Keros, 2002）。为了使谈判有效，谈判者需要共同确定交流的意义和价值并建立或维持他们的关系（McGinn, 2006; McGinn and Keros, 2002）。然而，关于正念对关系谈判结果影响的证据（例如关系满意度；Curhan et al., 2008）非常少，且缺乏可以指导实证研究的强大理论模型。基于人本主义心理学视角，Kopelman，Avi-Yonah 和 Varghese（2012）提供了第一个模型，认为正念使谈判者能够通过共同创造叙事来全面地谈判。尽管对 Kopelman 等人（2012）的模型

[①] 感谢 Natalia Karelaia, Shirli Kopelman, 和 Jochen Reb 对本章的建议和评价。

进行实证检验似乎具有挑战性,但他们的模型强调了谈判中关系的重要性。

在本章中,我将提供另一个理论模型,正念关系自我调节(Mindful, Relational and Self-regulation, MRSR)模型。它与Kopelman及其同事的模型不同,它将正念视为谈判者对关系自我调节的主要因素。也就是说,正念被视为一种改变个人在谈判环境中如何管理其人际关系的影响因素。正如前面提到的,正念是谈判研究中一个比较新颖的概念,一些谈判学者可能会质疑研究它的价值。本章描述了正念的本质,并提出了 MRSR 模型,解释了正念对谈判有效性的重要意义,并为未来的关于谈判者正念的实证调查提供了指导。同时,本章还将分析对谈判实践的意义。

我是这样安排这一章的。首先,考虑到谈判学者对正念的定义可能存在的困惑,我将简要介绍正念的概念及其与之相关的四个概念——专注、心流(flow)、情绪智力(EI)和直觉(也参见本书其他章节)的区别。其次,我提出了正念关系的自我调节(MRSR)模型,描述了正念在谈判者的关系自我管理系统中所起的调节作用。最后,我将讨论所提议模型的意义,并为未来谈判中正念的研究提供建议。

正念的概念

根据 Brown 和 Ryan(2003)以及 Brown, Ryan 和 Creswell(2007)的概念,正念的个体可以注意并意识到他们的感受、想法、动机以及他们的外部环境。然而他们只是在不评判地注意到信息。其次,正念促进有意且可控的行为调节和目标达成。再次,正念意味着注意力和意识的稳定性和连续性。正念的个体认识到他们目前的想法和情绪源于他们过去的经验或对未来的预期。最后,正念促进了整体功能,因为它可以使个体在解释现实或冲动中摆脱自我中心偏见(Brown et al., 2007; Chatzisarantis and Hagger, 2007)。

鉴于正念的概念在谈判研究中是相对新颖的,而且涉及大量导致自我调节中的个体差异或心理过程的概念,所以将正念与专注、心流、情绪智力和直觉等相关的概念区分开来是十分重要的。首先,专注是一种将注意力深度专注于特定体验的状态(Agarwal and Karahanna, 2000; Rothbard, 2001)。与正念相似,它将注意力引向当前时刻,但与正念不同,它缩小了注意力的焦点(Dane, 2011)。当个人专注力强时,他们将全部注意力投入到现在的经历中(Tellegen and Atkinson, 1974)。Brown 和 Ryan(2003)发现,正念和专注呈负相关(r= − 0.15)。

其次,心流指的是高度投入到最具挑战性的活动(Csikszentmihalyi, 1990; Nakamura and Csikszentmihalyi, 2009)。处于心流状态的个人将注意力集中在当前的体验上,倾向于融合他们的意识和行为,体验内在的动机,并具有强烈的控制感，但他们失去了对自我觉知的深度思考并扭曲了时间体验（Dane，2011；Nakamura and Csikszentmihalyi，2009；Quinn，2005）。与处于正念状态的人不同，那些处于心流状态的人不太可能注意到与手头活动相关的外部环境（Csikszentmihalyi，1990）。

再次，情绪智力是"理性思考情绪的能力和情绪促进思考的能力"（Mayer，Salovey and Caruso，2004，p.197；另见 Mayer，Roberts and Barsade，2008）。正念与情绪调节高度相关（Brown and Ryan，2003；Chambers，Gullone，and Allen，2009；Schutte and Malouff，2011）。然而，与正念不同，情绪智力需要一种调节自己和他人情绪的隐含动机。正念通过对内心情感和外部环境的认识和关注来促进情绪调节，但没有明确的证据表明正念与感知情绪和运用情绪进行认知的能力相关。

最后，直觉是指轻松自动化的过程而不是费力的、主动控制的过程（Evans，2008；Osman，2004；Sloman，2002；Smith and DeCoster，2000）。正念不是直觉，因为正念是非判断性的，缺乏注意和意识，而直觉包含潜意识的判断或推理（Evans，2008；Khatri and Ng，2000；Smith and DeCoster，2000）。

澄清了正念与相关概念之间的关系之后，我现在提出 MRSR 模型。

人际谈判的 MRSR 模型

Dane（2011）认为，由于外部和内部注意广度是宽泛的，所以当任务环境是动态时，正念会促进任务绩效。谈判是复杂而动态的决策过程，谈判者经常进行（作为处理谈判复杂性和动态性的一种方式）即兴创作，即"及时地组织和执行反应的程度"（Moorman and Miner，1998，p.698）。McGinn 和 Keros（2002）发现，谈判者倾向于根据他们对话中的隐含规则，迅速协调他们的谈判交流的共同逻辑，以信任测试、澄清过程和情感标记的形式参与即兴创作。这似乎与 Kopelman 等人（2012）有关正念在谈判的叙述或创造意义过程中所扮演角色的主张相一致。McGinn 和 Keros（2002）的研究结果强调了谈判者关系的重要性。正念可能在谈判的关系交流方面发挥关键作用。因此，我将集中讨论正念的这一关键作用，并提出一种人际谈判的 MRSR 模型（见图 12.1）。

MRSR 模型的提出源于 Gelfand 等人（2006）的关系谈判理论（Relational Negotiation Theory），Brett，Northcraft 和 Pinkley（1999）的互锁自我调节模型（Interlocking Self-Regulation Model），以及 Ajzen（1991）的计划行为理论（Theory of Planned Behavior）。首先，Gelfand 等人的理论描述了涉及关系动机、关系认

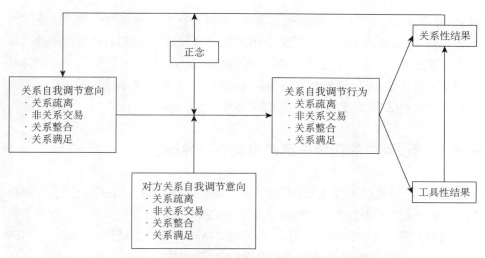

图 12.1 人际谈判的正念关系的自我调节模型（MRSR）

知、关系情感、关系（自我调节）行为和关系结果的动态过程。根据他们的理论，不同的关系自我调节行为决定了不同的关系性结果以及工具性结果（如物质或经济结果）。然而，他们的模型是一个静态模型，没有考虑从关系结果到关系自我调节行为因素的反作用。

其次，Brett等人（1999）的模型表明，谈判者致力于内部自我调节（以及外部人际关系调节）以减少他们所期望的目标与当前目标达成之间的差距。该模型提供了谈判过程的动态图示，表明谈判人员一直监控他们的目标达成情况，并减少他们所期望的目标与当前状态之间的差异，直到谈判结束。Brett等人的模型可以用来解释谈判者的关系自我调节的动态过程。例如，如果一个人对关系结果不满意，他（或她）可能会降低他（或她）与对方建立或维持关系的动机。这一调整过程一直持续到谈判结束。

最后，Ajzen（1991）的计划行为理论区分了自我管理系统中的两个重要因素：行为意图和实际行为。行为意图是对行为态度、主观规范和感知行为控制的一种功能，表明个体愿意从事特定行为，并被看作是实际行为的最直接决定因素（Ajzen，2002）。感知行为控制除了对行为意图的主要影响之外，还可以加强意向—行为联系（Armitage and Conner，2001）。

谈判学者将谈判结果分为两种形式：关系结果（例如，关系满意度；Curhan et al.，2008）和工具性结果（如经济收益；Thompson，1990）。MRSR模型的提出并不假定谈判者有特定的工具动机（如增加经济收益）；相反，它假定谈判者的工具性动机受关系自我调节动机的影响。如果谈判者打算与他的对手建立或保持一种关系，他可能会有较低的自我服务工具动机水平。谈判者被假定有动机在不同程度上与对方建立或维持关系并减少他们期望的关系目标与他们与对方关系的当前状态之间的差异。这个假设符合 Baumeister 和 Leary（1995）的观点，即人际关系的渴望是一种基本的人类动机。在 MRSR 模型中，关系结果被认为是关系自我调节行为的核心结果，而工具性结果则是外围结果。

一个连续过程中的四种关系自我调节行为类型

Gelfand 等人（2006）提出了四种关系调节行为：关系疏离、非关系交易、关系整合和关系满足。这些行为可以根据他们促进关系建立和维护的深度进行调整。关系疏远对关系建立/维护有负面影响；非关系交易对关系建立/维护没有或有较小的负面影响；关系整合对关系建立/维护具有适度、积极的影响；而关系满足对关系建立/维护有着明显的积极影响。为了进一步简化，我将这四种类型的关系自我调节行为放到一个连续过程中，较高的分数更可能代表关系满足，而较低的分数则更可能代表关系疏远。

首先，当两个谈判者有不一致的关系目标时，就会出现关系疏远。因此，具有更强大的关系目标和更努力培养关系的谈判者会更感到不安或愤怒，而导致关系破裂或关系攻击。无论如何，谈判者关系恶化，工具性结果下降（主要是由于创造价值下降）。其次，当两个谈判者都有较低的关系目标时，即两个谈判者都不争取较强的关系，就会产生非关系交易。相反，他们认为谈判是经济或物质交易，并侧重于互动中的经济或物质方面。因此，从事非关系交易的谈判人员通常具有较低的关系结果和较低的工具性结果（主要是由于创造价值减少）。再次，当谈判双方都有温和的关系目标时，就会出现关系整合。虽然谈判双方都有动力来培养他们彼此的关系，但他们并没有忽视他们的工具性结果。因此，关系融合将合作与竞争混合在一起，通常导致较好关系和较好的工具性成果（由于创造价值增加）。最后，当谈判双方都有强大的关系目标时，就会出现关系满足。例如，夫妻在谈判中比陌生人更有可能具有更强的关系目标，也就是说，夫妻比陌生人更有可能争取维系关系。为了实现他们的关系目标，夫妻比陌生人更容易适应彼此的需求（即关系满足）（Fry, Firestone, and Williams, 1983）。尽管关系满足会带来较高的关系结果，但通常会降低工具性结果（主要是由于创造价值减少）。

正念对关系自我调节中意向—行为联系的调节作用

根据计划行为理论，谈判者的关系自我调节意向可能会促进他们的关系自我调节行为。正念可能会调节这种意向—行为联系。意识可以帮助人们监测他们的内部经验和外部因素,注意力可帮助个人将他们的意识集中在有限的体验上(Chatzisarantis and Hagger, 2007; Westen, 1999)。Chatzisarantis 和 Hagger 认为,正念可以增强意向—行为的联系,因为它增强了影响意向持续的个人控制认知和情绪的能力,并降低了他们行为的僵化程度。正念也可能会增强知觉行为控制(Brown et al., 2007)。Chatzisarantis 和 Hagger(2007)表明,正念通过提高个体对身体运动情境中的环境线索和内部经验的认识和关注,从而加强了意向—行为联系,并确实发现,正念作为调节变量加强了锻炼意向和实际锻炼行为的联系。同样,正念有可能通过提高个人对关系情境暗示和内心情绪的认识和关注,以及对关系自我调控的知觉控制,来加强关系自我调节中的意向—行为联系。

命题 1:正念加强了自我调节意图和行为之间的联系

此外,谈判者自身的关系自我调节意图、对手的关系自我调节意图和正念可能会对谈判者自身的关系自我调节行为产生三重交互效应。根据信任一致性理论,当一个谈判者比另一个谈判者更加信任对方时,行为更可能是自利而不是合作;但是当谈判者彼此信任在同一水平时,他们更可能是合作而不是自我服务(Kong, Dirks and Ferrin 2014; Tomlinson, Dineen and Lewicki, 2009)。由于关系的自我调节意图与其他关系心理状态如信任关系密切(Gelfand et al., 2006),因此谈判者之间关系自我调节意图的一致性可能会增强谈判者的关系自我调节行为。换言之,谈判者自身及其对手的关系自我调节意图可能对谈判者的关系自我调节行为产生正面的交互效应。正念可以调节这种互动效应,因为正念增加了谈判者对他们对方意图的关注和敏感度,并且加强了他们自己和对方的关系自我调节意图对他们自己的关系自我调节行为的多重影响。

命题 2:正念增强了谈判者双方的关系自我调节意图对谈判者的关系自我调节行为的交互作用

正念对关系结果与关系自我调节意图之间关系的调节作用

根据 Brett 等人(1999 年)的连锁自我调节模型,谈判者追踪他们的内在体验并参与自我调节,以减少他们期望和现状之间的内部差异。关系结果可能会提供有关他们与对方关系现状的反馈。如果关系结果是不令人满意的,谈判者可能会降低他们与对方建立或维持关系的积极性,从而改变他们的关系自我调节意图(例如,从关系满足到关系疏远)。然而,如果关系结果令人满意,谈判者可能会维持甚至增加他们的关系积极性,从而维持或提高他们的关系自我调节意图(例如,从关系疏远到关系满足)。

正念可能通过两个过程改变关系结果与关系自我调节意图之间的关系。首先，检测到的期望关系目标与当前关系结果之间的差异会引发消极情绪，如失望、困惑和焦虑。这些负面情绪说明需要增加自我控制，以便个人可以控制自己的行为，避免陷入他们不想要的糟糕境地。因此，为了逃避糟糕境地并修复负面情绪（George and Zhou, 2002; Hülsheger, Alberts, Feinholdt, and Lang, 2013），谈判人员可能会减少他们的关系自我调节的意图，以减少他们对与对方的消极关系的失望忧虑和焦虑。相反，期望的关系目标和当前的关系结果之间的一致性会产生积极的情绪，如满意度、幸福感和感恩，这表明它们与对方关系的积极性和对自我控制需求的减少。由于谈判者有积极性来维护他们的积极情绪，他们也可能保持他们的关系自我调节意图（参见 Isen and Simmonds, 1978）。正念增加积极情绪并减少负面情绪（Brown and Ryan, 2003; Chambers et al., 2009; Glomb et al, 2011; Hofmann, Sawyer, Witt, and Oh 2010; Kong, 2012）。因此，正念可能减少所期望的关系目标与当前关系结果之间检测到的差异而引发的负面情绪，并维持所期望的关系目标与当前关系结果之间检测到的一致性的积极情绪，从而降低关系结果和关系自我调节意图。

其次，正念也可能改变谈判者解释关系结果的方式。具体而言，正念使他们摆脱了以自我中心的关系结果解释（Brown et al., 2007; Davidson, 2010），当关系结果不令人满意并引发自我中心偏见时（例如，自我中心公平偏见；Thompson & Loewenstein, 1992），这种情况尤其可能会发生。例如，当谈判人员对双方关系质量不满时，他们可能认为对方对他们不公平，尽管事实并非如此。正念帮助谈判者"走出"会强化以自我为中心的关系结果解释的认知操作（Brown et al, 2007, p. 227），从而减弱关系结果与关系自我调节意图之间的联系。

命题 3：正念减弱了关系结果与关系自我调节意图之间的联系

正念对关系自我调节行为的主效应

Kopelman 等（2012）的模型和 Reb 与 Narayanan（2014）的模型在两分法谈判中的研究结果似乎表明，正念对谈判行为和结果有一些重大影响。由于正念可以促进感知的行为控制，而认知行为控制有利于实际行为（Armitage and Conner, 2001），那么正念是否可能对关系自我调节行为有正性的主效用？我认为正念更可能是起到了调节效应而不是决定作用（主效应）。谈判环境的性质决定了谈判者的关系自我调节意图。也就是说，当谈判环境整合或可变和时（即谈判者可以通过整合他们在偏好和信念上的差异来创造价值），谈判者的关系自我调节意图更强；但当谈判环境是分散或零和时,谈判者的关系自我调节意图则更弱。

正念对关系自我调节中意向—行为联系的调节效应也可以从共情的角度来理解。正念促进共情(Brown et al, 2007),共情可以调节社会动机对人际合作或竞争的影响。根据反应性利己主义理论,当情境被认为是竞争性或分配性时,共情实际上增强了自我激励对人际竞争(关系疏远/侵略)的影响(Epley, Caruso, and Bazerman, 2006)。因此,在竞争/分配谈判中,作为一个调节变量,正念促进了关系自我调节的弱意图和低水平的关系自律行为之间的关系,从而促进了分配行为和表现(Reb and Narayanan, 2014);而在合作/整合谈判中,正念作为一种调节变量,促进了关系自律的强意图与高层次的关系自律行为之间的关系,从而促进了整合行为和联合表现。

理论意义和对未来研究的建议

正念是谈判研究中一个新的但有前景的概念。像情绪智力一样,正念有不同的概念。在本章中,我采用了 Brown 和 Ryan(2003)关于正念的概念(同样参见 Brown et al, 2007)。虽然有关于情绪智力在组织行为中消失的传言(Ashkanasy and Daus, 2005),但情绪智力一直是领导和谈判培训最重要的概念之一(Ashkanasy and Dasborough, 2003; Boyatzis, Stubbs and Taylor, 2002; Walter, Cole and Humphrey, 2011)。同样,尽管正念的概念化和测量方面存在争议和混淆,但正念对谈判的理论和实践来说是一个有前景的概念。虽然正念培训尚未广泛纳入商学院的谈判计划中,但谈判、调解和其他形式的纠纷解决的法律学者已经注意到其重要性(Kuttner, 2010; Riskin, 2004)。

在本章中,我通过将正念的概念与四个相关的概念——专注、心流、情绪智力和直觉区分开来,简要地描述了正念的概念。之后,我提出了人际谈判的 MRSR 模型。不同于 Kopelman 等人(2012)的人际主义整体模型将正念作为谈判行为和结果的输入,我将正念视为一种改变谈判者关系调节过程的调节者。

在 1980 年代和 1990 年代发展起来的理论和模型,如双重关注模型(Pruitt and Rubin, 1986)、社会动机理论(De Dreu, Weingart and Kwon, 2000; Van Lange, De Bruin, Otten and Joireman, 1997)以及行为决策理论(Bazerman et al., 2000; Malhotra and Bazerman, 2008; Thompson et al., 2004)主导了谈判的文章。这些理论大体上将谈判概念化为没有动态反馈循环的封闭系统,并将重点放在单人观点上而不考虑对手。Brett 等人(1999)提出,谈判者的自我调节是一个动态的过程,谈判者监控他们的内在经验,并根据他们期望状态和目前达到的状态之间的感知差异进行调整。Gelfand 等人（2006）改变单人视角，侧重于谈判者关系心理状态及其由此产生的关系自我调节行为的交互动态。本章提出的 MRSR 模型整合了 Brett 等人（1999）的动态自我调节模型，Gelfand 等人（2006）关于谈判者之间关系的互动观点与 Ajzen（1991）的计划行为理论，描绘正念对关系自我调节意图与行为之间关系的调节效应，谈判者自身与对方的关系自我调节意向对关系自我调节行为的交互作用以及关系结果与关系自我调节意图之间的关联。该模型假定谈判者的 MRSR 是一个动态和有意识参与的过程，从而将谈判看作开放系统（Bendersky and McGinn，2010），其中关系自我调节的意图，行为和结果以动态的方式相互影响。

方法问题

为了建立一个有意义的研究计划，侧重于谈判中的正念，有几个方法论问题值得关注。正念可以被视为一种特质或一种心理状态。正如 MRSR 模型，特质和状态引发的正念都应该影响谈判者的关系自我调节。但是，这种说法需要实证检验。如果谈判学者将正念作为一种特质进行操作并将正念理解为注意力和意识，我建议他们使用 Brown 和 Ryan（2003）的正念注意程度量表（MAAS）。这个量表已被很好的验证，并广泛用于实证研究。如果谈判学者认为正念不仅仅是注意力和觉知，他们可以考虑 Baer、Smith、Hopkins、Krietemeyer 和 Toney（2006）的五因素正念问卷（FFMQ）。然而，以前的研究已经找出了 FFMQ 的一些心理测量问题。例如，FFMQ 的观察方面出乎意料地与心不在焉、思想抑制、精神病理学类别和精神障碍呈正相关，并且在层次因子分析模型中，该方面并不影响正念的第二层潜变量（Baer et al.，2006；Bergomi，Tschacher and Kupper，2013）。

对实验操控正念感兴趣的人可以采用几种方法，如吃葡萄干任务（Reb and Narayanan，2014）、正念注意练习（Reb and Narayaran，2014）以及聆听禅宗音乐（Zen music listening）（Kong，2012）。通过使用慈心禅（loving-kindness meditation，LKM）引导个人的同情心和对他人幸福的愿望，Hutcherson，Seppala 和 Gross（2008）发现，慈心禅仅需几分钟就能增加个体对陌生人的内隐和外显的积极态度。当慈心禅产生爱和仁慈，从而促进关系自我调节意图时，正念和关系自我调节意图很可能在 MRSR 模型中具有相互作用，而非正念单向起作用。正念的特征在于不附着和不评价（Brown et al.，2007），并由于其注意力和意识成分增强意向—行为联系（Chatzisarantis and Hagger，2007）；而慈心禅则引起人际依恋的感觉（Hutcherson et al.，2008）以及注意力和意识。

此外，尽管由于许多原因，这尚未成为谈判研究的趋势，但研究人员可能会考虑在条件许可时使用神经成像来探究正念。这种方法可以明显降低社会赞许偏见、常见方法偏差和自我报告固有的常见误差。正念的机制与各种大脑区域有关。注意调节与前扣带皮层相关；身体意识与脑岛、颞顶叶交界处相关；情绪调节（重新评估）与（背侧）前额叶皮层（PFC）相关；情绪调节（暴露、消退和重新巩固）与中内侧前额叶皮层 PFC、海马体和杏仁核有关；并且对自我的观点变化与内侧前额叶皮层 PFC、后扣带回皮层、岛脑和颞叶交界处有关（参见 Hölzel 等 2011 的综述）。谈判学者可以调查正念的谈判者在调节他们与对方的关系时激活哪些大脑区域。正念的谈判者在实施他们的关系自我调节意图时，可能会激活前扣带皮层和与注意力和意识有关的脑岛,脑膜颞叶连接处。正念谈判者解释他们的关系结果并调整他们的关系自我调节意图时，（背侧）前额叶皮层和中内侧前额叶皮层、海马、杏仁核、内侧前额叶皮层、后扣带皮层、岛叶和颞顶沟是如何激活的。

对未来研究方向的建议

有很多机会可以检验正念在谈判中的作用。第一，非常有限的实证研究集中于分配或竞争性谈判（Kong，2012；Reb and Narayanan，2014）。Kong 采用了一种模拟谈判的方式，以应急合同和不确定的回报结构来代替支付结构，从而形成一个不确定的、令人焦虑的谈判环境。因此，正念可以通过减少谈判者的焦虑来改变谈判行为。在他的研究中，谈判的性质是具有竞争性的。与本章所提出的模型相一致（具体地说，正念能够强化关系自我调节意图和行为之间的联系），Kong（2012）发现，与《春天的仪式》（*The Rite of Spring*）音乐片段所导致的焦虑相比，通过禅宗音乐引导所进入的正念状态，更能促成谈判分配行为和选择的应急协议来解决分歧和争论。未来应该在高度整合或合作的谈判中，研究正念对谈判者关系自我调节的调节作用。根据拟议的 MRSR 模型，有意构建或维持与对方关系的正念谈判者可能会参与关系的满足，而不是关系的疏远，但这很可能随着时间的推移而改变，因为他们的谈判对方并不具有相同的关系自我调节意图。

第二，MRSR 模型提出正念会加强谈判者的关系自我调节意图对一个谈判者的关系自我调节行为的交互作用。Kong 等人（2014）的元分析证据表明，互惠的信任增加了合作，减少了谈判中的竞争。正如本章所建议的那样，一致性的关系自我调节意图可能会增加合作，减少谈判中的竞争。这是一个有趣的研究课题，值得在未来进行实证研究。

结论

在这一章中,我简要介绍了正念的概念,为未来实证研究提出了一个人际谈判 MRSR 模型,并讨论了未来研究的理论意义和方向。由于正念在谈判研究中是一个相对新颖的概念,因此它很难理解它是如何在谈判环境中运作的。提出的 MRSR 模型仅仅是更好理解这个问题的第一个步骤,是未来研究的跳板。

(本章译者:黄思凡,孟红云,宋国萍)

References

Agarwal, R. and Karahanna, E. (2000). Time flies when you're having fun: cognitive absorption and beliefs about information usage. *MIS Quarterly.*, 24, 665-94.

Ajzen, I. (1991). The theory of planned behavior. *Organizational Behavior and Human Decision Processes*, 50, 179-211.

——(2002). Perceived behavioral control, self-efficacy, locus of control, and theory of planned behavior.*Journal of Applied Social Psychology* 32, 665-83.

Armitage, C. J. and Conner, M. (2001). Efficacy of the theory of planned behaviour: a meta-analytic review.*British Journal of Social Psychology*, 40, 471-99.

Ashkanasy, N. M. and Dasborough, M. T. (2003). Emotional awareness and emotional intelligence in leadership teaching. *Journal of Education for Business*, 79, 18-22.

Ashkanasy, N. M. and Daus, C. S. (2005). Rumors of the death of emotional intelligence in organizational behavior are vastly exaggerated. *Journal of Organizational Behavior*, 26, 441-52.

Baer, R. A., Smith, G. T., Hopkins, T., Krietemeyer, J., and Toney, L. (2006). Using self-report assessment methods to explore facets of mindfulness. *Assessment*, 13, 27-45.

Baumeister, R. F. and Leary, M. R. (1995). The need to belong: desire for interpersonal attachments as a fundamental human motivation. *Psychological Bulletin*, 117, 497-529.

Bazerman, M. H., Curhan, J. R., Moore, D. A., and Valley, K. L. (2000). Negotiation. *Annual Review of Psychology*, 51, 279-314.

Bendersky, C. and McGinn, K. L. (2010). Open to negotiation: phenomenological assumptions and knowledge dissemination. *Organization Science*, 21, 781-97.

Bergomi, C., Tschacher, W., and Kupper, Z. (2013). The assessment of mindfulness with self-report measures: existing scales and open issues. *Mindfulness*, 4, 191-202.

Boyatzis, R. E., Stubbs, E. C., and Taylor, S. N. (2002). Learning cognitive and emotional intelligence competencies through Graduate Management Education. *Academy of Management Learning and Education*, 1, 150-62.

Brach, D. (2008). A logic for the magic of mindful negotiation. *Negotiation Journal*, 24, 25-44.

Brett, J. F., Northcraft, G. B., and Pinkley, R. L. (1999). Stairways to heaven: an interlocking self-regulation model of negotiation. *Academy of Management Review*, 24, 435-51.

Brown, K. W. and Ryan, R. (2003). The benefits of being present: mindfulness and its role in psychological well being. *Journal of Personality and Social Psychology*, 84, 822-48.

Brown, K. W., Ryan, R. M., and Creswell, J. D. (2007). Mindfulness: theoretical foundations and evidence for its salutary effects. *Psychological Inquiry*, 18, 211-37.

Chambers, R., Gullone, E., and Allen, N. B. (2009). Mindful emotion regulation: an integrative review. *Clinical Psychology Review*, 29, 560-72.

Chatzisarantis, N. L. D. and Hagger, M. S. (2007). Mindfulness and the intention-behavior relationship within the theory of planned behavior. *Personality and Social Psychology Bulletin*, 33, 663-76.

Csikszentmihalyi, M. (1990). *Flow: the psychology of optimal experience*. New York: Harper and Row.

Curhan, J. R., Neale, M. A., Ross, L., and Rosencranz-Engelmann, J. (2008). Relational accommodation in negotiation: effects of egalitarianism and gender on economic efficiency and relational capital. *Organizational Behavior and Human Decision Processes*, 107, 192-205.

Dane, E. (2011). Paying attention to mindfulness and its effects on task performance in the workplace. *Journal of Management*, 37, 997-1018.

Davidson, R.J. (2010). Empirical explorations of mindfulness: conceptual and methodological conundrums. *Emotion*, 10, 8-11.

De Dreu, C. K. W., Weingart, L. R., and Kwon, S. (2000). Influence of social motives on integrative negotiation: a meta-analytic review and test of two theories. *Journal of Personality and Social Psychology*, 78, 889-905.

Epley, N., Caruso, E. M., and Bazerman, M. H. (2006). When perspective taking increases taking: reactive egoism in social interaction. *Journal of Personality and Social Psychology*, 91, 872-89.

Evans, J. S. B. T. (2008). Dual-processing accounts of reasoning, judgment, and social cognition. *Annual Review of Psychology*, 59, 255-78.

Fry, W. R., Firestone, I. J., and Williams, D. L. (1983). Negotiation process and outcome of stranger dyads and dating couples: do lovers lose? *Basic and Applied Social Psychology*, 4, 1-16.

Gelfand, M. J., Major, V. S., Raver, J. L., Nishii, L. H., and O'Brien, K. (2006). Negotiating relationally: the dynamics of the relational self in negotiations. *Academy of Management Review*, 31, 427-51.

George, J. M. and Zhou, J. (2002). Understanding when bad moods foster creativity and good ones don't: the role of context and clarity of feelings. *Journal of Applied Psychology*, 87, 687-97.

Glomb, T. M., Duffy, M. K., Bono, J. E., and Yang, T. (2011). Mindfulness at work. *Research in Personnel and Human Resources Management*, 30, 115-57.

Hofmann, S. G., Sawyer, A. T., Witt, A. A., and Oh, D. (2010). The effect of mindfulness-based therapy on anxiety and depression: a meta-analytic review. *Journal of Counseling and Clinical Psychology*, 78, 169-83.

Hölzel, B. K., Lazar, S. W., Gard, T., Schuman-Olivier, Z., Vago, D. R., and Ott, U. (2011). How does mindfulness meditation work? Proposing mechanisms of action from a conceptual and neural perspective. *Perspectives on Psychological Science*, 6, 537-59.

Hülsheger, U. R., Alberts, H. J. E. M., Feinholdt, A., and Lang, J. W. B. (2013). Benefits of mindfulness at work: the role of mindfulness in emotion regulation, emotional exhaustion, and job satisfaction. *Journal of Applied Psychology*, 98, 310-25.

Hutcherson, C. A., Seppala, E. M., and Gross, J. J. (2008). Loving-kindness meditation increases social connectedness. *Emotion*, 8, 720-4.

Isen, A. M. and Simmonds, S. (1978). The effect of feeling good on a helping task that is incompatible with good mood. *Social Psychology Quarterly*, 41, 345-9.

Khatri, N. and Ng, H. A. (2000). The role of intuition in strategic decision making. *Human Relations*, 53, 57-86.

Kong, D. (2012). Negotiation, emotions, and contingent contracting decisions. Ph. D. Dissertation, Olin Business School, Washington University in St. Louis.

Kong, D. T., Dirks, K. T., and Ferrin, D. L. (2014). Interpersonal trust within negotiations: meta-analytic evidence, critical contingencies, and directions for future research. *Academy of Management Journal*, 57, 1235-55.

Kopelman, S., Avi-Yonah, O., and Varghese, A. K. (2012). The mindful negotiator: Strategic emotion management and well-being. In K. S. Cameron and G. M. Spreitzer (eds.), *The Oxford handbook of positive organizational scholarship*. New York: Oxford University Press, pp. 591-600.

Kuttner, R. (2010). From adversity to relationality: a Buddhist-oriented relational view of integrative negotiation and mediation. *Ohio State Journal of Dispute Resolution*, 25, 931-74.

Malhotra, D. and Bazerman, M. H. (2008). Psychological influence in negotiation: an introduction long overdue. *Journal of Management*, 34, 509-31.

Mayer, J. D., Roberts, R. D., and Barsade, S. G. (2008). Human abilities: emotional intelligence. *Annual Review of Psychology*, 59, 507-36.

Mayer, J. D., Salovey, P., and Caruso, D. R. (2004). Emotional intelligence: theory, findings, and implications. *Psychological Inquiry*, 15, 197-215.

McGinn, K. (2006). Relationships and negotiations in context. In L. Thompson (ed.), *Negotiation theory and research*. Madison, CT: Psychological Press, pp. 129-33.

McGinn, K. L. and Keros, A. T. (2002). Improvisation and the logic of exchange in socially embedded transactions. *Administrative Science Quarterly*, 47, 442-73.

Moorman, C. and Miner, A. S. (1998). Organizational improvisation and organizational memory. *Academy of Management Review*, 23, 698-723.

Nakamura, J. and Csikszentmihalyi, M. (2009). Flow theory and research. In C. R. Snyder and S. J. Lopez (eds.), *Oxford handbook of positive psychology*. 2nd edn. Oxford University Press, pp. 195-206.

Osman, M. (2004). An evaluation of dual-process theories of reasoning. *Psychonomic Bulletin and Review*, 11, 988-1010.

Pruitt, D. G. and Rubin, J. Z. (1986). *Social conflict: escalation, stalemate, and settlement*. New York: Random House.

Quinn, R. W. (2005). Flow in knowledge work: high performance experience in the design of national security technology. *Administrative Science Quarterly*, 50, 610-41.

Reb, J. and Narayanan, J. (2014). The influence of mindful attention on value claiming in distributive negotiations: evidence from four laboratory experiments. *Mindfulness*, 5(6), 756-66.

Riskin, L. L. (2004). Mindfulness: foundational training for dispute resolution. *Journal of Legal Education*, 54, 79-90.

Riskin, L. L. (2010). Annual Saltman Lecture. Further beyond reason: emotions, the core concerns, and mindfulness in negotiation, *Nevada Law Journal*, 10, 289-337.

Rothbard, N. P. (2001). Enriching or depleting: the dynamics of engagement in work and family roles. *Administrative Science Quarterly*, 46, 655-84.

Schutte, N. S. and Malouff, J. M. (2011). Emotional intelligence mediates the relationship between mindfulness and subjective well-being. *Personality and Individual Differences*, 50, 1116-19.

Sloman, S. A. (2002). Two systems of reasoning. In T. Gilovich, D. Griffin, and D. Kahnaman (eds.), *Heuristics and biases: the psychology of intuitive judgment*. Cambridge University Press, pp. 379-98.

Smith, E. R. and DeCoster, J. (2000). Dual-process models in social and cognitive psychology: conceptual integration and links to underlying memory systems. *Personality and *Social Psychology Review*, 4, 108-31.

Tellegen, A. and Atkinson, G. (1974). Openness to absorbing and self-altering experiences ("absorption"), a trait related to hypnotic susceptibility, *Journal of Abnormal Psychology*, 83, 268-77.

Thompson, L. (1990). Negotiation behavior and outcomes: empirical evidence and theoretical issues. *Psychological Bulletin*, 108, 515-32.

Thompson, L. and Loewenstein, G. (1992). Egocentric interpretations of fairness and interpersonal conflict. *Organizational Behavior and Human Decision Processes*, 51, 176-97.

Thompson, L., Neale, M., and Sinaceur, M. (2004). The evolution of cognition and biases in negotiation research: an examination of cognition, social perception, motivation, and emotion. In M. J. Gelfand and J. M. Brett (eds.), *The handbook of negotiation and culture*. San Francisco, CA: Stanford University Press, pp.7-44.

Tomlinson, E. C., Dineen, B. R., and Lewicki, R. J. (2009). Trust congruence among integrative negotiators as a predictor of joint-behavioral outcomes. *International Journal of Conflict Management*, 20, 173-87.

Van Lange. P. A. M., De Bruin. E. M. N., Otten, W., and Joireman, J. A. (1997). Development of prosocial, individualistic, and competitive orientations: theory and preliminary evidence. *Journal of Personality and Social Psychology*, 73, 733-46.

Walter, F., Cole, M. S., and Humphrey, R. H. (2011). Emotional intelligence: sine qua non of leadership or folderol? *Academy of Management Perspectives*, 25, 45-59.

Westen, D. (1999).*Psychology: mind, brain, and culture*. 2nd edn. New York: John Wiley.

13 浅谈视觉化模板在个体正念和正念组织中的作用

Christian Gärtner and Christian Huber

简介

在过去的十年中，对于在动荡的商业环境中运营的组织来说，"一个好的意外管理是正念管理"（Weick and Sutcliffe 2007，p.17）的理念日趋流行。为了探索正念在组织和管理中的作用，研究人员对个体正念（Dane，2011）和集体正念（Ray, Baker, and Plowman，2011）都进行了一些研究。然而，多数研究都集中在探讨个体正念或集体正念的益处上（Weick, Sutcliffe, and Obstfeld，1999）。本章旨在阐明个体正念与集体正念之间的联系，以及探究正念作为中介过程所起的作用。

Vogus 和 Sutcliffe（2012）指出了"正念组织"和"正念型组织"之间的区别：正念型组织是具有某种持久组织特征的组织机构，而正念组织则是指一个相对动态和脆弱的、自下而上的正念组织管理过程。基于这个区别，我们认为，对于理解个体正念和集体正念的关联机制来说，关注组织成员重返正念状态这一自下而上的正念组织过程至关重要（Gärtner，2011；Vogus and Sutcliffe，2012）。

此外，我们还认为探索工具的作用对于进一步理解这一关联性也很重要。工具是组织成员在参与组织过程时所借助的人工媒介（Miettinen and Virkkunen，2005）。工具是连接时间、空间和成员的人造品（人造的、非人物品），因此个人和集体都需要或多或少地定期使用工具。然而，相对于结构性特征而言，工具是不稳定的。我们将以视觉化模板这一特定工具为例，来探究工具在正念引导或抑制方面的影响。我们之所以选择视觉化模板，是因为它们被认为是当代组织中重要的组织管理工具（Meyer et al.，2013）。

本章主要致力于概述正念和工具之间的关系。我们以视觉化模板为例，基于文献中已提出的特性来讨论工具对正念的影响，也就是在个体正念与正念组织这一集体过程之间"画一条线"。因此，我们不仅关注结果，还要解释工具是如何加强或抑制个体正念和正念组织的。最后，我们也将为研究视觉化在组织中的作用之文献的丰富性做出贡献。

本章的其余部分结构如下：首先，我们简要介绍一下不同的正念概念，我们概述了视觉化作为正念前因时将要使用的必要背景信息。我们以 Langer 传播的正念认知方法为开始，接下来在 Langer 观点的基础上讨论正念组织。然后，我们总结一些关键议题和开放式问题。我们将视觉化模板定义为一种类似于"格式塔"的图形元素，并根据我们在文献回顾中提到的特征来讨论它们的影响，也就是说，我们在个体水平正念和正念组织之间"画一条线"。最后，我们用对未来研究方向的概述来总结本章。

正念及正念组织的概念概述

正念已经成为组织研究中的一个重要概念。然而，随着它的普及，日渐繁多的概念使正念变得相当复杂且难以捉摸。作为后续对工具作用进行讨论的基础，我们有必要首先简要介绍一下有关正念定义的主要特征，然后对工作和组织研究中关于正念的不同观点进行回顾。

正念的定义

正念起源于东方哲学和佛教，这一概念在医学、医学心理学和社会心理学中得到进一步阐述。本文其余大部分都沿用 Kabat Zinn（1990）对正念的定义。但是，我们这里关注的正念是指一种人们对内外部刺激进行解码并专注于描绘新差异的方式（Langer，1989）。[①] Langer（1989）在心理学中提出了一个观点：正念包括对已有范畴的积极改进，对待不断变化的新事物新信息的开放性，以及从多角度对情景进行更细微的理解。最近，她简要地归纳为：正念是"描绘新差异的过程"（Langer and Moldoveanu，2000，p.1）。

Sims 和 Gioia 于 1986 年把正念这一概念引入到组织研究中，他们对主动处理信息和被动处理信息进行了比对。Louis 和 Sutton 也于 1991 年提出了"转换认知齿轮"这个比喻，意为从例行公事转变为谨慎的思考和行动。正念在组织学术领域变得广为人知是在 Weick 及其同事们将其引入到高可靠性组织背景下。这些组织

[①] 我们聚焦于 Langer 的表述，主要是因为一些著名的组织方面的学者，尤其是 Weick 及其团队引用她的工作。唯一一次没有引用她的工作是 Weick 和 Putnam（2006）文章中的正念概念来自于东方哲学和佛教思想。

必须确保操作接近零失误以防止灾难性后果并得以生存（Weick et al.，1999；Weick and Sutcliffe，2006；2007）。沿用 Langer 的定义，他们把正念描述为一种能对细微差别产生强烈意识并采取行动的能力（Weick et al.，1999，p.88）。与之相反，非正念则表现为更少的认知过程、"自动驾驶"式的行动、对新信息的漠视、依赖于过去的范畴以及视角单一（Langer，1989；Weick et al，1999）。

前面的简短介绍或许会给人一种研究者在理解正念时会有一个共同基础的假象。实际上还有很多其他关于正念的看法（更多请参考 Brown，Ryan and Creswell，2007；Sternberg，2000）。如果我们专注于最关键的差异点，按照文献相关的主体（出现正念的地方）、时机（出现正念的时间）、功能模式（正念发生的方式）、特征（正念特质）、结果（正念产出）和方法（正念实现方式）进行划分，可以分为四个主要的流派。为了提供一个清晰的框架，我们将围绕主体展开讨论，同时对表 13.1 中各个方面的不同特征进行简要概述。由于篇幅有限，不能详细讨论每一个特征，因此，当我们描述个体正念和正念组织的区别时，通过表 13.1 可以对正念不同概念的复杂性提供一个概述。

表 13.1 正念概述

	医学和临床心理学	（社会）心理学/Langer 传统	职场正念	正念组织
主体	个体	个体	个体	集体过程
时机	日常生活中，尤其是在有压力的状态下，例如在临床环境中	日常生活中	（动态）职场情境中	发生意外事件，出现异常现象，持续变革时
功能模式	• 元意识方法：对内在刺激（想法、情绪）的持续关注和意识，觉察但不处理 • 告知明确的知识、隐性技巧和价值	• 创造性的认知过程：在感知外部刺激时主动构建新范畴（与"自动驾驶"相反） • 通过精细过程重构认知来更准确地反映现实	• 认知方式和技巧（极少数：特质）从自动心理过程中脱离开来，观察甚至改变它们	• 早期研究：辩证地对待经验，了解并保持怀疑 • 最近的研究：认知方式或意会的知识背景，即对新种类和意义的建构
特征	• 好奇，开放 • 接受，不评价	• 不断创造新范畴 • 易于接受意外和新信息（对环境敏感） • 以多视角看待事物	• 保持大范围的注意广度 • 审视并不断调整现有的期望值和判断 • 鉴别环境	• 拒绝简化解释 • 对组织运作敏感 • 对承诺保持弹性 • 遵循专业知识 • 专注失败

(续表)

	医学和临床心理学	（社会）心理学/Langer 传统	职场正念	正念组织
结果	• 减少对抑制应对方式的使用减少 • 承认偏见，对新体验持更开放的态度	• 对新体验和灵活性保持开放 • 提高创造力 • 提升幸福感	• 改善压力应对与情绪调节 • 增加幸福感，减少挫败感	• 精炼而完善的情境识别系统 • 丰富的行为方案 • 提升安全性，组织复原力和远见
结果	• 在情绪困扰时夹更少体验到痛苦感和威胁感		• 更快地从消极的事情中恢复 • 更少做出偏激决定 • 提高工作绩效	• 几乎零失误的绩效（高可靠性组织）
达到正念的方法	• 冥想（专注于内心体验，例如想法、情感） • 观察 • 教练学员关系 • 关键事件讨论	• 有关思维模式、分类过程、学习方式练习的研讨会和培训课程 • 建立在主动及目标导向型认知任务上的干预	• 经验和实践（在职培训） • 研讨会和培训课程 • 选拔和激励正念的组织成员	• 小成就清单（例如：STICC 简报约定） • 人力资源政策 • 组织文化（信任、诚信、相互尊重）的发展

个体正念

个体正念的阐述在哲学领域十分盛行，大量出现在佛教思想、医学、临床和社会心理学中。正念在这些领域被定义为一种意识状态，在这种状态下，人们将注意力集中在此时此地的事情上，同时调整意识重点和内容，以便准确地反映现实（Kabat-Zinn，1990）。医学和临床心理学研究表明，通过训练可以提高人们达到正念的能力并产生积极的作用（Baer，2003）。例如，冥想练习或正念式减压（Kabat-Zinn，1990）会产生积极作用，如减少压力、沮丧、焦虑和抑郁，同时由于正念的人抵抗、防御或侵略性的行为会更少，其人际关系品质也会得到改善（Brown and Ryan，2003；Epstein，1999）。

由于这些影响可以与组织中的工作联系起来，管理学和组织学学者对正念也日趋重视。最近，这一学派被命名为"职场正念"（Dane and Brummel，2014；Glomb et al.，2011）。这一学派沿用了个体正念的观点，将正念界定为一种认知状态。从正念的功能模式来看，正念的人能够从自动反应（如往往是偏激或不准确的习惯或直觉）中抽离，觉察并可能改变它们（Dane，2011；Rerup，2005）。换而言之，根据情境，正念能够对已有的期望和判断进行调整。

关于正念认知的描述通常集中在主体对不确定性和新情况的处理方式上，因为这对现代组织中的工作至关重要。在面对新的变化时，正念的人不会依赖旧习惯，也不会被已有的概念所束缚，而是更灵活地进行理解和应对变化的情境（Langer，1997）。有人认为，正念的人更可能开创新的行为方式，较少依赖以往的决策和行为模式，而以一种更平和的方式应对失败和（意想不到的）变化（Glomb et al.，2011）。

除了专注于正念的认知机制及结果之外，组织学者们还强调，职场正念还能促进生理和情绪调节（Hülsheger et al.，2013）。积极组织学领域的相关研究发现，对内心感受及情绪反应模式进行更多的正念，是一种促使它们改变从而更有效、更积极乐观弹性地应对变化的潜在力量（例如：Avey，Wernsing，and Luthans，2008；Gärtner，2013）。值得一提的是，正念对（心理的和身体的）健康影响方面的研究兴趣正与日俱增（Reb，Narayanan，and Chaturvedi，2014；见 Hülsheger et al.，2013）。

除了这些共识之外，在谈及评价/非评价意识时的侧重点以及对描绘新差异这一认知过程的重要性上，不同观点各有所不同。相应的，在实现正念的方法上，各个观点给出不同建议。然而，医学和哲学致力于以冥想为基础的练习，而（社会）心理学方法则提倡建立在积极的目标导向型认知任务基础之上的干预和训练项目。例如，Langer（1997）描述了针对思维模式（注重结果而非过程）、范畴化过程和交流方式方面的练习。其中一项练习鼓励参加者反思自己使用不确定、可能性话语的程度。Langer（1997）建议使用假设的语气以及考虑情境的陈述而不是指示性语句，因为前者鼓励从不同角度进行思考，从而促进正念。

在组织和职场正念研究中，我们可以得知一系列医学和心理学的方法：冥想练习和诸如正念减压之类的培训（Sadler-Smith and Shefy 2007），还有一些效果难以被科学评估支持的研讨会和干预措施（见 Glomb et al.，2011）。除此之外，在选择、培训和激励正念员工方面并没有很具体的建议可供参考。

正念组织

关于正念组织，没有单独的论述。最为人熟知的是 Weick 及其同事关于正念如何支持高可靠性组织运行的开创性论文。Weick 及其同事们（1999）借鉴了 Langer 对正念的定义。然而，他们将正念描述为一种集体能力而非个人意识状态或认知方式，这种能力是在特定的组织过程中形成的。鉴于 Weick 本体论历来认为组织现象是在相互作用的过程中产生的，正念组织作为一种集体能力包括五个过程：(1)关注失败；(2)拒绝简化解释；(3)对组织运作敏感；(4)承诺弹性；(5)组织系统的不指定性①(Weick et al., 1999)。这五个过程按以下逻辑连接起来：(1)关注失败，即在恶化成严重错误或灾难之前，微弱和错综复杂的异常信号或常规预期偏差都会被觉察到；(2)为了能识别出这种异常和不确定性，必须关注它们的特殊性和当前细节而不是把它们当成是理所当然的范畴而轻易错过；(3)如果人们想要注意到这些细微差别，他们必须对组织中的相关运作保持关注，并对其有一个"全局的综合了解"；(4)此外，他们必须能够看到事态扩展的可能性，并能够找到恢复的方法；(5)最后，正念组织意味着允许决策权随着问题迁移，即组织中的问题和决策一直由不同的具有专业知识的人负责。

有观点认为，正念组织的主要结果是，在面临不确定性时，组织的可靠性及弹性的提高。这种提高是通过丰富其行动方案的方式实现的(Weick et al. 1999)。行动方案的质量及广度与理念相关，例如，好的理念会关注到更多相互关联的细节，这样人们就能更全面地了解正在发生的事情(Weick and Putnam 2006)。已经形成正念组织过程的集体能够根据新情况持续地检查和调整预期，并能对情景进行更细微的识别并制定对策(Weick and Sutcliffe, 2007)。由于能够不断引入新理念，正念组织就像一个不断地"将新酒注入旧瓶子"(Gärtner, 2011)的过程。正念组织的其他益处正被越来越多的研究所证实。尤其是能够使组织注意力聚焦的五项原则，并关注到区别性细节而不是统一归集(Weick and Sutcliffe, 2006)，提高组织应对复杂情况的能力(Eisenberg, 2006)并灵活地采取行动(Levinthal and Rerup, 2006)，打破常规(例如，吸收管理思潮；Fiol and O'Connor, 2003)，加强创新(Vogus and Welbourne, 2003②)，减少组织事故发生的可能性和严重性(Weick et al., 1999)。简而言之，正念集体——像正念个体一样，能够在形成过程中发现不同寻常的变化，避免预期陷阱，即使在面临故障或变化时仍然能保持对系列任务的专注(Weick and Sutcliffe, 2006；2007)。

实现正念组织的方法首先是实施五个过程。为了确保这五个过程能够持续运行，一些学者对其前因及促进(或抑制)机制进行了分析。研究表明，超个体层面的特定组织或策略可以确保个人的行动和思考方式更加正念化。例如，Vogus和Welbourne(2003)研究了某些人力资源政策对建立正念组织五个过程的影响③。

---

① 在后面版本中，"尊重专业知识"替代了"组织系统的不指定性"(Weick and Sutcliffe 2006; 2007)。我们推测，这样做的可能原因是原来的表述提醒读者其结构特征，例如角色的分配和责任，而这同聚焦于过程的观点相矛盾。

② Vogus 和 Welbourne 的研究是仅有的有定量实验数据的研究。其他研究则主要通过案例研究、轶事证据或者推理。

③ 事实上，Vogus 和 Welbourne(2003)指的是 HR"实践"，而不是"政策"。但是，为了说明他们并不是处理他们在做的，而是处理那些基于事先规则他们应该去做的，我们用了"政策"这个词。

他们发现，雇用熟练的临时工有利于产生更多的发散性思维且减少简化解释，良好的员工关系对密切、持续沟通和操作敏感性氛围有促进作用，还强调培训能够提高复原技能和韧性。还有学者指出，信息技术可以使组织参与到更广泛的探索过程中，并用程序推动组织创新，从而促进正念（Butler and Gray，2006；Valorinta，2009）。除了这些结构性前提，Weick 及其同事们还强调信任、诚实和相互尊重的文化对于建立正念组织的重要性（Vogus，Sutcliffe, and Weick，2010；Weick and Roberts，1993；Weick and Sutcliffe，2007）。

虽然组织学者对诸如政策、体系和文化等长期的超个人机制进行了大量研究，但很少提到员工可用来促进组织正念的具体方法。目前，大多数可用的方法目的都是评估一个组织的五项原则应用程度。例如，用一份九项调查问卷来评估一个公司的正念组织实践程度（Weick and Sutcliffe，2007，p.103）。Vogus 和 Sutcliffe（2007）开展了一项更详细的、包含验证项目的调查问卷来衡量正念组织的五个过程。除了这些评估现状的问卷，Weick 和 Sutcliffe（2007，p.156）还提出了一种被称为 STICC（Situation，Task，Intent，Concern，Calibrate）的组织会议方法，该方法被美国林务局用来指导消防员。STICC 是情况、任务、意图、关注、标准化的首字母缩写。他们认为，这种简要口令的主要好处在于，它要求人们关注小事件、失败、异常或任何其他可能引发情境改变、需要重新调整的事项。可以说，这种方法不仅能让消防员对突发事件进行预判，还能避免医疗环境中的沟通障碍和通常模糊的组织设置（Weick，2002）。

工具的作用：研究需求

以往关于正念组织的实证研究关注的是某个层级的群组，而不是一个组织的整体（Vogus and Sutcliffe，2012）。这就引发了一个问题，即"群体组织"和"组织过程"具体指什么。按照 Weick 的观点，关注群体组织是没有意义的，社会和组织化的世界是由一个个组织过程构成的，因此我们应该关注的是动词（Weick，2001）。我们认可并支持这一观点。然而，我们发现组织化的某些过程表现出了与其他多数的"社交"过程（如跳舞、与家人共进晚餐）不一样的特性。实际上，受 Weick 著作的启发，学者们不是思考诸如规则、工具或规定人们应该做什么的 IT 程序等组织特征的作用，而是开始研究面对面情境中的特定组织形式。文化是唯一真正被研究并已提出建议的持续现象。

尽管从一定的高度讨论组织过程、人力资源政策或文化是有价值的，但它很难揭示组织成员在日常实践中实际如何促进（或抑制）正念组织。文化、目标或激励机制和管理角色模型有些遥远，它们对进行中的组织实践的影响受制于几个综合因素(如任务结构和复杂性、时间压力、标准操作程序或指南)。与此类似,Vogus 和 Sutcliffe(2012, p.730, p.733)强调如果想要理解正念组织,学者们需要探索例程、指南、工具和模板的作用。我们通过探究视觉化模板对正念及正念组织的影响来解决这一研究需求。

视觉化和正念组织

在这一节中,我们将讨论视觉化模板对正念和正念组织影响,以填补媒介在增强或抑制正念方面的文献空白。我们之所以关注视觉化模板和目视化,是因为它们被认为是当代组织中的重要管理工具(Meyer et al., 2013)。尽管前期研究强调了它们与风险管理(如 Eppler and Aeschimann, 2009; Jordan, Jørgensen and Mitterhofer, 2013)及复杂性(如 Lurie and Mason, 2007; Yates, 1985)、不确定性和(策略)变化(Eppler and Platts, 2009; Ewenstein and Whyte, 2009)应对方面的相关性,但尚未将它们与正念联系起来。我们认为视觉化模板会影响个人正念和集体正念的形式。因此,接下来的章节首先简述我们对视觉化模板的理解,随后我们继续讨论这些视觉化模板是如何增强或抑制个体正念和正念组织的。

视觉化模板功能概述

视觉化作为管理的辅助手段有着悠久的历史。在 20 世纪早期,DuPont 用图表主要实现两个目标——分析和沟通(Yates, 1985)。从那时起,视觉化就已形成了一些固定形式和演示技术,其中幻灯片是最为人知的媒介。使用幻灯片和视觉化模板被认为是最流行的组织管理类型之一,即为了达到某种特定社会目的,组织成员例行使用某些社会认可的沟通方式,随着时间的推移,这类沟通方式变成了组织构件(Yates and Orlikowski, 2007)。

我们把视觉化模板设想为类格式塔图形元素,这些图形元素可以数字化方式呈现(例如,通过幻灯片播放)或印刷在现场手册和书籍上。实际上,从坛场(译者注:佛教用语)到安全海报、信息(在建筑工地)或紧急逃生图,视觉化的形式多种多样。为了简化起见,接下来我们主要关注视觉化模板。然而,原则上有大量的视觉化案例可以用来观察它们对正念的影响。视觉化模板通常由简单的元素组成,例如线条、箭头、圆点、正方形、条形和圆形,它们被排列成某种格式,例如一种组合、路线图、时间轴、因果图或影响图。虽然视觉化模板呈现多种多样旨在解决的主题和问题,但是 Yates 和 Orlikowski(2007)发现不同的公司都使用相同或非常相似的视觉化模板。其中最常见的是甘特图(Gantt chart)、组合、流程图和路线图以及因果图(Eppler and Pfister, 2012; Sibbet, 2013)。特别是知识密集型组织(如咨询公司、法律或会计师事务所),他们会在幻灯片上生成这些模板,并在新员工上班的第一天就把这些模板分发给他们。

在日常生活中,视觉化信息被用来诠释经验和构建理解。视觉化以一种非常直接而形象的方式运转,即使用"视觉的力量"(Meyer et al., 2013, p.499)形成预反射感知过程。基于视觉化的这一特点,我们认为视觉模板促成了①一定的认知和行动,因为它们塑造了行动者在看到它们时的想法,并根据他们所感知到的意义而行动。Tversky(2005)总结了一些视觉化效果相关的经验证据:条形图或堆状图代表包含实体的内容(因为我们习惯于在条形图或堆状图内看到些内容);图形元素组(正方形,圆形等)以相似性的方式提示思考和行动;排列提示思考和行动的维度或延续性。与文字或数字表达相比,视觉化从空间上对论据或因果进行显示,从而更利于信息的顺序处理(Meyer et al., 2013; Tversky, 2005; 2011)。总而言之,视觉化模板塑造了专注力和感知过程,这就是为什么我们对分析其对正念的正负面影响有着特殊兴趣。

视觉化模板和个体正念

在这部分,前期文献的讨论使我们能够得知,视觉化模板在某些方面可能促进或抑制个体正念。我们列举了三个促进正念的方面和四个抑制正念的方面,并将它们与 Langer 认为的个体正念特征相联系(即新范畴的持续创造,对新信息的开放性,多于一个角度的内隐考察)。

促进个体正念。第一,有人认为,正念行为依赖于现有的行为模式,因为例行模式使人们能够快速地对刺激做出反应,并采取一系列可能的行动(Levinthal and Rerup, 2006, p.505)。正念取决于例行程序,由于其为重组提供了原材料,并将我们的注意力从过多的事物中解放出来(Levinthal and Rerup, 2006)。人们通常认为,视觉化是记录知识的手段,视觉化模板是为组织学习服务的。因为它汇集了以前的经验,从而整合了"最佳练习"的信息或者至少是有效方法的信息(Cacciatori, 2008; Eppler and Burkhard, 2007)。视觉化模板包含了过往经验以及对现行事物不同视角整合的详尽评估。基于这一假设,我们认为视觉化模板帮助组织成员考虑到多种范畴并从多个角度看待问题,因为这些都已经包含在模板中。因此,一组被普遍接受的视觉化模板可以让人们更充分地理解正在发生的事情,并可能加快意会过程或对变化的反应。这在危机时期尤其重要。

---

① 我们建立在 Gilbson(1986)的"服务提供"的概念之上,主要指非人类的环境设施、要求或其他人较少支持的某类寻求感觉的活动。

第二，尽管在组织内部或组织之间视觉化模板很常见也很类似，这并不意味着它们在具体应用中没有差别。更确切地说，视觉化模板引发的效果因主体的能力不同而不同（见 Costall，1995；Gibson，1986），因此，复杂而多样的视觉化模板设定非常常见。特别是，那些已经展现出高度正念的组织成员可以利用视觉化模板来保持广泛的注意力（见 Dane，2011）。此外，视觉化模板可以帮助低正念个体更仔细地理解情境，因为根据手头情境的具体情况（异常情况、小偏差等），重返常规是一项激发注意力和意识的努力成就。因此，视觉化模板设定过程中会持续不断地产生新的视角，特别是在人们不断地重新诠释视觉化，并将其视为灵活并经得起验证的工具时，这意味着创造出新的类别范畴。例如，试想一下医院、学校或酒店等公共建筑中的紧急逃生图。通常，我们都熟悉它们的格式、线条和色调，楼梯间的位置等等（尤其是面对它们的时候）。这种视觉化方法使人们能够在紧急情况下找到出路，比如在火灾中。我们不需要事先了解建筑，只需要熟悉紧急逃生图的一般格式就可以逃生。

第三，那些将视觉化模板视为认知人造媒介的研究强调，视觉化的表现形式可以随着知识的发展完善而发展完善。视觉化表现形式不完善这一事实激发行动者们一直寻找信息以完善它们（Ewenstein and Whyte，2009）。显然，视觉化模板也显示出类似的不完善性，因为它们也必须不断被补充完善。此外，边界对象的相关研究表明视觉化、绘画、草图等能在不同的组织群之间实现共同理解（Nicolini，Mengis, and Swan 2012）。人们通常认为视觉化提供了一种方法，使得在不同的组织单位或专业团体成员之间建立共同理解，因为视觉化可以让其他人的观点被接纳。在协商达成共识的同时，视觉化还有助于激发有新想法的和创新的解决方案（Eppler and Platts，2009；Henderson，1991）。基于这些发现，我们认为视觉化模板提供了一个知识情境，使组织成员能够创建新的范畴，对他人的观点持开放态度，从而多角度考虑问题。因此，它们是促进个体正念的宝贵工具。视觉化模板在这些方面可能会促进个体正念，但也有一些方面可能会抑制个体正念。

抑制个人正念。 首先也是最基本的一点，心理学研究表明，人类的思维通常很容易偏离当前，而去捕捉其他信息编码，包括过去的记忆或未来的想象（Smallwood，McSpadden, and Schooler，2007）。视觉化模板在促进特定认知的同时弱化其他认知，因此它们引导思维沿着特定的路径进行思考，这显然与我们倡导的多角度思考相违背。

其次，还有问题是，从不断进行区分和创建新范畴方面来说，视觉化模板的可用范围似乎相当狭窄。例如，Eppler 和 Pfister（2012）总结了 35 种视觉化形式，认为它们能够解决从分析、（战略）计划到会议审核以及销售谈判的一系列问题。

Yates 和 Orlikowski（2007）也报告称他们调查的公司只使用了少数视觉化模板。然而，考虑到业务相关问题数量众多以及每个分析、计划或会议情况的特殊性，给定的视觉化模板可能无法精细到能包含已有的众多细节。与创建新范畴和多角度思考相反，它们通过整合细节来减少差异的多样性。视觉化模板及其使用惯例之外的任何东西实际上都被认为是不可思议的。例如，如果不像常规那样用到箭头、圆圈和矩形绘制，视觉化模板就有可能被认为是怪异的或没有用的。线段确实表示连接，条状确实表示包含实体，就像用相似性来表示分组或空间邻近。如果有人不遵循这些模板使用惯例就有可能导致集体意识的崩溃。因此，视觉化模板直接塑造了认知内容。例如，幻灯片及其提供的视觉化模板可能如何影响认知过程和后续行动就引发了广泛的讨论。一些学者认为，这类视觉化导致了简化和过度概括（Tufte，2003）。在此，我们不再复述其他观点（讨论详见 Meyer et al.，2013），我们认为，视觉化模板作为组织过程中众多视觉化的代表之一，它增加了组织成员进行合并和简化的可能性而非正念式思考和行动。

再次，视觉化模板本身及使用惯例很少被反思。确切地说，涉及什么样的视觉化模板能够提供一个预反应，以及我们为什么使用该模板的习惯性知识（见 Costall，1995；Yates and Orlikowski，2007）。对于何时以及如何使用该模板，教科书和现场手册都提供了的详略不一的说明，但大多数员工都是通过社会化过程和模仿他人了解何时以及如何使用视觉化模板的。个体如何使用某个模板成为了一种社会性的、固化及制度化的做法（Yates and Orlikowski，2007）。组织成员依赖于习得的习惯，而不是有意识地获取条件、优点和可能需要关注的问题这些相关信息。从定义来看，通过恪守这种社会性内化的思维和行为模式来实现自动驾驶，这就与建立在对突发事件和新信息开放性之上的正念概念相违背。在面对新情况和新事物时，使用主体会反射性地将某个视觉化模板视为有助于解决眼前问题的手段。

视觉化模板和正念组织

正念组织以 Weick 及其同事提出的五个组织过程为特征。因此，我们围绕这些过程对可视化的促进或抑制作用展开讨论。

促进组织正念。第一，Weick 及其同事们解释说，不愿简化解释、对运作敏感和承诺弹性这三者是相互关联的。不愿意简化解释包括采取有意识的步骤来质疑假设并保留进行中事情的特殊性和细节。如果人们想要意识到这些细微差别并保持关注，他们必须对这些分散但相关的工作任务有个全局把控，并考虑事态扩展的可能性以制定恢复路径。

通过一个常见的视觉化模板，我们可以看到它的布局和社会性稳定使用是如何促进这些过程的。各种因果关系图（例如石川图、树状图和流程图）指向 Carroll 和 Rudolph（2006）提到的术语"根本原因分析"。首先，这是一种考虑了关联工作过程输入输出的、刻意复杂化的诠释方法。由于这些模板的特定技术能够映射事件间的因果关系并且能够关注和计算时间延迟，因此它们（从文本上）创建了一幅全局图，不仅绘制出可能的交互途径，还使小组能发现和讨论一些会引发系统变化的关键点，这些关键点原本可能是不可见的。

第二，视觉化模板——就像许多其他的人造物一样——使组织过程失去个性。诸如工具和模板这类人造媒介的一个显著特征是它们关注的焦点是主题（问题、错误、解决方案等）而不是人（Nicolini et al., 2012）。此外，视觉化模板不仅淡化了对单个演示者的重视，而且使团队能够根据他们的专业知识为讨论和解决问题做出贡献。由于模板必须由各种专业人员填写（这就是为什么这些人造品能跨越边界），我们可以说，解决问题的权力转移到了对手头问题最擅长的人身上。

第三，前面提及的视觉化模板的不完善性会促使组织对可能出现并颠覆他们认知的新事件、新问题或解决方案保持长期关注的状态。因此，尽管不一定关注失败，但缺乏完善性促使人们在知道的同时保持怀疑。或者换句话说，它培养了一种明智的态度并且辩证地看待经验。这些人造媒介不断地提醒人们永远不应该完全信任或依赖他们的经验。因此，它们提供了一种超越面对面情境正念组织的结构要素。

与这种正面潜能相反，视觉化模板在某些方面也可能会抑制正念组织。我们列举了四种视觉化模板可能产生的正念抑制性。

抑制正念组织。首先，Weick 和 Sutclif 强调例行程序和正念是截然不同的，因为它们不能同时发生。例行程序通常伴随着单一特征和简单解释，而正念组织则与多重特征和多样解释联系起来。换句话说，正念组织是看到某一范畴的界限以及范畴化这个行为本身（Weick and Putnam，2006；Weick and Sutcliffe，2006）。相反，例程则表现为以一种无需动脑的方式进行的重复活动。视觉化模板的独特性使细节丢失的可能性增加：它们通过自身包含的图形元素来让人们形成一系列认知范畴。这种自含件的使用给人造成一种错觉，一个事项错综复杂并由相互排斥的范畴组成。视觉化模板还会用来描述某一类不考虑其他可能性时按特定路线进行的行动，在这个意义上这个行动成了一种例行程序。结果，这促使组织成员简化解释而按照预设路线进行思考和行动。因此，认知和决策受人类行为人和非人类物件共同影响。然而，正念组织是建立在决策权随问题迁移而不是随视觉化模板迁移之上。同样地，对这种人造物件的依赖至少部分取代了对人类专家的尊重。

其次，前面个体正念中已经讨论过，不同视觉化模板的适用范围相当狭窄。这与 Weick 和 Sutcliffe 谨防简化这一观点直接相冲突。相对于无休止的、多样的组织问题而言，可用的示意图数量是有限的（Eppler and Pfister，2012），因此，可想而知例行程序会对此进行简化。视觉化在管理中的关键优势是它们使事情简化且易于理解。绘制一个奇怪而大胆的新图形极可能会弱化这种优势。视觉化的这种便利性在集体层面尤其常见，因为它们被用来远程协调行动。试想一下工厂里展示的生产计划调度表，它的协调潜力正是由于它简单易懂的形式。情况的复杂性被故意忽略了。此外，它将注意力从操作转移到操作表现上，而这些表现不可能包含与实际操作相同级别的细节。组织成员对当前事项的敏感性至少被部分分散了，因为他们关注的是细节差异更少的视觉方面。另一种可能会因视觉化模板适用范围有限而受到限制的正念过程是承诺弹性。以维护重要的组织功能为重点的行动可能需要众多替代方案或广泛的行动指令以及重要创造性思维。而这再一次与稳定而小规模的可用模板相冲突。

再次，如前所述，视觉化模板使行为人忽略其他的感知方法，这是对操作敏感性的挑战。正念组织支持者们强调不断重现情境及对现场差异性形成一个精辟理解的重要性（Vogus and Sutcliffe 2012），从而促进尊重专业知识，这是建立在现场知识比普遍和通用方法更重的基础之上的。而另一方面，视觉化模板让用户使用它们并优先于其他感知方式，从而限制了行为人采用其他方法来灵活感知现场情境的能力。也就是说，不是把重点放在了解现场情境的一线专业人员身上，而是将注意力放在集中分布的视觉化模板上，从而用人工媒介中编撰的通用知识替代了个人专业知识。

再其次，重复使用视觉化模板会诱使行为人陷入习惯性行为并埋没他们预测意外信息的潜能。这样的行为是对不愿简化的挑战，因为机械地引用相同的模板（也许是习得的习惯）来呈现业务问题，意味着简化了信息生成和解释的形式或"知识背景"。以某种惯例方式做事是一个无处不在的陷阱。重复使用相同的视觉化模板可能会使行为人更容易落入这个陷阱。习惯性行为也是期望依靠过去的经验取得成功的一个标志，这也与 Weick 和 Sutcliff（2007）倡导的关注失败相违背。

总之，视觉化模板在正念组织中的作用尚无定论。虽然有一些促进功能，但有充分的理由要警惕其对正念的潜在抑制性。Rerup（2005）认为满足一定条件时存在正念组织最佳点。这个对个体情境和环境来说的最佳点需要进行进一步研究确定。本章通过考察视觉化模板对个体正念和集体层面正念组织的潜在影响以及这些影响的方向性，使此类研究迈开了第一步。我们接下来将总结和讨论后续的研究领域，这将有助于我们进一步分别了解不同形式的正念、视觉化或工具的作用。

结论

因为正念有助于解释组织的几个微观基础（例如，幸福、压力、工作绩效、可靠性、对变化的准备、动态能力等），正念已经成了工作和组织研究中的一个重要概念。在回顾不同正念方法的基础上，我们考察了视觉化模板对正念和正念组织的促进和抑制作用。到目前为止，我们对组织成员在日常实践中用以回归正念的工具知之甚少。以视觉化模板作为媒介进行探索，我们的目的是填补现存文献中的这一研究空白。此外，虽然有关正念的有益结果有比较贴切的文献记载，但关于其前因或人造媒介以及它们对正念的影响的研究相对较少。通过讨论视觉化模板对正念的正负影响，我们扩展了 Rerup（2005）提出的正念与（组织）结果之间存在倒 U 形关系这一发现。然而，有几个关于未来研究的问题也在我们讨论之列（Vogus 和 Sutcliffe 于 2012 年描述了其他研究领域）。

第一，无论是在我们识别的观点内部还是观点之间都有很多且很模糊的正念定义，因此，仍然需要澄清。在组织研究中，正念概念和五个过程都没有明确的定义。例如，有一个"全局"的概念有些含糊不清。Weick 和 Sutcliffe（2007，p.32）将正念定义为"对细节差异的充分意识"，并对定义继续解释道"正念的人有全局意识，但那是一幅当下的全局"（Weick and Sutcliffe，2007，p.32）。人们可能感到困惑的是，有一个大图和看到细节差异是如何起作用的。此外，"有全局"这个术语经常被用来解释对操作的敏感性（例如 Vogus and Sutcliffe 2012，p.723，p.725；Weick et al.，1999，p.93），但为什么它既可以用来定义正念的人，又可以作为集体现象的一个构成部分呢？明确定义、说明和隐喻只是第一步，这将指引我们进入下一个研究领域。

第二，多层次的概念及分析是有必要的。像大多数管理问题一样，组织中的正念问题包括多个层面的现象，但管理和组织研究对正念要么使用的是单层次分析，要么没有清晰地描述层次之间的区别和联系。进行多层次研究时需要考虑一些常规问题（见 Salvato and Rerup，2011）。迄今为止，几乎没有研究涉及个体正念和集体正念之间的联系。现有文献借鉴的是小团体和现场专家的实例，但是他们认为这种方法是合适的，并在某个集中水平的集体层面上反映了正念[1]。Vogus 和 Sutcliffe（2012，p.726）在其综合文献回顾中提出，中层管理者充当了推动者的角色，将分散的、由现场个体和或大或小的小团体发起的正念组织弥合到更为集中的组织层面。我们同意这一方法，但我们也一直致力于扩展这种以人为中心看待组

---

[1] 有关这些批评的小结见 Vollmer（2013，第 4、5 章）

织中发生之事的观点。我们并没有开展将不同层次与特定人群连接起来的工作，而是认为工具等非人为因素参与了正念组织。工具在连接人员和构建其时间和空间行为方面起着至关重要的作用。因此，在对组织中的多层次关系进行理论研究时不能忽视它们。

第三，本章主要介绍视觉化模板这种具体的工具。显然在组织中还会使用其他工具。因此，我们的研究仅仅是考察工具对正念潜在影响的第一步。虽然我们已经设定了一个可能的途径来进行这样的分析，但一套更系统更综合的理论是有必要的。例如，我们所做工作的一个明显不足是，认为视觉化模板对正念有双重影响，那么就引发了有关边界条件的问题，即视觉化模板什么情况下会促进正念，又在什么情况下会抑制正念。有的边界条件可以是固定模板（例如打印在纸上），有的多少可以改变（例如，当它们以类似幻灯片这种电子文档发布时），还有的边界条件涉及工作环境（例如，高可靠性组织和知识密集型组织及工业公司等）。工作环境可能对使用工具/视觉化模板这一方式的传播广度和接受程度产生影响。传播广度和接受程度反过来又可以作为反映社会化程度的一个指标，即反映组织成员对特定的工具/视觉化模板的日常依赖程度。除了需要更详尽的理论外，还需要更多实证研究来研究这些问题。在我们得以证明正念与（组织）绩效之间是倒 U 形关系这一假设是最优假设之前，我们还有很长一段路要走。

第四，本文的研究成果向全面了解视觉化在组织认知及组织过程中的力量和影响迈出了第一步。对于实践者来说，反思哪些视觉模板或通用工具会影响他们的日常工作从而促进或抑制正念，以及如何设计引起正念的工具至关重要。为数不多的关于如何设计工具的文献经常遵循工程设计的一个重要原则——易用性。设计精良的产品或系统都是易于使用的，因为它们能产生用户信任、信心并符合用户偏好的观点和期望（Butler and Gray, 2006; Hartson, 2003）。然而，从正念的角度来看，工具和模板不应该把人们带入偏好和程序化的行为方式中，而应该刺激行为人思考，甚至让他们感到困惑，这样他们就会停下来思考正在发生的事情。因此，使用那些能够引导反馈式、循环式以及符合系统动力学的思考方式的模板也许是值得的（例如见 Senge, 1996）。由于这类模板和工具与复杂的问题及问题的关联性和动态性相协调，也与生成一张"大图"相协调，它们能够达到对现有范畴的细化，对情境和观点进行更细致的识别，不愿简化解释，以及对操作敏感。至少，它们对于 Weick 有关管理问题的著名言论是一种补救措施——"毫不夸张地说，大多数管理者是因为忘记循环思考而陷入困境"（Weick, 1979, p.86）。

（本章译者：何娟花，张文娟，宋国萍）

References

Avey, J. B., Wernsing, T. S., and Luthans, F. (2008). Can positive employees help positive organizational change? Impact of psychological capital and emotions on relevant attitudes and behaviours. *Journal of Applied Behavioral Science*, 44(1), 48-70.

Baer, R. A. (2003). Mindfulness training as a clinical intervention: a conceptual and empirical review. *Clinical Psychology: Science and Practice*, 10(2), 125-43.

Brown, K. W. and Ryan, R. M. (2003). The benefits of being present: mindfulness and its role in psychological well-being. *Journal of Personality and Social Psychology*, 84(4), 822-48.

Brown, K. W., Ryan, R. M., and Creswell, J. D. (2007). Mindfulness: theoretical foundations and evidence for its salutary effects. *Psychological Inquiry: An International Journal for the Advancement of Psychological Theory*, 18(4), 211-37.

Butler, B. S. and Gray, P. H. (2006). Reliability, mindfulness, and information systems. *MIS Quarterly*, 30(2), 211-24.

Cacciatori, E. (2008). Memory objects in project environments: storing, retrieving and adapting learning in project-based firms. *Research Policy*, 37(9), 1591-601.

Carroll, J. S. and Rudolph, J. W. (2006). Design of high reliability organizations in health care. *Quality and Safety in Health Care*, 15 (suppl. 1), i4-i9.

Costall, A. (1995). Socializing affordances. *Theory and Psychology*, 5(4), 467-81.

Dane, E. (2011). Paying attention to mindfulness and its effects on task performance in the workplace. *Journal of Management*, 37(4), 997-1018.

Dane, E. and Brummel, B. J. (2014). Examining workplace mindfulness and its relations to job performance and turnover intention. *Human Relations*, 67(1), 105-28.

Eisenberg, E. M. (2006). Karl Weick and the aesthetics of contingency. *Organization Studies*, 27(11), 1693-707.

Eppler, M. J. and Aeschimann, M. (2009). A systematic framework for risk visualization in risk management and communication. *Risk Management*, 11(2), 67-89.

Eppler, M. J. and Burkhard, R. A. (2007). Visual representations in knowledge management: framework and cases. *Journal of Knowledge Management*, 11(4), 112-22.

Eppler, M. J. and Pfister, R. A. (2012). Sketching at work: 35 starke Visualisierungs-Tools für Manager, Berater, Verkaufer, Trainer und Moderatoren. Stuttgart: Schäffer-Poeschel.

Eppler, M. J. and Platts, K. (2009). Visual strategizing: the systematic use of visualization in the strategic planning process. *Long Range Planning*, 42(1), 42-74.

Epstein, R. M. (1999). Mindful practice. *The Journal of the American Medical Association*, 282(9), 833-9.

Ewenstein, B. and Whyte, J. (2009). Knowledge practices in design: the role of visual representations as 'epistemic objects'. *Organization Studies*, 30(1), 7-30.

Fiol, M. C. and O'Connor, E. J. (2003). Waking up! Mindfulness in the face of bandwagons. *Academy of Management Review*, 28(1), 54-70.

Gärtner, C. (2011). Putting new wine into old bottles: mindfulness as a micro-foundation of dynamic capabilities.*Management Decision*, 49(2), 253-69.

Gärtner, C. (2013). Enhancing readiness for change by organizing for mindfulness. *Journal of Change Management*, 13(1), 52-68.

Gibson, J. J. (1986).*An ecological approach to visual perception*. Hillsdale, MI: Erlbaum.

Glomb, T. M., Duffy, M. K., Bono, J. E., and Yang, T. (2011). Mindfulness at work. In: A. Joshi, H. Liao, and J. J. Martocchio (eds.), *Research in personnel and human resources management 30*. Bingley: Emerald, pp. 115-57.

Hartson, R. H. (2003). Cognitive, physical, sensory, and functional affordances in interaction design.*Behaviour and Information Technology*, 22(5), 315-38.

Henderson, K. (1991). Flexible sketches and inflexible databases: visual communication, conscription devices, and boundary objects in design engineering. *Science, Technology, and Human Values*, 16(4), 448-73.

Hulsheger U. R., Alberts, H. J. E. M., Feinholdt, A., and Lang, J. W. B. (2013). Benefits of mindfulness at work: the role of mindfulness in emotion regulation, emotional exhaustion, and job satisfaction. *Journal of Applied Psychology*, 98(2), 310-25.

Jordan, S., Jorgensen, L., and Mitterhofer, H. (2013). Performing risk and the project: risk maps as mediating instruments. *Management Accounting Research*, 24(2), 156-74.

Kabat-Zinn, J. (1990).*Full catastrophe living: using the wisdom of your body and mind to face stress, pain, and illness*. New York: Delacorte.

Langer, E. J. (1989).*Mindfulness*. Cambridge: Perseus Publishing.

(1997).*The power of mindful learning*. Reading, MA: Addison-Wesley.

Langer, E. J. and Moldoveanu, M. (2000). The construct of mindfulness.*Journal of Social Issues*, 56(1), 1-9.

Levinthal, D. and Rerup, C. (2006). Crossing an apparent chasm: bridging mindful and less-mindful perspectives on organizational learning. *Organization Science*, 17(4), 502-13.

Louis, M. R. and Sutton, R. I. (1991). Switching cognitive gears: from habits of mind to active thinking.*Human Relations*, 44(1), 55-76.

Lurie, N. H. and Mason, C. H. (2007). Visual representation: implications for decision making.*Journal of Marketing*, 71(1), 160-77.

Meyer, R. E., Höllerer, M. A., Jancsary, D., and van Leeuwen. T. (2013). The visual dimension in organizing, organization, and organization research. *The Academy of*

Management Annals, 7(1), 487-553.

Miettinen, R. and Virkkunen, J. (2005). Epistemic objects, artefacts and organizational change. *Organization*, 12(3), 437-56.

Nicolini, D., Mengis, J., and Swan, J. (2012). Understanding the role of objects in cross-disciplinary collaboration. *Organization Science*, 23(3), 612-29.

Ray, J. L., Baker, L. T., and Plowman, D. A. (2011). Organizational mindfulness in business schools. *Academy of Management Learning and Education*, 10(2), 188-203.

Reb, J., Narayanan, J., and Chaturvedi, S. (2014). Leading mindfully: two studies on the influence of supervisor trait mindfulness on employee well-being and performance. *Mindfulness*, 5(1), 36-45.

Rerup, C. (2005). Learning from past experience: footnotes on mindfulness and habitual entrepreneurship. *Scandinavian Journal of Management*, 21(4), 451-72.

Sadler-Smith, E. and Shefy, E. (2007). Developing intuitive awareness in management education. *Academy of Management Learning and Education*, 6, 186-205.

Salvato, C. and Rerup, C. (2011). Beyond collective entities: multilevel research on organizational routines and capabilities. *Journal of Management*, 37(2), 468-90.

Senge, P. (1996): The fifth discipline fieldbook: strategies and tools for building a learning organization. 3rd edn. London: Nicholas Brealey Publishing.

Sibbet, D. (2013). Visual leaders: new tools for visioning, management, and organizational change. Hoboken, NJ: John Wiley and Sons.

Sims, H. P. and Gioia, D. A. (1986). *The thinking organization*. San Francisco, CA: Jossey-Bass.

Smallwood, J., McSpadden, M., and Schooler, J. W. (2007). The lights are on but no one's home: meta-awareness and the decoupling of attention when the mind wanders. *Psychonomic Bulletin and Review*, 14, 527-33.

Sternberg, R. J. (2000). Images of mindfulness. *Journal of Social Issues*, 56(1), 11-26.

Tufte, E. R. (2003): *The cognitive style of PowerPoint*. Cheshire: Graphics Press.

Tversky, B. (2005). Visuospatial reasoning. In K. J. Holyoak and Morrison, R. J. (eds.), The Cambridge handbook of thinking and reasoning. Cambridge University Press, pp. 209-40.

Tversky, B. (2011). Visualizing thought. *Topics in Cognitive Science*, 3(3), 499-535.

Valorinta, M. (2009). Information technology and mindfulness in organizations. *Industrial and Corporate Change*, 18(5), 963-97.

Vogus, T. J. and Sutcliffe, K. M. (2007). The safety organizing scale: development and validation of a behavioral measure of safety culture in hospital nursing units. *Medical Care*, 45 (1), 46-54.

Vogus, T. J. and Sutcliffe, K. M. (2012). Organizational mindfulness and mindful organizing: a reconciliation and path forward.*Academy of Management Learning and Education*, 11(4), 722-35.

Vogus, T. J. and Welbourne, T. M. (2003). Structuring for high reliability: HR practices and mindful processes in reliability-seeking organizations. *Journal of Organizational Behavior*, 24, 877-903.

Vogus, T. J., Sutcliffe, K. M., and Weick, K. E. (2010). Doing no harm: enabling, enacting, and elaborating a culture of safety in health care. *The Academy of Management Perspectives*, 24(4), 60-77.

Vollmer, H. (2013). The sociology of disruption, disaster and social change: punctuated cooperation. Cambridge University Press.

Weick, K. E. (1979).*The social psychology of organizing*. 2nd edn. New York: McGraw-Hill.

Weick, K. E. (2001).*Making sense of the organization*. Malden: Blackwell.

Weick, K. E. (2002). Puzzles in organizational learning: an exercise in disciplined imagination. *British Journal of Management*, 13(S2), S7-S15.

Weick, K. E. and Putnam, T. (2006). Organizing for mindfulness. Eastern wisdom and Western knowledge.*Journal of Management Inquiry*, 15(3), 275-87.

Weick, K. E. and Roberts, K. H. (1993). Collective mind in organizations: heedful interrelating on flight decks. *Administrative Science Quarterly*, 38, 357-81.

Weick, K. E. and Sutcliffe, K. M. (2006). Mindfulness and the quality of organizational attention. *Organization Science*, 17(4), 514-24.

(2007). *Managing the unexpected: resilient performance in an age of uncertainty*. San Francisco, CA: Jossey-Bass.

Weick, K. E., Sutcliffe, K. M., and Obstfeld, D. (1999). Organizing for high reliability: processes of collective mindfulness.*Research in Organizational Behavior*, 21, 81-123.

Yates, J. (1985). Graphs as a managerial tool: a case study of Du Pont's use of graphs in the early twentieth century. *Journal of Business Communication*, 22(1), 5-33.

Yates, J. and Orlikowski, W. (2007). The PowerPoint presentation and its corollaries: How genres shape communicative action in organizations. In Zachry, M. and Thralls, C. (eds.), *Communicative practices in workplaces and the professions: cultural perspectives on the regulation of discourse and organizations*. Amityville, NY: Baywood Publishing, pp. 67-92.

第三部分
应用

14 清醒地工作：将正念融入职场

Mirabai Bush

引言

本章将以孟山都(Monsanto)和谷歌(Google)两家公司为例，讨论正念在组织中的应用。我总结了社会沉思中心(Center for Contemplative Mind in Society)在2000年到2004年间所做的研究及其在2004年发表的关于初步尝试创建冥想型组织的文章。不仅介绍个人和组织的收益，也关注不同的组织文化对框架和语言的差异性需求。此外，还探讨佛教界的担忧：将正念引入，可能会导致各种组织和团体，尤其是企业型组织，通过表面上提升组织成员的工作满意度，继续施行在本质上会损害组织成员健康的举措。本章认为，正念及相关活动可以提高人们的洞察力，进而生出智慧之心和怜悯之情，也可以激发新的探究和创造，还可能会帮助组织和及其领导层从优秀迈向卓越，从卓越迈向开明和慈悲。同时，未来还需要更多的研究来记录和说明正念培训对个人和组织变革性的影响。

历史

我们对正念练习在企业落地的探究，始于社会沉思中心(以下简称"中心")[该中心由我与卡明斯基金会(Nathan Cummings Foundation)的主席 Charles Halpern 和费兹学会(Fetzer Institute)的主席 Robert Lehman 共同创建]对那些推荐员工进行沉思性活动的组织所做的一个研究。1970年，我跟随缅甸教师 S. N. Goenka 这位传播非宗教性正念的先驱者在佛陀开悟地菩提伽耶(Bodh Gaya)第一次学习正念，后来还跟随 Kalu Rinpoche, Gelek Rinpoche 和 Tsoknyi Rinpoche 等藏传佛学大师进行学习。我也曾在美国各地的静修中心带领正念练习，还向点亮有限公司(Illuminations, Inc.，该公司是我在1978与合伙人在马萨诸塞州剑桥市所创建)的65名员工推荐了正念练习。显而易见，我本人热衷于向主流机构推荐正念。

2001年到2004年,中心在福特基金会(Ford Foundation)和费兹学会的支持下,开展了一个名为"沉思网"的质性研究项目,中心在对项目成果进行总结后,于2004年发表了研究报告,名为《强大的沉默:冥想和其他沉思性活动在美国人民的生活和工作中所扮演的角色》(*A Powerful Silence*: *The Role of Meditation and Other Contemplative Practices in American Life and Work*)(以下简称《强大的沉默》)(Duerr, 2004)。该研究对沉思性活动的定义是:为培养深度专注力和洞察力,而让内心保持平静的活动。这一定义中包括正念——个体在此时此刻保持一种非评判性的注意时升起的一种觉知状态。据我们所知,这个项目是第一次系统性地尝试将冥想练习拓展到多个非宗教领域,其中包括了商业、医疗、教育、法律、社会变革和监狱等,绘制出了沉思性活动在世俗社会中的使用情况地图。具体来说,这个项目深入访谈了84名将沉思性活动融入到工作中的专业人士。项目人员随后对所得数据进行分析,探究其中重复出现的模式和主题。

该报告证实,在非宗教背景下,越来越多的人开始参与沉思性活动,这是一种值得进一步研究的现象。研究结果包括如下几点:

1. 越来越多的专业组织开始举办沉思性活动。在《强大的沉默》一文撰写期间,就有至少135家公司、非营利组织和政府机构为员工提供了某种形式的冥想和瑜伽活动。而为病人提供正念减压训练的医院和诊所的数量,从1993年的80个增加到2003年的250个。

2. 经常冥想或参与其他沉思性活动的个体具有更好的工作体验和人际关系。除了已被广泛证实的减压效用之外,受访者还描述了沉思性活动是如何帮助他们增强自我意识,并帮助他们进行宽恕与和解。他们汇报说自己重新燃起了对工作的认同感,职场沟通能力也有所提高,可以更好地应对组织所面临的挑战。此外,他们还谈到这些活动是如何增强了他们与家人、朋友、同事以及其他重要人物的人际关系。

3. 出现了一种新型组织范式——沉思性组织。在84位受访者中,有38人(32%)为了创造一个更具反思性的环境而将沉思性活动带入了工作场所,这部分受访者中有很多是处于领导层或管理岗位。对这些访谈的分析揭示了一种新的组织范式,这种组织范式使用沉思性觉知作为工作场所的组织原则。在这些公司和机构中,冥想和其他活动不仅仅是附加福利,而且是被融入到日常工作和决策过程之中。

沉思性活动拥有以下特点:

- 彰显价值观:组织尽其所能地践行并传播它认可的价值观。组织的任务、愿景和战略计划都强调了组织的核心价值观。

- 在行动和反思之间来回切换：组织明确地表示尊重一个信念——员工要有工作的时间，也要有后退一步、休整，以及总结过去展望未来的时间。
- 平衡手段与目标：组织为实现目标而采取的工作方式，有时甚至比目标的实现更重要。
- 具有反映沉思性哲学的组织架构。

在一个沉思性组织中，这些为工作场所带来更多反思的努力与组织的核心工作并不是割裂的，而是其不可或缺的一部分。在调研期间，组织学习协会（Society for Organizational Learning）的创始人 Peter Senge 告诉我们："商业经营中有一个问题：人们总想把事情都程序化。但因为计划总是会有变动，所以程序化以后就产生了很多限制。"此外，他建议，组织可以通过对问题的持续探索而受益，"创造一种工作氛围：在这种氛围中，人们通过反思和深度沟通来工作，而且会变得越来越开放。这基本上就是我们的工作方式"。

在《强大的沉默》调研期间，中心收到一些有趣又深刻的报告，说明了在工作场所开展沉思性活动的益处。例如：

- 有能力与（无论是自己的和他人的）困难保持联结，而不是退缩、压抑或忽视困难。
- 不忘初衷，重新燃起了对工作的认同感。例如，在一场针对各个国家环保组织领袖的正念静修中，与会者意识到他们一直在浪费宝贵的时间和精力相互争夺资源。这种认识帮助他们得以重新用合作的姿态，为实现可持续地球这一共同目标而讨论。
- 改善人际关系：人际关系智力和理解他人观点的能力。在一次正念静修之后，律师们表示，他们对委托人以及对方律师和委托人有了更多了解；环保人士称，在共同合作之下，他们有效地推动了清洁空气法案的通过。
- 高情商：能够监控自己和他人的感受和情绪，能对感受和情绪进行区分，并利用这些信息指导自己的思考和行动。谷歌的工程师表示，在学习了正念和慈悲练习之后，他们能够更有效地进行团队合作，对文化差异也有了更深的理解。
- 欣赏无为（非不作为）的做法和行动前的倾听。
- 深刻地理解了愤怒，开发了同情和仁慈这些可持续能量。即使人们知道愤怒会导致精疲力竭，但很多人担心，如果他们不发泄愤怒，就会变得效率低下。而在这里则学会了管理愤怒，通过挖掘更深层的、更积极的心灵资源来保持长期的活力。
- 改善倾听技巧。
- 基于对无常的理解，能够优雅地应对变化。

- 能够活在当下，而不是为了当下而活，减少了贪婪和自私的举动。
- 提升创造力和问题解决的能力。
- 欣赏所有生命的内在关联，在尊重大自然的同时，也重视人类生活。

（上述列表未包括沉思性活动所带来的减压、管理疼痛、降低血压和更好的睡眠模式这些与上述能力有关的身体益处。）

自《强大的沉默》发表以后，人们开始更加频繁地使用和整合这些练习。从 2005 年至 2010 年，许多民意普查、调研和研究项目都在探讨宗教和灵性（包括沉思性活动）在美国人民生活中的作用。整体来看，这些研究数据表明，冥想和其他沉思性活动的使用频率在持续上升（Duerr，2011）。例如，皮尤宗教景观调查（The Pew Religious Landscape Survey，2007）发现，虽然四分之三的美国人每周至少祈祷一次，但与之相比，近四成（39%）的成年人也表示，他们每周至少会冥想一次。

各种各样的企业，包括通用磨坊（General Mills）、罗氏控股（Hoffman LaRoche）、绿山咖啡烘焙（Green Mountain Coffee Roasters）、赫斯特出版公司（Hearst Publications）和美国运通（American Express），都在探索正念的用途和益处。Hochman 在《纽约时报》（The New York Times，2013）上写道："就像瑜伽一样，正念这个词走上了潮流的顶端，出现在电视明星、高管，甚至技术人员的口中。"

为组织去变换传统的沉思性练习

中心本身也是一个早期的探究正念工作法的实验室。中心有 10~12 个工作人员，年龄 22~60 岁，大家有着不同的精神信仰和习惯，在种族、阶级、性别和人种方面也有差异。我们面临的挑战就是找到适合所有人的练习方式和语言表达方式。

通过实验和讨论，我们制定了一个针对全体员工的规划，包括以下几点：

- 开会之前，先进行静默或正念练习。
- 在会议中，使用反思性沟通和正念钟。
- 允许在白天进行"沉思性休息"。
- 在办公区域为瑜伽、冥想和静默创造专门的空间。
- 利用沉思性小组技巧，如欣赏式探询和理事会圈来做组织战略规划。
- 使用正念办公法，如正念电子邮件和正念电话会议。
- 安排日常的沉思性员工静修会来加强团结、激发灵感，而每个人都有机会设计和领导某次静修会。
- 出版《活动人士的盟友》（Activist's Ally）这个创建沉思型非盈利组织的指导手册。

在中心，认可并践行这些方法理应相对容易，因为它们与中心的使命是一致的，即为了营造一个更加公正、具有同情心和可持续的社会，将沉思性活动和觉察融入当代生活。但事实上，我们依然遇到了一些挑战。所以，在此基础上为落实沉思性规划，我们制定了一些基本准则：

1. 并非所有的人都了解正念的价值，所以我们要介绍这些活动。首先讲解这些活动的来历，说明我们选取的活动形式是如何在灵性和宗教传统中一步一步形成；然后回顾当前研究，表明这些活动对身体、心理和认知上的益处。

2. 领导和态度非常重要。欣赏这些规划与活动潜力的领导者需要经常重申他们的目的，而从中获益的那些人则需要表达他们的支持。中心的参与者有时会困惑，为什么办公桌上还有成堆的工作等待处理的时候还得做这些？为什么明明可以用来扩大办公室的空间要被当作冥想室？为什么不是延长员工假期而是专门占用时间让员工参与一个年度静修？必须经常重申正念和其他活动的价值，并将其与本组织的目标建立明确的联系。

3. 对所有的活动都必须留有选择的余地。例如，由于这个规划涉及中心的所有成员，那么如果一个员工因为某些原因不想学习正念，比如可能因为静坐会引发一些令人不安的情绪，或因为它似乎与宗教信仰（"沉默会创造空间让魔鬼侵袭"）相矛盾，又或仅仅因为该员工认为正念没有价值，在这种情况下，员工还可以选择通过静默散步、写日记或者阅读来参与沉思性静修日，但无论如何，他们必须参加活动。

4. 共享活动的领导权。鼓励所有人轮流带领短小的正念练习，如果有必要的话可以使用稿子，可以从他们自己的传统出发为大家提供其他活动。我们曾尝试过太极、气功、瑜伽、做祈祷旗、击鼓、正念饮食、茶道，以及一天的死亡仪式。

5. 了解组织成员的感受。我们使用一对一正念倾听或者小组正念倾听来讨论大家的活动体验，还使用调查猴子（Survey Monkey）等公司所提供的技术来定期收集匿名或者实名反馈。

6. 将活动与组织的目标联系起来。不是每个人都能发现活动和日常工作之间的联系，因此我们努力通过组织的宗旨和使命将我们的价值观和活动本身结合起来，并将它们转化为团队工作的指导方针。在《强大的沉默》调研期间，我们在一次讨论中得出了该调研项目的价值清单。以下是我们对这些价值的示例：

> 以诚实正直为基础的高质量的质性研究。令我们相信，高水准的研究将会提高沉思性方法的可信度和合理性，因此，也会有助于我们的研究参与者。

我们重视将调研活动本身作为实践沉思性原则的机会。在这个过程中，意识到自己的假设和偏见，对"无知"保持开放，既重视问题也重视答案，愿意接受惊喜。在研究过程中，我们坚信自己既是参与者，又是观察者。我们将在团队内、组织内以及其他组织中探索该项目的核心问题：使用一种沉思性的方法工作究竟意味着什么？在一个沉思型的组织中工作的真实体验是什么？哪些方式可以践行这些原则，而哪些方式又违背了这些原则？我们在研究成果中必须对彼此诚实，也必须意识到我们对自尊的需求和对成果的期待。

7. 如果没有谦卑和幽默，你就不能练习正念。

公司示例

孟山都：探索未知领域

中心于 1996 年开始尝试在公司型组织内开展沉思性活动，也就是我们与孟山都这个美国大型公司合作开发的第一个针对企业的深度正念冥想项目。

我们收到孟山都公司的新任首席执行官 Robert（Bob）Shapiro 的邀请，他上任后就发起了一场名为"文化革命"的变革，尝试把这个昔日的化学公司转变成最早的生命科学公司之一。在研究了 21 世纪的人口预测之后，他们发现地球上可能出现粮食短缺，而这会导致大规模移民和饥荒。为了应对这种情况，Bob 计划对种子进行转基因操作来提高产量。对孟山都来说，这是一个完全不同的角色，Bob 认识到，在他们探索这项新技术的过程中，公司里的重要员工需要创造性思维，要能够保持韧性。他和员工们谈论新的思维方式，还想象出一种科技和农业的新型关系。

他鼓励想法和想象的自由流动："想想那些你从未想过的事情，勇于承担风险。不要害怕犯错误，错误是任何创造过程所必备的。你要成为领导者，并且鼓励身边的人都成为领导者。而作为领导者，人们需要决策的自主权、承担风险的能力以及技术或权限，其中，至关重要的是信任。"

Bob 阅读过 Jon Kabat-Zinn 的著作，对禅也有一些了解，知道禅修可以打开心灵来扩展视野，他也咨询了中心主席 Charlie Halpern 这个老朋友，想知道中心是否可以给他的高管们教冥想。

我们选择正念作为工作场所的核心练习，因为它有四个特征：不忘记或迷失在当下的思维中；直面当下出现的一切事情；牢记那些巧妙、优雅和有益的事物；正念与智慧有紧密联系。而对正念的认识也可以帮助参与者了解正念在改变他们的生活方式和工作表现方面的潜力。

在 1996 年,除了健康和医疗领域,只有极少数人尝试在非宗教的背景下传播正念,而且没有任何商业模式。虽然我咨询过的冥想老师懂得如何在静修会中教正念,而且我们的计划就是举办静修,但是,他们不知道如何为企业高管进行再设计或者调整。我向一些比我更了解公司业务的朋友寻求意见。Walter Link 是欧洲社会风险网络(Social Ventures Network Europe)的创始人,也是企业社会责任组织(Businesses for Social Responsibility,BSR)的成员。他通过该组织认识 Bob。他说,静修的合适环境非常重要,不能在佛教的静修中心举办,也要避免使用"灵性"这个词,而应该使用商业中有意义的表述。"他们理解压力和减压、时间利用、活在当下、冲突,抗拒不想做的事情。"他非常乐于助人,而这将是一项针对整个亚文化开展的快速且深入的研究,而这种文化自从我在前战斗机飞行员和工程师这个群体中作为唯一的女性,在 20 世纪 60 年代为 RCA 做气象卫星工作后,就再也没有见过。而那已经是很久以前的事情了。

我还需要了解更多,所以我给思捷欧洲集团(Esprit Europe)的前首席执行官 Peter Buckley 打了电话。他认为自己没什么事业心,更像是"一个碰巧成功的嬉皮士企业家"。他谈及曾参加过的一次为环保领袖们组织的静修。其中有许多参与者根本没有冥想经验,但他们认为"不管这看起来多么古怪,但其他领导人都在这么做,所以这事儿肯定可行。五天之后,许多人都打起了退堂鼓;他们认为这根本就是浪费时间。但到最后,大家都承认这种做法是很有用的。"他建议我找一个有幽默感的老师,一个"风趣,会自嘲,喜欢看篮球比赛的普通人"。虽然当我问莲花汽车(Lotus)的创始人 Mitch Kapor 关于孟山都的事情时,他说他们应该把它炸掉,然后重新开始,但我感觉自己已经摸到了如何做这件事情的门道。

我知道,孟山都公司的高管们来参加活动的原因只是为了完成他们 CEO 的要求,而非因为他们渴望学习正念,毕竟在当时,正念还是一个模糊的概念。但我也知道,没有正确的动机就很难重视这个活动。所以我去了圣·路易斯(St. Louis)的总部,花时间跟每位参与者相处。我问了他们一些问题,考虑到静修的大部分时间里需要保持静默,所以我询问他们是否在曾在沉默中生活。尽管在静修结束时,静默往往是最被珍惜的部分,但在开始的时候,这也往往是最困难的因素。它包括内在和外在的要求。对外在的要求:不能讲话,不打扰周身的寂静——要轻轻地走路,不能使用语言,这其中也包括肢体动作和书写。对内在的要求:通过释放"杂音"或不必要的想法来使头脑安静。我想象着,在中西部公司里,有些人可能去过天主教会的静修、花时间独自野营或在树林里散步。我想把这些经历和他们在静修时将参加的活动联系起来。

在一座奶牛雕塑（该奶牛是一头受到孟山都制造的牛生长激素影响的传奇奶牛）旁的办公室里，我采访了一位高管："你是否会安静地消磨时间？"他停顿了一下，想了想说，"嗯，会吧，读报纸的时候。"好吧，我觉得虽然跟我想象中的回答完全不一样，但是，我要做的就是在他们已有的基础上开始。那天我了解到孟山都的高管们都是彬彬有礼的，都在超负荷工作，而且压力非常大，以至于会得到一个听起来像是休息的奇怪机会：自己坐在垫子上，可以三天不跟别人说话，而且他们都打算去做这件事。看起来，对于大多数商业人士，压力仍然是进入正念的大门。

我们设计了一个为期三天的沉默静修，他们在那里学习深度放松、正念静坐和行走、洞察冥想以及对所有生命的慈悲。我们在费兹学会一家位于美国密歇根州卡拉马祖市（Kalamazoo，Michigan）的四季静修/会议中心举办了这个活动，这里是建立在神圣的好客原则之上的宁静空间，"是一个让我们聚在一起进行对话，来推动那些我们无法独自完成的事情的地方"。虽然这不是宗教性的，也不是为商务会议所举办的，但这是在四季举办的第一场沉默静修。

我们尽量避免使用梵语和巴利文里的术语，而是使用直白的、简单明了的语言，从而避免他们把这些练习看作是深奥的、宗教性的活动，而将其视为简单而又古老的方式。通过仔细观察他们的大脑和身体的活动，来理解想法和体验的变化及其相互联系。我们讨论了为彼此创造一个安全的"非伤害性"空间的重要性。

我们讨论了可以洞察到的相互关系而不是线性链。我们解释到，深度练习使你摆脱了线性因果的独裁统治，帮助你开始了解事情究竟是如何发生的这一奥秘——任意行为是如何以一种深刻的方式改变其方向、质量或结果。

一些人抗拒静默，而其他人不断地想要获得一些切实的成果。他们感到难以接受"无目标的目标"，努力反而会阻碍觉醒。他们希望被告知，如果你参加这个活动，那么某些特定的事情将以某个特定顺序发生。但是我们告诉他们，如果你参加这个活动是为了让某些特定的事情发生，那么这些事情反而不太可能发生。这是很微妙的。

Bob 说这是他做过的最难的一件事。我问他："真的吗？那管理 3 万名员工怎么样？"他说："不，这个更难。"我们后来发现，将正念解读为一种困难的、不易达成的挑战，会激励高层管理人员；而强调正念是简单的，任何人都可以做，则会激励中层管理人员。等到静修结束之时，17 名参与者中的大多数人已经接受了挑战，并将他们强有力的左脑专注于内心，进入了当下。他们在短时间内学会了很多东西。

在初次静修结束之后，我们与来自该静修的志愿者合作，创建了一个名为"正念在孟山都"的项目。该项目包括外部静修、办公室正念和冥想室。以下是孟山都鼓励员工参加静修时的介绍语：

> 正念作为一种工具，可以让你有目的地做出回应，而不仅仅是对变化做出反应。当你有规律地练习时，正念可以带来各种各样的个人和组织收益，包括提高适应能力，不带偏见地倾听，增强明确性和创造力，以及个人生活和职业生涯在更大范围上的融合。

我们制定了重要的指导方针：

- 对正念的探索完全是自愿的，不属于任何一个全公司范围的规划。虽然正念带来的好处会随着不断练习而深化，但决定在这条道路上走多远完全取决于个人——一步步地来。
- 就像每个人都是不同的，我们期待每个人对正念的体验也都是不同的。
- 虽然有些宗教在他们的实践中融入了正念，但是正念在其他背景下也出现过。而在孟山都，正念和宗教之间没有任何联系，焦点主要集中在自我发展上。

当时，孟山都公司的许多员工都担心孟山都会被其他公司收购，而且他们可能会因此失去工作，所以我们把静修的焦点放在应对变化上。邀请函上写道：

> 孟山都存在于一个充满着挑战和持续变化的世界中。它的长远目标被设定为在未知的将来，将潜能发挥到极限。帮助孟山都从它是什么走到它能成为什么，需要创造力、专心、关心、与他人紧密合作、真实性、卓越性、适应性、学习及更多。它对个人和职业生活提出了很高的要求，也有令人振奋和实现个人抱负的潜力。但应对要求的过程可能令人沮丧，甚至是毁灭性的，可能需要新的能力和力量源泉。对一些人来说，正念练习是一个可以找到这些能力和力量的地方。

正当我们帮助孟山都的员工学习如何在面对变化时保持弹性的时候，转基因种子可能会造成的意外后果登上了头条新闻。这次，孟山都公司并非作为推动环境可持续发展和食品安全的公司而闻名，而是作为"终结者技术"的发源地，"超级杂草"的创造者，对帝王蝶生存的威胁而备受谴责。Bob 想要在 21 世纪养活世界的梦想破碎了，最后他辞去了首席执行官的职务。而他的继任者将正念项目与

Bob 联系在一起，随后就取消了这个项目。虽然我们知道自己已经为那里的许多人带来了改变——我仍然听到人们说自己最早就是在这个项目中学会了正念，但是现实也摆着这里，我们投入了巨大的精力去实施这个旨在成长的项目，而这个项目，在一瞬间就消失了。

在尊重无常性的同时，我对于从另一家公司重新开始感到心灰意冷。好像是为了确保我了解现状，我们为纽约赫斯特《美丽佳人》（Marie Claire，a Hearst magazine in New York）杂志的工作人员所做的一个小型正念项目也在出版商变更后被撤销。但是，在 2007 年，我接到了来自谷歌的邀请后，决定再冒一次险。

谷歌：内在搜索

Chade-Meng Tan（常被称为 Meng）是谷歌最早聘请的工程师之一。他和他的团队致力于提高网站搜索结果的质量，并在推出移动搜索方面发挥了关键作用。他帮助谷歌成为全世界人民生活中不可或缺的一部分，为每个使用它进行搜索的人提供免费的信息。当谷歌允许工程师花 20% 的时间去追逐个人的梦想时，Meng 决定把时间花在他心爱的事业上，即将冥想带入谷歌。

他看到 Jon Kabat-Zinn 开发的正念减压课程（Mindfulness-Based Stress Reduction，以下简称 MBSR）可以应用在组织中，所以他在加州山景城（Mountain View，California）找到了一位当地教师，然后，在谷歌总部，给任何想报名的人提供免费课程。但是没有人报名，令他感到困惑，同事们愿意练瑜伽、做按摩，也愿意参加 Meng 主持的小型冥想介绍会，可是他们为什么不报名参加一个免费的正念减压课程呢？没人知道答案。后来一个朋友告诉 Meng，我一直在帮助不同的专业人士发现冥想的力量，也许能帮上忙。Meng 认同我提出的理念，除了减压之外，正念还有很多其他重要的好处。而他着实对推动世界和平的这一好处感兴趣，他坚信，如果人们在内部为内心的和平创造了条件，那么距世界和平也就不远了。

所以我飞往硅谷，跟他一起研究为什么 MBSR 对谷歌人没有吸引力。我注意到的第一件事是多样性。在他们著名的自助餐厅里进行的一项非科学的调查也表明，谷歌三分之一的员工是中国人（和华裔美国人），三分之一的员工是印度人（和印度裔美国人），其他国籍的员工占剩下三分之一。大多数员工是男性，而且很年轻（二十多岁到三十多岁），非常聪明，很强的竞争力（毕业于斯坦福大学、麻省理工学院等），大部分时间都在屏幕前度过。虽然他们有专业知识，有些人还有丰富的经验，在编写算法方面很出色，但他们并不擅长团队合作。我们意识到，大多数谷歌人需要提高情商（Emotional Intelligence，简称 EI，自我觉察以及觉察他人），我意识到我们依然可以提供同样的正念练习，但将这些练习专注于对情商的培养。也就是说，员工可以用正念练习来培养清晰稳定的注意力，然后将这种注意力引导到情绪上，这样他们就可以看到情绪的生动性和清晰性。

Daniel Goleman 在《情商》(Working with Emotional Intelligence，1998)中写道，情商技能与认知能力是协同作用的；优秀的执行者同时拥有这两种能力。"工作越复杂，情商就越重要，因为缺乏情商技能会妨碍人们对技术性专业知识或智力的使用。"但并不是所有的谷歌人都知道这一点。他们实现了如此多的成功，以至于很难意识到他们还可以从优秀再迈向卓越（或者从伟大到卓越）。我请 Daniel 给员工开一个讲座来帮助他们认识这一点。虽然他已经不再去公司做演讲，但因为他欣赏将正念练习作为一种培养情感能力的方法这个思路，所以欣然接受了邀请。他的演讲非常成功，在演讲的最后，他表示，正念以及相关的慈爱和慈悲练习是通往情商的直接途径。然后在短短的 4 个小时内，就有 100 名谷歌员工报名参加课程。

我和 Meng 在旧金山禅宗中心（San Francisco Zen Center）的上一任住持 Norman Fischer 的帮助下，起草完成了"硅谷最受欢迎的情商课"（Search Inside Yourself：Mindfulness-Based Emotional Intelligence，SIY）的初稿。我们把各种 EI 能力与沉思性活动联系在一起：

- 自我意识（了解一个人的内在状态、偏好、资源和直觉）：正念静坐、站立、行走、写日记、身体扫描和情绪扫描；
- 自我调节（管理一个人的内心状态、冲动和资源）：正念静坐、觉知情绪、与愤怒相处、放手、书写感情；
- 动机（引导或促进目标达到的情感倾向）：记录和正念聆听价值观；
- 共情（对他人感受、需求和关注点的觉察）和慈悲（对他人痛苦的觉察，并希望减轻其痛苦）：自他交换（给予和接受的练习）、就像我一样、慈心禅；
- 社交技巧（善于引导他人做出理想的反应）：正念倾听、用心讲话、正念发邮件。

随着时间的推移，我们对课程进行了改进和扩展。斯坦福大学的神经科学研究员 Philippe Goldin 加入了我们，介绍了有关冥想效果的相关研究，其中包括威斯康星大学 Richard Davidson 的研究、哈佛大学 Sara Lazar 的研究，以及他自己关于社交焦虑的研究。这对谷歌人来说很重要，因为他们中的大多数是工程师和科学家，他们为自己的工作是数据驱动的、以科学为基础而感到自豪。

Meng 在接受沃顿商学院采访时是这么介绍该课程的（Knowledge@wharton 2012）：

根据SIY的框架,提高情商包括三个步骤。第一步是训练注意力,让你在需要时保持冷静和清晰。在任何时候,无论你身上发生了任何事情——无论你是处于压力之下,还是被责骂,抑或是其他任何事情,你都有能力把大脑调整到平静而清晰的状态。这一点为接下来的提高情商奠定了基础。第二步是进行自我控制。一旦你的头脑冷静而清晰,你就能创造出一种可以随着时间而改善的自我认知或自我意识,这会逐渐演变成自我控制。当对自己有了足够的了解,就能掌控自己的情绪。第三步是培养良好的心理习惯。例如善意的心理习惯就是看着你遇到的每一个人,对自己说"我希望这个人快乐"。一旦这成为一种习惯,无需再刻意思考,自然而然就会这么做,随后因为人们想和你交往,喜欢你,所以你工作生活中的一切都会发生改变,它作用于潜意识层面。这些就是我们想在SIY课程中培养的技能。

每次SIY课程结束后,参与者会填写一份自我评价报告,来进行综合的定性和定量评估:从1～5分(从"不同意"到"非常同意")回答"我会向其他人推荐这个课程"以及"我能够把学到的内容应用到工作中"。平均得分从未低于4分,到2012年达到了4.9分。这正是谷歌员工所需要的!

虽然偶尔也会有一些评论说"老师们经常会混淆相关关系与因果关系,这一点让我很不安",当然随后会对评论进行谨慎地分析,但是大多数反馈都非常积极:

我之前在考虑辞职,不想做这些工作,但我现在发现自己真的很享受这份工作。

我的沟通技巧有了大幅改善。我发现自己能更快地做出更好的决策,并且可以更久地坚持执行这些决策。

工作中我变得更加专注,能更专心地听别人的讲话,感觉更加轻松,我还发现自己可以停止那些以前分散我注意力的循环性和强迫性的思维模式。总的来说,生活真的有了变化。

我改变了在压力下处理事情的方法,我能在回答之前停下来思考(而不是立刻反应)。我对别人的需求也更敏感。

我还没见过老师们在水上行走,也许他们只在高级课程班上教这些?;-)

我们从一开始就讨论过还可以用其他方法来衡量 SIY 的结果：生理测量、基于计算机程序的注意力测试以及功能磁共振成像研究。虽然迄今为止，还没有人做过这方面的研究，但将来这一定会是一个很有前途的领域。

在谷歌位于山景城、旧金山、纽约、伦敦、苏黎世、北京和其他城市的办事处，已经有超过 1 000 名员工完成了 SIY 课程。Meng 决定随后开放 SIY 课程，让所有公司都可以接触到 SIY 课程的原则和组成部分。为此，他撰写了畅销全球的《硅谷最受欢迎的情商课》[Search Inside Yourself：The Unexpected Path to Achieving Success，Happiness（and World Peace）.Tan，2012]。

进一步的研究和反思

研究的必要性

目前还需要更多的研究来说明正念在职场上的价值，回应佛学界人士的批评以及其他人对于职场中正念可能弊大于利的担忧。当然，这并不容易。孟山都公司的高管们当年不断要求采取措施来改善结果，但在 1997 年，我很难做出令人满意的改进。因为我没有接受过定量或定性研究的培训，更不用说神经科学了，而且我知道有太多的因素都会影响个体应对变化和觉醒的准备，这几乎是不可能完成的任务。此外，在内观禅修学会的一次慈心禅练习中，我记得通过冥想来培养的仁爱之心、怜悯之情、沉着淡定和悦人之乐，都被称为不可思议的东西。

但我们现在处在一个新的时代。有数以百计的、严谨的或者需要谨慎解释的有关正念的研究。对于大多想要为员工提供正念规划的企业管理者来说，现有的研究结果已经足够令人信服。但是我想看到更多更深入的定性研究及更多的长时程研究来说明，这些练习如何随着时间改变人们的内心，以及人们的内在变化是如何影响他们在工作中和生活中的表现。并且还需要深入探究正念对领导力和社区发展等复杂行为的影响。

多年来，我一直与费兹学会合作，研究正念和其他沉思性活动是如何帮助该组织在内部建立了社区意识，他们如何帮助员工识别共同的价值观并理解学会的共同愿景，包括场地管理员到主席在内的所有员工，总共 65 人，会在每周的星期三上午汇聚一堂练习正念，并学习正念倾听、促进、沟通、会议过程，以及其他有助于组织培养更高正念觉知方法。虽然我们没有进行书面记录，但我们体验到一种强烈的共同目标，我们的工作热情高涨，精力非常充沛，出现了很多幽默和欢乐的时光。

把正念看作一件工具所引发的后果

在组织和企业中,有些批评人士不赞成使用正念来减压或者提高情商,最常见的原因有:不愿把正念简化为一种提高生产率的工具或者技术,因为这些产品也许一开始就不该存在;怀疑正念教学无法探究公司的道德,更像是对雇员的催眠,从而让他们可以更轻松、更盲目地接受不公正的工作条件;或者虽然毋庸置疑可以改善注意力,但变成了一种只为提高效率的注意力改善技术。这些批评人士认为,将正念教学视为达成目标的手段与其本质是背道而驰的。他们害怕正念会被当作商品出售;担心正念会被贬低为一个活动,从而忽视了其潜力。在佛教中正念是被视为一种具有变革性力量的方法,可以引发彻底的觉醒。佛陀在《念处经》(*Satipaṭṭhāna Sutta*)这本讲述正念的伟大经文中就说:"这是唯一的道路,可以使众生清净,克服愁悲,灭除苦忧,获得真理,体证涅槃"(Goldstein 2013,p.425)。

我发现,组织中的决策者通常会把正念项目引入职场,因为他们希望正念可以缓解压力,提高生产力,降低缺勤率,提高创造性。毫无疑问,谷歌和其他科技公司中,就有这样的决策者,将正念视为又一个保持领先的实用性工具。通常情况下,引入正念确实能够获得这些好处。但也会出现其他的情况,特别是当一位经验丰富的导师根据正念原理来带领活动的时候。一旦某个人被赋予探索内心世界的方法,外界根本无法预测这个人会发现什么。在谷歌的一次课程结束之后,一位年轻的工程师说:"酷,我刚整理了我的硬盘!"但另一个人说:"我看到所有的生命都是相互联系的,不仅是通过互联网,还通过了一些更神秘的东西。"

当询问 Thich Nhat Hanh(一行禅师)如何看待商界领袖练习正念时,禅师表示,只要他们练习的是"真正的"正念,"无论其初衷是想要提高工作效率还是获取更大的利润,这些都没有关系……因为禅修将在根本上改变他们对生命的看法,禅修会自然而然地让人敞开心扉,变得更慈悲,并且更愿意帮助他人消除痛苦"。(Confino,2014)。

作为一种非宗教性活动的正念

在职场中带领正念练习时,我们是否应该忽略其"灵性因素"?我想说,如果"灵性"意味着精神世界的一些内容——人们生活的价值和意义,意味着与所有生命的互相联结,那就不要忽视它。我最早从事这项工作的时候,只是鼓励人们体验练习的基本好处。但即使是在那样微不足道的指导下,我也经常发现人们会感到平静、清晰和稳定,这些会进一步增强洞察力、善意以及对他人的同情心。此外,我确实认为在一位优秀导师的指导下进行持续练习很有可能引发更深层次的觉醒。

但这是一道门——一个经验丰富的导师给出简单的指示，来改变我们对工作的看法，改变我们在组织中互动的方式。这些都是深受正念影响的机构，以及那些努力走在时代前沿的机构，我们与他们的关系以及他们互相之间的关系通常是与生俱来的，属于潜意识的内容。通过这些练习，我们就能看透自身的自动化行为，并自问，如何使我们的工作与自我最深层的价值观保持一致。

对生活中最本质问题的回答决定了某个人参与活动的动机，因此那些可以把关注点从世俗问题转向生活中最本质问题的因素，都可以被编入活动的介绍语。我们可以通过一个简单的沉思，通过感恩我们今天可以一起做这个练习，来讨论人类的存在是多么的幸运。对无常和业力的教学会自然地出现在讨论想法的升起和消失时，出现在沉思性活动所提供的观察因果关系的机会之中。为了能准时来参加这个课程我错过了早餐，所以现在我饿了。讨论中也会提到物质世界的局限性。例如，许多我教过的人开始质疑，为什么他们努力工作从而赚钱买各种产品和服务，但这些东西却很少能满足他们对整体性的深层次渴望。

优秀导师的重要性

迄今为止，还没有足够的研究来说明职场中的正念究竟是如何改变了员工。而我的经验是，当带领导师能够欣赏正念潜能，而且具有丰富的经验时，学员们就会对正念变革性的力量敞开心扉。正如 Joseph Goldstein 在他那本非常出色的新书《正念：觉醒指南》（*Mindfulness：A Practical Guide to Awakening*，2013，p. xv）中所说的："我们打开的任何一扇法门，都会通向其余的法门。"但我个人的经验毕竟是有限的，是间接性的，我们尚不清楚在商业背景下如何培养一个经验丰富的导师，不了解培训应该做到那种程度、无法确定培训的性质，不过，在灵石冥想中心（Spirit Rock Meditation Center）、马萨诸塞州大学的正念中心（Center for Mindfulness at the University of Massachusetts）、加州大学洛杉矶分校的正念研究中心（UCLA's Mindful Awareness Research Center），以及寻找内心的自己领导力研究院（Search Inside Yourself Leadership Institute）这些机构已经开始着手研究这个问题。

道德伦理的作用

在宗教背景下，正念练习之前要持戒或者进行佛教的道德和伦理训练。僧侣们通过学习正念来培养专注力之前，必须探究非伤害的实际意义，因为专注力即可用于健康的目标，也可能置于非健康的目的之上。但是在世俗环境中，我们如何在不改变信仰的情况下引入道德和伦理原则呢？在孟山都公司，我们商议将"无害"

作为在静修期间的行为指南。在谷歌，我们可以更自由地讨论善良、同情，甚至讨论爱。虽然普世宗教都提倡宽仁之道，但在商业领域中，它仍然是一个微妙但重要的话题，也是不断被研究的课题之一。

有人问我，当共事人的价值观与沉思性价值观格格不入时，是否需要对沉思性价值观有更多的信心。但我发现很神奇的一点是，这些静修和项目的参与者会突然出现一种"啊哈！"的体验，而这种体验会改变他们工作方式和生活方式。我真的相信呈现佛法和展现真相的过程，我认为我们的工作就是创造一个环境，在这个环境中，更容易发生这种体验。如果全球社会正在朝着这个方向转变，我们就需要灵性、真理、创造力和洞察力的支持。我认为这是促成变革的唯一可行方法。

组织变革

另一个成熟的研究课题是：更加正念的员工是否会改变公司的基本性质或它在世界上的运行方式。就像我的朋友兼同事，塞瓦基金会（Seva Foundation）的联合创始人 Wavy Gravy 在某个清晨照镜子时的自言自语："这一切都是由人完成的。"也就是说，虽然公司是一种以为投资者赚取回报为基础的法律结构，而且在我们建立新的经济体系之前，公司基本性质不太可能会出现改变，但是做决策、创造产品、决定利润率的都是人。也正如孟山都的一位科学家曾经对我说的那样，是人们在决定究竟是"创造消灭生命还是支持生命的产品"。所以如果替代经济系统能够实现全人类的公平，保持地球的可持续发展，那些曾经就职于公司并对公司这种组织形式不满的人，可能就会成为这个系统开发者。

结论

我们无法一劳永逸地一次性让所有员工都顿悟。但是当越来越多开明的员工通过正念和慈悲练习来践行正确的生活原则时，他们就可能会以如下一些非常重要的方式改变公司：

- 见证公司的运营和公司所生产的产品或信息；
- 践行符合其个人价值观的行为准则；
- 认识到企业并不是一个孤立的实体，而是与其他所有的生命有某种联系，其行为会影响到其他生命；
- 鼓励慷慨；
- 使用正确的语言——真实的、有用的、及时的、友善的；
- 仔细聆听公司内外其他人的意见；

- 容忍模棱两可、不知道和悖论；
- 鼓励对那些依靠公司以及为公司工作的员工负责——公平的薪资、医疗保健、产假/陪产假等；
- 表现出谦逊；
- 富有同情心和爱心；
- 创造支持生命体的产品。

（本章译者：潘康，刘瑶）

References

Confino, J. (2014). Thich Nhat Hanh: is mindfulness being corrupted by business and finance? *The Guardian*, March 28. Retrieved from www.theguardian.com/sustainablebusiness/thich-nhat-hanh-mindfulness-google-tech.

Duerr, M. (2004). A powerful silence: the role of meditation and other contemplative practices in American life and work. Retrieved from www.contemplativemind.org/admin/wp-content/uploads/2012/09/APS.pdf.

Duerr, M. (2011). *Assessing the state of contemplative practices in the U.S.* Kalamazoo, MI: Fetzer Institute. Retrieved from www.contemplative-mind.org/admin/wp-content/uploads/ContemplationNation-2-Duerr.pdf.

Goldstein, J. (2013). *Mindfulness: a practical guide to awakening*. Boulder, CO: Sounds True.

Goleman, Daniel. (1998). *Working with emotional intelligence*. New York: Bantam Books.

Hochman, D. (2013). Mindfulness at every turn. *The New York Times*, November 3. ST2. Print.

Knowledge@Wharton (2012). Google's Chade Meng Tan wants you to search inside yourself for inner (and world) peace. April 25. Retrieved from http://knowledge.wharton.upenn.edu/article/googles-chade-meng-tan-wants-you-to-search-inside-yourself-for-inner-and-world-peace/.

Pew Research Religion and Public Life Project (2007). *U.S. religious landscape survey, summary of key findings*. Retrieved from http://religions.pewforum.org/reports#.

Tan, C.-M. (2012). *Search inside yourself: the unexpected path to achieving success, happiness (and world peace)*. New York: HarperOne.

15 管理者的自我管理：正念和管理的内部工作[①]

Jeremy Hunter

> 冥想与一个人的行为有什么关系呢？简单地说，一个人如果对自我、自由、正直与爱的能力没有深刻的理解，就不可能对他人有所帮助；因为他只会将自己的偏执、侵略性、以自我为中心的野心，对结局和手段的妄想、教条和偏见传染给别人。在现代社会中，最悲剧的一件事就是人们因为自己的浮士德式的误解而滥用权力。我们今天拥有的权力比以往任何时候都多，然而，我们对意义和爱的真义的理解，却比以往任何时候都少。
>
> Thomas Merton

> 我只有三个敌人。我最喜欢的敌人，就是最容易被我影响的大英帝国；我的第二个敌人，印度人民，要难对付得多；但我最强大的对手是 Mohandas K. Gandhi，我似乎影响不了他。
>
> Mahatma Gandhi

引言

当代的管理教育在很大程度上忽视了创建一个如会计和财务分析一样系统化的自我管理教育体系。学员们只能自己摸索如何巧妙地处理和转化内在的情感驱动、身体感觉、思想和信仰的内在力量以产生有效的结果。所付出的代价就是，领导者要承担巨大责任，且只能靠一点点工具来管理他们面临的不可避免的压力。这可能导致分散的、没有重点的努力，与个人已有价值观念不符的破坏性行为，或

[①] 感谢 Kirk Warren Brown，Christopher Lyddy 和 Ken McLeod 对本章改进做出的无私贡献。这章来自一本即将出版的书。我也要感谢 Jochen Reb 无尽的耐心编辑，同时感谢我的妻子 Tomo Ogino，在我撰写本章时，独自度过了很多的周末。

无法适应不断变化着的环境的惯性思维模式(Hunter and Chaskalson,2013)。正如领导者需要工具来管理外部工作环境一样,他们也需要工具来管理内在环境。效率始于内在。

该观点基于管理哲学家 Peter Drucker 的观点:"只有先管理好自己,才能管理他人"(Drucker and Wartzman,2010)。这项工作针对某种特定的人。它所强调的是那些在赚钱谋生之余还希望通过自己的工作做一些积极贡献的管理者。在我任教的德鲁克学校,这就是所谓的"把事做好,更要做好事"。这一概念不仅说明了将事情做好的重要性,更重要的是通过积极的行动践行强烈的个人责任感。然而,这些管理者却常感觉力不从心,压力、紧张和分心充斥着他们的生活,他们在寻求解决这些只能感受却无法言说的痛苦的方法。他们清楚个人生活和工作之间界限的不稳定性,明白任何一方的糟糕情况会蔓延到另一方。他们尝试让工作与生活两不耽误,且想要在两者间寻求平衡,但不知道如何才能实现。

本章的目标是分享我在管理学院课程中关于正念及相关练习的经验,这些经验是从教师这一身份出发所获得的,而不是作为研究人员或临床医师。本章介绍了 21 世纪初我在彼得·F.特鲁克管理学院开发的自我管理执行思维/实践课程的起源和教学方法,探讨了创建此课程的动机以及尚未产生一种系统的自我管理方法的原因。与一个世纪前相比,现在有哪些因素发生了变化,促使它发展的原因是什么?大部分内容讨论了对管理人员而言,有哪些适宜的教学和学习方法;此外,还会从工作实例以及我个人在教学过程中的一些经验来举例说明这些方法是如何被运用的;最后,简要探讨正念和管理的未来发展状况。

为什么管理者应当管理好自己?

纵观现代历史,管理教育大都侧重于系统的外部培训:会计、财务、战略、营销以及管理组织所需的其他重要元素。此外,在美国,对管理者的教育主要集中在所谓的"硬技能",即理性分析、抽象符号系统的操纵和一些特定能力的培养,却忽视了其他因素。

等式的另一端是被忽视的"软实力":管理者的感性、情感和身体感知能力的系统发展。这些能力被认为是管理者理所当然具备的,而且无关紧要。因为占统治性的管理方法都假设人类是有意识和理性的,他们低估或忽视了这样一个现实,即绝大多数人的行为是无意识、自发产生的(Wilson,2002)。这就造成了人性黑暗面的脆弱性。

忽视这些无意识的行为,只强调外部而不积极培养内在,将必然付出代价。最极端的例子就是在不称职管理者的领导下，领导者的负面性格将给他们的追随者和组织带来严重和持久的伤害（Lipman-Blumen，2005，p.18）。美国陆军曾这样描述过："以自我为中心的态度、动机和行为相结合，将对下属、组织和任务的完成产生不利影响。这种领导者缺乏对他人及组织整体氛围的关注，将导致短期或长期的负面影响"（Wilson，2014）。经常可以看到有些拥有巨大权力和责任的领导者，却不知道以自我为中心的偏见和预测会扭曲他们的看法，或卑劣的生存反应会扭曲他们与世界的关系，甚至对愤怒或恐惧等反应性情绪会扭曲他们的行为都视而不见。

为什么内在的培养很重要？看看当今世界的状况——生态、金融和技术的互联显而易见，也越来越复杂和脆弱。一个举动的影响可以很快地波及很远的地方。一个没有道德的交易员可能会影响整个市场的运转；加利福尼亚长期的干旱影响了国家的粮食供应；核事故改变了整个地区的自然环境、政治状况和经济活力。在事先没有学会如何处理自己固有的但不恰当的生存反射、认知偏见或情绪反应，领导者能否仅凭技巧和智慧行事？在机构和社区受到经济、生态和社会的破坏和不良影响时，他们能否承担起自我管理不善的责任？

决策者如何动用智慧、独创性和洞察力做出有效决策并采取有效行动？当然，有天赋的人能够应付自如。然而，领导者如能够系统地学习如何管理自己的负面能量，并培养其对个人与团队都有益的创造性素质，将会取得更好的效果。事实上，研究已经表明，领导者的正念能力会影响员工的体验和绩效。Reb 和他的同事们（2014）发现，领导者的正念水平与员工工作满意度、工作绩效、组织公民行为和幸福感有正向关联。在拥有正念能力的管理者领导下的员工很少感到精疲力尽，能更好地平衡工作与生活。正念训练为有能力的领导者指明了一条发展之路。

为什么系统的自我管理方法至今才出现？

虽然正念和冥想与亚洲密切相关，但提高注意力以实现有效的自我管理并非亚洲独有的理念。除了 Drucker 之外，这个想法在西方思想中多次出现。Adam Smith 早在 1759 年就主张培养一位公正的观察者，他可以作为评估和指导人们道德行为的见证人［Smith（1759），1976］。一个世纪之后，William James 断言了有条理性的知觉、自我掌控和提高注意力的基本需求这三者之间的关系：

> 能够将游离不定的注意力一次又一地拉回来，这是一个人的辨别力、性格和意志的根基。如果一个人没有这种能力，那么他就不是自己的主人。而能够提高这种能力的教育将是最出类拔萃的教育（James，1890）。

遗憾的是，他并没有实现这种理想的实用方法。从某种意义上说，西方在这一点上可以说是"雷声大雨点小"。多年以后，James 在听了佛教老师 Anagarika Dharmapala 的哈佛讲座后，站起来宣布，"这是未来 25 年里每个人都将学习的心理学"（Fields，1981，p.135）。不幸的是，尽管 20 世纪西方心理学创造了认知和情感发展模型（Piaget，1926）、语言发展模型（Vygotsky，1962）、自我认同的发展模型（Erikson，1950）和道德发展模型（Gilligan，1982；Kohlberg，Levine and Hewer，1983；Piaget，1932），却从未产生过注意力发展的模型。花了近一个世纪的时间，James 的愿景才成为现实。

经过过去 40 年的努力，通过实证研究，人们逐渐为证明冥想练习所具有的变革性力量奠定了基础。许多个人和机构都为这一努力做出了贡献。心灵与生命研究所于 2003 年在麻省理工学院举办了第一次公共研讨会。这一事件发生在西方顶级科学家与藏传佛教的专业冥想者之间进行对话的多年之后。在"洞察心灵"这一主题下，这一事件被认为是将科学的可敬性带入对内在转变的研究的分水岭时刻。马萨诸塞州大学的 Jon Kabat-Zinn 创建了正念减压疗法（MBSR），这是第一个在世俗化背景下提供的系统性正念工具，并且遵循严格的研究协议（Kabat-Zinn，1990）。研究发现，正念减压疗法（MBSR）改变了大脑活动和结构，增强了情绪调控、记忆力和观点采择（Davidson et al.，2003；Hölzel et al.，2011）。另外一些研究发现，正念增强了认知功能，包括集中性注意力、工作记忆和持续性的广泛注意力（Chiesa and Serretti，2010）。正念与更多的幸福感、自我觉察、自我管理意识以及更少的消极情绪有联系（Brown and Ryan，2003）。关于正念的许多其他影响的讨论，请参阅本书的其他章节或 Brown, Creswell 和 Ryan（2015）的《正念手册：理论、研究和实践》(Handbook of Mindfulness: Theory, Research and Practice)。

管理学院中的正念

如果说在管理教育中正念和冥想练习并不是必需品，那我们何以解释它们与管理的相关性呢？这些听起来玄乎的东西与严肃的管理学有什么关系？为什么管理者们要投入精力去学习一些神秘的，更像是个修行者而不是管理者该做的事？如何使用日常语言来讨论内在管理相关的正念实践，以免引起争议？我们需要的是一种修辞策略，能够说服头脑精明而坚定的金融家或工程师等将这些练习视为常识性必需品。我发现这些问题的答案来自方方面面，它们共同凝聚成一幅清晰的画面。

在 20 世纪 90 年代末和 21 世纪初，正念、冥想以及两者相结合的练习并不像现在属于大众文化的范畴。科学仍在不断地孕育新的东西。在很大程度上，正念和诸如此类的东西在大众的想象中与香气缭绕中的神秘塔罗牌和水晶疗法纠缠在一起。这些练习与有效管理之间的必然的联系并不明确。

然而，不同行业的先驱们，如医学界的 Jon Kabat-Zinn（1990），曾撰文分析工作场所中正念的 Ronald Epstein（1999）、法学界的 Len Riskin（2002），甚至带领芝加哥公牛队以及洛杉矶湖人队夺冠的职业篮球教练 Phil Jackson（Lazenby，2001）等人，都为我们提供了有力的案例，说明管理者能够从正念中受益。他们清楚地展示了注意力和个人能力之间的关系。那些"在当下""有意识"的人们能够更有效地发挥个人能力，与此同时还能获得更好的个人体验。

另一个强有力的证据来源于我参与过的一个项目，它探索了冥想练习与"好工作"之间的关系（Gardner，Csikszentmihalyi, and Damon，2002）。这项研究包括一系列对成功的专业人士的详细访谈，他们也是长期的正念练习者。参与者来自各行各业，有医务工作者、科学家、记者、电影制片人和财富 500 强企业的高级管理人员等（Hunter and McCormick，2008）。从这些对话中，我们可以窥见正念练习是如何深刻影响个人与工作之间的关系。

一些参与者曾放弃了由外在因素驱动、无法自我满足的事业，而转向更符合自己内心需求的事情。一位建筑师放弃了光彩夺目的国际化事业，而选择了另一种更人性化、更让人沉下心的工作方式。其他人则讲述了这些正念练习是如何使他们脱离以自我为中心的冷酷无情的生活，并被引导走上慈悲的道路。许多人还谈到了正念练习如何帮他们在种种复杂和矛盾重重的情况下应对自如。毫无疑问，他们都提供了具体的例子。即使在传统的企业背景下，也能够以大局的服务意识出发，摆脱狭隘自私的生活方式。他们还描述了如何更有效地生活，更好地处理冲突，巧妙地管理糟糕的情绪，并做出更明智、更健康的决定。"富有成效"不仅意味着"完成任务"，更是在富有内在意义、个人责任和社会责任感的观念指引下，做正确的事情。

这项研究告诉我，正念是如何为练习者们创造更多选择的。正念也帮助我创造了选择。在之前近十年的时间里，我一直饱受一种慢性、退化性的，据说无法治愈的自身免疫疾病的折磨，我依靠冥想和正念来处理糟糕的情绪、集中精力，或者更坦白地说，帮助我一天天地撑下去。它给我提供了工具来承担起我自己的痛苦。我没有将我的痛苦投射到世间无辜的其他人身上，也没有刻意压抑自己，正念让我有能力排解愤怒、恐惧和焦虑等负面情绪。这样，我便可以做出更好的选择，并采取更明智的行动，以更积极的方式生活。

我在芝加哥大学的研究生导师 Mihaly Csikszentmihalyi，他的研究也为我提供了更多的支持。他在一本关于人类发展的著作（Csikzentmihalyi and Csikzentmihalyi，

1992；Csikszentmihalyi，1993）中强调，能够更好地控制自己的注意力和管理自己有限的精力的人，才能更好地控制自己的未来。毕竟，我们的生活就是我们最关注的那些东西。如果不能够有意识地控制自己的注意力，人们很容易脆弱地屈服于某些生理的或文化因素的诱惑，即使他们自身原本不需要或不感兴趣。从Mihaly Csikszentmihalyi的观点来看，有意识地控制注意力是美好生活的基础——它创造了我们能够选择的更多"选项"。对我而言，正念是离合器，可以把我们从习惯模式转换到清醒的选择模式。

最后的启示来自Peter Drucker的著作。他批评道，目前的教育太过于重视分析了，他认为在一个动态的环境中，发展知觉也是至关重要的。在一个由知识定义的世界中，能够感知不可见的意义对于适应这个不断变化的世界也是至关重要的（Drucker，1989）。此外，他强调了"训练有素的知觉和有迹可循的情绪"的必要性，它能够促进人们更加成熟地发展，更好地在世界中生存（Drucker，1992，p.319）。正念训练知觉来创造更多的、在意识主导下看不见摸不着的意义结构，而这些意义结构正是人们行动的动机来源，这是一个不可思议的并行不悖的过程。

如前所述，综合其他行业人士的正念实践经验、研究参与者的亲身体验、我个人曾感受到的疾病与正念之间的关系、我的导师Mihaly Csikszentmihalyi关注的注意力集中程度与生活质量之间的联系以及Peter Drucker提出的训练知觉与情感的重要性等等，都展示了正念能够发挥作用，这是令人信服的。正念不是佛教徒和修道者的专属，它与我们每个人息息相关。正念能够为自我管理创造基础。"管理自我"的能力也许将成为一门新的人文学科，成为每个真正受过教育的人所必备的一项技能。

开发执行思维课程：原则和实践

本节介绍如何在保守的管理环境中实施正念课程。执行思维课程的核心策略是在不引发免疫反应的情况下，将正念练习融入管理环境。由于管理者的需求与医疗患者及灵修者们的需求不同（至少在表面上如此），因此管理中正念的构建必须加以改变以适应这种情况。将正念引入管理时，需要特别考虑相关性和恰当性。其中包括行为和结果导向、熟悉的语言，以及工具和框架的实用价值。

减压只是起点，而不是正念工作的目标。课程的重点不是减轻压力，而是创造能够促进更高效行动的内在条件。当然，头脑中压力小一些，更冷静一点，这些自然是非常重要的，因为有益身体健康。然而，该课程旨在帮助参与者培养自己和他们所管理的人及生活在一起的人做出更明智、更有效和更富有同情心的选择的能力。提高他们的选择能力，让他们看到自己的大脑是如何对局面做出反应的。当

学员观察到这种通常被隐藏起来的反应时，它就有了改变的机会，一个人对他们意识内容的正确观察为结果的转变提供了可能。佛教徒可能会说这个课程改变了一个人的业力——人们行为的起源，将他们的果报向积极的方向转变。后面的部分将讨论学员用来实现这个目标的框架。

自然语言，而非灵修术语。语言是创建尝试这些正念实践的意愿的关键因素。对于长于理性分析的管理者来说，让他们潜入知觉和情感的世界是一件巨大而令人恐惧的事。理性主义者也可能对这项工作表示怀疑，这无可厚非。使用那些陌生或者让人心悸的字眼，会吓退许多练习者。为了让课程尽可能地让大众接受，我选择不使用梵语、巴利语术语或任何其他"精神术语"。与现代的工作环境不相称、与现有宗教或精神信仰相抗衡的词汇或短语也不使用。根据具体情况，我甚至避开了"正念"这个词，而使用"提高注意力和意识"。即使正念教学已发展了十年，在一些情况下仍然可以看到"正念"被当作新时代时髦的废话（一个最好的例子是 Luke Johnson 在《金融时报》上的文章《对冥想这一时尚的隐忍》）。我们的目的不是要推销正念的意识形态，而是创造一种能让人们能感受到自己有意识地活在当下的状态。

顺便说一下，我发现我的大多数有宗教信仰的学员们在他们的信仰和提高注意力及意识之间找到了互补的关系。他们一致反映：这些工具有助于他们更好地践行他们的信仰，因此他们常常成为这些课程最热心的拥护者。本章后面将继续探讨如何使用语言的其他例子。

作为分析单位的"当下时刻"。每个学科都需要一个分析单位——它看待世界的透镜。正念提供了一种有力的观察世界的方式——"当下时刻"这一分析单位。这是非常独特的，因为通常关于"管理自己"的典型分析都集中在个人的层面上，强调个人特质、品质或习惯，比如，Rajiv 的优缺点是什么或 Sally 的迈尔斯-布里格斯（Myers-Briggs）类型是什么（译者注：美国的凯恩琳·布里格斯和她的女儿伊莎贝尔·布里格斯·迈尔斯研制了迈尔斯-布里格斯类型指标，MBTI。这个指标以瑞士心理学家荣格划分的 8 种类型为基础，加以扩展，形成四个维度，即外倾、感觉、思维、判断。四个维度如同四把标尺，每个人的性格都会落在标尺的某个点上，这个点靠近那个端点，就意味着个体就有哪方面的偏好。如在第一维度上，个体的性格靠近外倾这一端，而且越接近端点，这方面的偏好越强。）然而，通过关注"当下时刻"，正念可以带我们提前去观察那些影响人们行为产生的无形因素。

"当下时刻"是人们体验世界的刻度。它引导人们关注此时此刻正在发生着的事情，打开一个通常看不见的但并不陌生的窗口。一些新元素成为注意力的焦点。正如电影是由光与声音、图像与动作组合而成的，我们的生活体验也是由身体感觉、情感、叙述与图像组合而成（McLeod，2001）。

人们的体验中最具体的元素就是身体感觉。人们感受到压力和紧张等情绪，身处温暖或寒冷的地方，身体内部的移动或对空间的感受都可以被具体感知和记录下来。有人可能会感受到下巴的张力、腹部的开放感、胸腔的微妙振动或许多其他可能的身体感觉。第二种体验就是情感。快乐、恐惧、激动、满足、可疑、好奇、快乐、愤怒、烦躁、享受等只是一些潜在的情绪，这些往往与特定的身体感觉交织在一起。第三类体验包含内在的描绘与图像。这些是人们头脑中的故事和图象，构成了对种种体验的评判，这些评判可以是思想、判断、假设、期望、解释、对当下正在发生的事情的先入为主的概念等。自我管理能够让人们意识这些思维波动，并了解它们在当下是如何影响个人的行为的。

"当下时刻"也是组织生活的一个看不见的、不可测的但又可以感知的层面。正如电视屏幕由数千像素组成，组织生活也由一系列瞬间事件组成。会议中，一个经理时不时地想翻翻自己的手机，并反射性地偷看了一眼，这种一时的分心被同事解读为对会议缺乏兴趣；一句不经意的评论被合作者误以为是怠慢，然后从团队中撤出重要资源；一位经理眼看着一个项目踌躇不前，感到一阵惊慌失措的压力，蹙着眉头，情绪突然爆发，吓到那些给他报告坏消息的员工。这些瞬间的行为波及工作中同事们的交流互动、投入度和工作效率。正念可以揭示这些时刻，提高对以前这些看不见的"暗涌"的认识。正如显微镜的发明开启了一个以前看不见的现实世界，正念可以帮助我们以新的方式看待我们自己和我们的行为。

关注个人直接体验的过程和内容。组织中正念课程的实施会冒着将它变成一个集体治疗课的风险。在一个被同事和潜在职场竞争者包围的专业环境中，这似乎不太合适。因此，课程结构的设计要让参与者关注他们最直接的个人体验的内部发生过程，讨论他们的头脑在某情况下是如何工作的，而非在较大的叙事环境中将焦点集中在所发生的事情上进行讨论。例如，Fred 在一次会议中很不耐烦并且大发雷霆，但他是这样表达的："我听到一位同事说了一些被我的大脑认定是负面的东西，我注意到我的脑海里有件事可以证明他所说的没什么用，我为此感到担忧。这让我想起了过去的一段经历，也是正在讨论类似的事情，而结果很糟糕，因此，一个点在我的头脑中被引爆了，在我意识到之前，我已经朝我的同事大喊了出来。"我们确切地知道 Fred 脑子里发生了什么，但被讨论人员的身份、他们的个人经历以及会议内容都在我们讨论的框架之外。关注个人体验的产生过程，使人们依然能够保留隐私和自由决定权。这样的框架也能够让 Fred 为他的自我管理负责，而不是将责任推给别人，陷入关于他人的叙述，等等。

强调采取有效行动。管理执行者的要务就是管理和做决定，因此，对他们而言,采取行动很重要,而不是在冥想中与混乱的世界脱节。在轻松而避世的环境中的冥想对于领导者来讲意义不大,尤其是当职场中那些隐喻的子弹飞来飞去时,管理者们应当主动拥抱这个混乱的世界,将它视为练习的舞台。

该课程面向学员的实际生活,通过实战练习,类似军事演习中的"真枪实弹",而不是用假的橡胶子弹。这种方式让学员们在更苛刻和激烈的方式下进行练习,解决了冥想练习者常见的一个问题:"冥想之后的困境"——冥想练习中的取得的平和与冷静未必能转化为生活中平和冷静的行为。

第一人称案例研究。不采用第三人的案例研究。通过让他们研究自己的生活,学员们在每周调查反馈中会涌现很多有意思的个人洞见。让学员们自己来观察和研究他们的个人体验,才能更直接地形成他们自己的见解,而不是在课堂上简单直接地告诉他们什么是正确答案。

来看看一家大型航空公司经理 Fatima 的案例。与她直接相关的一份报告需要她提出一些如何与比较难缠的客户打交道的建议。为了寻求解决办法,Fatima 迅速给这位年轻的员工列出了一份需要做的事情清单,但她发现该员工很不情愿,她第一反应是认为该员工忘恩负义且浪费她的时间。然而,她又退后一步想了想,考虑自己的行为。她意识到或许她当时说话的声音很大且语气严厉,她的"乐于助人"反倒更像是责骂和挑刺。于是她回过头来给那位员工道了歉,并询问了更多关于那些难缠客户的事情,然后一起讨论各种可能的有效应对办法,他们之间的交流变得乐观积极,最后该员工心情愉悦地拿到了应对措施清单。对于 Fatima 来说,这场交流是一种启示,她最初的行为违背了她帮助别人的意图,她开始意识到这种行为模式对她生活的影响了。"难怪我的孩子们认为我总是凶巴巴的!"她开始耐心地探索一条不同于之前的道路。

让我们转向更实际和个人化的方向。以下部分将讨论如何练习正念,其中包括案例研究,还有一些练习问题。这些练习问题是在将正念融入"当下时刻"的方法。

虽然课程包括定期的冥想练习,但其独特之处在于其系统的行动方式。我使用的主要工具是一张思维地图,它是执行思维训练课程的支柱。这幅地图描述了 Ken McLeod 所描绘的思维反应过程,他以对现代西藏传统教义的解释而闻名(McLeod, 2001)。我与 McLeod 和我的同事 Scott Scherer(Hunter and Scherer, 2009)合作开发了"思维反应管理图"(见图 15.1)或"当下时刻图",来帮助学员了解他们大脑中的瞬间和过去那些自动的反应模式究竟是怎么回事,以及这些反应对他们行为的影响。该图提供了改写大脑反应与行为之间的关系的工具(Csikszentmihalyi and Csikszentmihalyi, 2006, p.9)。

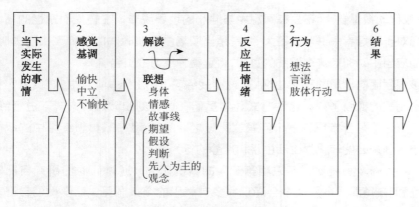

图 15.1 思维反应管理图
资料来源：McLeod（2001）

一位医药从业者承认，起初，这个练习过程让他感到害怕，因为他已经习惯了一个有具体衡量标准和流程的世界。然而，当他开始使用这个思维地图时，他发现了思维反应过程的运行逻辑。一旦他明白这个地图上有清晰的反应图，他在使用过程中就放松了很多。他的"灵光乍现时刻"出现了，他注意到自己为什么在工作场合更能控制住脾气，但在家里却不那么容易控制自己的脾气。在工作场合，人们对他人的宽容度要小一些，而在家中，他预期到妻子会理解和原谅他。通过思维地图认识了自己在这两种情况下不同的期望值，让他更加喜欢这个工具了。

该思维地图的一个优点是：比一般的正念治疗文献中常见的"当下时刻，非评判的觉察"更宽容，提供了更广阔的关于正念的认识空间，它将认知、评判维度、记忆力和身体感觉都囊括其中（见 Dreyfus，2013），因而使得正念实践者更熟悉他们的思想是如何运作的。

该思维地图强调了正念的核心本质，即思维中出现了某种目标对象，但自己却能保持独立而不被卷入其中（McLeod，2001）。在脑海中保持一个特定目标，把它保留在工作记忆中却不陷入其中，这意义重大，让人们能够更清楚地观察和感知。清晰的知觉可以让参与者更深入地了解心智的运作，认识思维反应过程的微妙之处，并洞察这些过程发生的原因及可能造成的结果。上述关于那个高管在家中和在工作场合发脾气的不同期待值的例子就说明了这一点。相反，一个缺乏正念的人，很可能会被短视和习惯性的表象带偏，进而导致不良结果。随着不断地练习，人们开始了解到导致某些事情发生的原因及其对未来的影响。

该思维地图从感觉基调开始，比如，一封新电子邮件，一张赤字严重的资产负债表，上司在一次重要会议时叹了一口气。感觉基调之后，人们会体验到三种不同的内在感觉：愉快、中立或不愉快——"我喜欢它"，"我不喜欢它"或"我没有强烈的感觉"。

愉快的感觉通常会产生积极的和有吸引力的解读，并希望多来一些——"谁可以抵制薯片的诱惑呢？"不愉快的感觉会引发回避或厌恶的阐释，如果邮件来自一个难缠的同事，那会令人厌烦。这些阐释会引发对过去经历的联想，同时出现相应的身体和情绪反应，也会引发对包含着评价、期待和假设的叙述故事的联想。

记忆跳到了你上次跟这位难缠的同事打交道的情形，你感到很害怕，胃部有沉重感，你不自觉地想到："他这次又想干什么！"，这会导致一种情绪反应和挫败感，接而促使你做出"删除邮件"的动作。六周后，这位同事跑来问你为什么没有回复他找你女儿求购饼干的那封邮件，你却尴尬地不知道该说些什么。

应对反应性情绪。让我们继续沿着地图前行，开始应对反应性情绪，这非常有用，因为反应性情绪，包括愤怒、恐惧或厌恶，往往是人们在早期练习阶段能理解的最明显的情绪。随着一个人的注意力提高，还会逐渐注意到一些更微妙的情绪。

因为这些反应性情绪常常令人不快且有时很戏剧化，所以往往是人们在思维地图中能够意识到的第一个因素。反应性情绪导致的反应往往非常强烈，会削弱人们在正念指导下做出明智选择的能力。学会暂停并拉大反应性情绪和行为之间的距离，能够帮助人们做出更明智的选择。

Tracy是一家大医院的高级行政人员。她得知医院的一名护士在某次随机药物测试中结果呈阳性，她立刻感受到身体里的能量激增。她脑袋一沉，应该赶紧打电话吗？还是应该等等了解得更清楚了再说？"我还有什么选择？最合适的做法是什么？我感觉到非常矛盾。"

她脑海里的一个声音告诉她，应该立马发出警报，告知几十家相关的机构真实情况。但是，这样的话，这位护士就得接受公开调查，医院可能也会面临诉讼。另一个声音说，在采取行动之前最好了解清楚整个情况。

她深吸一口气，数到十。情绪波峰渐渐平复下去。脑海里面出现了一小片平静的空间。她问自己："究竟发生了什么？究竟什么是事实？我是否在没有得到更多信息的情况下就轻易得出了结论呢？作为领导，我应该对什么负责？"

她决定询问参与测试的十名监管人员，了解他们的测试结果，事实证明，是测试结果出错了。Tracy发现，花一点时间摆脱反应性情绪，可以让她的行为更加冷静和克制：

"我就像一个空中交通管制员一样，这确实很有趣。我让自己摆脱了冲突造成的压力,从而变得完全公正客观。这使我能够冷静地收集事实,评估损失,想出更有针对性的处理方式,而不是受一时情绪的支使匆忙得出结论。冷静做事的方式的确非常奏效。我的方法是以解决问题为导向的,我做出了深思熟虑的选择,取得了双赢的结果。"

练习问题:虽然我感受到了某种情绪,但这并不意味着我必须得做出某些行动。那我能做些什么来拉大情绪和行动之间的距离呢?

从对过去经验的阐释和联想着手。阐释是我们为了解情况而形成的解读。人们常依靠过去的经验和对其的联想来理解事物,这是一种心理速记(Bargh and Chartrand, 1999)。联想之所以发生,是因为类似的情况在以前就发生过,而这些过去的经历会被恰当或不恰当地导入到当前情况(Ekman, 2003)。

当一个人不根据现实情况而根据过去的经验行事时,可能会因经验和情况的不匹配而遇到麻烦。电话铃响了,来电显示呼叫者是你最难缠的客户,你的胃就开始不舒服,硬着头皮接了电话,做好"战斗准备",但实际上并没有发生什么糟糕的事;而如果你拿起电话时就因为自己预设的"战斗"而语气简短、愠怒,反而可能真的会实现自己的"预想"。

这种联想可能会因为过分关注某个方面而排除一个人、一件事、一个问题的其他方面。例如,基于正念的抑郁症认知疗法的创始人注意到,抑郁症患者会习惯性地出现强调情境消极面这一偏见(Segal, Williams and Teasdale, 2001)。偏见产生的图景是不完整的,从而导致我们做出不恰当的行为,最终结果不遂人愿。

Sara 是一家大型娱乐公司的员工,该公司临时承包了一个项目。她的上司是一个令人生畏、要求严格的人。每当 Sara 跟上司在一起时,她都感到很紧张、压力很大,工作的时候有点儿束手束脚,亦步亦趋。

她注意到她的这些情绪源于自己头脑中的一些念头。她仔细观察了这些念头,并意识到她已经彻底地丑化了上司的形象,把她想象成一个无可救药的人。当下的环境中出现了过去的记忆,她预先判断目前的情况不会好到哪儿去,这就让 Sara 陷入紧张的情绪之中。而当这位上司走进 Sara 的办公室感受到这种紧张情绪时,上司也会感到很尴尬,因而她们之间的交流常常简短而冷淡。

Sara 意识到这些联想已经固化了她对上司的评判,使其在自己心中的形象无法翻身。她努力觉察并尝试抛弃她对上司的成见。她开始认真观察上司,就好像这是她们第一次见面一样,她发现上司也有她自己的焦虑和担忧。

她头脑中关于上司的叙述开始发生转变了。当她发现上司也会对她自己的工作不满意时，上司在 Sara 的眼里渐渐变得更加人性化。当她单纯地把上司视为同样的普通人时，Sara 的紧张情绪缓解了。经过数周的努力，上司注意到 Sara 见到她时不再那么拘束，越来越冷静，渐渐地也开始愿意向她敞开心扉，分享自己的担忧和恐惧。几个月之后，该上司要离职，Sara 惊讶地感叹道："她居然让我为她写一份转介。我们之间关系不再那么紧张了，真是太神奇了。"

*练习问题：*虽然我脑海里出现了这样的想法和念头，但并不意味着它就是真的。虽然我的身体做出了这样的反应，但并不意味着它就是合适的。我的判断一定是正确的吗？我的期待现实吗？他人能否理解我的期待呢？我秉持的假设是否毫无根据？我那些先入为主的观念是否阻碍了我对这种情况可能性的认识？

Phil 是一名高级策划师，他的工作要求他分析大量数据。在进行常规性的但很复杂的电子表格分析工作时，他放弃了以前的旧念头，想象这项任务对他而言是全新的。他很快发现了一个方法，可以将先前繁琐的流程省掉三步。"这个新流程效率更高，我现在是花更多时间分析数据，而不是建构数据。"

在一次会议中，Phil 需要就一项程序给年轻的同事进行指导，虽然 Phil 早已轻车熟路，但对这位同事而言则是陌生的。Phil 决定走出他的"已知世界"，想象这种情况对他来说是新的，尝试绕过已有的念头、记忆和急躁情绪："因为我的同事之前没有处理过这种情况，这让我能够从她的角度出发取得新的发现。我切实感觉到这样做对她的两个好处：首先，使她更容易了解这个流程，而我的谦逊也会让她感到安心；其次，我们能够一直参与整个过程。在没有进行正念练习前，遇到这种情况，我只会直接告诉她这个问题的答案，而不是像现在这样告诉她我的思维过程，这让她既涨了知识，又增强了自信。"

通过这种将自己的经验有效地传递给年轻员工的过程，他能够更巧妙地帮助她学习和培养技能，并信任她的能力。在此过程中，他让同事变成了一个积极的学习者而不是被动的接受者。

*练习问题：*当我第一次遇到某种情况或者说遇到某个人的时候怎么办？他人的感受是怎样的？

处理好感觉基调。让我们回到思维地图的开头，该思维地图从感觉基调开始，它是人们遇到事情时本能的内在感觉，可分为喜欢、中立或不喜欢。感觉基调是点燃思维反应过程火焰的火花。令人愉快的感觉基调产生趋近行为，而不愉快的感觉基调导致厌恶反应。有一个很好的机会可以观察到这种区别,即观察一个人在邮件收件箱里看到新邮件发件人名字时的反应。

  Miguel 是一家大型材料公司西海岸分部的物流供应链经理。他发现当 Eddie Lopez 这个名字出现在他的收件箱时,他会有很强烈的厌恶感。Eddie 给 Miguel 发邮件询问一条产品线的事情,而 Miguel 是这方面的专家。关于给 Eddie 回复电子邮件,接下来是 Miguel 和我的谈话内容:

  Miguel:"一看到他的名字,我的胃就开始打结了!"

  我:"为什么呢?"

  Miguel:"他太烦人了!他是我们的销售员之一,他有需要的时候总是死缠烂打地找我们。昨天他一直缠着我们给他提供信息,但我们给了他之后他又说不需要了。我们已经受够了他这样耍我们。"

  我:"听起来他让你很沮丧啊!"

  Miguel:"是的……我们真的受不了他了。"

  我:"那除了你前面说的一听到他的名字胃就开始打结,你还有什么身体感觉呢?"

  Miguel:"我感觉心跳加速,内心有个部分很急躁,想让他滚蛋。"

  我:"你能坐在这里,感受一下那种急躁的感觉吗?"

  他闭上了眼睛,将注意力集中在自己的身体感觉上。感受了很久之后,他做了一个深呼吸,睁开了眼睛。

  Miguel:"我感觉好多了。"

  我:"我想跟你讨论下 Eddie……他还那么可恶吗?"

  Miguel 想了一会儿。

  Miguel:"不是,其实没那么讨厌,就是有点匡执罢了"

  我:"说说他的情况吧,他结婚了吗?有没有家庭?"

  Miguel:"嗯,结了。我记得他妻子正怀孕呢。"

  我:"所以你如何评价他的这种死缠烂打呢?他为什么非要得到那些信息不可?"

  Miguel:"嗯……我明白他是想拿下新的大客户……但是问题在于,Eddie 在东海岸公司,他应该跟那边的人对接,而不是找我们!"

  我:"啊。因为他应该去找别人,所以,他来找你就好像是在打扰你。但这听起来好像暴露出了一个管理问题。为什么东海岸团队没有给他提供支持呢?你知道吗?"

Miguel:"是啊,就是很烦人。我不知道那边的团队为什么不帮他,只知道他总来找我们。总要给他解决问题,我已经受够了。"

我:"所以,我们退一步想想。我们都同意Eddie并不是真正的坏人。他已经结婚并有一个孩子即将出生,他正在努力拿下一个新客户,但没有从应该帮助他的人那里得到他需要的支持,所以他找你来帮助他。"

Miguel突然沉默了,低头看着他的腿。过了好一会儿,他深深地呼了一口气,半晌,他小声说道:"哎,是我的问题。我只想到如果他来找我,我就得做很多事情,导致我俩关系很紧张。而事实上,我应该帮帮他,而不是评判他。我不知道他身边发生的事情,可能我是他能找到的唯一一个能帮助他的人。我想现在就给他打个电话,了解一下事情的进展情况。"

谈话伊始,Miguel的注意力被他自己的反应性情绪和他脑海中关于他的同事Eddie的评判性念头所劫持,导致他自己沮丧不安。一旦他将注意力转移到了他正在经历的事情上,从负面的感情基调着眼,沮丧反应就会逐渐消退。他的头脑清醒了,就可以试着将注意力转移到Eddie的角度去思考问题。

通过推翻自己对Eddie的预先假设,他看到了更大的局面,看到了Eddie的世界。Miguel注意到,他担心被Eddie的需求所左右,影响了他对Eddie的行为的理解。突然之间,Miguel的意识转变为对一个紧张的准父亲的同情,这个人需要拿下新的大客户以取得成功。他不再沮丧,或者是批判Eddie的行为,而变得富有同情心,渴望帮助他。

对于Miguel来说,对自己的反应模式的分析成为了他管理生涯的一个转折点。随着时间的推移,他开始注意到更多的这样的时刻:一项任务出现了,带来不愉快的情绪基调并引发厌恶反应。如同科学家采集的数据一样,他发现这些"时刻"不断呈现出相似的模式。他注意到他的思想是如何任性反抗,削弱了他作为经理的效率和责任感,并给他的团队形成一种不良的管理基调。

他开始将这些新任务视为他职业发展的机会。他不再抵触它们,而是开始主动迎接,甚至积极考虑如何帮助公司扩大业务。他发现临近一家公司需要他们的一种核心产品,便邀请对方的经理吃午饭,最后为Miguel争取到了一个新订单。

还有其他利用感受基调的方式。在这种情况下,正念是一个暂停的过程。例如,当出现厌恶感时,应该努力的方向是把这种不喜欢的念头抛到一边,去观察发生了什么。电话再次响起,你看到它是来自一个难缠但又很重要的客户打来的,出现了一种根本不想接电话的感觉,注意到这一点后,让这种想要回避的感觉停留在那里,不用去尝试摆脱它,深呼吸一下再接电话。

练习问题：虽然它是一种不愉快的感觉，但并不意味着我必须要摆脱它。虽然它是一种不愉快的感觉，但并不意味着它一定是负面的（想想看牙医的感觉，虽然令人不快，但结果却是拥有更健康的牙齿）。

处理愉快的感觉基调更具挑战性，因为它让人感觉良好。人们更难摆脱或察觉这种情绪，因为我们认为理所当然就应该是这样的。Lisa 喜欢冒险，她的工作让她有机会去很多地方。当她有机会去一个新的地方时，会产生一种愉悦感和兴奋感。她被一种新奇体验的可能性所吸引，但没有想到这也意味着她又要接受新的任务了。然而，她的行程表已经安排地满满当当了，无论新的旅程多有趣，她的身体已经厌倦了旅行的辛苦和劳累。她重新检查了她的行程表，一种深深的焦虑感袭上心头。

练习问题：虽然某种情绪令人愉快，但并不意味着我必须要抓住它，也并不意味着它就是积极的（想想吃一大包薯片所带来的愉悦感，但结果却是体重又增加了）。

我希望到现在，思维地图的工作原理已经足够清晰了。练习让我们能够看到思维地图上出现的这些东西，了解它们与我们的个人体验是如何相对应的。练习者会开始思索：我的目标是什么？我应该把我的能量放到哪里？我从我的选择中看到了什么？我究竟在做什么？会有怎样的结果？结果是有利的还是不好的？我能忍受吗？我们可以用下面的模型来描述正念所揭示的内容：

意向→注意力→觉察→选择→行动→结果

意向创造了影响我们从经验中寻求信息和选择的条件，决定了我们的注意力（我们有限的精神能量来源）的位置。注意力通过叙述、身体和情绪的反应对经验进行解读，将信息反馈给意识。这些反应会影响大脑做出的选择、潜在行为的排列顺序及相应的结果。

随着时间的推移，练习者将看到推动他们行动的内在原因。顺着时间的推移观察每一个时刻，将会清晰地感知思维、感觉和行动的运作模式。练习者将找到他们问题的根源，注意到潜在经验由哪些因素组成，并且小心地尝试解决这些问题。之前那些不可控或让人毫无希望的局面被打开了。他们可以通过一个新的镜头看待生活，发现一些之前未能意识到的新的选择。他们跟自己保持距离。玩世不恭让位于新的可能性。当然生活中依然会有挫折、沮丧、好的愿景未能如愿以偿的情况，但他们比之前更愿意付出努力。

经验教训和教学的实用建议

在十几年帮助管理者提高正念能力的过程中，学到的一些经验教训：

1. 以关于期望的对话来开始每一个学期/每一次预约会面。 授课不能采用传统的"广播模式",导师一言堂,学员们只是被动地坐在下面听。要创造一种社区学习模式,这种有活力的模式必须刻意去引导。我发现将第一学期的部分时间用于讨论学员对课程、老师和同伴的期望,将有效地为未来的学习建立积极的框架。我们只是分享经验,而不是提供建议;对话的时候保证隐私,互不干扰;在课堂上不使用电子设备。我告诉他们我对他们的期望,希望他们认真学习,按时上交练习资料;他们期望我能带他们冲向更具挑战性的领域,支持他们。对于为整个学期创建一种社区型学习模式来说,这项关于期望的对话是必不可少的。我还会开展一次中期跟进,询问课程是否达到了他们的期望以及有哪些需要改进的地方。

2. 最有价值的不是老师讲的东西,而是学员的切身经历和体会。 在我的教学生涯中,我早期就一直有这样一个信念:学员自身的经历比我在课堂上讲的东西更有价值。如果一堂课有 2 小时 50 分钟,我会尽量将我要讲的东西控制在 1 小时之内。学员们也很重视课堂上的冥想练习、正念练习,尤其是彼此间的谈话和交流。相互学习经验能够给彼此提供慰藉,让他们知道很多人都面临着同样的问题,自己并不是一个奇葩。一堂典型的 2 小时 50 分钟的课程可以分解如下:

15 分钟:冥想练习

5 分钟:分组讨论刚刚的练习体验

10 分钟:与同伴讨论本周的实战练习收获

60 分钟:收集和讨论学员们(或案例中)的观点和遇到的挑战

10 分钟:休息

25 分钟:本周学习主题的讲座,包括一些科学发现或对正念原则的探讨,并让学员消化和吸收

25 分钟:课堂活动,将抽象的东西具体化

10 分钟:讨论活动的结果

10 分钟:检查,整理完毕,为下周课程做好准备

课程的主体不是老师一直讲,而重在学员对该周学习要点的各种体验

3. 以冥想着手,将课程融入日常生活。 将正念和正念冥想等同起来,就会导致实践与生活的脱节。如前所述,一个冷静和平和的冥想者走在街上时并不一定是平静祥和的。将正念带入日常生活才是思维地图的目标所在。

它创建了一个观察行动时思维活动变化的框架,是各种正念练习的基础。第一周的时候,练习者可能有机会观察到工作和生活中那些喜欢和不喜欢的感情基调是如何出现的。下一周可能会用来检验过去的念头或思维模式对自身行为的影响。学员可以练习放松或不执拗于自己的观点,看看他们的行为和结果将如何变

化。同时，正式的冥想练习可以增强注意力和其稳定性，从而使练习者更有效地运用这些技巧。正式冥想练习和生活实践中的冥想结合起来，学员将获得全身心的正念锻炼。

4. **美学体验对于将正念运用到行动中很有用**。每学期我都会在洛杉矶艺术博物馆（the Los Angeles County Museum of Art）举行一次研讨会。博物馆藏品提供了许多利用艺术来搭建正念练习的舞台的机会。例如，Richard Serra 那个房间大小的扭曲的钢铁艺术雕塑品[1]，就是一种练习正念的极好工具。它奇形怪状的波动起伏引发了人们的各种反应，帮助正念练习者观察生理反应是如何塑造他们的个人体验的。因为该雕塑脱离了人们的日常生活经验，所以它提供了一个"空白区"来让人们观察思维的变化。

5. **正念指导者自己必须有强大的正念习惯**。我的正念练习质量和我的教学质量有直接的关系。我专注于当下的能力、共情能力和对经验的接受和解读，将直接转化为课堂效果，这是学员们能够切身感觉得到的。我也会给他们分享我在正念实践中遇到的挑战和困难，让他们明白我也会经历他们正在经历的挣扎。支持是必不可少的。我每天都会冥想，并且每年至少会进行一次长期的静修。我也有几位经验丰富的老师，可以向他们请教。

6. **对正念指导者而言，课堂是一次很好的正念练习机会**。学员和教师之间的关系必须保持在一个不评判的状态。面对学员正在经历的挣扎时，老师不是去"修复"它或者用"答案"进行衡量。应该允许学员面对他们自己的生活，给予无条件的支持，让他们知道你站在他们这一边。我会提问题引导他们思考，但不告诉他们该做什么。

7. **预测，检查并准备好为那些内心隐藏着尚未解决的人生创伤的学员提供帮助**。我发现那些内心隐藏着尚未解决的创伤的学员在练习冥想时会有不好的体验。而往往正是这样的学员会尝试通过冥想课程来更好地管理自己。在课程开始之前，我会要求学员回答一些问题：他们是谁？他们的工作是什么？他们的目标和兴趣是什么？他们是否有过心理创伤？我提醒他们，这门课程对他们来说可能会很有挑战性，让他们有困难就向我汇报。我也会告知他们我可能会建议他们寻求更专业的帮助。我还接受了身体体验方面的培训，这是一种基于身体的心理创伤疗法，以防学员陷入创伤诱发的过激状态。我还与一些创伤治疗师保持联系，必要时建议学员联系他们进行更深入的治疗，好在绝大多数情况下学员们愿意积极寻求治疗。[2]

---

[1] http://collections.lacma.org/node/214935
[2] 见 www.traumahealing.com/somatic-experiencing/practioner-directory.html。

结论

我认为,随着正念实践者的成熟,组织中的正念会围绕三个不同的主题发展。第一个主题就是正念最直接最明显的应用,将正念作为职场减压剂。关于这个主题已有了多年的研究,大多数寻求正念和类似方法的人很可能就是为了这个目的,因为他们需要工具来解决工作中的烦恼。

第二个主题,正念可以提高工作能力和效率,也是第一阶段的衍生结果。人们在正念练习过程中,会发现正念除了能够减压之外,还有其他功效。在分散的多任务环境中,正念为更好地管理注意力提供了工具。巧妙地处理反应性情绪能够改善人际关系的质量,帮助他们发现更多的可能性。人与人之间的对话不再那么咄咄逼人、针锋相对,而是变得更积极和具有支持性。人们的工作氛围更和谐,也可以更好地完成工作。

第三个主题,正念作为改变和过度的工具异军突起,丰富的实践成果就是最好的证明。从根本上讲,正念转变了人与"改变"之间的关系。它促使人们放弃已经失效的选择并产生更多有效的选择。我最近的课程就是使用正念帮助管理人员进行思维转换。为什么这个很重要呢?许多高管学员来上课时,正在面临企业合并、失业或退休等各种形式的压力。他们通常缺乏自我内部管理的工具来应对这些外部变化。正念能够帮助他们悼念这些逝去的东西,可能是一份工作、一个角色或者一个企业。它帮助他们前进,探索新的可能性,摆脱旧的信仰、身份和假设,腾出空间来创造新的东西。

当我写这篇文章时,我已经注意到了许多潜在的令人不安的迹象。这些危机也启示我们,正念将在组织生活中发挥作用。2014 年 1 月 18 日,《经济学人》(The Economist)杂志刊登了一篇封面故事,是关于高级人工智能对白领可能产生的影响。像医生、律师和会计师这样的专业工作者以前一直不受技术变革的影响,但越来越复杂的技术正在使这些工作也面临一定的影响。能够自动化的工作以后都有可能被自动化。这篇文章援引牛津的一项研究,该研究发现,未来 20 年中,现如今 47% 的工作都有可能受到自动化的影响。

与此同时,那些不会被机器替代的人会从事与人类特有功能相关的工作,如创意、创造和创新,管理复杂的人际交流,及宏观地掌握大型模式规律(Brynjolfsson and McAfee, 2013)。在这方面,正念将发挥宝贵的作用,因为它正好能够提高这些能力,并且无法被计算机算法所替代。

在这种新兴的充满变化的环境中,正念能够使人们更平静更专注于当下,更有效地处理自己的反应性情绪以做出更明智的决定,还有什么比这样的技能更重要呢？正念能否帮助人们积极地面对普遍的社会动荡和痛苦？也许正念可以给人们提供工具来更积极地面对和适应变革的痛苦？在这个知识迅速更迭换代的时代,正念和自我管理能力将成为面向未来的必要技能和基础。

(本章译者：汪田,潘康)

References

Bargh, J. A. and Chartrand, T. L. (1999). The unbearable automaticity of being. *American Psychologist*, 54, 462–79.

Brown, K. W., Creswell, D., and Ryan, R. M. (2015). *The handbook of mindfulness: theory, research and practice*. New York: Guilford Press.

Brown, K. W. and Ryan, R. M. (2003). The benefits of being present: mindfulness and its role in psychological well-being. *Journal of Personality and Social Psychology*, 84, 822–48.

Brynjolfsson, E. and McAfee, A. (2013). *The second machine age: work, progress, and prosperity in a time of brilliant technologies*. New York: W. W. Norton and Co.

Chiesa, A. and Serretti, A. (2010). A systematic review of neurobiological and clinical features of mindfulness meditations. *Psychological Medicine*, 40, 1239–52.

Coming to an office near you. (2014). *The Economist*. January 18. Retrieved from www.economist.com/news/leaders/21594298-effect-todays-technology-tomorrows-jobs-will-be-immenseand-no-country-ready.

Csikszentmihalyi, M. (1993). *The evolving self: a psychology for the third millennium*. New York: Harper.

Csikszentmihalyi, M. and Csikszentmihalyi, I. (1992). *Optimal experience: psychological studies of flow in consciousness*. New York: Cambridge University Press.

Csikszentmihalyi, M. and Csikszentmihalyi, I. (2006). *A life worth living: contributions to positive psychology*. New York: Oxford University Press.

Davidson, R. J., Kabat-Zinn, J., Schumacher, J., Rosenkrantz, M., Muller, D., Santorelli, S. F., ... Sheridan, F. S. (2003). Alterations in brain and immune function produced by mindfulness meditation. *Psychosomatic Medicine*, 65, 564–70.

Dreyfus, G. (2013). Is mindfulness present-centered and non-judgmental? A discussion of the cognitive dimensions of mindfulness. In J. M. Williams and J. Kabat-Zinn (eds.), *Mindfulness: diverse perspectives on its meaning, origins and applications*. New York: Routledge.

Drucker, P. F. (1989). *The new realities*. Oxford: Butterworth-Heinemann.

(1992).*The age of discontinuity: guidelines to our changing society.* New Brunswick, NJ: Transaction.

Drucker, P. F. and Wartzman, R. (2010). *The Drucker lectures: essential lessons on management, society and economy.* New York: McGraw-Hill.

Ekman, P. (2003). *Emotions revealed: recognizing faces and feelings to improve communication and emotional life.* New York: Henry Holt.

Epstein, R. (1999). Mindful practice.*Journal of the American Medical Association*, 282(9), 833-9.

Erikson, E. (1950).*Childhood and society.* New York: W. W. Norton and Co.

Fields, R. (1981).*How swans came to the lake: a narrative history of Buddhism in America.* Boston, MA: Shambhala Press.

Gardner, H.,Csikszentmihalyi, M.,and Damon, W. (2002) *Good work: when excellence and ethics meet.* New York: Basic Books.

Gilligan, C. (1982).*In a different voice.* Cambridge, MA: Harvard University Press.

Holzel, B. K., Carmody, J., Vangel, M., Congleton, C., Yerramsetti, S. M., Gard, T., and Lazar, S. W. (2011). Mindfulness practice leads to increases in regional brain gray matter density. *Psychiatry Research: Neuroimaging*, 191, 36-42.

Hunter, J. and Chaskalson, M. (2013). Making the mindful leader: cultivating skills for facing adaptive challenges. In S. Leonard, R. Lewis, A. Freeman, and J. Passmore (eds.), *The Wiley-Blackwell Handbook of the Psychology of Leadership, Change & OD.* Chichester: Wiley-Blackwell, pp. 195-220.

Hunter, J. and McCormick, D. W. (2008). Mindfulness in the workplace: an exploratory study. In S. E. Newell (Facilitator), *Weickian Ideas.* Symposium conducted at the annual meeting of the Academy of Management, Anaheim, CA.

Hunter, J. and Scherer, J. S. (2009). Knowledge-worker productivity and the practice of self-management. In C. Pearce, J. Maciariello, and H. Yamawaki (eds.), *The Drucker difference: what the world's greatest management thinker means to today's business leaders.* New York: McGraw-Hill Professional.

James, W. (1890).*The principles of psychology.* New York: Dover.

Johnson, L. (2014). Stoic response to the fad of meditation. *Financial Times*, 13 May. Retrieved from www.ft.com/intl/cms/s/0/2995d74e-d9cf-11e3-b3e3-00144feabdc0.html.

Kabat-Zinn, J. (1990).*Full catastrophe living: using the wisdom of your body and mind to face stress, pain and illness.* New York: Delta.

Kohlberg, L., Levine, C., and Hewer, A. (1983). *Moral stages: a current formulation and a response to critics.* Basel, NY: Karger.

Lazenby, R. (2001).*Mindgames: Phil Jackson's long strange journey.* New York: McGraw-

Hill.

Lipman-Blumen, J. (2005). *The allure of toxic leaders: why we follow destructive bosses and corrupt politicians—and how we can survive them*. New York: Oxford University Press.

McLeod, K. (2001). *Wake up to your life: discovering the Buddhist path of attention*. New York: HarperOne.

Piaget, J. (1926). *The language and thought of the child*. New York: Harcourt Brace.

Piaget, J. (1932). *The moral judgement of the child*. London: Routledge and Kegan Paul.

Reb, J., Narayanan, J., and Chaturvedi, S. (2014). Leading mindfully: two studies of the influence of supervisor trait mindfulness on employee well-being and performance. *Mindfulness*, 5(1), 36-45.

Riskin, L. (2002). The contemplative lawyer on the potential contributions of mindfulness meditation to Law students, lawyers, and their clients. *Harvard Negotiations Law Review*, 7, 1-66.

Segal, Z. V., Williams, J. M. G., and Teasdale, J. D. (2001). *Mindfulness-based cognitive therapy for depression: a new approach to preventing relapse*. New York: The Guilford Press.

Smith, A. ([1759]1976). *The theory of moral sentiments*. New York: Oxford University Press.

Vygotsky, L. (1962). *Thought and language*. Cambridge, MA: MIT Press.

Williams, J. M. and Kabat-Zinn, J. (2013). *Mindfulness: diverse perspectives on its meaning, origins and applications*. New York: Routledge.

Wilson, D. S. (2014). Toxic leaders and the social environments that breed them. *Forbes*. January 10. Retrieved from www.forbes.com/sites/darwinatwork/2014/01/10/toxic-leaders-and-the-social-environments-that-breed-them/.

Wilson, T. (2002). *Strangers to ourselves: discovering the adaptive unconscious*. Cambridge: Belknap Press.

16 正念教练技术

Liz Hall

引言

教练行业的盛行是一个全球现象。2009年,全球大约有43 000名商业教练(Bresser,2009),而在2006年,大约只有30 000名商业教练(国际教练基金会,International Coach Federation,2014)。教练技术基于广泛的理论框架(Passmore,2005),随着教练技术的日益成熟,教练形式也越来越多样。近年来,人们开始在教练技术中越来越多地使用正念技术。

在教练中使用正念技术的原因之一是正念在众多社会领域中的引入和改进,包括政治、教育、心理治疗和工作场所。英国政府国立健康与临床卓越研究所(The UK Government's National Institute for Health and Clinical Excellence)2009年推荐使用正念认知疗法(MBCT)治疗抑郁复发,这使得正念有了官方认证,也对基于正念的教练技术产生影响。

越来越多的研究强调,练习正念能够带来的一系列好处,人们的兴趣也自然而然地跟着上升。教练们的目的在于使客户的能力品质日臻完善并帮助他们充分发挥潜能,所以他们会对有助于实现这些目标的途径和技术产生兴趣。

与此同时,在这充满挑战和日益复杂的时代里,正念被视为治疗普遍存在的注意力分散的一剂良药(例如Cavanagh and Spence,2013)。持续上演的各种危机、普遍存在的缺乏道德的行为(Chartered Management Institute,2013)、较以往更高的压力水平(Chartered Institute of Personnel and Development,2013)及不理性的过度消费等都正威胁着我们的生存。一些人将正念视为一种可以提升可持续发展(例如Ericson,Kjønstad,and Barstad,2014;Sheth,Sethia,and Srinivas,2011),以及促进更多更普遍的道德行为的方法。

以往只有少数作者和研究者关注到正念与教练的关系(Cavanagh and Spence,2013;Collard and Walsh,2008;Passmore and Marianetti,2007;Silsbee,2010;Spence,Cavanagh,and Grant,2008)。不过,这种状况将有望

改变。与此同时,我们可以从现有的包括我自己研究在内的与员工培训有关研究中,以及其他领域的研究(包括心理健康领域)中推断出基于正念的教练技术。

本章分为两个部分:第一部分着眼于如何正念地教练,第二部分着眼于传授正念技术。第一部分提出了一个 FEEL 模型,包括四个基本的正念教练过程:聚焦(focusing),探索(exploring),拥抱(embracing),放下/进来(letting go/letting in)。这一部分将探讨正念教练与传统教练技术之间的共同基础及潜在差异;探讨正念练习对于教练内在和人际能力(包括同在、同理心和同情心)的作用。第二部分考察了教练在明确教授/指导正念方面的作用,强调了基于正念的教练技术在哪些领域更为有用。它特别关注如何提高客户的心理弹性与压力管理能力,以及他们行动和思考的道德性、责任感与可持续性——这些会在更大的系统内产生涟漪效应。

正念教练

FEEL 模型

基于研究(Hall,2013),我发现使用正念进行自我指导与明确或潜在地指导他人的 FEEL 模型。它包含正念的核心成分:对当下的注意,注意控制,好奇心/探寻,同情心(对自己和他人),不评判,接纳,放下。

不同于由 Whitmore(1992)推广的 GROW 模型(目标—现实—选择—意愿/总结,Goals-Reality-Options-Will/Wrap-up)那样,教练能够一步接一步地线性执行,或是在不同部分间来回流动的框架,抑或停驻在这个模型中的一到两个部分——比如花一整节的时间"探索"或者"放下"(见图 16.1)。教练可以使用 FEEL 模型调整或探索他们自己身上正在发生的事情,将这些分享给学员有时可能是有用的。

FEEL 代表以下四个必不可少的正念教练的过程:聚焦,探索,拥抱,放下/进来。

聚焦:这是一个关于设立目标和选择我们的聚焦对象的过程,就像我们选择用放大镜来看花一样。我们可能会选择聚焦于想法、感受、身体感觉或现实中的事物,就像我们通常在教练过程中所做的那样。向我们自己或受训对象发出邀请应是坚定而温和的,接着再发展到探索。

探索:仍然保持聚焦,现在我们来轻轻地探索一些正在升起和浮现的东西,有意识地带着同情(或对挣扎于自我怜悯的学员展现的友善)、好奇地、不加评判地、对各种可能性抱着开放的态度去探索。我们可能会将注意力停留在最初的话题或对象上或是同任何其他出现的东西工作。我们继续探索,不带解释和评判地探索。我们正在激活这个"通路系统",它将带来包括创造力在内的一系列好处

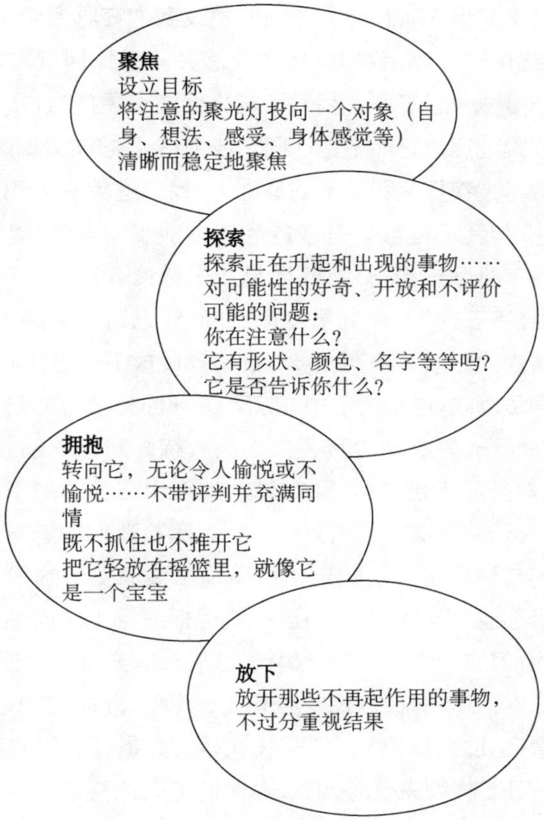

聚焦
设立目标
将注意的聚光灯投向一个对象（自身、想法、感受、身体感觉等）
清晰而稳定地聚焦

探索
探索正在升起和出现的事物……
对可能性的好奇、开放和不评价
可能的问题：
你在注意什么？
它有形状、颜色、名字等等吗？
它是否告诉你什么？

拥抱
转向它，无论令人愉悦或不愉悦……不带评判并充满同情
既不抓住也不推开它
把它轻放在摇篮里，就像它是一个宝宝

放下
放开那些不再起作用的事物，不过分重视结果

图 16.1　引入正念的流动模型

来源：Hall（2013）

（Friedman and Förster，2001）。

以下问题有助于我们带着好奇心、不评判地进行探索：

你注意到了哪些感受？

你在身体的哪里感受到了它？

它们是你所熟悉的感受，还是全新的呢？

它们有形状吗？

它们有颜色吗？

他们是否在告诉你什么？

还有什么其他的吗？

拥抱：在这里，我们依然保持专注和探索的感觉，但是转向这里所发生的一切——无论是令人愉悦还是令人厌恶的——不评判、同情和慈悲，既不抓去住它，也不去推开它。越南高僧 Thich Nhat Hanh 建议我们在脑海中想象轻抚婴儿的样子。例如,当愤怒出现的时候,我们就转向愤怒并轻轻地拥抱它,而不是评价和批判它。我们正在与接纳一起工作。我们可能会标注它是什么,从而创造一定距离,这样我们就可以温柔地拥抱它而不是认同它或创造无益的故事情节。

放下/进来:放下是在探索和拥抱的基础上,我们继续看到和接纳事物本身,而不是抓住或拒绝它,但我们能够以开放的心态去放下。当然,放下很难,甚至并不总是合适的。这并不是强迫自己放下,而是发出邀请,留意当下有什么,留意什么可以放下,什么已经不在,并给新的事物以空间,让它进入你的生活。当学员带着接纳去面对一些事物的时候,他们会发现,那些难以放下的已经烟消云散。

有的教练和学员反映,这个模型中"放下"这一部分很有力量,为学员带来了意义非凡的改变。然而,一些参加过我工作坊的教练却对这一部分犹豫不决。他们分享说,感觉鼓励学员放下是不合适的(其他教练也在工作坊中)。他们希望能够帮助学员转向积极行动、解决问题和实现目标。随着我们的进一步研究发现,正念教练并不妨碍我们与目标工作。如果顿悟出现在事情发生的早期阶段,围绕着教练中定义的一个目标或者问题,那么与这样的目标进行工作当然是合适的,此时放下也许是不合适的;但放下也可能先于确定识别行动,或可能出现在行动之后。

教练们报告说,可以以多种方式使用 FEEL 模型(Hall,2014)。它很适合探索困难的感受和事情,也适合探索和表征积极感受、力量、品质与肯定。一位教练分享了他如何使用 FEEL 模型来使"人们认为他们可以保持信心并拥抱自己的品质,探索那些限制自己的信念并放下它们,然后邀请学员带着可持续性的信念真实地存在于当下,培育这些信念,并从中汲取力量"(Hall,2014,p.207)。

前面呈现了一个关于正念教练是什么的模型,现在我们回过头来分析我的研究中练习正念与练习教练技术有何异同。这项研究(Hall,2013)包括大量文献综述、51 份结构化与半结构化访谈(访谈对象包括教练、教练心理学家、教练培训师、教练技术受训者、正念练习者/培训师、心理治疗师和神经科学家等),以及对 10 个国家的 156 名自愿参加的教练进行的网络调查。

正念和教练技术的异同

就如何正念教练而言,了解正念和教练技术的共同基础是有帮助的,例如它们的行为、信念、所期望的状态、能力和品质。练习正念和练习教练技术之间存在共同基础并不奇怪。可能,令人惊奇的是他们之间的相似程度。表 16.1 突出显示了一些他们之间的共同之处。

表 16.1　当正念遇见教练技术：部分共同基础与期望

信念		
人是"完整的"	人是充满资源的	我们是互相联结的（系统视角）
视角/状态		
初学者心态 观察者/目击者心态 元认知	自我实现 在在	注视与反映 好奇与询问
品质/能力		
同情心 同理心 不评判 信任（对自己、他人和更大的系统）	诚实 可靠 直觉	智慧 清晰和聚焦 共同创造

但在我看来，探索它们之间潜在的差异和相互对抗之处（见表 16.2）才是最富有成果的。这样的探索涉及生而为人的意义以及如何理解我们的世界，这是教练领域中非常重要的。我考察了心智模型（Mind Mode）、关系中抗争的姿态（Stance in Relationship to Striving）、对目标的态度、对改变的态度以及关系中依恋的姿态（Stance in Relation to Attachment）。这些紧张状态有时候会引起对正念的困惑和抵制，尤其是在商业环境中——这种环境格外强调完成任务并通过结果来证明投资的回报。

表 16.2　正念与"传统"教练技术潜在的不同之处

类别	正念	"传统"教练
时间的聚焦点	当下	未来定向
对互相联结的认识程度	同一感	聚焦于个人议程同时考虑系统
人数	独自（并不总是）	涉及两个或更多人（自我指导除外）
活动/心智模型	存在/无为	行动
抗争中的姿态	非抗争/放下	抗争
对目标的态度	非目标取向	目标取向
对改变的态度	接纳"它是什么"	试着改变"它是什么"
关系中附属的姿态	非附属	附属（比如目标）

心智模型：存在/无为与有为

"无为（Non-doing）与懒惰和消极无关。恰恰相反，在静止和活动中培养无为都需要极大的勇气和精力"(Kabat-Zinn，1994，p.44)。Kabat-Zinn 接着描述了无为是关于"让事情发生，允许他们以自己的方式展开"(p.45)。无论对于教练还是学员，放弃去"行动"的想法可能都会令人恐惧。这其中的原因包括：广为流传的出勤主义(Presenteeism)(Johns，2009)，对停止可能导致什么的恐惧，以及两极分化的思维。

人们往往通过一个人的贡献来估量他的价值，在工作中更是如此。在出勤主义广为流传的今天，贡献通常是由人们做了"多少"来衡量的。在寒冷的夜晚，一个学员工作结束后去找他的教练却没有穿外套。当教练问他会不会觉得冷的时候，他回答到，确实有些冷，但把外套挂在椅子的后背上会让人们觉得他仍然在办公室。

在某种程度上，许多害怕是源于人们认为如果他们停止"行动"他们将不再存在。行动是我们获得经验的方式(Langer，2005)。人们害怕当他们停下来时所发现的东西。保持忙碌是让我们远离自己的一种方式。除此之外，人们会因为对威胁的高度警觉而掉入陷阱。

与此同时，关于有为与无为、抗争与非抗争等二元思维会增加一些教练和学员对正念的抵触，包括在教练过程中纳入正念(Hall，2013；Malnick，2013)。但他们其实并不是只能二选一的。正念是一种存在的状态，一种注意状态和生动的觉察。从这种状态也可以跃动到另一种不同的方式，在这种方式里，我们可以适应性地做出反应。当我们练习正念冥想时，我们可以在有选择地觉察中休息，只是观察我们的垫子。我们可以选择什么都不做，也可以有意识地做出反应或采取行动，正如我们在行禅(Walking Meditation)中所做的那样。这一点很重要，特别在指导想要提升员工工作绩效的组织时。来自于学员们的数字调查显示，他们中的 42% 是为了提升个人/团队工作绩效而寻找教练的(国际教练联合会，2014)。

基于正念的教练技术并不提倡让学员在一段时间内停止所有的活动，而是倡导"正念地做"。正念能够通过很多方式改善生产力和绩效，包括增强情绪管理能力和改善认知功能(见本书第 2 章)。

向学员解释正念会如何改善他们的工作表现是非常有说服力的。但是，教练能提供给学员最好的礼物可能是在他们做得过多或消耗过多时举起一面镜子，将这些如实地反映给他们，并建议他们花些时间"只是待在那儿"，问问他们何时会觉得足够了。

树立个目标？

传统上，教练技术与目标设定和目标达成紧密相关，目标导向的 GROW 模型就是最广为使用的教练模型之一。然而 Clutterbuck、Megginson、David(2013)以及其他人认为,在我们复杂多变的世界中,具体、可测量、有时间限制而充满挑战的目标是不合适的,甚至是存在潜在危险的,非目标性教练技术也有一席之地。

有着接纳和不执迷于结果这一气质的正念非常适合非目标性辅导或"轻目标"教练技术。对出现的任何事情都保持开放而不执着于目标可以发现许多迄今为止被隐藏起来的宝藏,帮助学员与"不知道"在一起。这是在模糊世界中所需要的。这样的姿态对于领导者尤其重要,人们可能期望他们比大多数人更坚定,期望他们去领导,去知晓。为了保持一种无所不知的表象,他们会把自己和一大堆有趣的可能性隔绝开来。正如 Williams 和 Penman(2011,p.163)所指出的,"正念背景下的接纳不是被动地接受无法忍受的事情","正念也不是超然物外的"。

除了帮助学员接纳"是什么",基于正念的教练技术还帮助学员明确对他们来说,什么才是真正重要的,寻找与他们价值观相一致的东西(Cavanagh and Spence,2013;Hall,2013)其实才是更高层次的目标。正如 Grant 主张(p.64),自我和谐和与自我一致的目标更能够吸引学员,这意味着他们更有可能努力实现目标。所以从这个意义上讲,正念促进目标实现。它还帮助学员抵制会妨碍目标进展的诱惑(如 Spence,Cavanagh, and Grant,2008)。

正念似乎也会通过改善自我效能感来对目标导向的行为产生积极影响(如 Cavanagh and Spence,2013)。自我效能感越高的人,动机越强,努力越多,能实现更高的绩效和成就(Bandura and Locke,2003)。正念对自我调节的积极改善,可能也是其起效的关键因素。有效的自我调节对达成目标有积极影响(Carver and Scheier,1998),而正念能够帮助人们进行自我调节,这可能与注意控制和减少情绪反应都有关系(Cavanagh and Spence,2013)。

未来的研究应进一步探索正念和教练技术的异同。在实践中,教练们已经在使用 FEEL 模型与正念工作。下面,让我们更进一步地看看如何运用正念技术进行教练。

带着正念工作

表 16.3 列出了教练过程中一些可以运用正念的方式。包括提高情绪智力,保持与学员同在,更协调和充满共鸣地指导学员,增强对学员的同情心和同理心。我们考察了以下方面。

表 16.3 教练过程中使用正念的方法

1. 教练自己规律地(最好是每天)练习正念,获得一系列个人的好处;提升自我觉察、自我关照以及心理弹性、创造力和幸福感(这对于如何教练有积极影响)

(续表)

2. 教练运用正念技术准备课程,帮助他们更富有策略、创造力,从课程开始就能与学员同在
3. 教练在课程内使用正念技术,提升他们的直觉力,注意并管理自己的情绪,区分哪些是他们自己的问题,哪些是学员的问题
4. 教练运用正念技术进行课后反思,提升自己的能力,比如注意力、捕获信息的能力、闪动灵感的能力
5. 教练与有正念知识的教练督导师进行工作,以正念的方式增进支持
6. 教练使用正念知识如 FEEL 模型来在学员中培养正念
7. 教练明确地在辅导课程中与学员分享核心正念训练、分享正念练习或将其作为"家庭作业",帮助学员获得更多资源,处理特定的问题/目标

在关系当中

在众多因素中,教练如何"表现(Shows Up)"会影响其对学员的吸引力以及指导的有效性。教练与学员的关系是我们的行动产生影响力的唯一媒介(de Haan,2008)。练习正念发展了情绪智力的四大支柱:自我觉察、自我管理、人际感知和关系管理(例如 Boyatzis and McKee,2005)。对于教练和其他从事助人工作的人来说,人际关系都非常重要,所以正念为人们的实践打好基础是非常有意义的。

人们在寻找外部教练时,最高的评价是"有个人化学反应"(Ridler and Co,2011)当被要求详细说明的时候,"认真倾听"(97%)和"给人开放和真诚的感觉"(89%)(Ridler and Co,2011)是被提到最多的。一旦辅导开始,教练与学员之间关系的力量就成了决定辅导效果差别的最大因素(de Haan and Page,2013)。我们可以用"同在(presence)"一词来概括我们提及卓越教练时想要表达的一切。

同在

在教练和其他助人行业中,"同在"的重要性都得到了广泛的重视,包括国际教练联合会在内的专业教练机构也明确了这是教练的核心能力之一。该联合会将其定义为"能够充分觉知并用开放、灵活和自信的态度与学员建立自然的关系"(国际教练联合会,2014),而 Siegel(2010,p.13)写道:"与其他人同在需要开放地对待现实中出现的一切。一个教练越能与他人同在,就越能建立对学员的信任和信心;对他人越开放,就越能拓宽一切可能"(Siegel,2010,p.34),这反过来又让学员接触到更多的视角和选择。

尽管人们普遍强调同在的重要性,但教练领域中的文献却几乎没有提到如何发展这种能力。正念已经逐渐被认为是帮助人们达到同在状态的有效手段(例如

Hall，2013；Siegel，2010；Silsbee，2010)，它可以帮助教练(还有学员)监控和改写他们的内心世界(Siegel，2010)，提升情绪的自我觉察(Creswell et al.，2007)，提升自我管理和自我调节的能力(例如 Boyatzis and McKee，2005)。

大约65%的"正念教练技术调查"(Hall，2013)的受访者报告说，练习正念是让他们可以更多地与学员同在的原因。其他的原因还包括："更高的自我觉察"(73%)、"更多地活在当下"(74%)、管理/预防压力(67%)、聚焦(64%)、放松(63%)、"不再会轻易就被想法带走"(57%)、更强的心理弹性(53%)、反应管理(49%)，以及为教练课程做准备(47%)。

当我们独处的时候，我们当然可以与自己同在，但当我们讨论"教练"情境下的同在时，我们其实是在讨论带着调和和共鸣的同在。调和需要同在，但它是"一个集中注意力并清晰感知的过程……将同在带入社交情境中，对他人的内心状态进行人际调适"(Siegel，2010，p.35)。为了调和学员，教练也需要调适自己的内心。当我们对自己情绪和身体的状态有了清晰的觉察时，我们的大脑岛叶和前扣带回皮质就会活跃起来，就能更好地读懂他人(Singer et al.，2004)。除此之外，镜像神经元在我们在调和他人内部状态的时候，似乎会起到至关重要的作用(Iacoboni，2008)。

能够与学员产生共鸣是成功建立教练—学员关系的关键。正念和冥想训练与增加同理心有关，特别是对于自我哀伤程度较低及换位思考水平较高的人(例如 Atkins，2013)。Farb和他的同事们(2007)发现，经过仅仅8周的正念训练，参与者的同理心就会增加，岛叶激活水平也会提高——这是激发同理心的关键过程(Singer et al.，2004)。尽管如此，为了避免过度认同，正念会帮助教练保持情绪独立(例如，Passmore and Marianetti，2007)。正念还可以帮助管理心理分析过程，比如移情和反移情——这些是会威胁到教练—学员关系并影响辅导有效性的心理反应。有效地管理不利反应与心理治疗的结果呈正相关(Hayes，Gelso, and Hummel，2011)，从逻辑上说，辅导过程也是如此。Scheick(2011)的一项研究指出"自我觉察"是如何帮助护士长管理与护士关系中反移情的。自我评估的深度和准确性与当前的自我觉察水平成正比，这就需要我们内省，对自己情绪进行评估。

插曲："调音"的个人思考

一位学员分享他们最近在工作中遭遇的创伤。当他们描述自己的悲伤和恐惧时，我觉察到胃部在收紧，感到窒息，几乎无法说话。对这个人的怜悯之情涌上我的心头，我注意到了一种强烈的想要帮助他的渴望，这让我意识到我需要监控自己，因为这很容易阻碍学员找到自己内心的答案。我和我的学员分享了我的感受，包括深深的悲伤、喉咙发紧和无能感。我的学员非常看中这些分享，说他们确实也感到无力,这些创伤以某种方式让他们沉默了。

我们将"带着同情心和不评判的态度对待难以应对的感受"作为目标,使用FEEL模型,她可以平静地和感受待在一起,为它们命名,允许它们离开。她转向其他同样存在的感受,包括平静感和一切都会好起来的感觉,也允许自己感到悲伤和害怕。通过这次辅导,我认为,要让正念有效地提升怜悯他人的能力,最重要的是不让自己过度卷入到情绪中,因为这会阻碍辅导效果,就容易出现与学员一起陷入到他们的困境中的情况。我反思了保持平衡的重要性,它可以让我们保持最有策略的状态,从而观察和管理情绪,接纳出现的一切,而非被它们席卷。为了使我们自身这个有专业能力的"工具"得到最好的应用,我们需要自我管理和自我调节,而不是沉溺于情绪的海洋当中。

对于一个"正念的教练",好奇心、开放性和接纳共同汇聚成"爱的疗愈"(Siegel,2010,p.55),也可以将它看作是慈悲。我相信辅导中肯定有一片属于爱和怜悯的地方。在最后一节中,我们来探讨正念如何强化辅导过程,我检验了正念对同情心的培养以及强烈的同情心是如何提升辅导效果的。

同情心

在我所调查的十四名教练中的,除了一位选择了"不确定"之外,其他人均认为同情心是辅导的核心(Hall,2013)。我将同情心定义为:"同情他人,感受他人感受,深入地关心他人的幸福、欢乐与痛苦的动机,并采取相应行动……以及当我们内心这种动机被激发时所唤起的诚挚情感。"(Hall 2013,p.70)。

正念有助于培养同情心(例如 Atkins and Parker,2012)。培养心理专长来激活积极情绪,可以改变与同情有关回路的激活以及对情绪刺激做出反应的心理理论。

Boyatzis 研究了学员在"同情"和"批判"两种教练方式中的神经反应,他(2010)的研究显示,采用富有同情心的教练方式往往会有更好的辅导效果。富有同情心的教练风格是教练有意地用积极的未来激发学员积极的情绪状态,而批判性的教练风格关注失败和人们应该做什么。通过富有同情心的方式,学员更可能学习并做出行为上的改变。研究表明,在富有同情心的教练指导下,一周左右,学员大脑中有关想象的大脑区域就会被激活——这些脑区对于激发学习和行为改变有至关重要的作用。

传授正念技术

探索了正念教练对辅导过程的提升效果后,接下来我将探索如何准确地将正念教给学员来改善辅导结果。尽管辅导通常要求不要给予直接指导,但在适当的情况下，如果学员允许，教练是可以传授专业知识和技能的。Passmore 和 Marianetti（2007）强调将正念作为四个教学领域之一，因为正念会在辅导过程中有所帮助（其他三个领域包括：辅导准备、每次课程中维持焦点、保持"情绪分离"）。

因此，举个例子，如果学员有演讲焦虑，或者报告自己不知所措，或感到认知超载，或者一位领导希望自己可以"更可靠"，这时教练就可以在课程中或家庭作业中给学员讲授正念练习来帮助学员。讲授正念是否合适这个问题，取决于学员存在的问题和目标以及训练的背景信息。下面我们将先后讨论这些因素。

有教练干预的正念训练可以非常有效地应对学员的多种问题和目标，表 16.4 列出了其中一些内容。在本节的其余部分，我将集中讨论一些特别有益的对正念训练的应用。

表 16.4　基于正念的教练技术对学员特定事件的应用

学员问题的应用		
压力管理与心理弹性	功能和表现	人际
提升认知能力，慢下来，或停止自动化习惯化反应	增加工作记忆、计划和组织能力	增加情绪智力，包括同理心、情绪管理和社交技巧
更加自我接纳和自我同情	提高清晰度、聚焦/专注度	提升对他人的觉察
管理轻微的抑郁	提升问题解决能力	解决/管理冲突
更加平静/应对压力、焦虑、不知所措、筋疲力尽	提升决策能力	发展可靠的领导才干
有更高的自我评估能力/自信心	更有直觉	提升沟通能力
提升健康和幸福感	改善创造力	发展更好的存在
管理愤怒	明确价值/发现"意义和目的"	改善困难的关系
提升自我觉察	与价值更一致	更好地实现工作—家庭平衡
更加"活在当下"	应对变化和复杂情境	
接纳事情本身	提升策略性思维	
应对睡眠问题	最好能进行中长期思考	
提升心理弹性		

压力管理与心理弹性

许多研究强调了正念对于幸福感、心理弹性水平和压力管理能力的积极影响（例如 Chiesa and Serretti，2009）。可以确定在这些问题上，基于正念的教练技术能够在职场中做出非常突出的贡献。几乎一半(42%)的雇主已经看到由压力导致的缺勤与日俱增(Chartered Management Institute,2013)。压力管理是辅导中常见的健康目标,即使客户没有明确地将压力管理作为目标,他们也常常会谈论增加心理弹性或改善工作生活平衡等内容。大约27%的学员称,处理工作—生活平衡是他们寻求辅导的原因(国际教练联合会,2014)。

角色塑造是一种正念的生活方式:对生活充满好奇,平静而脚踏实地,只是回应(responsive)而不反应(reactive)。它可以启发学员改变他们的生活方式。当学员感觉到自己被存在模式(being mode)或行动模式(doing mode)操纵时,此时和学员一起观察并探索是什么在滋养学员,什么在消耗学员,就会很有助益。然而,有时明确地教授正念技巧能提供最大的帮助。根据对教练运用正念情况的调查(Hall, 2013),大约55%的教练使用正念来帮助他们应对压力。向学员介绍正念的其他原因还包括帮助学员改善幸福感(45%),保持平静(59%)以及反应管理(51%),而首要原因是帮助学员提高自我觉察(70%)。

帮助学员意识到他们不是自己的想法,并且可以选择是否要进入毫无助益的生活轨道,这样做会激发出巨大的能量。分享正念技术有助于实现这一目标。正念的元认知模式可以帮助人们从"压力评估"转向积极再评估,认识到想法是转瞬即逝的、只是心理层面的内容,而非事实(如 Garland,Gaylord, and Park, 2009)。

道德、责任和可持续性

正念教练技术可以帮助人类应对一些最大的挑战,包括工作场所的不道德行为(Chartered Management Institute, 2013; Institute of Leadership and Management,2013)以及广泛存在的盲目消费。

一项研究(INSEAD, 2008)表明,接触过基于正念的教练项目的管理者在行动中更可能体现出社会责任感,帮助企业承担社会责任,而标准的行政教育却难以产生这样的行为改变。

同样,基于我自己有限的研究(尽管这一领域迫切需要经验性和概念性的研究),我建议通过以下基于正念的教练技术的方式来增加有道德的、可持续的和负责任的思维和行为:

1. 提高学员的自我觉察和整体意识(如 Creswell et al., 2007)进而产生更多的道德行为(如 Amel, Manning, and Scott, 2009);

2. 帮助学员应对临近状态,从而使他们有更多的心理资源和勇气,能坚持他们坚信的事物,保持创造力(如 Colzato,Ozturk, and Hommel, 2012);

3. 帮助教练脚踏实地、积极地面对学员,提供安全和不评判的空间,在此探索和挑战态度、行为，包括无意识地过度消费和疯狂忙碌；

4. 帮助学员更舒适地应对不确定性和复杂情境，能与未知更好地相处；
5. 帮助学员更清楚地觉察到他们与广阔系统间的互相联结；
6. 提升学员的系统性思维和策略性思维；
7. 培育学员对自己和他人的同情心；
8. 帮助学员从非黑即白的紧绷思维状态中放松下来；
9. 激发学员对于他们周围的世界的好奇心；
10. 帮助学员与自身价值观联结并采取行动；
11. 帮助学员更多联结到他们所拥有的东西（如 Brown et al.，2009）；
12. 帮助学员转向他们觉得困难的部分，并与之在一起待一会儿，包括面对环境威胁时的吞没感和恐惧感。

接下来，我将探讨对于促进道德行为有潜在贡献中的三个效果：提高自我觉察、帮助学员满足于自己所拥有的，以及互相联结。

自我觉察

Ruedy 和 Schweitzer（2010）表明，缺乏注意和觉察而加重一系列的不道德行为，包括自私的认知、自欺欺人和无意识偏见。因此，正念不足可能能够解释为何不道德行为随处可见。他们发现，正念水平高的个体更可能采取道德行为，更有可能重视道德标准。

有意识地反应与自我报告的可持续行为呈显著正相关（Amel et al.，2009）。而该研究中正念的其他维度（如观察感受）则不能预测行为。

爱吾所有

佛教一直鼓励正念练习者去探索"追求自己所没有的"这一人类天性，即人们直到拥有某事情，才会对其失去兴趣。追求无欲无求的境界——就像一些佛教典籍所鼓励的那样——并非是所有人都想要的。然而我相信，大多数人，包括组织内部的人们，都会想要寻求满足于已经拥有的，处理过度消费这一令人上瘾的循环。当学员迫切想得到越来越多时对这些欲望进行挑战，"正念"教练可以和学员一起探索欲望的本质。这样的探索与前文所述的有为/无为模式的目标相吻合。有时对教练而言，询问学员"何时才觉得足够"是非常正确的问题。正念通过帮助人们感受自己所拥有的，独立于经济条件，来缩小现实与渴望之间的鸿沟，而这一鸿沟常常会损害人们的幸福感（如 Brown et al.，2009）。

Sheth 等人（2011）的其他研究探讨了"正念消费"。以关注自我、社区和自然为前提，转变充满贪婪、重复和渴望的过度消费这一对我们毫无益处的行为的商业案例(p.1)。

互相联结

因为社会媒体以及环境和经济危机的深远影响，人们之间的互相联结变得更加明显。互相连结是正念典籍（其中部分典籍是佛教教义）中常见的主题。然而正念训练能够传播如此广泛的原因之一是，它可以由外界通向心灵世界。不管我们是否打算体验联结，由于左右方向和大脑中的语言—概念连接区域被"关闭"，冥想练习都可以消融自我/非我的边界，并感受到天人合一（Nataraja，2009）。对此，我感到五味杂陈。一方面，我很高兴人们越来越容易接触到正念并且确信在大众中推广正念是一件绝对正确的事情。然而另一方面，我相信传统正念教学中的许多思路，包括无常和互相联结，可以为我们提供许多借鉴，毫无疑问它们也是可持续未来的关键。如果我们通过正念冥想可以深刻地意识到一切都是无常的，我们都是互相联结的，我们更有可能会以道德的、可持续的方式思考和行动。这就是藏传佛教所说的"明智的利己主义"。

使正念训练适合个体学员

我们探索了基于正念的方法如何明确地被应用于两个教练领域：压力管理/心理弹性，以及道德和可持续性，表 16.4 列出了特别适用基于正念的教练技术的其他事件。然而，这不仅是教练过程中呈现的问题，也会出现在其他背景下。

背景的重要性

明确的正念训练/正念辅导需要适应学员的目标和文化背景，探索恰当的语言。包括基督教、道教和伊斯兰教苏菲派（Sufism）在内的许多宗教中，活在当下和达到更高的觉察境界都是非常常见的精神追求。

除了哲学上的相似之处，穆斯林民众对于心理健康的需求也日益增加，Miredal(2012)依然痛惜正念发展中缺乏伊斯兰教思想。Mirdal 认为苏菲派，特别是 Rumi 的教义，可以为佛教启发式的练习提供有意义的借鉴。当我们与基督教学员工作时，我们可能会引用基督教冥想者，例如十六世纪神秘主义者 St Teresa of Ávila 的语录。

用非宗教的视角看待正念，探讨提升心理弹性或情绪智力的策略往往更为合适。然而，非宗教的方法不能保证文化的接受性。在新西兰，一位毛利民族的当地政府官员结束了自己与教练的关系，因为他的教练提出以正念作为减压方式，而没有提倡以毛利人的模式，比如 Te Whare Tapa Whā 这种关注大家庭的方式来获得健康和幸福。

未来研究方向

正念如何提升教练效果是一个值得探索的领域。正念训练如何与教练相结合，以及"正念教练"所能提供的内容与"非正念"教练所提供的有何区别？本章从已有研究中得出，基于正念的教练技术可以在同在等许多领域内深化教练的技能，并帮助学员处理一系列问题。研究正念教练对学员的影响，比如激发创造力、提高情绪智力、进行压力管理和在组织变革时期的应对/繁荣，将会结出丰硕成果。

本章提出了 FEEL 模型，这是一个在教练中运用正念技术的进阶版模型。迄今为止，使用这一模型的教练反馈说，它对于面对困难情绪、帮助客户获得可持续发展、滋养和内在品质。对于一些人来说，"放下"是颇有挑战性的。然而，这些还没有正式的评估，也尚未收集到客户的反馈。建议进一步验证本模型的有效性，以及其他可以帮助教练和学员进行指导/自我指导的框架与模型。

本章提出了一些正念与教练之间的共同点和潜在不同之处。这可能值得同时从概念和经验两个层面进行深入探索。

我区分了正念地教练与明确地分享正念技术，正念地教练是指学员可能从有正念练习经验的教练身上获益但没有明确地进行正念练习的情况。换言之，学员并不总是知道他们正在被正念地指导。也就是说，探索在教练过程中何时运用正念是合适的而何时是不妥的是很有趣的。对于某些学员来说，是否存在正念并不适合的情况？比如，是否可能会被认为是西方文化入侵的途径？或是遭到某些宗教信仰与团体者的反对？关注学员所处背景也是很重要的。如果实证研究可以搁置担忧，并可能为改变正念教练技术来适应学院的个性化需求提供新视角，我们会获益良多。

结论

正念教练是一种新兴的方法。虽然教练行业和其他领域都对正念有浓厚兴趣，但就塑造正念教练的形象以及明确正念对教练和学员（包括个人和组织）的帮助来说，目前还处于初级阶段。然而在这一章中我们试图点亮这一领域中的微光，启发更多人进行探索。

我区分了正念教练和正念训练/教授正念，提出了正念教练的模型，强调了它能给教练和学员带来的好处，包括增强自我觉察、同在、同情心、心理弹性和道德水平。

我认为正念和教练的做法有许多共同之处,包括对初学者这一心态和不评判的鼓励,以及都相信人们自身是拥有资源的、是互相联结的这一信念。我也探索了教练与正念的潜在差异,特别是关注了非抗争/抗争、目标设置/不执着与目标、存在/行动这些元素。结果显示,尽管乍一看这些是完全相反的,但其实它们之间是相辅相成的,在这一领域进行探索能获得很多收获,特别是在这个许多教练和组织需要应对的忙乱的、消费至上的世界中。正念是一种行动的方式,也是一种存在/无为的方式。基于正念的教练技术为狂乱和盲目提供了一剂解药,能帮助实现与核心价值观一致的成就和目标,并改善人们的绩效。

本章借鉴了已有正念研究的宝贵财富,提出了基于正念的教练技术(包括正念地教练以及分享正念练习/教授正念)可以给个体学员和践行教练的组织带来直接收益,包括改善情绪智力、提高心理弹性、增强认知功能和增加道德行为等。然而,我们依然需要更多研究。

尽管对于教练来说,明确向他们的学员传递正念是合适的这一点非常重要,但似乎所有学员都将从与练习正念的教练一同工作中获益。我希望读者能够从本章中得到启发,对这个新兴的、蓬勃发展的领域进行研究,如果他们还没有这样做,那么坚持定期练习正念也可以从中有所收获,在宝贵的日常生活中重获喜乐。

(本章译者:陈心旗,徐敏,宋国萍)

References

Amel, E. L., Manning, C. M., and Scott, B. A. (2009). Mindfulness and sustainable behavior: pondering attention and awareness as means for increasing green behavior. *Ecopsychology*, 1(1), 14 – 25.

Atkins, P. W. (2013). Empathy, self-other differentiation and mindfulness training. In K. Pavlovich and K. Krahnke (eds.), *Organizing through empathy*. New York: Routledge, pp. 49-70.

Atkins, P. W. and Parker, S. K. (2012). Understanding individual compassion in organizations: the role of appraisals and psychological flexibility. *Academy of Management Review*, 37(4), 524-46.

Bandura, A. and Locke, E. A. (2003). Negative self-efficacy and goal effects revisited. *Journal of Applied Psychology*, 88(1), 87-99.

Boyatzis, R. E. (2010). Coaching with compassion: an fMR study of coaching to the positive or negative emotional attractor. Academy of Management Annual Conference. Montreal: Academy of Management, pp. 1-2.

Boyatzis, R. E. and McKee, A. (2005). Resonant leadership: renewing yourself and connecting with others through mindfulness, hope, and compassion. Boston, MA: Harvard Business Review Press.

Bresser, F. (2009).*Global Coaching Survey 2008/2009*. Germany: Frank Bresser Consulting.

Brown, K. W.,Kasser, T.,Ryan, R. M.,Linley, P. A.,and Orzech, K. (2009). When what one has is enough: mindfulness, financial desire discrepancy, and subjective well-being. *Journal of Research in Personality*, 43(5),727-36.

Carver, C. S. and Scheier, M. F. (1998). *On the self-regulation of behavior*. Cambridge University Press.

Cavanagh, M. J. and Spence, G. B. (2013). Mindfulness in coaching: philosophy, psychology or just a useful skill? In J. Passmore, D. Peterson, and T. Freire (eds.),*The Wiley-Blackwell handbook of the psychology of coaching and mentoring*. New York: Wiley-Blackwell, pp. 112-34.

Chartered Institute of Personnel and Development (2013).*Absence Management 2013*. London: Chartered Institute of Personnel and Development.

Chartered Management Institute (2013).*Managers and the Moral Maze*. London: Chartered Management Institute.

Chiesa, A. and Serretti, A. (2009). Mindfulness-based stress reduction for stress management in healthy people: a review and meta-analysis. *The Journal of Alternative and Complementary Medicine*, 15(5), 593-600.

Clutterbuck, M. D., Megginson, M. D., and David, M. S. (eds.). (2013). *Beyond goals: effective strategies for coaching and mentoring*. Surrey: Gower Publishing.

Collard, P. and Walsh, J. (2008). Sensory awareness mindfulness training in coaching: accepting life's challenges. *Journal of Rational-Emotive and Cognitive-Behavior Therapy*, 26(1), 30-7.

Colzato, L. S., Ozturk, A., and Hommel, B. (2012). Meditate to create: the impact of focused-attention and open-monitoring training on convergent and divergent thinking. *Frontiers in Psychology*, 3, 116.

Creswell, J. D., Way, B. M., Eisenberger, N. I., and Lieberman, M. D. (2007). Neural correlates of dispositional mindfulness during affect labeling.*Psychosomatic Medicine*, 69(6), 560-5.

De Haan, E. (2008).*Relational coaching*. Chichester: Wiley.

De Haan, E. and Page, N. (2013). Outcomes report: conversations are key to results. *Coaching at Work*, 8(4), 10-13.

Ericson, T., Kjønstad, B. G., and Barstad, A. (2014). Mindfulness and sustainability. *Ecological Economics*,104, 73-9.

Farb, N. A., Segal, Z. V., Mayberg, H., Bean, J., McKeon, D., Fatima, Z., and Anderson, A. K. (2007). Attending to the present: mindfulness meditation reveals distinct neural modes of self-reference. *Social Cognitive and Affective Neuroscience*, 2 (4), 313-22.

Friedman, R. S. and Förster, J. (2001). The effects of promotion and prevention cues on creativity. *Journal of Personality and Social Psychology*, 81(6), 1001.

Garland, E., Gaylord, S., and Park, J. (2009). The role of mindfulness in positive reappraisal.*Explore: The Journal of Science and Healing*, 5(1), 37-44.

Grant, A. M. (2013). New perspectives on goal setting in coaching practice: an integrated model of goal-focused coaching. In S. David, D. Clutterbuck, and D. Megginson (eds.), *Beyond goals: effective strategies for coaching and mentoring*. Farnham, England: Gower Publishing Limited.

Hall, L. (2013). *Mindful coaching: how mindfulness can transform coaching practice*. London: Kogan Page.

(2014). Mindful coaching. In J. Passmore and J. Passmore (eds.), *Mastery in coaching: a complete psychological toolkit for advanced coaching*. London: Kogan Page, p. 197.

Hayes, J. A., Gelso, C. J., and Hummel, A. M. (2011). Managing countertransference. *Psychotherapy*, 48(1), 88-97.

Iacoboni, M. (2008). *Mirroring people: the new science of how we connect with others*. New York: Farrar, Straus and Giroux.

INSEAD (2008). An overview of CSR practices response benchmarking report. France: INSEAD.

Institute of Leadership and Management (2013).*Added values: the importance of ethical leadership*. London: Institute of Leadership and Management.

International Coach Federation (2014).*About: 2014 ICF global consumer awareness study*. Retrieved from http://coachfederation.org/ consumerstudy2014.

Johns, G. (2009). Presenteeism in the workplace: a review and research agenda. *Journal of Organizational Behavior*, 31 (4),519-42.

Kabat-Zinn, J. (1994).*Wherever you go, there you are: mindfulness meditation for everyday life*. New York: Hyperion.

Langer, E. J. (2005). *On becoming an artist: reinventing yourself through mindful creativity*. New York: Ballantine Books.

Lutz, A.,Brefczynski-Lewis, J.,Johnstone, T.,and Davidson, R. J. (2008). Regulation of the neural circuitry of emotion by compassion meditation: effects of meditative expertise. *PLoS one*, 3(3),e1897.

Malnick, T. (2013). Curiosity, enquiry and non-judgement. In L. Hall (ed.), *Mindful coaching:*

how mindfulness can transform coaching practice. London: Kogan Page, p. 80.

Mirdal, G. (2012). Mevlana Jalāl-ad-Dīn Rumi and mindfulness. *Journal of Religion and Health*, 51(4), 1202-15.

Nataraja, S. (2009). The blissful brain: neuroscience and proof of the power of meditation. 2nd edn. London: Gaia Books Limited.

Passmore, J. (ed.) (2005). *Excellence in coaching: the industry guide*. London: Kogan Page Publishers.

Passmore, J. and Marianetti, O. (2007). The role of mindfulness in coaching. *The Coaching Psychologist*, 3(3), 131-7.

Ridler and Co. (2011). Ridler Report 2011: trends in the use of executive coaching. London: Ridler and Co.

Ridler and Co. (2013). Ridler Report 2013: trends in the use of executive coaching. London: Ridler and Co.

Ruedy, N. E. and Schweitzer, M. E. (2010). In the moment: the effect of mindfulness on ethical decision making. *Journal of Business Ethics*, 95(1), 73-87.

Scheick, D. M. (2011). Developing self-aware mindfulness to manage countertransference in the nurse-client relationship: an evaluation and developmental study. *Journal of Professional Nursing*, 27(2), 114-23.

Sheth, J. N., Sethia, N. K., and Srinivas, S. (2011). Mindful consumption: a customer-centric approach to sustainability. *Journal of the Academy of Marketing Science*, 39(1), 21-39.

Siegel, D. J. (2010). The mindful therapist: a clinician' guide to mindsight and neural integration. New York: W. W. Norton and Company.

Silsbee, D. (2010). The mindful coach: seven roles for facilitating leader development. 2nd edn. San Francisco, CA: Jossey-Bass.

Singer, T., Seymour, B., O'Doherty, J., Kaube, H., Dolan, R. J., and Frith, C. D. (2004). Empathy for pain involves the affective but not sensory components of pain. *Science*, 303, 1157-62.

Spence, G. B., Cavanagh, M. J., and Grant, A. M. (2008). The integration of mindfulness training and health coaching: an exploratory study. *Coaching: An International Journal of Theory, Research and Practice*, 1(2) 145-63.

Stewart, L. (2012). We say Kia Ora? *Coaching at Work*, 7(6), 44.

Whitmore, J. (1992). *Coaching for Performance*. London: Nicholas Brealey Publishing.

Williams, M. and Penman, D. (2011). *Mindfulness: a practical guide to finding peace in a frantic world*. London: Piatkus.

This is a Simplified Chinese Edition of the following title published by Cambridge University Press:

Mindfulness in Organizations: Foundations, Research, and Applications/edited by Jochen Reb and Paul W.B. Atkins. and ISBN 978-1-107-68344-0 Paperback
University Printing House, Cambridge CB2 8BS, United Kingdom
First published 2015
First paperback edition 2017

KEY WORDS
1. Job stress. 2. Meditation. 3. Organizational behavior. 4. Psychology, Industrial.
5. Work-Psychological aspects. 6. Management-Psychological aspects.

This Simplified Chinese Edition for the People's Republic of China (excluding Hong Kong, Macau and Taiwan) is published by arrangement with the Press Syndicate of the University of Cambridge, Cambridge, United Kingdom.

© Cambridge University Press and Southeast University Press 2019

This Simplified Chinese Edition is authorized for sale in the People's Republic of China (excluding Hong Kong, Macau and Taiwan) on y. Unauthorised export of this Simplified Chinese Edition is a violation of the Copyright Act. No part of this publication may be reproduced or distributed by any means, or stored in a database or retrieval system, without the prior written permission of Cambridge University Press and Southeast University Press.

Copies of this book sold without a Cambridge University Press sticker on the cover are unauthorized and illegal.

本书封面贴有 Cambridge University Press 防伪标签,无标签者不得销售。

英文原版由 Cambridge University Press 出版 2015。

简体中文版由东南大学出版社出版 2019。英文原版的翻译得到 Cambridge University Press 的授权。此简体中文版的出版和销售得到出版权和销售权的所有者——Cambridge University Press 许可。

版权所有,未经书面许可,本书的任何部分和全部不得以任何形式重制。